Unfallversicherungsgesetz.

Vom 6. Juli 1884.

Herausgegeben

mit Einleitung und Erläuterungen

von

E. von Woedtke,
Kgl. Preuß. Regierungsrath,
z. Z. im Reichsamt des Innern.

Berlin.
Verlag von Georg Reimer.
1884.

Vorwort.

Wie der Verfasser in dem Vorwort zu seinem Kommentar des Krankenversicherungsgesetzes näher dargelegt hat, hält er es für die Pflicht aller staatserhaltenden Elemente im Reich, nicht nur der Behörden und Beamten, sondern auch aller Privatpersonen ohne Unterschied von Stand und Stellung, die von Seiner Majestät unserem herrlichen Kaiser und den verbündeten Regierungen unternommene sociale Reform nach besten Kräften fördern zu helfen. Wir Alle müssen, so viel an uns liegt, dazu beizutragen uns bemühen, daß unser Staatsleben durch Bethätigung praktischen Christenthums auf seiner christlichen Grundlage erhalten, der sociale Friede hergestellt und gekräftigt, die wirthschaftliche Noth weiter Kreise des deutschen Volkes gemildert und den Besitzenden die Nothwendigkeit der Fürsorge für ihre Nächsten ans Herz gelegt, den Besitzlosen aber die Ueberzeugung gegeben werde, daß nur unser geordnetes Staatswesen Schutz und materielle Hülfe bei wirthschaftlichen Nothlagen gewähren kann, welche aus dem von Gott verordneten Nebeneinander von Reich und Arm zuweilen sich ergeben.

Die sociale Reform hat einen großen Schritt vorwärts gethan — dem Krankenversicherungsgesetz ist das Unfallversicherungsgesetz gefolgt, welches vorbehaltlich demnächstiger weiterer Ausdehnung zunächst den Arbeitern der Industrie eine allzeit zuverlässige Fürsorge bei Betriebsunfällen sichert. Jetzt heißt es, wie vor Jahresfrist dem Krankenversicherungsgesetz, so jetzt dem Unfallversicherungsgesetz zu schleunigster, sinngemäßer Durchführung zu verhelfen; und seiner oben dargelegten Verpflichtung, hierzu beizutragen, möchte sich der Verfasser durch den vorliegenden Kommentar entledigen. Er bietet denselben in dem Wunsch und in der Hoffnung, daß die Behörden und die Betheiligten bei der praktischen Ausführung des Gesetzes Manches in dem Kommentar finden werden, was sie über Sinn und Zweck der einzelnen Bestimmungen des Gesetzes aufklärt, und daß insbesondere die zunächst erforderliche Organisation der Berufsgenossenschaften dadurch erleichtert und gefördert werden möchte. Verfasser hat zu diesem Zweck nicht nur dasjenige Material benutzt, welches die Verhandlungen, die Motive und der Kommissionsbericht ergaben, sondern er hat sich auch bemüht, das Gesetz nach anderen in der Praxis voraussichtlich hervortretenden Beziehungen soweit zu interpretiren, wie dies einer Privatperson vorderhand möglich ist. Der Zweck, besonders auch die Organisation der Berufsgenossenschaften zu fördern, bedingte diejenige Beschleunigung, welche der Verfasser sich hat angelegen sein lassen; der Absicht, der vorliegenden Arbeit wesentlich eine praktische Bedeutung zu geben, entspricht es, daß eine Kritik einzelner Bestimmungen des Gesetzes unterlassen und auf die Wiedergabe der gegen das Gesetz vorgetragenen Bedenken überall da verzichtet worden ist, wo diese Wiedergabe nicht für praktische Zwecke durchaus erforderlich erschien.

Der Kommentar hätte in dieser Form und so bald nicht entstehen können, wenn der Verfasser nicht schon in früheren Stadien Gelegenheit gehabt hätte, mit der Materie sich vertraut zu machen, und wenn er sich bei seiner Arbeit nicht der ausgiebigen und hingebenden Mitwirkung zweier Herren zu erfreuen gehabt hätte, welche, wie verlautet, an der Verfassung des Gesetzentwurfs hervorragenden Antheil genommen und welche denselben vor der Kommission des Reichstags als Kommissarien der verbündeten Regierungen mitvertreten haben, nämlich des Kaiserl. Präsidenten des Reichsversicherungsamts Herrn T. Bödiker und des Kaiserl. Geh. Regierungsraths und vortragenden Raths im Reichsamt des Innern, Herrn C. Gamp. Wenn es gelungen sein sollte, die Absichten des Gesetzgebers annähernd richtig wiederzugeben, so haben diese beiden Herren hieran das Hauptverdienst. Der Verfasser sagt denselben hiermit warmen Dank für ihr lebhaftes Interesse an seinem Werk und wünscht, daß sie dieses Interesse einer Arbeit bewiesen haben möchten, welche desselben nicht ganz unwerth ist. Daß die während des Druckes erlassene Anweisung des Reichsversicherungsamts zur Ausführung einiger Bestimmungen des Gesetzes in wesentlichen Punkten mit den Ausführungen des Kommentars übereinstimmt, gewährt dem Verfasser die befriedigende Genugthuung, daß er in dieser Beziehung die Absichten des Gesetzgebers richtig wiedergegeben zu haben scheint. Möchte dasselbe auch bei anderen Bestimmungen des Gesetzes der Fall sein, und möchte es so gelungen sein, den Betheiligten einen möglichst zuverlässigen Rathgeber bei der praktischen Anwendnng des Gesetzes zu geben, damit der Zweck, auch durch dieses Scherflein die sociale Reform fördern zu helfen, erreicht werde!

Berlin, im Juli 1884.

Der Verfasser.

Inhaltsangabe.

Einleitung.

Die großen Fortschritte, welche die Industrie in den letzten Jahrzehnten gemacht hat, haben in gleichem Verhältniß mit der Entwickelung der Industrie auch die in gewerblichen Betrieben vorkommenden Unfälle vermehrt. Die wirthschaftliche Nothlage, in welche die immer zahlreicher werdenden, meist den besitzlosen Klassen der Bevölkerung angehörenden Verunglückten und deren Hinterbliebene geriethen, hat seit dem Jahr 1868 zu der Prüfung geführt, ob die allgemeinen Grundsätze des Civilrechts über die Verbindlichkeit zum Schadenersatz für solche Unfälle als ausreichend anzusehen seien. Diese allgemeinen Grundsätze lassen sich kurz in folgende Sätze zusammenfassen:

> Nach gemeinem Recht und den von diesem beherrschten deutschen Partikularrechten ist für den durch Vorsatz oder Nachlässigkeit verursachten Schaden nur der unmittelbare Urheber verantwortlich. Ist der letztere Vertreter eines Dritten, so haftet der Auftraggeber, sofern nicht seine Ersatzpflicht durch die Widerrechtlichkeit des Auftrags begründet oder durch dessen kontraktwidrige Ausführung ausgeschlossen wird, nur für culpa in eligendo, d. h. nur für erweisliches Versehen bei der Auswahl der Beauftragten. (Vergl. auch §. 53 I. 6. A. L.-R.) Nur nach Rheinischem Recht (art. 1384 code civil) trifft die Verantwortlichkeit neben dem unmittelbar schuldigen Betriebsbeamten gleichmäßig auch den Betriebsunternehmer.

Die Erkenntniß, daß eine in so enge Grenzen eingeschlossene Verantwortlichkeit den bei industriellen Unternehmungen Verunglückten nur in sehr seltenen Fällen Aussicht auf Schadloshaltung gewähre, zumal der unmittelbare Urheber des Schadens häufig unbemittelt sein wird, und daß es nicht angängig sei, ein Einschreiten der

Gesetzgebung bis zu allgemeiner Regelung des Obligationenrechts zu verschieben, führte, nachdem für Unfälle bei dem Betriebe von Eisenbahnen schon durch §. 25 des Preuß. Eisenbahngesetzes vom 3. November 1838 und art. 395, 400, 401, 421 des deutschen Handelsgesetzbuchs Vorsorge getroffen worden war, zum Erlaß des Reichsgesetzes vom 7. Juni 1871, betr. die Verbindlichkeit zum Schadenersatz für die bei dem Betriebe von Eisenbahnen, Bergwerken 2c. herbeigeführten Tödtungen und Körperverletzungen (R. G.=B. S. 207), des sog. Haftpflichtgesetzes, welches durch Ges. vom 21. Januar 1873 auf Elsaß=Lothringen ausgedehnt wurde (G. Bl. S. 769). Bei der durch die legislatorische Neuheit der Materie gebotenen Vorsicht mochte dies Gesetz über gewisse Grenzen nicht hinausgehen; es wurde von vorn herein anerkannt, daß dasselbe den Gegenstand, zu dessen Regelung es bestimmt war, keineswegs erschöpfe, sondern nur einen Anfang in der Fürsorge für die durch Unfälle geschädigten gewerblichen Arbeiter bedeute. Die Grundsätze des Haftpflichtgesetzes sind folgende:

> Für Unfälle bei dem Betriebe einer Eisenbahn haftet der Unternehmer, falls nicht er den Beweis führt, daß der Unfall durch höhere Gewalt oder durch eigenes Verschulden des Getödteten oder Verletzten verursacht sei (entsprechend den §. 25 des Preuß. Ges. v. 3. November 1838).
>
> Für Unfälle bei dem Betriebe eines Bergwerks, eines Steinbruchs, einer Gräberei (Grube) oder einer Fabrik haftet der Unternehmer, wenn der Verunglückte 2c. ein Verschulden der Betriebsbeamten nachweist.
>
> Wenn diese Voraussetzungen zutreffen, so hat der Richter unter freier Würdigung aller Umstände auf Ersatz des vollen Schadens zu erkennen.

Während die Bestimmungen über die Unfälle bei dem Betriebe von Eisenbahnen im Allgemeinen zu genügen schienen, stellte sich im Uebrigen sehr bald die völlige Unzulänglichkeit des Haftpflichtgesetzes heraus, und kam in den Verhandlungen des Reichstages wiederholt zur Besprechung. Die dem Verunglückten (oder dessen Hinterbliebenen) auferlegte schwierige Beweislast machte die Wohlthaten des Gesetzes in den meisten Fällen illusorisch; die Beschränkung der gesetzlichen Fürsorge auf die Fälle des civilrechtlichen Ver=

schuldens der Betriebsbeamten ꝛc. ließ die zahlreichen und besonders großen, durch Zufall oder Schuld der Mitarbeiter ꝛc. hervorgerufenen Unfälle unberücksichtigt; Zahlungsunfähigkeit des Ersatzpflichtigen vereitelte häufig den praktischen Erfolg des Entschädigungsanspruchs, wenn die Durchführung desselben wirklich gelungen war. Das Gesetz hat also die beabsichtigte segensreiche Wirkung im Allgemeinen nicht gehabt, ja es hat vielmehr umgekehrt schädlich gewirkt. Denn fast in jedem Fall sind Prozesse über die Haftpflicht des Unternehmers zu führen, — zumal derselbe genöthigt ist, sein Risiko durch Versicherung seiner Arbeiter bei Unfallversicherungsgesellschaften abzuschwächen, die letzteren aber im Interesse des eigenen Geschäfts der Regel nach nicht in der Lage zu sein glauben, ohne richterliche Feststellung der Ersatzverpflichtung Ersatz zu leisten, falls nicht etwa der Verletzte mit einem zu dem Werth des Schadens in keinem Verhältniß stehenden Minimum sich zufrieden gibt, — und solche Prozesse mußten nothwendigerweise das Verhältniß zwischen dem Arbeitgeber und Arbeitnehmer in bedenklicher Weise verschlechtern. Diesen Uebelständen würde auch durch die von einigen Seiten vorgeschlagene anderweite Normirung beziehungsweise Umkehrung der Beweislast nicht wirksam abgeholfen werden können, während andererseits eine Ausdehnung der civilrechtlichen Haftpflicht des Unternehmers auf den vollen Ersatz aller in dem Betriebe vorkommender Unfälle — wobei man davon ausgehen müßte, daß er dieselben in der Regel verschulde, während das Gegentheil die Regel bildet — eine in sich nicht gerechtfertigte und ohne Schädigung der Industrie namentlich bei Massenunfällen nicht durchzuführende Ueberlastung des Unternehmers zur Folge haben müßte. Eine eingehende Würdigung aller dieser Verhältnisse findet sich in dem weiter unten abgedruckten Auszug aus den Motiven des Gesetzentwurfs von 1882.

Inzwischen brachten die bedenklichen Erscheinungen, welche zum Erlaß des Reichsgesetzes vom 21. Oktober 1878 gegen die gemeingefährlichen Bestrebungen der Sozialdemokratie führten, die Erkenntniß zur Reife, daß es Pflicht des auf der Basis des Christenthums stehenden modernen Staats sei, durch positive Maßregeln für die wirthschaftlich Schwachen, für die im Kampf mit den eigenthümlichen Gefahren der gewerblichen Thätigkeit unterlegenen und dadurch ihrer Erwerbsquelle, der körperlichen Arbeitsfähigkeit, meist ohne eigene Schuld mehr oder weniger beraubten Staatsangehörigen eine ausreichende vor der Armenpflege bewahrende Fürsorge eintreten zu lassen, und sie dadurch vor der Versuchung, den Irrlehren der Socialdemokratie Gehör zu geben, thunlichst zu bewahren. Diese positiven Maßregeln mußten sich naturgemäß zunächst darauf richten, in erster Linie die bessere Sicherstellung der Arbeiter gegen die wirthschaftlichen Folgen der mit ihrem Beruf verbundenen Gefahren anzustreben. Eine weitere Ausgestaltung der civilrechtlichen Haftpflicht erschien dabei aus den angedeuteten Gründen nicht angängig; man sah sich daher genöthigt, den civilrechtlichen Grundsatz des Schadenersatzes aufzugeben, und an dessen Stelle eine auf dem Boden der öffentlich rechtlichen Versicherung beruhende Fürsorge für die durch Betriebsunfälle Verletzten oder deren Hinterbliebene zu statuiren. Diese fundamentale Umgestaltung der bisherigen Gesetzgebung ist nach zwei vergeblich gebliebenen Versuchen — zwei Vorlagen (1881 und 1882) kamen nicht zur Verabschiedung — in dem Gesetz nunmehr durchgeführt worden, und wird ohne Zweifel auch in den noch bevorstehenden Spezialgesetzen über Erweiterung des Kreises der gegen Unfälle versicherten Personen die Grundlage bilden. Die Unfallversicherung beruht hiernach ebenso wie die Krankenversicherung auf dem Boden des öffentlichen Rechts, auf welchem auch die öffentliche Armenpflege erwächst. Während aber letztere nur bei dem bittersten Elend das Nothdürftigste zu gewähren hat, und den Almosenempfänger durch Beschränkung seiner öffentlichen Rechte herunterdrückt, wollen die Kranken- und die Unfallversicherung, welche beide ohne Rücksicht auf Dürftigkeit eintreten und ganz andere Voraussetzungen haben, höhere sociale Aufgaben lösen, den Empfänger vor der Armenpflege und ihren entwürdigenden Folgen schützen und ihn dadurch heben.

Wie erwähnt, ist es nicht bei dem ersten Schritt gelungen, diesen Gedanken gesetzgeberische Formen zu geben. Der erste Entwurf über die Unfallversicherung der Arbeiter wurde von den verbündeten Regierungen am 8. März 1881 dem Reichstag vorgelegt, nachdem über den Entwurf zuvor der Preußische Volkswirthschaftsrath gehört worden war. Nach den Grundsätzen dieses Entwurfs sollten für die bei dem Betriebe von Eisenbahnen entstehenden Unfälle die bisherigen Bestimmungen beibehalten,

die Unternehmer von Bergwerken, Fabriken ꝛc. aber obligatorisch gehalten sein, ihre Arbeiter und Betriebsbeamten in gewissen Grenzen gegen die wirthschaftlichen Folgen der bei dem Betriebe sich ereignende Unfälle kollektiv zu versichern; die Versicherung sollte bei einer Reichsversicherungsanstalt auf Kosten der Unternehmer unter Mitheranziehung der Versicherten und mit einer Beihülfe aus Reichsmitteln erfolgen; fakultativ war eine genossenschaftliche Versicherung zugelassen; Privatversicherung war ausgeschlossen.

Vom Reichstag wurde der Gesetzentwurf unter Beibehaltung des Versicherungszwangs und anderer wesentlicher Grundlagen des Entwurfs, aber unter Verwerfung des Reichszuschusses und Ersetzung der Reichsversicherungsanstalt durch Landesversicherungsanstalten am 15. Juni 1881 angenommen. Die verbündeten Regierungen aber sahen sich am 25. Juni 1881 genöthigt, dem so veränderten Entwurf ihre Zustimmung zu versagen. So war der von der Reichsregierung unternommene erste Versuch,

durch die gesetzliche Regelung der Unfallversicherung der Arbeiter der Erfüllung der Zusagen und Wünsche näher zu treten, welche bei den Verhandlungen über das Gesetz betr. die gemeingefährlichen Bestrebungen der Socialdemokratie, von mehr als einer Seite ausgesprochen seien, und damit den ersten Schritt zur Lösung der Schwierigkeiten der socialen Frage zu thun (vgl. die Motive),

einstweilen gescheitert.

Von der Nothwendigkeit des angestrebten Erfolges durchdrungen, setzte die Reichsregierung die Arbeiten zur Lösung jener Frage ungesäumt fort. Zunächst wurde darauf Bedacht genommen, das bei den früheren Berathungen vermißte statistische Material, welches namentlich für die Ausführung des Gesetzes unentbehrlich erschien, in möglichst ausgiebigem Maaße zu beschaffen. Unter dem 11. Juli 1881 ersuchte der Reichskanzler die verbündeten Regierungen, durch die Betriebsunternehmer selbst eine die vier Monate August bis November 1882 umfassende Statistik der in ihren Betrieben vorkommenden Unfälle nach gewissen näher angegebenen Gesichtspunkten aufzustellen. Dieser Arbeit haben, wie demnächst von berufener Seite wiederholt bezeugt worden ist, die Betriebsunternehmer mit dankenswerther Bereitwilligkeit und Gründlichkeit sich unterzogen, so daß gegen Ende des Jahrs 1881 eine, wie sich bei der Bearbeitung des Materials demnächst ergab, brauchbare Unfallstatistik für rund 2 Millionen Arbeiter sich in den Händen der Reichsregierung befand. Bei dem Wiederzusammentritt erfuhr der Reichstag durch die ewig denkwürdige Allerh. Botschaft, mit welcher der Reichstag am 17. November 1881 eröffnet wurde, daß auch der neuen Session als eine ihrer wichtigsten Aufgaben die abermalige Beschäftigung mit der Unfallversicherung der Arbeiter bevorstehe. Unvergeßlich bleiben die inhaltschweren Sätze jener Botschaft, welche von der treuen Fürsorge unseres Herrschers für das Wohl aller Theile der Bevölkerung schönstes Zeugniß geben:

„Schon im Februar dieses Jahres haben Wir Unsre Ueberzeugung aussprechen lassen, daß die Heilung der socialen Schäden nicht ausschließlich im Wege der Repression socialdemokratischer Ausschreitungen, sondern gleichmäßig auf dem der positiven Förderung des Wohles der Arbeiter zu suchen sein werde. Wir halten es für Unsre Kaiserliche Pflicht, dem Reichstag diese Aufgabe von Neuem an's Herz zu legen, und würden Wir mit um so größerer Befriedigung auf alle Erfolge, mit denen Gott Unsere Regierung sichtlich gesegnet hat, zurückblicken, wenn es Uns gelänge, dereinst das Bewußtsein mitzunehmen, dem Vaterlande neue und dauernde Bürgschaften seines inneren Friedens und den Hülfsbedürftigen größere Sicherheit und Ergiebigkeit des Beistandes, auf den sie Anspruch haben, zu hinterlassen. In Unseren darauf gerichteten Bestrebungen sind Wir der Zustimmung aller verbündeten Regierungen gewiß und vertrauen auf die Unterstützung des Reichstags ohne Unterschied der Parteistellungen.

In diesem Sinne wird zunächst der von den verbündeten Regierungen in der vorigen Session vorgelegte Entwurf eines Gesetzes über die Versicherung der Arbeiter gegen Betriebsunfälle mit Rücksicht auf die im

Reichstage stattgehabten Verhandlungen über denselben einer Umarbeitung unterzogen, um die erneute Berathung desselben vorzubereiten. Ergänzend wird ihm eine Vorlage zur Seite treten, welche sich eine gleichmäßige Organisation des gewerblichen Krankenkassenwesens zur Aufgabe stellt. Aber auch diejenigen, welche durch Alter und Invalidität erwerbsunfähig werden, haben der Gesammtheit gegenüber einen begründeten Anspruch auf ein höheres Maaß staatlicher Fürsorge, als ihnen bisher hat zu Theil werden können.

Für diese Fürsorge die rechten Mittel und Wege zu finden, ist eine schwierige, aber auch eine der höchsten Aufgaben eines jeden Gemeinwesens, welches auf den sittlichen Fundamenten des christlichen Volkslebens steht. Der engere Anschluß an die realen Kräfte dieses Volkslebens und das Zusammenfassen der letzteren in der Form korporativer Genossenschaften unter staatlichem Schutz und staatlicher Fürsorge werden, wie Wir hoffen, die Lösung auch von Aufgaben möglich machen, denen die Staatsgewalt allein in gleichem Umfange nicht gewachsen sein würde. Immerhin aber wird auch auf diesem Wege das Ziel nicht ohne die Aufwendung erheblicher Mittel zu erreichen sein."

Durch diese Botschaft wurde für die Lösung der sozialpolitischen Aufgaben, deren öffentlich-rechtliche Natur mit besonderer Betonung hervorgehoben wird, ein neues Fundament geschaffen, das Prinzip der korporativen Verbände, der genossenschaftlichen Gliederung der Industrie. Den Initiativanträgen von Reichstagsmitgliedern, welche nicht auf diesen Grundlagen beruhten (der von den liberalen Parteien eingebrachte Antrag Buhl und Genossen, welcher durch das Verlangen der Sicherheitsbestellung zwar einen, wenn auch indirekten Versicherungszwang in Aussicht nahm, übrigens aber die civilrechtliche Haftpflicht erweitern und private Versicherungsgesellschaften auf Grund von Normativbestimmungen zulassen wollte — und der Antrag der sozialdemokratischen Abgeordneten Auer und Genossen, welcher unter weitgehenden Forderungen die Zwangsversicherung aller Arbeiter bei einer Reichsversicherungsanstalt auf alleinige Kosten der Unternehmer beanspruchte), konnte daher keine Folge gegeben werden. Dagegen wurde auf der Grundlage der Allerh. Botschaft von den verbündeten Regierungen unter dem 8. Mai 1882 ein zweiter Entwurf eines Gesetzes über die Unfallversicherung der Arbeiter (Drucksachen des Reichstages 1882 Nr. 19) nebst einer die Begründung desselben ergänzenden „Denkschrift" über die in dem Entwurf vorgeschlagene Organisation, sowie im Anschluß an diesen ein Gesetzentwurf zur Regelung der obligatorischen Krankenversicherung der Arbeiter (Drucksachen des Reichstags 1882 Nr. 14) vorgelegt, nachdem beide Entwürfe vorher im Preußischen Volkswirthschaftsrath berathen waren und dort freudige Zustimmung gefunden hatten. Hiernach sollten die verunglückten Arbeiter

> bei Fortfall ihres Beitrags zu den Kosten der Unfallversicherung als solcher während der ersten 13 Wochen auf die Krankenkassen angewiesen sein, welche nunmehr auf Grund des Versicherungszwanges geregelt wurden; der obligatorischen Unfallversicherung wurden die schweren Fälle, d. h. diejenigen Unfälle, die den Tod, oder eine länger als 13 Wochen dauernde Arbeitsunfähigkeit zur Folge hatten, und zwar im letzteren Fall nach Ablauf der ersten 13 Wochen, überwiesen. Die Krankenversicherung sollten die Arbeitnehmer unter starker Betheiligung der Arbeitgeber, die Unfallversicherung die Arbeitgeber unter Zuhülfenahme eines Reichszuschusses auf genossenschaftlicher Grundlage (cf. S. IXX) und auf Gegenseitigkeit bewirken.

Beide Entwürfe wurden vom Reichstag an eine und dieselbe (VIII.) Kommission verwiesen; in derselben wurde jedoch nur der Entwurf des Krankenversicherungsgesetzes (der demnächst angenommen und am 15. Juni 1883 als Gesetz publizirt worden ist, R.-G.-B. S. 73) fertig gestellt.

Die Kommission hatte auf diesen Entwurf sehr viel Zeit verwendet und kam erst spät dazu, in die Durchberathung der Vorlage über das Unfallversicherungsgesetz einzutreten, nachdem Seine Majestät der Kaiser in einer weiteren Allerhöchsten Botschaft vom 14. April 1883 dem Reichstag in eindringlichen Worten von Neuem die Nothwendigkeit an's Herz gelegt hatte, auch diesen Gegenstand bald endgültig zu regeln, und, wenn dies in jener Session nicht mehr möglich sei, wenigstens für die nächste Session durch Vorwegnahme der zeitraubenden Etatsberathung Zeit und Möglichkeit des Zustandekommens zu gewähren. Hierüber sagt die Allerhöchste Botschaft, nachdem sie der Befriedigung über den Verlauf der Berathungen des Krankenversicherungsgesetzes Ausdruck gegeben, Folgendes:

„Mit Sorge aber erfüllt es Uns, daß die pinzipiell wichtigere Vorlage für die Unfallversicherung bisher nicht weiter gefördert worden ist, und daß daher auf deren baldige Durchberathung nicht mit gleicher Sicherheit gerechnet werden kann. Bliebe diese Vorlage jetzt unerledigt, so würde auch die Hoffnung, daß in der nächsten Session weitere Vorlagen wegen der Alters- und Invalidenversorgung zur gesetzlichen Verabschiedung gebracht werden könnten, völlig schwinden, wenn die Berathungen des Reichshaushaltsetats für 1884/85 die Zeit und Kraft des Reichstages noch während der Wintersession in Anspruch nehmen müßten.

Wir haben deshalb für geboten erachtet, die Zustimmung der verbündeten Regierungen dahin zu beantragen, daß der Entwurf des Reichshaushaltsetats für 1884/85 dem Reichstage jetzt von Neuem zur Beschlußnahme vorgelegt werde. Wenn dann die Vorlage über die Unfallversicherung, wie nach dem Stande ihrer Bearbeitung zu befürchten steht, in der laufenden Frühjahrssession vom Reichstage nicht mehr berathen und festgestellt wird, so würde durch vorgängige Berathung des nächstjährigen Etats wenigstens für die Wintersession diejenige Freiheit von anderen unaufschiebbaren Geschäften gewonnen werden, welche erforderlich ist, um wirksame Reformen auf sozialpolitischem Gebiete zur Reife zu bringen. Die dazu erforderliche Zeit ist eine lange für die Empfindungen, mit welcher Wir in Unserem Lebensalter auf die Größe der Aufgaben blicken, welche zu lösen sind, ehe Unsere in der Botschaft vom 17. November 1881 ausgesprochenen Intentionen eine praktische Bethätigung auch nur soweit erhalten, daß sie bei den

Betheiligten volles Verständniß und in Folge dessen auch volles Vertrauen finden.

Unsere Kaiserlichen Pflichten gebieten Uns aber, kein in Unserer Macht stehendes Mittel zu versäumen, um die Besserung der Lage der Arbeiter und den Frieden der Berufsklassen unter einander zu fördern, so lange Gott Uns Frist giebt zu wirken.

Darum wollen Wir dem Reichstage durch diese Unsere Botschaft von Neuem und in vertrauensvoller Anrufung seines bewährten treuen Sinnes für Kaiser und Reich die baldige Erledigung der hierin bezeichneten wichtigen Vorlagen dringend an's Herz legen."

Während nun auf Grund dieser Allerhöchsten Botschaft der Reichstag den nächstjährigen Etat fertig stellte und so für die nächste Session Zeit zur Berathung sozialpolitischer Vorlagen gewann, vermochte er den Entwurf des Unfallversicherungsgesetzes, in welchem namentlich der Reichszuschuß sowie die organisatorischen Grundlagen vielfach Anfechtung erfuhren, nicht mehr zur Verabschiedung zu bringen. Es wurden vielmehr in der Kommission nur einzelne Prinzipien desselben durchberathen; ein über das Ergebniß der Kommissionsverhandlungen erstatteter mündlicher Bericht (Drucksachen 1882 Nr. 372) kam wegen Schlusses der Session im Plenum nicht mehr zur Verhandlung, und so war denn der Versuch, die gewerblichen Arbeiter gegen die Folgen von Betriebsunfällen auch dann, wenn dieselben das Maaß der Krankenfürsorge überschreiten, sicher zu stellen, zum zweiten Mal gescheitert. Erreicht war durch das Krankenversicherungsgesetz nur eins, daß nämlich mit dem auf den 1. Dezember 1884 normirten Termin für das Inkrafttreten des Gesetzes fast jeder gewerbliche Arbeiter, dessen Unfallversicherung in Frage kommen konnte, während mindestens 13 Wochen gegen Krankheit und hierdurch für diese Zeit auch gegen die in Krankheit und Erwerbsunfähigkeit sich äußernden Folgen der Unfälle versichert beziehungsweise sichergestellt war.

Indessen dies konnte nicht genügen; war doch noch für alle diejenigen Unfälle zu sorgen, deren Folgen gerade am schwersten auf den Arbeitern lasten und welche die verbitternden Prozesse zwischen Arbeitgebern und Arbeitnehmern gerade hauptsächlich hervorgerufen hatten, für alle die Unfälle nämlich, welche den Tod oder eine länger als 13 Wochen dauernde Arbeitsunfähigkeit, gänzliche oder theilweise Invalidität zur Folge hatten. So mußten denn die Bemühungen, eine Unfallversicherung wenn auch auf anderer Grundlage zu Stande zu bringen, fortgesetzt werden, nachdem inzwischen durch die nach dem Reichsgesetz vom 13. Februar 1882 (R.-G.-B. S. 9) am 5. Juni 1882 aufgenommene Berufsstatistik, deren reichhaltiges Material seither unausgesetzt verarbeitet wird, ziffermäßige Unterlagen über die Bedeutung der einzelnen Berufszweige erzielt waren.

Bei den weiteren Vorarbeiten konnten sich die verbündeten Regierungen der Ueberzeugung nicht verschließen, daß von dem letzten Entwurf insbesondere zwei Grundlagen fallen gelassen werden mußten, wenn ein positives Ergebniß aus den Verhandlungen sollte erwartet werden können — der Reichszuschuß und die Organisation der Berufsgenossenschaften.

Den ersteren hatten die beiden bisher besprochenen Gesetzentwürfe in Aussicht genommen, einmal, weil in demselben ein billiges Aequivalent für die aus der Regelung der Unfallversicherung sich ergebende Erleichterung der öffentlichen Armenlast liege, deren Uebernahme auf das Reich durch die zur Förderung staatlicher Zwecke erfolgende Belastung der Industrie geboten sei, und sodann, weil ein direkter Reichszuschuß, welcher am unmittelbarsten und in verständlichster Weise dem Arbeiter die Fürsorge des Reichs für sein Wohl zum Ausdruck bringe, die socialpolitische Wirksamkeit des Gesetzes verstärken werde. Aber bei keiner Partei des Reichstages hatte dieser Vorschlag Zustimmung gefunden.

Für die Organisation der Berufsgenossenschaften wollte der zweite Entwurf die durchschnittliche Gleichheit der Unfallgefahr, wie sie die verschiedenen Industriezweige und Betriebsarten aufweisen, zum Ausgang nehmen und auf dieser Grundlage zunächst alle versicherungspflichtigen Betriebe in Gefahrenklassen eintheilen. Innerhalb örtlicher Grenzen (in der Regel für den Bezirk einer höheren Verwaltungsbehörde) sollte dann für je einen Industriezweig (oder Betriebsart) oder für mehrere derselben Gefahrenklasse angehörende Industriezweige 2c. je eine „Betriebsgenossenschaft" mit Selbstverwaltung gebildet werden, sobald dieselbe für leistungsfähig anzusehen sei;

die hierbei nicht unterzubringenden Betriebe sollten ohne Rücksicht auf die Verschiedenheit der Gefahrenklassen für je einen Bezirk je einen „Betriebsverband“ mit Selbstverwaltung bilden, welcher letztere für jede in ihm vertretene Gefahrenklasse besondere „Abtheilungen“ erhalten sollte. Dieser Organisation wurde insbesondere entgegengehalten, daß sie schwerfällig sei und Betriebszweige zusammenlege, welche keine gemeinsamen wirthschaftlichen Interessen hätten, größere Betriebszweige aber ohne Noth in kleinere Genossenschaften auseinanderreiße.

Bei dieser Sachlage entschlossen sich die verbündeten Regierungen dazu, auf den in der Allerh. Botschaft vom 17. November 1881 ausgesprochenen Grundlagen einen dritten Gesetzentwurf vorzulegen, bei demselben die soeben erwähnten mit größerer oder geringerer Uebereinstimmung gemißbilligten Punkte fallen zu lassen und den Entwurf derart aufzubauen, daß nach den bisher gemachten Erfahrungen auf Annahme gerechnet werden könne. Nachdem auch dieser Entwurf, dessen Unterschiede von den beiden bisherigen Entwürfen in dem Werk des Geh. Reg.-R. T. Bödiker, die Unfallgesetzgebung der Europäischen Staaten, S. 39 scharf auseinandergesetzt sind, der aber im Uebrigen an den letzten Entwurf sich anlehnt, von dem Preußischen Volkswirthschaftsrath gut geheißen war, wurde derselbe am 6. März 1884 dem Reichstage vorgelegt (Drucksachen 1884 Nr. 4), und von demselben nach kurzer Berathung an die VII. Kommission verwiesen, welcher im Wesentlichen dieselben Abgeordneten angehörten, die in der vorhergegangenen Session in der VIII. Kommission den 2. Gesetzentwurf, sowie das Krankenversicherungsgesetz berathen hatten. Im Beisein mehrerer Regierungskommissare, insbesondere des Staatssekretairs des Innern, Staatsministers v. Böttcher, und der Geh. Reg.-Räthe Bödiker und Gamp, welche letzteren an der Ausarbeitung des Entwurfs hervorragenden Antheil gehabt haben, hat die Kommission unter dem Vorsitz des Frh. von und zu Franckenstein ihre Aufgabe in sechsundzwanzig Sitzungen gelöst und dann den Entwurf mit nur geringen Modifikationen durch einen von dem Abg. Frh. v. Hertling als Referenten klar und übersichtlich abgefaßten eingehenden Bericht vom 11. Juni 1884 (Drucksachen 1884 Nr. 115) wieder an das Plenum gebracht. Mit einigen Abänderungen hat das letztere in der 43. Plenarsitzung den Entwurf mit überwältigender Mehrheit angenommen; die verbündeten Regierungen erklärten ihre Zustimmung zu der Fassung, in welcher der Entwurf aus den Berathungen des Reichstags hervorgegangen war, und so ist denn endlich das Gesetz zu Stande gekommen.

Nach dem vom 6. Juli 1884 datirten „Unfallversicherungsgesetz“ (R.-G.-B. S. 69) sind vorbehaltlich der Erstreckung der Unfallversicherung durch Spezialgesetze die Unternehmer der bisher haftpflichtigen Betriebe (mit Ausnahme der Eisenbahnbetriebe) und der mit Motoren arbeitenden handwerksmäßigen Betriebe, sowie solche Unternehmer, deren Gewerbebetrieb sich auf die Ausführung gewisser mit besonderer Unfallgefahr verbundener Bauarbeiten 2c. (Maurerarbeiten 2c.) erstreckt, für diese letzteren (§. 1) gezwungen, auf alleinige Kosten ihre Arbeiter und kleineren Beamten gegen solche Betriebsunfälle zu versichern, welche den Tod herbeigeführt haben, oder deren Folgen für die Gesundheit nach Ablauf von 13 Wochen noch nicht beseitigt sind (§§. 5, 6). Für die ersten 13 Wochen nach dem Unfall haben, wenn nicht der Tod des Verletzten die Folge des Unfalles gewesen ist, die Krankenkassen oder die Gemeindekrankenversicherung (§. 5 Abs. 2), und soweit in vereinzelt vorkommenden Fällen Versicherte einer Krankenkasse nicht angehören, die Unternehmer (§. 5 Abth. 10) einzutreten; dabei ist von dem Beginn der fünften Woche ab, eventuell auf Kosten des Betriebsunternehmers, das Krankengeld von 50 Prozent auf $66^2/_3$ Prozent des Lohns zu erhöhen (§. 5 Abs. 9). Die Versicherungspflicht kann durch statutarische Bestimmung auf höher besoldete Beamte erstreckt, auch kann durch das Statut den Betriebsunternehmern für ihre Person und für Andere die Betheiligung an der Versicherung gestattet werden (§. 2). Die Versicherung erfolgt unter Ausschluß der Privatversicherungsgesellschaften ausschließlich durch Berufsgenossenschaften, zu welchen sich die Betriebsunternehmer eines Industriezweiges oder mehrerer verwandter Industriezweige nach Maßgabe gleicher wirthschaftlicher Interessen, im Uebrigen nach freier Wahl, für begrenzte Wirthschaftsgebiete oder für den ganzen Umfang des Reichs zusammenschließen können, auf Gegenseitigkeit (§. 9). Knappschaftsverbände können auf Antrag ihrer

Vorstände zu Knappschafts-Berufsgenossenschaften vereinigt werden, für welche einige Besonderheiten gelten (§. 94). Die Berufsgenossenschaften bedürfen der Genehmigung des Bundesraths, welche aber nur in bestimmten Fällen, insbesondere behufs Wahrung der Interessen der Minoritäten und behufs Sicherung einer unbedingten Leistungsfähigkeit, versagt werden darf (§. 12); soweit auf diese Weise Berufsgenossenschaften nicht rechtzeitig gebildet werden, hat der Bundesrath dieselben seinerseits zu errichten (§. 15). Spätere Veränderungen in dem Bestande der Berufsgenossenschaften, wodurch etwaige bei der Bildung vorgekommene Fehler ausgeglichen und weitere Wünsche der Industrie berücksichtigt werden können, sind auf Antrag zulässig (§. 31). Auflösungen sind in Folge der Leistungsunfähigkeit vorgesehen; alsdann leistet das Reich und, soweit Berufsgenossenschaften über den Bezirk eines Bundesstaats nicht hinausgehen, im Falle des §. 92 der Bundesstaat in der Weise Garantie, daß dieselben die bisher in der Genossenschaft entstandenen Verpflichtungen zu übernehmen haben (§ 33).

Die Berufsgenossenschaften können die Verwaltung durch Einrichtung von Sektionen und Bestellung von Vertrauensmännern mit statutarisch zu begrenzenden Befugnissen dezentralisiren (§. 19); sie können in gewissen Grenzen zur gemeinsamen Tragung des Risikos Verbindungen mit anderen Genossenschaften eingehen (§. 30) oder einen Theil des Risikos unbeschadet ihrer Verantwortlichkeit nach außen auf die Sektionen übertragen (§. 29). Bei Erledigung ihrer Angelegenheiten haben sie volle Selbstverwaltung (§. 16), und Behörden haben nur insoweit mitzuwirken, als dies zur Wahrung der öffentlichen Interessen unbedingt erforderlich ist. Die Aufsicht über die Berufsgenossenschaften, übt eine neugebildete Reichsbehörde, welche gleichzeitig den Abschluß des Gebäudes in organisatorischer, administrativer und verwaltungsgerichtlicher Beziehung bildet, das Reichsversicherungsamt (§. 87); dasselbe besteht aus einem Vorsitzenden und mindestens zwei Berufsbeamten, die vom Kaiser auf Lebenszeit ernannt werden, außerdem aber aus 4 Mitgliedern des Bundesraths sowie je 2 Vertretern der Unternehmer und der versicherten Arbeiter, und wird bei Entscheidung der wichtigeren, seiner Kognition anheimfallenden Streitigkeiten durch 2 richterliche Beamte verstärkt. Neben dem

Reichsversicherungsamt können für diejenigen Berufsgenossenschaften, deren Bezirk über die Grenzen eines Bundesstaats nicht hinausgeht, auf Kosten und unter der Aufsicht dieses Bundesstaates Landesversicherungsämter (§. 92) errichtet werden, welche ähnlich wie das Reichsversicherungsamt organisirt sind und für die ihnen unterstellten Genossenschaften im Wesentlichen die Funktionen des Reichsversicherungsamts wahrzunehmen haben.

Bei Betriebsunfällen, durch welche versicherte Personen getödtet oder körperlich verletzt werden, leistet die Berufsgenossenschaft, welcher der betreffende Betrieb, in dem der Unfall sich ereignet hatte, angehört, dem Verletzten oder seinen Hinterbliebenen, dem ersteren jedoch erst nach Ablauf der ersten 13 Wochen (für welche er auf seine Krankenkasse angewiesen bleibt) Schadenersatz (§§. 5, 6), ohne Rücksicht darauf, ob der Unfall durch Zufall oder irgend ein selbst grobes Verschulden des Verletzten oder eines Andern herbeigeführt ist. Nur wenn der Verletzte selbst den Unfall vorsätzlich veranlaßt hat, cessiren seine und seiner Hinterbliebenen Ansprüche. Der Schadenersatz besteht in einem Pauschquantum für die Kosten der Beerdigung, in den Kosten des Heilverfahrens und in einer Rente. Die letztere ist ein Bruchtheil des Jahresarbeitsverdienstes, den der Verletzte in dem Betriebe, in dem der Unfall sich ereignet hat, während des letzten Jahres seiner Beschäftigung bezogen hat oder voraussichtlich bezogen haben würde; für die Berechnung sind gewisse Durchschnittszahlen und als Minimalgrenze der ortsübliche Tagelohn gewöhnlicher Tagearbeiter maßgebend; bis zu 4 Mark für den Arbeitstag kommt der durchschnittlich verdiente Tagelohn ganz, darüber hinaus aber nur mit einem Drittel zur Berechnung. Die Rente beträgt bei völliger Erwerbsunfähigkeit des Verletzten zwei Drittel des Jahresarbeitsverdienstes, bei nur theilweiser Invalidität und für die Hinterbliebenen (Wittwe, Descendenten, Ascendenten) ein Bruchtheil dieses Betrages. Der Schadenersatz wird von den Organen der Berufsgenossenschaften (§. 57) auf Grund vorangegangener polizeilicher Unfalluntersuchungen (§. 53) festgestellt; gegen die Feststellung findet die Berufung an ein Schiedsgericht statt (§. 62), welches zu gleichen Theilen aus Mitgliedern der Genossenschaft und Vertretern der versicherten Arbeiter unter dem Vorsitz eines unbetheiligten öffentlichen Beamten mindestens für jede Genossenschaftssektion ein für alle Mal gebildet ist und den Charakter eines Spezialgerichtshofes trägt (§. 46). In den schwereren Fällen ist gegen die Entscheidung des Schiedsgerichts noch der Rekurs an das Reichsversicherungsamt gegeben (§. 63). Die Rechtsmittel haben keine aufschiebende Wirkung. Der Rechtsweg ist ausgeschlossen; nur dann, wenn die Ansprüche Hinterbliebener um deswillen zweifelhaft sind, weil das Familienverhältniß der letzteren zu dem Getödteten noch der Aufklärung bedarf, können die Hinterbliebenen zur rechtskräftigen Feststellung dieses ihren Anspruch begründenden Familienverhältnisses, aber auch nur hierzu zunächst auf den Rechtsweg verwiesen werden (§. 63). Die Auszahlung der Entschädigungen erfolgt auf Anweisung der Genossenschafsvorstände durch die Postämter (§. 69); nur in Knappschafts-Berufsgenossenschaften kann die Auszahlung, falls das Statut dies vorsieht, durch die Knappschaftskassen bewirkt werden (§. 94).

Die Postverwaltungen schießen die angewiesenen Beträge vor und liquidiren dieselben nach Ablauf eines jeden (vom Bundesrath einheitlich festzustellenden) Rechnungsjahrs ohne Berechnung von Zinsen bei den Genossenschaftsvorständen zur Erstattung (§ 70). Letztere vertheilen den zu erstattenden Jahresbetrag (einschließlich eines Pauschquantums für die Bestreitung ihrer Verwaltungskosten) sowie die Zuschläge für die Ansammlung des Reservefonds (siehe weiter unten) auf die Mitglieder der Genossenschaft mittels Umlage (§§. 10, 71), also dergestalt, daß, wie bei Gemeinden und ähnlichen öffentlich-rechtlichen, die Gewähr ihres Bestandes in sich selbst tragenden Korporationen, nach Ablauf eines jeden Rechnungsjahrs immer nur derjenige Betrag baar aufgebracht wird, welcher für die im Vorjahre thatsächlich erwachsenen und von den Postverwaltungen vorgeschossenen Zahlungen erforderlich gewesen ist. Der Kapitalwerth der im Falle eines Unfalls zu leistenden Renten wird hiernach nicht erhoben, und werden dadurch der Industrie große Kapitalien erhalten, die ihr durch Hinterlegung geringe verzinslicher Deckungskapitalien entzogen werden würden. Während der ersten Jahre, in denen die Last bei dem Umlageverfahren naturgemäß eine geringere sein muß, um dann bis zum Eintritt des Beharrungszustandes zu wachsen, soll durch Zuschläge zu den Entschädigungsbeträgen ein bedeutender Reservefonds aufgesammelt werden (§. 18), dessen

Zinsen nach Ablauf von 11 Jahren zur Erleichterung der Jahreslasten verwendet werden dürfen, sobald der aufgesammelte Betrag das Doppelte des Jahresbedarfs erreicht hat. Jeder Unternehmer hat nach Verhältniß desjenigen Risikos, mit welchem er seine Genossenschaft belastet, zu den Jahreslasten derselben beizutragen; die Umlage erfolgt daher nach Maßgabe der in dem abgelaufenen Rechnungsjahr von jedem einzelnen Unternehmer an seine versicherten Arbeiter u. s. w. thatsächlich gezahlten Löhne und Gehälter, soweit sie für die Entschädigung maßgebend sein würden, einerseits und nach dem Maße der Unfallgefahr andererseits, welches die Natur und die Einrichtungen seines Betriebes mit sich bringen. Dieses Maß der Unfallgefahr findet in Gefahrenklassen, in denen die Beiträge nach der Größe der Unfallgefahr und nach objektiven Merkmalen abgestuft sind (Gefahrentarif), seinen Ausdruck (§. 28). Die Festsetzung der Gefahrenklassen erfolgt aber nicht, wie der 2. Gesetzentwurf (cf. S. IXX.) vorschlug, vorweg für die sämmtlichen versicherungspflichtigen Betriebe durch die Behörde und bildet nicht die Grundlage für die Genossenschaft; die Gefahrenklassen und der Gefahrentarif werden vielmehr, nachdem die Berufsgenossenschaften ohne Rücksicht auf Unfallgefahr lediglich nach der Gleichheit ihres Berufs, ihrer wirthschaftlichen Interessen gebildet und konstituirt sind, von den Berufsgenossenschaften autonomisch aufgestellt und bedürfen nur der Genehmigung des Reichs- (Landes-) Versicherungsamtes.

Sind bei diesem Aufbringungsmodus die einzelnen Betriebsunternehmer durch ihr pekuniäres Interesse genöthigt, thunlichst auf die Verbesserung ihrer Betriebsanlagen und dadurch auf die Verhütung von Unfällen, Verminderung der Unfallgefahr und Reduktion ihrer Jahresbeiträge Bedacht zu nehmen, so haben nicht weniger auch die Berufsgenossenschaften als solche ein pekuniäres Interesse daran, durch Verhütung von Unfällen ihre Leistungen zu vermindern, und das um so mehr, als bei der Natur des Umlageverfahrens die Jahreslasten bis zum 75. Betriebsjahre steigen werden, falls sie nicht durch Verminderung der Unfälle eine Herabminderung erfahren. Das Gesetz überweist demgemäß den Berufsgenossenschaften die Befugniß, Unfallverhütungsvorschriften zu erlassen (§ 78), und zwar nicht nur für die Betriebsunternehmer, welchen zur Verhütung höherer Einschätzung die Herstellung zweckdienlicher Betriebseinrichtungen vorgeschrieben werden kann, sondern auch für die Arbeiter, welche durch Geldstrafen zur Befolgung der zur Verhütung von Unfällen erlassenen Vorschriften angehalten werden dürfen. Diese Geldstrafen fließen in diejenige Krankenkasse, welcher der Kontravenient dermalen angehört. Auch die von den Landesbehörden beabsichtigten Unfallverhütungsvorschriften sollen den Genossenschaftsorganen zur vorherigen Begutachtung vorgelegt werden (§ 81).

Die versicherten Arbeiter sind nicht Mitglieder der Berufsgenossenschaften und tragen zu den Lasten der letzteren nichts bei. An der Gesammtbelastung durch Unfälle tragen sie jedoch insofern mit, als sie zu den Krankenkassen, denen die Fürsorge für Verletzte während der ersten 13 Wochen überwiesen bleibt, neben den Unternehmern Beiträge leisten. Hierdurch haben die Arbeiter 11% der gesammten durch Betriebsunfälle hervorgerufenen finanziellen Belastung zu tragen, wogegen ihnen denn auch die Lasten der nicht durch Unfälle hervorgerufenen Krankenpflege nur antheilig, nämlich mit $66^2/_3$% zufallen; denn die fehlenden $33^1/_3$% dieser letzteren Belastung werden durch die Unternehmer getragen, soweit die Arbeiter auf deren Betheiligung nicht etwa ausdrücklich verzichten. Erwägt man, daß die aus Unfällen erwachsende Krankenfürsorge (nach den bisherigen statistischen Unterlagen auf rund 2 750 000 Mark zu veranschlagen) nur $^1/_8$, also etwa $12^1/_3$% der gesammten durch Krankenfürsorge entstehenden Last darstellt, so erhellt, daß die Arbeitnehmer durch diese Vertheilung — wonach nicht ihnen allein die Krankenfürsorge und den Betriebsunternehmern allein die Unfallfürsorge übertragen ist, sondern an der ersteren die Unternehmer in erheblichem, an der letzteren die Arbeiter in geringem Maaße mitbetheiligt sind — keineswegs benachtheiligt werden. Andererseits ergiebt sich aus dem Umstande, daß die Arbeiter durch ihre Beiträge zu den Krankenkassen auch einen Theil der Gesammtlast aus Unfällen tragen, die Nothwendigkeit, sie auch an der Verwaltung der Unfallversicherung überall da zu betheiligen, wo ihre Interessen auf dem Spiele stehen. Das Gesetz sieht eine solche Betheiligung vor und läßt Vertreter der Arbeiter (§§ 41, 45), welche durch die Vorstände von Krankenkassen gewählt werden, an den polizeilichen Unfalluntersuchungen sowie an der Berathung und Begutachtung von Unfallverhütungsvorschriften, an den Schiedsgerichten und an dem Reichs- (Landes-) Versicherungsamt Theil nehmen. Hierbei wirken die Vertreter der Arbeiter in gleichem Umfang mit wie die Vertreter der Berufsgenossenschaften: beide Theile wählen je zwei Beisitzer der Schiedsgerichte und je zwei Mitglieder des Reichs- sowie der Landes-Versicherungsämter, und bei der Berathung beziehungsweise Begutachtung von Unfallverhütungsvorschriften treten den Genossenschafts- und Sektionsvorständen, welchen diese Thätigkeit obliegt, Vertreter der Arbeiter in derjenigen Zahl zu, in welcher Mitglieder der Genossenschaft zu den Vorständen gehören. Wer ohne Vorurtheil diese Befugnisse erwägt, wird offenbar anerkennen müssen, daß sie allen Anforderungen entsprechen, welche die versicherten Arbeiter billigerweise erheben können.

Für diejenigen Personen, welche auf Grund der öffentlichrechtlichen Unfallversicherung Schadenersatz erhalten können, fällt die civilrechtliche Haftpflicht des Unternehmers für das Versehen seiner Betriebsbeamten fort (§. 95). Derjenige Unternehmer oder Betriebsbeamte dagegen, welcher strafrechtlich wegen Verschuldung des Unfalls hat haftbar gemacht werden können, ist dem Verletzten und seinen Hinterbliebenen sowie den Krankenkassen und Berufsgenossenschaften regreßpflichtig, und zwar dem Verletzten und seinen Hinterbliebenen auf das Mehr, jedoch nur bei Vorsatz, den schadensersatzpflichtigen Korporationen dagegen in vollem Umfang und auch bei (kriminell strafbarer) Fahrlässigkeit. Dritte haften ohne jede Beschränkung, leisten aber dasjenige, was die Verbände bereits gewährt haben, an diese, nicht an den bereits befriedigten Verletzten. Krankenkassen, Armenverbände und sonstige gesetzlich zur Fürsorge Verpflichtete bleiben zu den ihnen gesetzlich obliegenden Leistungen nach wie vor verbunden; die Genossenschaften aber haben ihnen dasjenige zu erstatten, was sie ihrerseits auf Grund dieses Gesetzes zu leisten verpflichtet sind (§. 8). Versicherungsverträge mit Privat-Unfallversicherungsanstalten bleiben bestehen, ohne daß dadurch das Rechtsverhältniß zwischen dem Versicherten und den Berufsgenossenschaften berührt wird; letztere aber haben auf Antrag der Versicherungsnehmer an Stelle dieser in die Verträge einzutreten (§. 100).

Dies ist in kurzen Zügen die Geschichte und der wesentliche Inhalt des Unfallversicherungsgesetzes. Mit demselben ist ein zweiter wichtiger Schritt auf dem Gebiet der socialen Gesetzgebung gemacht, und dadurch das Ziel, welches Seine Majestät der Kaiser und die verbündeten Regierungen auf Anrathen unseres Reichskanzlers mit der großen Mehrheit des Deutschen Volks und seiner Vertreter auf diesem Gebiet sich gesteckt haben, das Ziel, durch positive Reformen eine Verbesserung der wirthschaftlichen Lage der arbeitenden Klassen zu erzielen, näher gerückt. Die Größe dieses nach mehreren vergeblichen Anläufen erreichten Erfolges wird Niemand unterschätzen — das junge Deutsche Reich ist hierdurch auf einem bisher unbebauten Gebiet bahnbrechend den übrigen Nationen vorangegangen und hat auch durch diese Friedensthat seine führende Stellung unter den Völkern dargethan. Das durch die Unfallversicherung gegebene Beispiel wird nicht verfehlen, in Nachbarländern, deren Gesetzgebung durchweg, bei den einen mehr, bei den anderen weniger, noch zurück ist,[1]) Nachahmung zu finden, und es steht danach zu erwarten, daß auch in anderen Ländern die arbeitenden Klassen der Bevölkerungen durch die von Deutschland, seinem unvergleichlichen Kaiser und seinem großen Kanzler ausgegangene Anregung eine wesentliche Verbesserung ihres wirthschaftlichen Looses zu verdanken haben werden. Welchen Segen muß diese Wohlfahrtseinrichtung denen bringen, die sie herbeigeführt haben! Und daß der ernsten Bemühung, der emsigen Arbeit mehrerer Jahre der Erfolg nicht gefehlt hat, giebt Bürgschaft, daß es in absehbarer Zeit auch gelingen wird, nicht nur die Unfallfürsorge auch denjenigen Kategorien zugänglich zu machen, welche bei diesem ersten Versuch nicht gleich haben berücksichtigt werden können, sondern auch weitere Staffeln der Leiter zum socialen Frieden zu erklimmen und durch Alters- und Invalidenversorgung auf Gebieten helfend einzutreten, auf welchen bisher noch manches Elend der Abhülfe harrt. Möchte es unserem greisen Kaiser vergönnt sein, den weiteren Ausbau und die endliche Vollendung des Gebäudes zu erleben, zu dem er den Grund gelegt hat, und welches in der herrlichen Botschaft vom 17. November 1881 in der Perspektive gezeigt ist!

1) Vgl. darüber: T. Bödiker, Geh. Reg.-Rath, die Unfallgesetzgebung der Europäischen Staaten, Leipzig, Verlag von Duncker und Humblot 1884.

I.

Auszug

aus der allgemeinen Begründung des II. Gesetzentwurfs vom 8. Mai 1882.

(Drucksachen des Reichstages 1882, Nr. 19.)

(Nothwendigkeit der Fürsorge für die arbeitenden Klassen. — Beleuchtung der fundamentalen Mängel des Haftpflichtgesetzes. — Ergänzug der privatrechtlichen Haftpflicht durch die öffentlich-rechtliche Unfallversicherung. — Höhe der Unfallversicherung. — Ausschluß der Privatgesellschaften.)

In der Begründung des unterm 8. März 1881 dem Reichstag vorgelegten Gesetzentwurfs, betreffend die Unfallversicherung der Arbeiter (Drucksachen des Reichstags Nr. 41), ist die Nothwendigkeit, die bedenklichen Erscheinungen, welche zum Erlasse des Gesetzes vom 21. Oktober 1878 geführt haben, durch positive, auf die Verbesserung der Lage der Arbeiter abzielende Maßnahmen zu bekämpfen und zu dem Ende zunächst auf die Sicherstellung der Arbeiter gegen die wirthschaftlichen Folgen der Unfälle Bedacht zu nehmen, sowie der Weg, auf welchem nach den damaligen Vorschlägen der verbündeten Regierungen dieses nächste Ziel erreicht werden sollte, mit den nachfolgenden Ausführungen dargelegt und erläutert:

„Wenn auch die Hoffnung berechtigt ist, daß die allgemeine Besserung, welche von der neuerdings befolgten nationalen Wirthschaftspolitik für die Entwickelung des heimischen Gewerbfleißes erwartet werden darf, auch den Arbeitern durch eine allmälige Erhöhung des Arbeitsverdienstes und durch Verminderung der Schwankungen desselben zu gute kommen wird, so ist doch nicht zu verkennen, daß in der Unsicherheit des lediglich auf der Verwerthung der persönlichen Arbeitskraft beruhenden Erwerbes, welche auch bei normaler Entwickelung der heimischen Gewerbsthätigkeit niemals ganz beseitigt werden kann, Mißstände begründet sind, welche zwar auch durch gesetzgeberische Maßnahmen nicht völlig aufzuheben sind, deren allmälige Milderung aber auf dem Wege besonderer, die eigenthümlichen Verhältnisse der Arbeiter berücksichtigender Gesetzgebung ernstlich in Angriff genommen werden muß."

„Daß der Staat sich in höherem Maße als bisher seiner hülfsbedürftigen Mitglieder annehme, ist nicht blos eine Pflicht der Humanität und des Christenthums, von welchem die staatlichen Einrichtungen durchdrungen sein sollen, sondern auch eine Aufgabe staatserhaltender Politik, welche das Ziel zu verfolgen hat, auch in den besitzlosen Klassen der Bevölkerung, welche zugleich die zahlreichsten und am wenigsten unterrichteten sind, die Anschauung zu pflegen, daß der Staat nicht blos eine nothwendige, sondern auch eine wohlthätige Einrichtung sei. Zu dem Ende müssen sie durch erkennbare direkte Vortheile, welche ihnen durch gesetzgeberische Maßregeln zu theil werden, dahin geführt werden, den Staat nicht als eine lediglich zum Schutz der besser situirten Klassen der Gesellschaft erfundene, sondern als eine auch ihren Bedürfnissen und Interessen dienende Institution aufzufassen."

„Das Bedenken, daß in die Gesetzgebung, wenn sie dieses Ziel verfolge, ein sozialistisches Element eingeführt werde, darf von der Betretung dieses Weges nicht abhalten. Soweit dies wirklich der Fall, handelt es sich nicht um etwas ganz Neues, sondern nur um eine Weiterentwickelung der aus der christlichen Gesittung erwachsenen modernen Staatsidee, nach welcher dem Staat neben der defensiven, auf den Schutz bestehender Rechte abzielenden, auch die Aufgabe obliegt, durch zweckmäßige Einrichtungen und durch Verwendung der zu seiner Verfügung stehenden Mittel der Gesammtheit, das Wohlergehen aller seiner Mitglieder und namentlich der schwachen und hülfsbedürftigen positiv zu fördern. In diesem Sinne schließt namentlich die gesetzliche Regelung der Armenpflege, welche der moderne Staat, im Gegensatze zu dem des Alterthums und des Mittelalters, als eine ihm obliegende Aufgabe anerkennt, ein sozialistisches Moment in sich, und in Wahrheit handelt es sich bei den Maßnahmen, welche zur Verbesserung der Lage der besitzlosen Klassen ergriffen werden können, nur um eine Weiterentwickelung der Idee, welche der staatlichen Armenpflege zu Grunde liegt."

„Auch die Besorgniß, daß die Gesetzgebung auf diesem Gebiete namhafte Erfolge nicht erreichen werde, ohne die Mittel des Reichs und der Einzelstaaten in erheblichem Maße in Anspruch zu nehmen, darf von der Betretung des Weges nicht abhalten, denn der Werth von Maßnahmen, bei welchen es sich um die Zukunft des gesellschaftlichen und staatlichen Bestandes handelt, darf nicht an den Geldopfern, welche sie vielleicht erfordern, gemessen werden. Allerdings können mit einer einzelnen Maßregel, wie sie gegenwärtig vorgeschlagen wird, die Schwierigkeiten, welche die soziale Frage bietet, nicht gänzlich oder auch nur zu einem erheblichen Theile gehoben werden; es handelt sich vielmehr nur um den ersten Schritt auf einem Gebiete, auf welchem eine Jahre lang fortzusetzende schwierige Arbeit mit Vorsicht und allmälig zu bewältigen sein und die Lösung einer Aufgabe wieder neue Aufgaben erzeugen wird. Dieser erste Schritt aber darf nach der Ueberzeugung der verbündeten Regierungen nicht länger hinausgeschoben werden und sie erachten es für Pflicht, ihrerseits durch Einbringung dieser Vorlage der Erfüllung der Zusagen und Wünsche näher zu treten, welche bei den Verhandlungen über das Gesetz, betreffend die gemeingefährlichen Bestrebungen der Sozialdemokratie, von mehr als einer Seite ausgesprochen sind . . . . ."

„Bei den Verhandlungen über den Erlaß des Gesetzes vom 7. Juni 1871 sind Zweifel erhoben, ob der § 2 des Gesetzentwurfs das Bedürfniß, aus welchem er hervorgegangen, auch wirklich befriedigen werde. Die Anträge, welche damals gestellt wurden, um dieses Ziel sicherer zu erreichen, wollten die neu geschaffene Verbindlichkeit theils für ein weiteres Gebiet in Geltung gesetzt, theils ihrem Inhalt nach verschärft wissen. Ihre Ablehnung erfolgte, weil man fürchtete, durch eine zu weite Ausdehnung und Verschärfung des neuen Prinzips die Industrie zu stark zu belasten und dadurch in ihrer Entwickelung zu hemmen. Schon bald nach Erlaß des Gesetzes wurden Stimmen laut, welche den geschaffenen Rechtszustand als einen unbefriedigenden bezeichneten, und im weiteren Verlaufe der Anwendung des Gesetzes wurde immer allgemeiner das Bedürfniß nach einer Veränderung oder Verbesserung desselben gefühlt. Wenn dabei einerseits das Mittel der Verbesserung bis auf die neueste Zeit in einer weiteren Ausdehnung und Verschärfung der durch das Gesetz begründeten Haftverbindlichkeit gesucht wurde, so fehlt es andererseits auch nicht an der Erkenntniß, daß das Gesetz, auch wenn das ihm zu Grunde liegende Prinzip bis an die äußersten juristischen Grenzen seiner Dehnbarkeit durchgeführt werden sollte, doch die Befriedigung des Bedürfnisses, durch welches es hervorgerufen ist, nur unvollkommen erreichen würde."

„Daß die Bestimmungen des § 2 des Gesetzes bei fortschreitender Anwendung Zustände herbeigeführt haben, welche weder Arbeitgeber noch Arbeitnehmer befriedigen und das Verhältniß zwischen beiden Klassen der gewerblichen Bevölkerung eher verschlimmert als verbessert haben, wird kaum noch bestritten. Die Belastung des Verletzten mit dem Beweise eines Verschuldens des Unternehmers oder seiner Beauftragten macht die Wohlthat des Gesetzes für den Arbeiter in den meisten Fällen illusorisch. Dieser schon an sich schwierige Beweis wird nicht selten und gerade bei den durch elementare Kräfte herbeigeführten folgenschwersten Unfällen, wie sie in Bergwerken, in Anlagen mit Dampfkesseln und in Fabriken zur Herstellung von Explosivstoffen vorkommen, dadurch unmöglich gemacht, daß der Zustand der Betriebsstätte und der Betriebseinrichtungen, auf dessen Feststellung es für den Schuldbeweis meistens ankommt, durch den Unfall selbst bis zur Unkenntlichkeit verändert ist, und daß diejenigen Personen, durch deren Zeugniß häufig allein ein Verschulden nachgewiesen werden könnte, durch den Unfall selbst getödtet oder verletzt und im letzteren Falle, auch wenn sie nicht, was die Regel ist, selbst Partei sind, durch die Katastrophe in einen Zustand versetzt sind, der sie zur Ablegung eines Zeugnisses unfähig macht. Die Erfahrung hat bis auf die neueste Zeit gezeigt, daß das Gesetz in denjenigen Fällen, welche durch ihre Wirkung auf die öffentliche Meinung vorzugsweise seinen Erlaß befördert haben, und auf welche es nach den Motiven in erster Linie berechnet war, regelmäßig seinen Zweck nicht erreicht. Aber auch abgesehen von solchen Fällen ist die Lage des einzelnen Arbeiters, welcher einen Entschädigungsanspruch gegen seinen Arbeitgeber im Wege des Prozesses verfolgen muß, angesichts seines Vermögens- und Bildungsstandes, sowie seiner sozialen Stellung, in der Regel eine ungünstige. Nichtsdestoweniger sind Prozesse über Entschädigungsansprüche aus dem Haftpflichtgesetz keineswegs selten, zumal sich seit Erlaß des letzteren in vielen Arbeiterkreisen die Anschauung festgesetzt hat, daß den Arbeitern, wenn sie ohne eigenes Verschulden bei der Arbeit verunglücken, unter allen Umständen die weitere Versorgung durch den Arbeitgeber zutheil werden müsse. Auch wo diese Anschauung nicht herrscht, hat der Umstand, daß bei den meisten Unfällen verschiedene Ursachen in oft schwer zu erkennendem Maße zusammenwirken, die Folge, daß der Arbeiter den Unfall ausschließlich irgend einem dem Arbeitgeber zur Last fallenden Mangel des Betriebes beimißt, während der Arbeitgeber ihn ebenso bestimmt auf eine Unfolgsamkeit oder Leichtfertigkeit des Arbeiters zurückführt. Da der Arbeiter, welcher in der Regel im Armenrechte klagt, durch die Furcht vor Kosten nicht vom Prozesse zurückgeschreckt wird und der Arbeitgeber durch die oft sehr erhebliche Höhe des Anspruchs, sowie durch die Furcht vor den Konsequenzen abgehalten wird, denselben zuzugestehen, so führt jene Verschiedenheit der Auffassung dazu, daß in vielen Fällen, in denen früher der Arbeitgeber seinem im Dienst verunglückten Arbeiter aus Billigkeits- oder Humanitätsrücksichten in irgend einer Form eine nach den Umständen bemessene Unterstützung gewährte, der Arbeiter jetzt, auf ein vermeintliches Recht gestützt, die volle Entschädigung für seine verlorene oder geminderte Erwerbsfähigkeit fordert, während der Arbeitgeber gleichfalls in vollem Rechte zu sein glaubt, wenn er jede Verpflichtung in Abrede stellt. Die Folge ist dann meistens, daß nach einem langwierigen Prozesse entweder der Arbeitgeber zu einer Entschädigung verurtheilt wird, welche er als eine unbillige ansieht, oder der Arbeiter auch derjenigen Unterstützung verlustig geht, welche ihm unter anderen Umständen durch das Pflichtgefühl oder Wohlwollen des Arbeitgebers zutheil geworden wäre. Daß durch derartige Vorgänge Erbitterung zwischen Arbeitgebern und Arbeitern hervorgerufen und mit jedem neuen Falle der Boden für eine gütliche Verständigung in künftigen Streitfällen dieser und anderer Art immer mehr untergraben wird, liegt in der Natur der Sache und ist neuerdings von Behörden und Beamten, welche diesen Verhältnissen nahe stehen, sowie von wohlwollenden Arbeitgebern mehrfach hervorgehoben worden. Nicht wenig trägt zur Vermehrung der Prozesse über Entschädigungsansprüche und damit zur Verschärfung des Gegensatzes zwischen Arbeitgebern und Arbeitern auch die jetzige Gestaltung der Unfallversicherung bei. Die Versicherungsgesellschaften sind durch geschäftliche Rücksichten darauf hingewiesen, auf Grund der für haftpflichtige Unfälle abgeschlossenen Versicherung nur für solche Entschädigungen Deckung zu leisten, zu denen der Versicherungsnehmer durch das Gesetz unzweifelhaft verpflichtet war. Sie können daher dem letzteren nicht die Entscheidung über die Anerkennung oder Nichtanerkennung der erhobenen Ansprüche überlassen und sich bei ihrer eigenen Entscheidung nicht durch Rücksichten bestimmen lassen, welche den Arbeitgeber, wenn er allein zu entscheiden hätte, vielleicht geneigt machen würden, manchen Zweifel an seiner rechtlichen Verpflichtung auf sich beruhen zu lassen. Bei der großen Zweifelhaftigkeit der meisten aus dem Haftpflichtgesetz hergeleiteten Ansprüche kann es daher kaum befremden, daß die Mehrzahl der Versicherungsgesellschaften dahin gelangt ist, in den meisten Fällen nur zu zahlen, wenn der fragliche Entschädigungsanspruch durch richterliche Entscheidung festgestellt ist. Aber auch da, wo dieser Grundsatz nicht befolgt wird, ist dem Arbeitgeber, welcher gegen haftpflichtige Unfälle versichert ist, die Anerkennung einer gegen ihn erhobenen Entschädigungsforderung in hohem Grade dadurch erschwert, daß er, um seinen Anspruch gegen die Versicherungsgesellschaft nicht aufzugeben, ein vorgekommenes eigenes oder seinem Beauftragten zur Last fallendes Verschulden einräumen muß. Die Regel ist demnach, daß der Arbeitgeber in jedem Falle, wo eine Entschädigung gefordert wird, genöthigt ist, sich von seinem Arbeiter verklagen zu lassen. So unwillkommen eine solche Lage für den wohlwollenden Arbeitgeber ist, so kann er doch auf die Versicherung nicht verzichten, weil sie ihm das einzige Mittel bietet, sich gegen Verluste zu schützen, welche bei ihrer Erheblichkeit unter Umständen die Existenz des Unternehmens gefährden können. Bei der Unbeschränktheit des richterlichen Ermessens, welchem das Gesetz die Bestimmung der Höhe des Schadensersatzes überläßt, liegt in jedem Falle die Möglichkeit vor, daß die Rente, welche der Richter dem Verletzten oder seinen Hinterbliebenen als Ersatz für die verlorene Erwerbsfähigkeit oder für den verlorenen Unterhalt zubilligt, in der vollen Höhe des letzten Arbeitslohnes bemessen wird, und die Erfahrung lehrt, daß Fälle, in denen dies geschieht, nicht selten sind. Auf diese Weise erhält der in seinem Berufe verunglückte Arbeiter, wenn sein Anspruch für begründet erkannt wird, Entschädigung in einer Höhe, wie sie in anderen Berufsarten, namentlich auch im Staats- und sonstigen öffentlichen Dienste nicht vorkommt und mit Rücksicht auf die vorkommenden Zeiten der Arbeitslosigkeit oder doch des geminderten Verdienstes, und andererseits auf die dem Verletzten oft bleibende oder wiederkehrende theilweise Erwerbsfähigkeit nicht gerechtfertigt ist. Andererseits aber ist der Entschädigungsanspruch an solche Voraussetzungen geknüpft, daß er nur in einer verhältnißmäßig geringen Zahl von Fällen, in welchen Arbeiter ihre Erwerbsfähigkeit ganz oder theilweise verloren haben, zur Geltung gebracht werden kann, während in den anderen Fällen der erwerbsunfähig gewordene Arbeiter der öffentlichen Armenpflege oder der Privatwohlthätigkeit anheimfällt."

„Es läßt sich hiernach nicht verkennen, daß der § 2 des Gesetzes vom 7. Juni 1871 der Absicht, den Arbeiter gegen die wirthschaftlichen Folgen der mit seinem Berufe verbundenen Gefahren sicher zu stellen, nur unvollkommen entspricht, daß unter Umständen der Arbeitgeber durch die Haftpflicht in einer übermäßigen Weise belastet wird; daß durch das Gesetz statt der gehofften Verbesserung des Verhältnisses zwischen Arbeitgebern und Arbeitern in weitem Umfange der entgegengesetzte Erfolg herbeigeführt und im ganzen eine Situation geschaffen ist, deren Beseitigung im Interesse beider Klassen der gewerblichen Bevölkerung gleich wünschenswerth erscheint. An die Gesetzgebung tritt damit die Aufgabe heran, eine Regelung herbeizuführen, welche die Arbeiter gegen die wirthschaftlichen Folgen der bei der Arbeit eintretenden Unfälle in möglichst weitem Umfange sicherstellt, ohne die Industrie mit unerschwinglichen Opfern zu belasten und ohne auf das Verhältniß zwischen Arbeitgebern und Arbeitern einen nachtheiligen Einfluß auszuüben. Diese Aufgabe wird indessen auf dem Wege, welchen die bisherigen auf Revision des Gesetzes vom 7. Juni 1871 gerichteten Bestrebungen ins Auge gefaßt haben, nicht gelöst werden können. Die Ausführung des am weitesten gehenden Vorschlags, welcher darauf abzielt, die Entschädigungsverbindlichkeit für die in § 2 des Gesetzes aufgeführten und die weiter in denselben noch aufzunehmenden Betriebe in gleicher Weise zu regeln, wie dies in § 1 für die Eisenbahnen geschehen ist, würde die Arbeitgeber in einer innerlich rechtswidrigen Weise und in einem für den Fortbestand und die weitere Entwickelung unserer Industrie bedenklichen Maße belasten, ohne doch zu völlig befriedigenden Ergebnissen für die Arbeiter und das Verhältniß zwischen ihnen und den Arbeitgebern zu führen. Die Streitigkeiten über Enschädigungsansprüche würden allerdings vermindert, aber keineswegs beseitigt werden. Während bisher der Arbeiter ein Interesse hatte, bei jedem Unfalle womöglich ein Verschulden seines Arbeitgebers oder eines Beauftragten desselben aufzufinden, würde fortan der Arbeitgeber dasselbe Interesse haben, ein Verschulden des Arbeiters nachzuweisen, und das nicht unberechtigte Gefühl, mit einer Verantwortlichkeit belastet zu sein, welche in der Natur der Verhältnisse und in allgemeinen Rechtsgrundsätzen keine ausreichende Begründung findet, sowie die Schwere der aus dieser Verantwortlichkeit entspringenden Belastung, würden die Arbeitgeber voraussichtlich dahin führen, jede Möglichkeit, diese Verantwortlichkeit im einzelnen Falle von sich fern zu halten, zu verfolgen. Eine Regelung nach diesem Vorschlage, welcher übrigens innerhalb des Reichstags neuerdings nur von den der sozialdemokratischen Partei angehörenden Abgeordneten vertreten ist (Antrag Hasenclever, Drucksachen 1878 Nr. 128), wird demnach nicht in Frage kommen können."

„Ein anderer Weg, um zu einer ausgiebigeren Sicherstellung der Arbeiter gegen die Folgen der Unfälle zu gelangen, wurde bei der Berathung des Gesetzes durch die Mehrzahl der zu § 2 gestellten Anträge in Vorschlag gebracht. Darnach sollte zwar an dem Grundsatze, welcher das Eintreten der Entschädigungsverbindlichkeit von dem Vorhandensein eines, sei es unmittelbaren, sei es mittelbaren Verschuldens des Unternehmers abhängig macht, festgehalten, das Mittel zur Erweiterung des den Arbeitern zugedachten Schutzes aber in einer Bestimmung gefunden werden, nach welcher das Vorhandensein eines Verschuldens unter gewissen Voraussetzungen zu präsumiren sein würde. Die Anträge Lasker (Drucksachen 1871 Nr. 65), Schaffrath und Klotz (ib. Nr. 71 II), Biedermann (ib. Nr. 71 III), Friedenthal (ib.

Nr. 75), Grumbrecht (ib. Nr. 94, 95), laufen sämmtlich darauf hinaus, daß der Unternehmer verpflichtet sein soll, bei der Einrichtung und dem Betriebe seiner Anlage die erforderlichen Vorsichtsmaßregeln zu treffen, und daß das Verschulden präsumirt werden soll, wenn der Unternehmer nicht beweist, daß er dieser Verpflichtung nachgekommen sei. Die Verschiedenheit der Anträge liegt theils in den Kriterien, von welchen die Entscheidung darüber, welche Vorsichtsmaßregeln erforderlich waren, abhängig sein soll, theils darin, daß die Einen die Präsumtion des Verschuldens beim Mangel jenes Beweises ohne weiteres und schlechthin eintreten lassen (Lasker Nr. 65, Schaffrath und Klotz Nr. 71 II), die Anderen dagegen diese Präsumtion beschränken wollen, und zwar entweder durch Abhängigmachung derselben von dem vorgängigen Beweise, daß der Unfall durch Einrichtungen der fraglichen Art hätte abgewandt werden können (Friedenthal Nr. 75, Grumbrecht Nr. 94 II), oder dadurch, daß ein Gegenbeweis zugelassen wird (Unterantrag Bahr Nr. 70, Biedermann Nr. 71 III, Friedenthal Nr. 75). In der gleichen Richtung bewegen sich der in der Reichstagssession von 1878 von der IX. Kommission gefaßte Beschluß (Drucksachen 1878 Nr. 251) und die in der Session von 1879 von dem Abgeordneten von Hertling und Genossen ausgegangene Interpellation (Drucksachen 1879 Nr. 23), indem sie neben der Ausdehnung der Haftpflicht auf andere, als die bis jetzt im § 2 aufgeführten Betriebe „die Regelung der Verantwortlichkeit des Unternehmers und der Beweislast in einer der Natur der einzelnen Gewerbe" entsprechenden Weise in Aussicht nehmen."

„Alle diese Anträge haben das Gemeinsame, daß sie bei der gesetzlichen Regelung der vorliegenden Frage an dem Grundsatze des allgemeinen Obligationenrechts, wonach die Verbindlichkeit zum Schadenersatze durch ein Verschulden begründet wird, festhalten wollen, nichtsdestoweniger aber durch das Bedürfniß, den Verhältnissen des vorliegenden besonderen Gebietes Rechnung zu tragen, zu den einschneidendsten Abweichungen von den Konsequenzen dieses Grundsatzes und von den allgemeinen Rechtsgrundsätzen über Beweispflicht und über rechtliche Präsumtionen gedrängt werden, und damit in die Lage kommen, der allgemeinen Regelung dieses Theils des Obligationenrechts in einer bedenklichen, in ihren Konsequenzen nicht zu übersehenden Weise vorzugreifen. Muß schon dieses prinzipielle Bedenken von der Betretung des in jenen Anträgen angedeuteten Weges abmahnen, so stehen überdies der Wahl dieses Weges auch die erheblichsten praktischen Schwierigkeiten entgegen. In welcher Weise auch die „nähere Regelung der Verantwortlichkeit und der Beweislast" gedacht werden mag, sie wird immer darauf hinauslaufen müssen, daß hinsichtlich der Einrichtungen und der Ordnung des Betriebes bestimmte Forderungen aufgestellt werden, deren Nichterfüllung, mag sie im Streitfalle von dem Verletzten bewiesen werden müssen, oder bei mangelndem Beweise der Erfüllung präsumirt werden, die Haftbarkeit des Unternehmers für die Folgen eines eingetretenen Unfalles begründet. Der Versuch, diese Forderungen durch Spezialvorschriften für die verschiedenen Betriebsarten festzustellen, würde auf die Schwierigkeit stoßen, die in Betracht kommenden Verhältnisse aller einzelnen Betriebsarten so sicher und erschöpfend zu übersehen, daß die zu erlassenden Vorschriften mit einer den Forderungen der Gerechtigkeit einigermaßen entsprechenden Gleichmäßigkeit bemessen werden könnten: ganz zu geschweigen der weiteren Schwierigkeit, welche einer gesetzlichen Fixirung dieser Forderungen daraus erwachsen würde, daß die für die letzteren maßgebenden technischen und sonstigen Verhältnisse vielfachem und oft raschem Wechsel unterworfen sind. Wollte man sich aber angesichts dieser Schwierigkeiten darauf beschränken, die an den Unternehmer zu stellenden Forderungen durch eine allgemeine Bestimmung von „den bestehenden Vorschriften" oder von „Erfahrung und Wissenschaft" abhängig zu machen, wie es nach den bei Berathung des Gesetzes abgelehnten Anträgen geschehen sollte, so würde sich in Folge der Verschiedenheit, sei es der „geltenden Vorschriften", sei es des Urtheils über die Forderungen der „Erfahrung und Wissenschaft", in der praktischen Handhabung des Gesetzes eine Ungleichmäßigkeit herausstellen, welche schwerlich lange ertragen werden würde."

„Das Hauptbedenken gegen diese Art der Regelung besteht aber darin, daß dadurch der gegenwärtige Zustand nicht wesentlich verbessert werden würde. Allerdings würde sich die Zahl derjenigen Arbeiter, welche für die durch Unfall verlorene Erwerbsfähigkeit Ersatz erhielten, vielleicht nicht unerheblich vermehren, ob aber die

Wohlthaten des Gesetzes gerechter vertheilt werden würden, ist zu bezweifeln, und keinenfalls würde das Ziel erreicht werden, daß den Arbeitern in allen Fällen, in welchen es der Billigkeit und dem Interesse der Gesammtheit entspricht, jener Ersatz in einer Weise gesichert würde, welche keine zu schwere Belastung der Industrie zur Folge haben und keine ungünstige Rückwirkung auf das Verhältniß zwischen Arbeitgebern und Arbeitern ausüben würde. Jede Regelung, welche den Anspruch des Arbeiters von einem wirklichen oder fingirten Verschulden des Unternehmers abhängig macht, ist mit der Gefahr verbunden, daß über das Vorhandensein dieses Verschuldens in jedem einzelnen Falle der Anwendung Zweifel entstehen. Auch die sorgfältigste Abmessung der Voraussetzungen, unter denen das Verschulden angenommen werden soll, vermag nicht zu verhindern, daß diese Zweifel in zahlreichen Fällen zu einer Quelle von Rechtsstreitigkeiten werden. Damit bleibt es aber mehr oder weniger dem Zufalle überlassen, ob die einzelnen Arbeiter der Wohlthaten des Gesetzes in gleichmäßiger Weise theilhaftig werden, und ebenso bleibt der verbitternde Einfluß, welchen der gegenwärtige Rechtszustand auf das Verhältniß zwischen Arbeitgebern und Arbeitern ausübt, in ungeschwächter Kraft bestehen."

„Wenn hiernach der Versuch, die Lage der Arbeiter durch Verschärfung der Haftpflicht zu verbessern, einen befriedigenden Erfolg nicht in Aussicht stellt, und wenn nach den bei der Anwendung des § 2 des Gesetzes vom 7. Juni 1871 gemachten Erfahrungen nicht einmal die Ausdehnung der Haftpflicht auf ein weiteres als das bisherige Gebiet rathsam erscheint, so kann doch die Frage, in welchem Maße und auf welche Weise die Arbeiter gegen die wirthschaftlichen Folgen der Unfälle gesichert werden sollen, nicht auf sich beruhen bleiben. Ein Stillstand oder gar ein Rückschritt auf diesem Gebiete der Gesetzgebung würde den staatlichen Aufgaben der Gesetzgebung ebensowenig, wie dem Interesse der Industrie entsprechen. Dagegen wird eine Regelung, welche die auf solche Sicherung der Arbeiter gerichtete Forderung in gerechtem Umfange für einen möglichst weiten Kreis befriedigt, unter denjenigen Maßregeln, welche zur Verbesserung der Lage der Arbeiter in Frage kommen können, als eine der nächstliegenden und fruchtbarsten anzuerkennen sein, zumal dadurch für eine nicht geringe Zahl von Fällen dem Bedürfniß der Invaliden-, Wittwen- und Waisenversorgung entsprochen wird. Nach der dem Gesetzentwurfe zu Grunde liegenden Auffassung kann diese Regelung nur auf dem Wege herbeigeführt werden, daß die auf dem Gesetze vom 7. Juni 1871 beruhende Haftpflicht der Unternehmer gegenüber ihren Arbeitern durch eine öffentlich rechtlich geregelte allgemeine Unfallversicherung ersetzt wird. Während zur Zeit den in gewissen Betrieben beschäftigten Arbeitern beziehungsweise ihren Angehörigen nur ein Anspruch auf vollständige Entschädigung zusteht, welcher durch die ihn bedingenden Voraussetzungen zu einem in seiner Realisirung höchst unsicheren wird, soll in Zukunft allen gewerblichen Arbeitern, welche nach der Art ihres Arbeitsverhältnisses in diese Regelung eingeschlossen werden können, eine in jedem Falle sichere Anwartschaft darauf gewährt werden, daß beim Verluste der Erwerbsfähigkeit durch Unfall ihnen selbst eine nach ihrem bisherigen Erwerbe billig zu bemessende Versorgung oder ihren Hinterbliebenen eine gleicherweise billig bemessene Unterstützung zutheil wird. Zu dem Ende soll die Versicherung alle beim Betriebe vorkommenden Unfälle umfassen, ohne Unterschied, ob sie in einem Verschulden des Unternehmers oder seiner Beauftragten, oder in dem eigenen Verhalten der Verunglückten, oder in zufälligen, niemandem zur Last zu legenden Umständen ihren Grund haben. Nur wenn von diesen Unterschieden gänzlich abgesehen wird, kann dem Arbeiter durch die Versicherung die volle Sicherheit gegeben werden, daß er durch einen Unfall mit seiner Erwerbsfähigkeit nicht auch seinen Unterhalt verliert, und daß er bei seinem durch Unfall herbeigeführten Tode seine Angehörigen nicht hülflos zurückläßt. Würden von der Versicherung auch nur diejenigen Unfälle ausgeschlossen, welche auf ein Versehen oder eine Ungeschicklichkeit des Arbeiters oder auf einen Zufall zurückzuführen sind, so bliebe der Arbeiter der Gefahr ausgesetzt, in jedem einzelnen Falle den ihm aus der Versicherung zustehenden Anspruch bestritten und die Behauptung desselben von einem Rechtsstreite abhängig zu sehen, dessen Ausgang selbst dann, wenn ihn nicht die Beweislast träfe, in vielen Fällen sehr ungewiß sein würde. Denn wie schon früher hervorgehoben, entstehen die meisten Unfälle durch das Zusammenwirken verschiedener Umstände und können ebensowohl auf Leichtfertigkeit oder Ungeschick des Arbeiters, als auf ein Verschulden des Unternehmers oder die mit der Eigenthümlichkeit der Beschäftigung unvermeidlich gegebene Gefahr zurückgeführt werden."

„Um zu einer befriedigenden Regelung zu gelangen, müssen demnach alle Unfälle ohne Ausnahme in die Versicherung eingeschlossen werden. Dagegen kann es nicht als Erforderniß einer befriedigenden Regelung hingestellt werden, daß durch die Versicherung der volle Ersatz aller durch den Unfall herbeigeführten Vermögensnachtheile gedeckt werde. Der Anspruch auf volle, durch unbeschränktes richterliches Urtheil festzustellende Entschädigung, welche neben dem Ersatze der durch die Heilung des Verletzten oder durch die Beerdigung des Getödteten entstehenden Kosten die volle Höhe des bisherigen Arbeitsverdienstes des Verunglückten erreichen kann, wird selbst bei den jetzigen Voraussetzungen des Entschädigungsanspruchs nicht als der Gerechtigkeit und Billigkeit entsprechend angesehen werden können. Wie es als selbstverständlich gilt, daß den im öffentlichen Dienste stehenden Personen, welche dienstuntüchtig werden, selbst wenn dies in Folge der mit den Dienstverrichtungen verbundenen Gefahren geschieht, als Pension nicht der volle bisherige Gehalt, sondern nur ein Theil desselben gewährt wird, so kann es auch nicht als eine Forderung der Gerechtigkeit gelten, daß dem im Privatdienste stehenden Arbeiter, welcher in Folge der mit seinem Berufe verbundenen Gefahren die Erwerbsfähigkeit einbüßt, eine dem vollen bisherigen Verdienste gleichkommende Rente zu Theil werde. Der Billigkeit und dem Bedürfnisse wird vielmehr genügt werden, wenn ihm der ausreichende Unterhalt nach dem Maße seiner bisherigen wirthschaftlichen Lage gesichert wird: wobei namentlich auch zu beachten ist, daß aus dem arbeitslosen Einkommen, welches ihm in der Entschädigung zu theil wird, diejenigen besonderen Ausgaben, welche er bis dahin zur Erhaltung und Nutzbarmachung seiner Arbeitskraft aus seinem Arbeitsverdienste zu bestreiten hatte, als Arbeitskleidung, Arbeitsgeräth u. dgl. nicht mehr zu bestreiten sind. Noch weniger würde es der Billigkeit entsprechen, wenn der Wittwe oder den sonstigen Hinterbliebenen eines durch Unfall getödteten Arbeiters eine dem vollen Verdienste des letzteren gleichkommende Entschädigung eingeräumt würde. Abgesehen davon, daß der bisher aus dem Verdienste zunächst zu bestreitende Unterhalt des Getödteten ganz hinwegfällt, kann auch nicht unberücksichtigt bleiben, daß der Unterhalt einer Arbeiterfamilie in der Regel schon bei Lebzeiten des Familienhauptes zum Theil durch den in Zukunft ihr verbleibenden Erwerb der Frau und vielfach der Kinder beschafft wird. Gegen eine diesen Erwägungen entsprechende Begrenzung der Entschädigung kann auch nicht eingewendet werden, daß dadurch die Lage des Arbeiters in denjenigen, die Minderzahl bildenden Fällen, in welchen ihm nach dem bisherigen Rechte ein voller Entschädigungsanspruch zustehe, verschlechtert werde; denn der Verlust an Rechten, welchen er dadurch erleidet, wird mehr als aufgewogen durch den Gewinn, welcher ihm durch Gewährung der bisher fehlenden vollen Sicherheit der Entschädigung und durch Einbeziehung aller Unfälle ohne Ausnahme in die beabsichtigte Regelung zutheil wird."

Die hiernach gerechtfertigte Beschränkung der Entschädigung auf einen gesetzlich zu bestimmenden Theil des Jahreseinkommens bildet aber auch eine nothwendige Voraussetzung der Durchführbarkeit der beabsichtigten Maßregel. Die Einräumung eines uneingeschränkten Entschädigungsanspruchs für alle durch Unfälle herbeigeführten Vermögensnachtheile würde so erhebliche Aufwendungen erfordern, daß durch deren Ueberlast eine Schädigung der Industrie und damit der ganzen Volkswirthschaft und des Erwerbes der Arbeiter selbst zu befürchten wäre. Wenn die beabsichtigte Maßregel auch im Interesse der Verbesserung der Lage der Arbeiter wünschenswerth ist, so darf doch nicht unberücksichtigt bleiben, daß dasjenige, was den Arbeitern dadurch gewährt werden soll, erheblich über alles hinausgehen wird, was sowohl in Deutschland wie in anderen Ländern bisher zu Recht besteht. . . . ."

„Die Einführung einer Verpflichtung zur Unfallversicherung macht auch eine Fürsorge dafür erforderlich, daß die Erfüllung derselben allen Verpflichteten in einer Weise ermöglicht werde, welche den Zweck mit möglichst geringen Opfern erreicht und sicherstellt. . . . Mit der Begründung einer allgemeinen Versicherungspflicht ist an sich die berechtigte Forderung gegeben, daß die Verpflichteten in die Lage versetzt werden, ihrer Verpflichtung genügen zu können, ohne der Privatspekulation anheimzufallen. . . . Es muß auch, sobald ein solcher Zwang geübt wird, allen Betheiligten die Sicherheit geboten werden, welche nur staatliche Einrichtungen unter Garantie des Reiches bieten können, und die Wohlfeilheit, welche durch den Verzicht auf jeden geschäftlichen Gewinn ermöglicht wird. Dieser Verzicht ist von Privatunternehmern nicht zu erwarten. Das Gesetz aber darf den Versicherten nicht nöthigen, seinen Unfall zur Unterlage für Dividende herzugeben."

„Keine Privatanstalt, mag sie in der Form eines auf Erwerb gerichteten Unternehmens oder in derjenigen einer auf Gegenseitigkeit gegründeten Gesellschaft auftreten, kann bei einem Versicherungszweige, dessen statistische Unterlagen noch wenig sicher und vollständig sind, diejenige Garantie steter Leistungsfähigkeit bieten, welche durch das öffentliche Interesse und dasjenige der Arbeiter erfordert wird. Selbst die strengste gesetzliche Regelung und die schärfste staatliche Beaufsichtigung des Privatversicherungswesens würde die Gefahr nicht ausschließen, daß Versicherungsanstalten und Gesellschaften in Folge einer Reihe von ungünstigen Geschäftsjahren, wie sie um so leichter eintreten können, je kleiner der Geschäftsumfang der einzelnen Anstalten in Folge der Konkurrenz wird, zahlungsunfähig würden, und damit die bei ihnen versicherten Arbeiter, welche bereits Ansprüche erworben haben, der Wohlthat, welche das Gesetz ihnen zugedacht hat, verlustig gehen und der öffentlichen Armenpflege zur Last fallen. Diese Gefahr ist um so bedenklicher, als die versicherten Leistungen in Renten bestehen, welche in ihrer Dauer sehr ungewiß und schwer zu berechnen sind, als demnach die drohende Zahlungsunfähigkeit nicht leicht zu erkennen ist, und eine Versicherungsanstalt noch in scheinbar günstigem Betriebe stehen kann, während thatsächlich die demnächstige Zahlungsunfähigkeit schon unvermeidlich ist. . . . Die Konzentration der Unfallversicherung . . . . ermöglicht nicht nur die sicherste Bemessung der Prämien, sondern auch die gerechteste Vertheilung auf die verschiedenen Industriezweige; sie muß folgeweise, wenn (man) auf jeden Geschäftsgewinn verzichtet, bei vorauszusetzender guter Verwaltung zu einer so billigen Versicherung führen, wie sie mit der Sicherheit der versicherten Ansprüche überhaupt vereinbar ist, zumal auch die Verwaltungskosten durch die vortheilhafteste Ausnutzung des Verwaltungsapparats, welcher durch die Konzentration der Unfallversicherung ermöglicht wird, sowie durch die Einfachheit der Regelung der Versicherungsverhältnisse und der Abwickelung der Entschädigungsansprüche, welche durch den öffentlichen Character der Anstalt bedingt ist, auf den möglichst niedrigen Betrag zurückgeführt werden können." —

Der Reichstag hat durch seine Beschlüsse zu dem vorgelegten Gesetzentwurf (Drucksachen Nr. 260) die wesentlichsten Grundlagen desselben zum großen Theil gebilligt. Namentlich gilt dies von der Ersetzung der auf dem Gesetze vom 7. Juni 1871 beruhenden Haftpflicht der Unternehmer durch einen direkten gesetzlichen Zwang zur Versicherung der Arbeiter gegen alle Unfälle, von der Erfüllung dieser Verpflichtung durch ausschließliche Versicherung bei einer öffentlichen Anstalt und von der gesetzlichen Limitirung der zu versichernden Entschädigungen .....

Ueber die Nothwendigkeit, die Haftpflicht durch den Zwang zur Versicherung der Arbeiter gegen alle Unfälle mit gesetzlich limitirten Entschädigungen zu ersetzen, besteht gegenwärtig auch im Reichstag kaum noch eine Meinungsverschiedenheit, nachdem auch der in der letzten Session unter dem 10. Januar d. J. vom Abgeordnetn Dr. Buhl und Genossen eingebrachte Gesetzentwurf (Drucksachen Nr. 66), obwohl der Form nach an der Grundlage des Haftpflichtgesetzes vom 7. Juni 1871 festhaltend, doch durch Aufnahme der Vorschriften über die „Sicherheitsbestellung" (§§ 9 ff.) sachlich einen allgemeinen, wenn auch indirekten Versicherungszwang in Aussicht genommen hat. Sofern aber der bezeichnete Gesetzentwurf neben der allgemeinen Versicherungspflicht noch eine civilrechtliche Verpflichtung des Unternehmers zum Schadensersatze begründen will (§ 8), widerspricht er nicht nur der Billigkeit, sondern begegnet auch dem praktisch sehr erheblichen Bedenken, daß dadurch die das Verhältniß zwischen Arbeitgebern und Arbeitern verbitternden Streitigkeiten, deren Beseitigung als ein wesentlicher Vorzug der beabsichtigten neuen Regelung angesehen werden muß, nicht vermindert, sondern in hohem Maße vermehrt werden würden. Auch der in diesem Gesetzentwurf vorgesehenen

Verweisung der Versicherungspflichtigen auf die Benutzung von Privatversicherungsanstalten kann nicht zugestimmt werden. Es ist vielmehr mit der Begründung des früheren Entwurfs und mit der Mehrheit des Reichstags an dem Grundsatze festzuhalten, daß die Einführung des gesetzlichen Versicherungszwanges auch die Herstellung öffentlicher unter staatlicher Leitung stehender und eine unbedingte Sicherheit der Erfüllung der übernommenen Verpflichtungen bietender Veranstaltungen fordere, und daß auch die Zulassung privater Anstalten neben der gesetzlich zu regelnden öffentlichen Veranstaltung schon an der bis jetzt noch nicht gelösten Aufgabe scheitern muß, die Verhältnisse der Privatversicherungsanstalten durch gesetzliche Normativbestimmungen so zu regeln, daß einerseits die erforderliche unbedingte Sicherheit der Versicherten erreicht wird, und andererseits den Versicherungsanstalten die Möglichkeit einer freien und individualisirenden Geschäftsführung, welche als der wesentlichste Vorzug derselben angesehen wird, gewahrt bleibt. Dazu kommt, daß die Zulassung der Privatversicherungsanstalten mit derjenigen Organisation, welche die Unfallversicherung durch den gegenwärtigen Gesetzentwurf erfahren soll, wie sich weiter unten ergeben wird, noch weniger vereinbar ist, als mit der in dem früheren Gesetzentwurf in Aussicht genommenen. . . . .

II.

Begründung des Gesetzes.

(Allgemeiner Theil.)

(Drucksachen des Reichstags 1884, Nr. 4.)

Nachdem die bisherigen Versuche, das allgemein anerkannte Bedürfniß der Sicherstellung der Arbeiter gegen die wirthschaftlichen Folgen von Betriebsunfällen im Wege der Gesetzgebung zu befriedigen, zu einem Ergebniß nicht geführt haben, und nachdem insbesondere der letzte dem Reichstag zu diesem Zweck vorgelegte Gesetz-Entwurf bei der kommissarischen Berathung eine Reihe von Angriffen erfahren hat, welche die Hoffnung, daß er zur Verabschiedung gelangen werde, ausschließen, ist die Frage der Gestaltung des Unfallversicherungswesens von neuem eingehender Erwägung unterzogen worden. Es darf nicht verkannt werden, daß die Erledigung dieser gesetzgeberischen Aufgabe nach wie vor eine überaus dringende ist. Die Aussicht, dieselbe in einer dem Bedürfniß entsprechenden Weise zum Austrage zu bringen, wird um so stärker sein, je mehr die Organisation des Unfallversicherungswesens durch den Gedanken beherrscht wird, daß die daran interessirten Berufskreise diesen Zweig wirtschaftlicher Fürsorge nach thunlichst freier Selbstbestimmung zu übernehmen haben, und daß der Zwang, welcher zur Sicherstellung des wirthschaftlichen und sozialpolitischen Zieles der Unfallversicherung unvermeidlich ist, nur soweit zugelassen wird, als dies unbedingt geboten erscheint.

In der Begründung des unter dem 8. März 1881 dem Reichstag vorgelegten Gesetz-Entwurfs, betreffend die Unfallversicherung der Arbeiter (Drucksachen 1881 Nr. 41), ist das Bedürfniß, die Arbeiter gegen die wirthschaftlichen Folgen der Unfälle zu versichern, aus der Unzulänglichkeit des Haftpflichtgesetzes vom 7. Juni 1871 und aus der ungünstigen Wirkung desselben auf die Beziehungen zwischen Arbeitern und Arbeitgebern hergeleitet, und nachgewiesen worden, welche Uebelstände dieses Gesetz im Gefolge gehabt hat. Auf diese Ausführungen darf hier verwiesen werden.*)

Durch seine Beschlüsse zu diesem Gesetz-Entwurf (Drucksachen 1881 Nr. 260) hat der Reichstag die Ersetzung der auf dem Gesetze vom 7. Juni 1871 beruhenden Haftpflicht der Unternehmer durch einen direkten gesetzlichen Zwang zur Versicherung der Arbeiter gegen Betriebsunfälle gebilligt. Ebenso hat der unter dem 10. Januar 1882 vom Abgeordneten Dr. Buhl und Genossen eingebrachte Gesetz-Entwurf (Drucksachen I. Session 1881 Nr. 66), obwohl der Form nach an der Grundlage des Haftpflichtgesetzes festhaltend, doch durch Aufnahme der Vorschriften über die „Sicherstellung) § 1 Abs. 3 und §§ 9 ff.) sachlich einen allgemeinen, wenn auch indirekten Versicherungszwang in Aussicht genommen. — Endlich waren auch die Anträge der Abgeordneten Auer und Genossen (Drucksachen IV. Session 1881 Nr. 201) auf die Einführung eines allgemeinen Zwanges zur Versicherung der Arbeiter gegen Betriebsunfälle gerichtet.

Ueber die Nothwendigkeit einer zwangsweisen Versicherung der Arbeiter gegen Betriebsunfälle besteht hiernach kaum noch eine Meinungsverschiedenheit.

Was den Kreis der Personen anbetrifft, welche der Unfallversicherung unterworfen werden sollen, so beschränkt sich der vorliegende Entwurf im allgemeinen**) auf die Arbeiter in den bisher haftpflichtigen Betrieben. Für diese Beschränkung ist der Gesichtspunkt maßgebend gewesen, daß die gesetzliche Regelung der Unfallfürsorge für diese in Folge der Entwickelung der Industrie am meisten gefährdeten Arbeiter, für welche sich der § 2 des Haftpflichtgesetzes als unzureichend, ja schädlich erwiesen hat, die nächstliegende und dringlichste Aufgabe bildet. Die Beseitigung der Haftpflicht für diese Arbeiter und die Herstellung einer besseren

*) cfr. Seite 1 fg.

**) cfr. Anmerk. 1 zu § 1 des Gesetzes. Durch die Beschlüsse der Reichstagskommission sind insbesondere noch gewisse Baugewerbe hinzugetreten.

und wirksameren Unfallfürsorge für dieselben wird den Ausgangspunkt der Gesetzgebung auf diesem Gebiete bilden müssen, an welchen demnächst die Ausdehnung der Unfallversicherung auf weitere Arbeiterkreise angeknüpft werden kann.

Eine solche Ausdehnung der Unfallversicherung im Wege spezieller Gesetze wird, wenn die Vorlage Gesetz wird, auf Grund der bei der Ausführung desselben gesammelten praktischen Erfahrungen verhältnißmäßig leicht sein, und sie wird auch, wenn einmal ein lebensfähiger Anfang gemacht worden ist, nicht ausbleiben können.

Wollte man alle Arbeiterkreise, welche einer Unfallsgefahr ausgesetzt sind, von vornherein in den Bereich der Regelung ziehen und dahin streben, alle auf diesem Gebiete etwa wünschenswerthen Ziele gleichzeitig zu erreichen, so würde die Aufgabe eine so schwierige und verwickelte werden, daß damit jeder Erfolg in Frage gestellt wäre.

Wenn der Entwurf über den Kreis der dem § 2 des Haftpflichtgesetzes unterworfenen Personen insofern hinausgeht, als er die Ausdehnung der Unfallversicherung auf diejenigen handwerksmäßigen Betriebe, in welchen Dampfkessel oder durch elementare Kraft bewegte Triebwerke zur dauernden Verwendung kommen, vorsieht, so läßt sich zwar auch gegen diese Ausdehnung das Bedenken erheben, daß dadurch Schwierigkeiten für die einheitliche Regelung erwachsen könnten. Dieses Bedenken muß indessen zurücktreten, weil nach den Erörterungen im preußischen Volkswirthschaftsrath es nicht durchweg den thatsächlichen Verhältnissen entsprechen würde, bei Motorenbetrieben die Scheidung zwischen fabrikmäßigem und handwerksmäßigem Betriebe von der Zahl der beschäftigten Arbeiter abhängig zu machen. Die großartige Entwickelung der Technik und die in Folge derselben stetig zunehmende Verwendung von Maschinen an Stelle der menschlichen Arbeitskraft hat in gewissen Industriezweigen die letztere in einer Weise verdrängt, daß auch Betriebe, die sowohl sprachlich als nach dem Umfange ihrer Produktion unter den Begriff der Fabrik fallen, mit einer ganz geringen Arbeiterzahl geführt werden. Dazu kommt, daß die Unfallgefahr in einzelnen mit elementarer Kraft arbeitenden Kleinbetrieben eine wesentlich größere ist, als in größeren

Betrieben, in denen Dampfkessel oder durch elementare Kraft bewegte Triebwerke nicht zur Verwendung gelangen, und daß die Ausdehnung der Unfallversicherung auf diese Kleinbetriebe sich mehr und mehr als der allgemeinen Auffassung in weiten Schichten der Bevölkerung entsprechend herausgestellt hat.

Die Ausdehnung der Versicherungspflicht auf die in kleineren Betrieben beschäftigten Arbeiter ohne gleichzeitige Fürsorge für die von Unfällen betroffenen Unternehmer*) solcher Betriebe stößt auf begründete Bedenken, insofern diese Unternehmer nach ihrer wirthschaftlichen Lage und nach der Art ihrer Arbeit den von ihnen beschäftigten Arbeitern im wesentlichen gleichstehen.

Diesen Bedenken hat der Entwurf dadurch Rechnung getragen, daß er, entsprechend dem Vorschlage des preußischen Volkswirthschaftsraths, den Betriebsunternehmern, deren Jahreseinkommen den Betrag von 2000 *M.* nicht übersteigt, gestattet hat, sich auch für ihre Person gegen die wirthschaftlichen Folgen der Betriebsunfälle bei der Berufsgenossenschaft, welcher sie angehören, zu versichern. Der Entwurf folgt hierin dem Vorgange des Krankenversicherungsgesetzes, welches ebenfalls gewissen Personen, welche der Versicherungspflicht nicht unterliegen, den Beitritt zu der Gemeinde-Krankenversicherung und zu den Krankenkassen gestattet hat.

Was die Aufbringung der Kosten der Unfallversicherung anlangt, so wird davon auszugehen sein, daß die Sicherstellung der Arbeiter gegen die wirthschaftlichen Folgen der Unfälle sich nicht als eine privatrechtliche Verbindlichkeit der Betriebsunternehmer zum Schadensersatz, sondern als eine öffentlich-rechtliche Fürsorgepflicht darstellt. Wenn das Haftpflichtgesetz vom 7. Juni 1871 auf der entgegengesetzten Auffassung beruhte, so hat die übereinstimmende Ueberzeugung von der Unmöglichkeit, auf diesem Wege zu einer befriedigenden Lösung der Frage zu gelangen, diese Auffassung als unzutreffend verworfen. Es ist eben unmöglich, auf diesem Wege zu einer Fürsorge für die Arbeiter und deren Hinterbliebene in allen denjenigen die große Mehrzahl bildenden

*) Der Reichstag hat diese gesetzliche Versicherungsbefugniß des kleinen Betriebsunternehmers durch die Bestimmung ersetzt, daß das Statut die Versicherung von Unternehmern oder anderen Personen zulassen kann.

Fällen zu gelangen, in denen Zufall oder eigenes Verschulden der Arbeiter den Unfall herbeigeführt hat.

Der Staat und die Gesellschaft haben aber ein Interesse daran, auch über die privatrechtliche Verpflichtung des Betriebsunternehmers zum Schadensersatz hinaus den Arbeitern und deren Hinterbliebenen in allen denjenigen Fällen, in denen die Erwerbsunfähigkeit und der Tod des Arbeiters durch die mit der Berufsarbeit verbundene Unfallgefahr herbeigeführt ist, eine Versorgung zu sichern. Die Ueberzeugung, daß hier die den Gemeinden obliegende Verpflichtung zur Fürsorge im Wege der öffentlichen Armenpflege weder ausreichend noch an sich angemessen sei, durchdringt alle Schichten der Bevölkerung. Bei der Krankenversicherung wie bei der Unfallversicherung handelt es sich um eine Erweiterung der öffentlichen Fürsorgepflicht über die Grenzen der öffentlichen Armenpflege hinaus. Beschränkt sich letztere lediglich darauf, die Vernichtung der Existenz des Individuums zu hindern, so richten sich die Kranken- und die Unfallversicherung auf die rechtzeitige Erhaltung und Hebung der Erwerbsfähigkeit im Falle der Störung derselben durch Krankheiten und Unfälle, sowie auf die Sicherung einer angemessenen Versorgung während der Dauer dieser Störung. Karakterisirt sich also die wirthschaftliche Sicherung der Arbeiter gegen die Folgen der Betriebsunfälle als eine nicht dem Gebiet des Privatrechts, sondern dem Bereich der öffentlich-rechtlichen Verpflichtung angehörige Fürsorgepflicht, so folgt hieraus, daß die Frage der Aufbringung der Kosten der Unfallversicherung nicht nach den Grundsätzen des Privatrechts, sondern nach Gesichtspunkten des öffentlichen Rechts entschieden werden muß. Von diesem Standpunkt aus weist die historische Entwickelung, welche die Unfallfürsorge genommen hat, auf den Betriebsunternehmer als denjenigen hin, welcher in erster Linie die aus dieser Fürsorge erwachsenden Kosten zu übernehmen hat. Auch bei den Betriebsunternehmern hat sich das Bewußtsein dieser ihnen obliegenden Verpflichtung ausgebildet und befestigt. Aus diesem Bewußtsein heraus ist in weitem Umfange eine freiwillige Fürsorge der Unternehmer für ihre Arbeiter eingetreten, welche über die durch das Haftpflichtgesetz ihnen auferlegten Verpflichtungen erheblich hinausgeht.

Wesentlich gefördert und unterstützt wurde diese Auffassung durch die Erwägung, daß der Betriebsunternehmer die Kosten der Fürsorge in der Regel nicht aus seinem eigenen Vermögen leistet, sondern daß sie ihm von dem Käufer seiner Erzeugnisse in dem Preise derselben wieder erstattet werden. Wie dem Betriebsunternehmer die an dem Anlage- und Betriebskapital entstehenden Schäden und Verluste zur Last fallen, so soll derselbe auch die Verluste an persönlicher Arbeitskraft, welche durch die seinem Industriezweige eigenthümlichen Gefahren veranlaßt werden, tragen und für beide in dem Gesammtertrage des Unternehmens Deckung finden.

Der gegenwärtige Gesetz-Entwurf vertheilt, in Verbindung mit dem Gesetz über die Krankenversicherung der Arbeiter vom 15. Juni 1883, die Deckung der durch Betriebsunfälle herbeigeführten Schäden in der Weise zwischen den Arbeitern und Arbeitgebern, daß die Unterstützung der durch Unfall Verletzten während der ersten dreizehn Wochen den Krankenkassen verbleibt,*) die Unfallversicherung dagegen, soweit es sich um die Fürsorge für den Verletzten handelt, erst nach Ablauf dieser Zeit Platz greift. Bereits vor Erlaß des Reichsgesetzes, betreffend die Krankenversicherung der Arbeiter, vom 15. Juni 1883 haben die bis dahin errichteten zahlreichen Krankenkassen wohl ohne Ausnahme in allen Fällen einer durch Unfall herbeigeführten Erwerbsunfähigkeit ihren Mitgliedern dieselbe Unterstützung gewährt, welche in allen übrigen Krankheitsfällen zu leisten ist. Da ein Ersatz dieser Leistungen den Krankenkassen nur in den anerkanntermaßen einen minimalen Prozentsatz ausmachenden haftpflichtigen Fällen und auch nur dann zu Theil geworden ist, wenn der Arbeitgeber nicht mindestens ein Drittel der Krankenkassenbeiträge für die von ihm beschäftigten Arbeiter aus eigenen Mitteln gewährt hat**), so hat die Unterstützung

---

*) Nach den Beschlüssen des Reichstags vorbehaltlich eines Zuschusses, um welchen der Unternehmer für die Zeit von dem Beginn der 5. bis zum Schluß der 12. Woche das gesetzliche Krankengeld aus eigenen Mitteln erhöhen soll, falls nicht schon von den Krankenkassen nach ihren Statuten ein entsprechendes höheres Krankengeld gewährt wird.

**) Vergl. § 4 des Haftpflichtgesetzes vom 7. Juni 1871 (Reichs-Gesetzblatt S. 207).

der durch Unfall Verletzten während der ersten dreizehn Wochen schon bis dahin ganz allgemein den Krankenkassen und damit, soweit zu denselben nicht Beiträge der Arbeitgeber geleistet worden sind, fast ausschließlich den Arbeitern selbst obgelegen. An dieser der historischen Entwickelung entsprechenden Vertheilung der Lasten zu ändern, erscheint in hohem Maße bedenklich und auch für die Interessen der Arbeiter selbst nicht ungefährlich. Darf mit Bestimmtheit erwartet werden, daß die Betriebsunternehmer, welche ihre Belastung mit den Kosten der Unfallversicherung nach Maßgabe der Bestimmungen des Entwurfs im Allgemeinen als eine den Rücksichten des Rechts und der Billigkeit entsprechende anerkennen, von Versuchen, dieselben durch eine Kürzung des Lohnes auf die Arbeiter abzuwälzen, Abstand nehmen werden, so erscheint es doch zweifelhaft, ob die gleiche Erwartung gehegt werden dürfte, wenn man das im Entwurf vorgesehene Verhältniß zu Ungunsten der Arbeitgeber verschieben wollte.

Daß die Krankenkassen auch in Zukunft die Fürsorge für die durch Unfälle Verletzten während der ersten dreizehn Wochen ohne übermäßige Belastung der Arbeiter zu übernehmen im Stande sind, kann um so weniger zweifelhaft sein, als nach den Ergebnissen der Unfallstatistik von der gesammten durch Unfälle entstehenden Last nur etwa 16½ Prozent auf die Krankenkassen entfallen und durch das Gesetz, betreffend die Krankenversicherung der Arbeiter, die Unternehmer aller unter das Unfallversicherungsgesetz fallenden Betriebe verpflichtet sind, die Krankenversicherungsbeiträge für die von ihnen beschäftigten Arbeiter, soweit letztere nicht selbst durch Eintritt in freie Hilfskassen hierauf verzichten, zu einem Drittel aus eigenen Mitteln zu leisten, während bis jetzt, abgesehen von den Knappschaftskassen, eine Beitragsleistung der Arbeitgeber in dieser Höhe nur vereinzelt und keineswegs allgemein gewährt worden ist.

Auch praktische Gründe sprechen dafür, die Fürsorge für die durch Unfälle Verletzten während der ersten dreizehn Wochen bei den Krankenkassen zu belassen. Das Risiko, welches für die Unfallversicherung aus den Entschädigungen in Fällen dauernder Erwerbsunfähigkeit und in Todesfällen erwächst, ist so erheblich, daß es nur von größeren Verbänden getragen werden kann. Die Unfallversicherung fordert daher eine Organisation, welche möglichst große

Kreise von versicherungspflichtigen Betrieben zur gemeinsamen Uebernahme des Risikos vereinigt. Ein rationeller Aufbau dieser Organisation wird aber in zentralen, das Interesse der Gesammtheit der Betheiligten vertretenden Organen gipfeln müssen. Solche für große Bezirke bestimmte zentrale Organe sind wenig geeignet, die Fälle vorübergehender Erwerbsunfähigkeit von kurzer Dauer zu erledigen, da sie kaum im Stande sein würden, diejenige Kontrole auszuüben, deren sie zum Schutze gegen die, gerade in den Fällen der Erwerbsunfähigkeit von kurzer Dauer besonders große Gefahr der Simulation bedürfen. Unter diesen Umständen und da die Fälle der vorübergehenden Erwerbsunfähigkeit, wenn auch bei weitem die zahlreichsten, doch bei der Geringfügigkeit der einzelnen Entschädigungsbeträge nicht mit einem so erheblichen Risiko verbunden sind, daß dieses nicht von kleineren Kreisen getragen werden könnte, entspricht es auch den Anforderungen einer rationellen Verwaltung, die Fürsorge für die durch Unfälle Verletzten während der ersten dreizehn Wochen den Krankenkassen zu belassen und die Unfallversicherung auf die Fürsorge von diesem Zeitpunkt ab und bei Todesfällen zu beschränken.

Was den Umfang der bei Unfällen zu gewährenden Entschädigung anlangt, so hält auch der gegenwärtige Gesetz-Entwurf an der von dem Reichstag durch seine Beschlüsse zur ersten Gesetzesvorlage gebilligten Auffassung fest, daß die Einräumung eines Anspruchs auf den vollen Ersatz aller durch den Unfall herbeigeführten Vermögensnachtheile über das von staatlichen Gesichtspunkten aus zu begründende Bedürfniß hinausgeht.

Handelt es sich bei der wirthschaftlichen Sicherung der Arbeiter gegen die Folgen der Betriebsunfälle um eine öffentlich rechtliche Verpflichtung, so folgt hieraus die Nothwendigkeit, die Erfüllung dieser Verpflichtung durch öffentliche Institutionen sicherzustellen. Welche Aufgaben diese Institutionen haben, und wie die Organisation derselben beschaffen sein muß, ergiebt sich zum Theil bereits aus den obigen Darlegungen. Sind es die Betriebsunternehmer, welchen die Fürsorgepflicht für die durch Unfälle Verletzten obliegt, und kann das Risiko der Unfallversicherung bezüglich der in Fällen dauernder Erwerbsunfähigkeit und in Todesfällen zu gewährenden Entschädigungen nur von größeren Kreisen getragen werden, so bedingt die Erfüllung dieser Pflicht die Vereinigung der Betriebsunternehmer zu größeren Verbänden. Als Grundlage für die Gliederung solcher Verbände wird die Gemeinsamkeit der Betriebsinteressen, d. h. die Gemeinsamkeit des Berufs, anzunehmen sein. In der Gemeinsamkeit des Berufs wurzelt die Gemeinschaft der sozialen Pflichten und Interessen, und die gesammte Entwickelung unseres öffentlichen Lebens weist für die Lösung der hieraus erwachsenden Aufgaben auf die genossenschaftliche Form hin. Hiernach wird erwartet werden dürfen, daß die Uebertragung der Unfallversicherung auf Berufsgenossenschaften den Wünschen und den Interessen der betheiligten Kreise ebenso wie den Anforderungen, welche im öffentlichen Interesse zu stellen sind, entsprechen wird.

Uebrigens folgt der Entwurf damit nur den Wegen, welche die deutsche Industrie bereits eingeschlagen hat, um auf anderen Gebieten zu einer befriedigenden Regelung ihrer Angelegenheiten zu gelangen. Durch wirthschaftliche Krisen ist seit einer Reihe von Jahren in industriellen Kreisen die Ueberzeugung von der Nothwendigkeit eines engeren Zusammenschlusses der Berufsgenossen wachgerufen worden, um mit gemeinsamen Kräften die Lösung der ihnen auf wirthschaftlichem Gebiet obliegenden gemeinsamen Aufgaben anzustreben. Es hat sich eine Reihe großer wirthschaftlicher Associationen gebildet, deren praktischer Einfluß sich in steigendem Maße bewährt.

Die Wirksamkeit dieser Vereine ist nicht auf die Förderung rein wirthschaftlicher Interessen beschränkt geblieben, sondern eine nicht geringe Anzahl derselben hat sich bereits die Erfüllung der ihnen obliegenden sozialen Pflichten zur Aufgabe gemacht und ihre Thätigkeit auf die Fürsorge für die von ihren Mitgliedern beschäftigten Arbeiter, insbesondere auch auf die Sicherstellung derselben gegen die wirthschaftlichen Folgen der Betriebsunfälle ausgedehnt.

Beweisen diese Erfolge der auf dem Prinzip freier Selbstverwaltung beruhenden Vereinigungen, wie berechtigt die in der Kaiserlichen Botschaft vom 17. November 1881 ausgesprochene Hoffnung gewesen ist, daß der engere Anschluß an die realen Kräfte unseres Volkslebens und das Zusammenfassen der letzteren in der Form korporativer Genossenschaften unter staatlichem Schutz und staatlicher Förderung auch die Lösung der sozialen Aufgaben möglich machen wird, denen die Staatsgewalt allein in gleichem Umfange nicht gewachsen sein würde, so entspricht die von dem Entwurf in Aussicht genommene Uebertragung der Unfallversicherung auf korporative Berufsgenossenschaften den Intentionen der Kaiserlichen Botschaft ebenso wie den praktischen Bedürfnissen und den Wünschen der industriellen Kreise.

Handelt es sich bei der Fürsorge für die durch Unfall Verletzten um die Erfüllung einer den Betriebsunternehmern obliegenden sozialen Pflicht, so verlangt die Sicherstellung derselben für die Bildung der Berufsgenossenschaften eine Zwangspflicht der Unternehmer zum Beitritt. Eine blos fakultative Genossenschaftsbildung kann für die als staatlich nothwendig erkannte allgemeine Lösung der Aufgabe die erforderliche Sicherheit nicht gewähren; vielmehr muß der einzelne Betrieb kraft Gesetzes von der Berufsgenossenschaft ergriffen werden. Dagegen liegt es in dem Begriff und Wesen der Genossenschaft, daß den Berufsgenossen hinsichtlich der Art und Weise, wie sie die ihnen obliegende gemeinsame Aufgabe lösen wollen, jede mit jener Sicherstellung irgend verträgliche Freiheit der Entschließung gewährt wird. Wenn der Entwurf hinsichtlich der für die Organisation dieser korporativen Genossenschaften maßgebenden allgemeinen Gesichtspunkte davon ausgeht, daß eine kräftige Entwickelung des genossenschaftlichen Lebens und eine erfolgreiche Verwaltung durch genossenschaftliche Organe nur möglich ist, wenn dem Begriff und Wesen der Berufsgenossenschaften entsprechend in ihnen nur solche gewerbliche Betriebe vereinigt werden, welche auf wirthschaftlichem Gebiet im allgemeinen gleiche oder verwandte Interessen und Vorbedingungen des Betriebes haben, so folgt derselbe hierin nur den bei der Bildung der freiwilligen Vereine eingeschlagenen Wegen. Das gleiche wird hinsichtlich der Abgrenzung der Berufsgenossenschaften zu geschehen haben. Wie dieses bei den freiwilligen wirthschaftlichen Vereinen der Fall ist, wird auch für die Abgrenzung der Berufsgenossenschaften die Gemeinsamkeit der wichtigeren Interessen die Grundlage bilden müssen und demgemäß die territoriale Abgrenzung nach kleineren Wirthschaftsgebieten in so weit Platz greifen dürfen, als nach der Entwickelung der einzelnen Industriezweige die wirthschaftlichen Interessen derselben dieses bedingen und die Leistungsfähigkeit der zu bildenden Berufsgenossenschaften dadurch nicht in Frage gestellt wird. Soweit diese freien Vereine, in deren Organisation und Abgrenzung die Wünsche der betheiligten Kreise im großen und ganzen bereits Ausdruck gefunden haben, den hinsichtlich ihrer Leistungsfähigkeit zu stellenden Anforderungen genügen, werden dieselben sich zu Berufsgenossenschaften im Sinne des Entwurfs umgestalten und als solche die Unfallversicherung der von ihren Mitgliedern beschäftigten Arbeiter übernehmen können.

Insbesondere finden auch die gegen die Uebertragung der Unfallversicherung auf die bestehenden Knappschaftsverbände, auf deren Erhaltung in den betheiligten Kreisen der größte Werth gelegt wird, in der früheren Vorlage geäußerten Bedenken durch die in Aussicht genommene Organisation der Berufsgenossenschaften im wesentlichen ihre Erledigung, da auch durch die vorgesehene Bildung von Sektionen innerhalb der Genossenschaften es möglich sein wird, die zum Zweck der Unfallversicherung nothwendigen Organisationen mit den bestehenden Einrichtungen der Knappschaftsverbände in Uebereinstimmung zu bringen. Hierzu würde es allerdings nothwendig sein, die Statuten der Knappschaftsverbände nach Maßgabe der Bestimmungen dieses Entwurfs insbesondere dahin zu ändern, daß die Arbeiter von den Kosten der Unfallversicherung frei bleiben, daß ferner die den Arbeitern bei Unglücksfällen zu gewährenden Unterstützungen nicht hinter den in diesem Entwurf vorgesehenen Beträgen zurückbleiben, und daß die den Arbeitern nach diesem Entwurf zu gewährenden Rechte auf Vertretung ihrer Interessen in keiner Weise beeinträchtigt werden.*)

Uebrigens ist allgemein die Bildung und Abgrenzung der Genossenschaften unter den durch das Gesetz zu bestimmenden Voraussetzungen in erster Reihe der freien Vereinbarung der Berufsgenossen überlassen worden. Nach den Erfahrungen, welche auf dem Gebiet der freiwilligen Vereinsbildung gemacht worden sind, darf vertraut werden, daß auch bei der Bildung berufsgenossen-

---

*) Nach den Beschlüssen des Reichstags können besondere Knappschafts-Berufsgenossenschaften gebildet werden, denen in einigen Punkten eine Ausnahmestellung zugewiesen ist, vgl. § 94.

schaftlicher Verbände zum Zweck der Uebernahme der Unfallversicherung eine zu große Zersplitterung nicht eintreten, daß vielmehr in den weitaus meisten und wichtigsten Betriebszweigen das Bestreben, diese Lasteu auf möglichst breite Schultern zu legen, im eigenen Interesse der Betheiligten zur freiwilligen Herstellung leistungsfähiger Berufsgenossenschaften führen wird.

Was die Verwaltung der Berufsgenossenschaften anlangt, so kann eine gewisse Beaufsichtigung derselben durch Organe des Staats oder Reichs nicht entbehrt werden, da ihnen wichtige soziale Pflichten übertragen werden sollen, an deren ordnungsmäßiger Erfüllung das Reich ein erhebliches öffentliches Interesse hat. Dagegen ist der Entwurf andererseits bestrebt, auch hier die behördliche Einmischung auf das unbedingt erforderliche Maß zu beschränken. Wenn auch in denjenigen Fällen, in denen es sich um eine gerechte Vertheilung der Lasten der Unfallversicherung und um den Schutz der Minorität der Berufsgenossen gegen eine den Rücksichten der Billigkeit widersprechende Majorisirung derselben in der Genossenschaft handelt, die Genehmigung der Beschlüsse der letzteren durch eine zu errichtende Reichsbehörde — das Reichs-Versicherungsamt*) — vorgesehen worden ist, so wird doch hierin ein Eingriff in die genossenschaftliche Selbstverwaltung um so weniger erblickt werden können, als die Zusammensetzung dieser Behörde, welche neben den ständigen Mitgliedern aus Mitgliedern des Bundesraths, sowie aus Vertretern der Berufsgenossenschaften und der versicherten Arbeiter bestehen soll,**) dem Charakter der Selbstverwaltung entspricht und einen genügenden Schutz gegen eine einseitig büreaukratische Handhabung des Aufsichtsrechts gewährt.

Entspricht die Uebertragung der Unfallversicherung auf korporative Berufsgenossenschaften der historischen Entwickelung des Genossenschaftswesens auf wirthschaftlichem und sozialem Gebiet, so ist die Bildung solcher Genossenschaften das einzige Mittel, um zu

---

*) Nach den Beschlüssen des Reichstags können neben dem Reichsversicherungsamt Landesversicherungsämter für solche Berufsgenossenschaften gebildet werden, deren Bezirk über die Grenzen eines Bundesstaates nicht hinausgeht.

**) Nach den Beschlüssen des Reichstags wird die Behörde für gewisse Fälle durch zwei richterliche Beamte verstärkt.

einem wirksamen System der **Unfallverhütung** überhaupt zu gelangen. Daß ein blos polizeiliches Eingreifen die auf diesem Gebiete liegenden großen Aufgaben nicht befriedigend zu lösen vermag, daß dabei vielmehr die einsichtige Mitwirkung der Betheiligten unentbehrlich ist, wird kaum bezweifelt werden können. In Uebereinstimmung mit den Beschlüssen der vom Reichstag für die Berathung des letzten Gesetzentwurfs eingesetzten Kommission ist die größere oder geringere Gefährlichkeit des Betriebes als Maßstab für die Aufbringung der von den Berufsgenossenschaften zu leistenden Entschädigungsbeträge beibehalten. Hieraus ergiebt sich ein erhebliches finanzielles Interesse sowohl der einzelnen Betriebs-Unternehmer, als auch der Berufsgenossenschaft als solcher an der möglichsten Verhütung von Unfällen. Gerade auf diesem Gebiet wird der Selbstverwaltung der mit den öffentlichen Interessen irgend zu vereinbarende Spielraum umsomehr zu gewähren sein, als hierbei auch wesentlich ökonomische Gesichtspunkte in Betracht kommen. Einerseits werden die Berufsgenossenschaften danach streben müssen, auf die Vervollkommnung der Betriebseinrichtungen und Anlagen ihrer Mitglieder hinzuwirken, und Unfällen, soweit es der Stand der Technik und die sonstigen Hülfsmittel gestatten, thunlichst zu begegnen. Andererseits aber wird dabei daran festzuhalten sein, daß nur vollkommen bewährte Einrichtungen vorgeschrieben werden dürfen, und daß es zu vermeiden ist, für kostspielige theoretische Versuchseinrichtungen einen die Industrie übermäßig belastenden Zwang auszuüben. Die Industrie muß auf diesem Gebiet gegen — vielleicht wohlgemeinte — Mißgriffe geschützt sein, welche die Ertragsfähigkeit der betreffenden Industriezweige gefährden und die Leistungsfähigkeit der Betriebsunternehmer ignoriren. Hier das richtige Maß zu halten, wird den Berufsgenossen um so eher gelingen, als ihnen die Leistungsfähigkeit der einzelnen Betriebsunternehmer sowohl wie die Lage des ganzen Gewerbes bekannt sind, und demgemäß die beiderseitigen Interessen von ihnen am sichersten abgewogen und angemessen berücksichtigt werden können.

Im übrigen beweisen die Erfahrungen, welche hinsichtlich der Verwaltung der freien wirthschaftlichen Vereine vorliegen, daß auch die Ausdehnung derselben über das Reichsgebiet in keiner Weise der Herstellung einer billigen, prompten und sachgemäßen Verwaltung hinderlich ist, und daß hierbei etwa entstehende Schwierigkeiten sich durch eine weitere Dezentralisirung und Uebertragung gewisser Befugnisse auf örtlich abzugrenzende Sektionen oder auf Vertrauensmänner leicht und wirksam beseitigen lassen. Der Entwurf gewährt in dieser Beziehung die möglichste Freiheit.

Auf die dauernde Leistungsfähigkeit der Berufsgenossenschaften muß schon bei der Bildung derselben Rücksicht genommen werden. Aus diesem Grunde hat die Genehmigung des Bundesraths zur Bildung der von den Interessenten beantragten Berufsgenossenschaften vorbehalten bleiben müssen. Erscheint die Erwartung berechtigt, daß in dem Vorbehalt der Genehmigung und dem eigenen Interesse der Betheiligten eine hinreichende Garantie für die dauernde Leistungsfähigkeit der Berufsgenossenschaften liegt, so durfte der Entwurf doch auch die Möglichkeit nicht unberücksichtigt lassen, daß eine Berufsgenossenschaft in Folge unvorhergesehener Umstände die ihr obliegenden Verpflichtungen nicht mehr zu leisten im Stande ist. Mag diese Möglichkeit noch so fern liegen, so ist dieselbe doch nicht völlig ausgeschlossen, weil erhebliche Veränderungen in den Produktions- und Absatzbedingungen, insbesondere die Konkurrenz des Auslandes oder elementare Ereignisse auch die blühendsten Industriezweige in ihrem Bestande gefährden können. Für solche Fälle muß Vorsorge getroffen werden, daß nicht blos die in der Vergangenheit entstandenen Entschädigungsverbindlichkeiten rechtzeitig erfüllt werden, sondern daß auch die Sicherstellung der Arbeiter in den weiter arbeitenden Betrieben gegen Unfälle keine Unterbrechung erleidet. Diese Vorsorge ist um so weniger entbehrlich, als die Berechtigten in den meisten Fällen auf die Zahlung der ihnen zustehenden Entschädigungsbeträge zur Befriedigung ihres nothwendigsten Unterhalts angewiesen sind. Zur unbedingten Sicherstellung der Zahlung der Entschädigungsbeträge ist es nöthig, daß von vornherein jeder Zweifel darüber ausgeschlossen wird, wer im Fall der Leistungsunfähigkeit der Berufsgenossenschaft die ihr obliegenden Verpflichtungen zu erfüllen hat. Hierbei erscheint es unthunlich, den Begriff der Leistungsunfähigkeit näher zu präzisiren, weil sich allgemeine Kriterien für dieselbe nicht angeben lassen, es sich hier vielmehr um die Würdigung thatsächlicher Verhältnisse handelt. Die Leistungsunfähigkeit einer Genossenschaft wird nicht bereits anzunehmen sein, wenn einzelne Betriebsunternehmer die aus der Unfallfürsorge ihnen erwachsenden Kosten nicht zu tragen vermögen, oder wenn durch Krisen vorübergehend die Lage der der Genossenschaft angehörigen Industriezweige ungünstig beeinflußt wird. Andererseits wird das Eintreten des Reichs auch nicht davon abhängig gemacht werden dürfen, daß die zwangsweise Beitreibung der Mitgliederbeiträge gegen sämmtliche Betriebsunternehmer wegen Unvermögens derselben nicht hat erfolgen können.

Die Uebernahme der bis zum Zeitpunkt der Auflösung einer leistungsunfähigen Berufsgenossenschaft entstandenen Verpflichtungen derselben weist der Entwurf dem Reich*) zu. Es spricht hierfür die Erwägung, daß es an einem anderen Faktor fehlt, welchem ohne Unbilligkeit und ohne die Möglichkeit einer zu empfindlichen Belastung jene Uebernahme angesonnen werden könnte. Was aber die weitere Versicherung der in der aufgelösten Genossenschaft bis dahin versicherten Arbeiter anlangt, so soll dieselbe dadurch herbeigeführt werden, daß die Betriebe der aufzulösenden Genossenschaft einer anderen Berufsgenossenschaft nach deren Anhörung zugewiesen werden.

Läßt sich das Eintreten des Reichs für die Verpflichtungen leistungsunfähiger Berufsgenossenschaften nicht vermeiden, so hat die Frage, ob noch hierüber hinaus ein Bedürfniß zur Betheiligung des Reichs an den laufenden Kosten der Unfallversicherung entweder generell oder für einzelne Industriezweige aus allgemeinen wirthschaftlichen Gründen vorliegt, bis zur Erlangung weiterer Erfahrungen auf diesem Gebiet dahin gestellt bleiben können. Und dies um so mehr, als nicht blos über die Nothwendigkeit einer Betheiligung des Reichs, sondern auch über den Umfang derselben die Auffassungen der zunächst interessirten Kreise einander vielfach völlig unvermittelt gegenüber stehen, und die Nothwendigkeit eines Reichszuschusses nicht blos von Vertretern verschiedener Industriezweige, sondern häufig auch von Vertretern desselben Industriezweiges verschieden beurtheilt wird. Sollte sich jedoch an der Hand der praktischen Erfahrungen herausstellen, daß die Export-

*) Bzw. dem Bundesstaat für diejenigen Genossenschaften, welche der Aufsicht eines Landesversicherungsamts unterstehen. § 92.

fähigkeit aller oder einzelner Industriezweige durch die Belastung mit den gesammten Kosten der Unfallversicherung ernstlich gefährdet wird, so würde künftig zu erwägen sein, ob nicht die Uebertragung eines Theils dieser Kosten auf das Reich geboten erscheint. Diese Erfahrungen wird man aber um so mehr abwarten können, als bei dem für die Aufbringung der Kosten der Unfallversicherung von dem Entwurf in Aussicht genommenen Umlageverfahren eine Ueberbürdung der Industrie für die ersten Jahre nicht zu befürchten ist.

Was dieses Umlageverfahren selbst anlangt, demzufolge in jedem Jahr nur der wirkliche Jahresbedarf erhoben werden soll, so findet dasselbe nicht blos in der allgemeinen Auffassung der Fürsorgepflicht für die durch Unfall Verletzten, sondern auch in wirthschaftlichen Gründen seine Rechtfertigung. Einerseits ist es ein allgemeiner Grundsatz des öffentlichen Rechts, daß die Träger öffentlicher Verpflichtungen — Staat, Provinz, Gemeinde — nur insoweit Beisteuern erheben dürfen, als solche zur Erfüllung dieser Verpflichtungen nothwendig sind, andererseits aber kann auch vom Standpunkt der privatwirthschaftlichen Interessen die den Berufsgenossenschaften aufzuerlegende Verpflichtung zur Erhebung von Deckungskapitalien nicht gerechtfertigt werden. Vielmehr würden hierdurch die privatwirthschaftlichen Interessen insofern geschädigt werden, als dadurch erhebliche Kapitalien der produktiven Verwendung der Mitglieder der Genossenschaft entzogen und die letzteren genöthigt werden würden, sich ihre Betriebskapitalien zu einem höheren Zinsfuß zu verschaffen, als die von der Berufsgenossenschaft gegen pupillarische Sicherheit anzulegenden Deckungskapitalien einzubringen vermögen.

Liegen auch zuverlässige und erschöpfende Erfahrungen über den Umfang der durch die geplante Unfallfürsorge den einzelnen Industriezweigen erwachsenen Lasten zur Zeit nicht vor, so erfordert es doch die Rücksicht auf die Erhaltung der dauernden Leistungs- und Konkurrenzfähigkeit der Industrie, auf diesem Gebiet mit möglichster Schonung und Vorsicht vorzugehen, und von ihr zunächst nicht mehr zu verlangen, als zur Deckung der laufenden Ausgaben unbedingt erforderlich ist. Dieses ist um so nothwendiger, als es sich um eine Last handelt, von der lediglich die einheimische Industrie betroffen wird. Erscheint es deshalb geboten, zunächst von der Erhebung von Deckungskapitalien Abstand zu nehmen, so ist damit einer künftigen anderweiten Entscheidung der Gesetzgebung über diese Frage in keiner Weise präjudizirt, sofern etwa die Erfahrung ergeben sollte, daß die Beibehaltung des Umlageverfahrens unnöthig und unvortheilhaft ist. Auch im Interesse der Vereinfachung der Rechnungsführung und Kassenverwaltung der Berufsgenossenschaften empfiehlt sich dieses Verfahren, bei welchem übrigens die Ansammlung eines Reservefonds*) in mäßiger Höhe nicht ausgeschlossen werden soll.

*) Nach den Beschlüssen des Reichstags ist die Ansammlung eines Reservefonds obligatorisch.

(Der spezielle Theil der Motive ist bei den betreffenden Stellen des Gesetzes berücksichtigt worden).

Unfallversicherungsgesetz.

Vom 6. Juli 1884.

(R.-G.-Bl. S. 69.)

Wir Wilhelm, von Gottes Gnaden Deutscher Kaiser, König von Preußen ꝛc.

verordnen im Namen des Reichs, nach erfolgter Zustimmung des Bundesraths und des Reichstags, was folgt:

I. Allgemeine Bestimmungen.

Umfang der Versicherung.

§. 1.

[1])Alle[2]) in[3]) Bergwerken[4]), Salinen, Aufbereitungsanstalten[5]), (Abs. 1.) Steinbrüchen[6]), Gräbereien (Gruben)[7]), auf Werften und Bauhöfen[8]), sowie in Fabriken[9]) und Hüttenwerken[10]) beschäftigten[11]) Arbeiter[12]) und Betriebsbeamten[13]), letztere sofern ihr Jahresarbeitsverdienst an Lohn oder Gehalt[14]) zweitausend Mark nicht übersteigt, werden[15]) gegen die Folgen der bei[16]) dem Betriebe sich ereignenden Unfälle[17]) nach Maßgabe der Bestimmungen dieses Gesetzes versichert.

Zu §. 1.

[1]) „Was die Abgrenzung des Kreises der versicherungspflichtigen Personen anlangt, so sind die Gründe, welche für die vorläufige Beschränkung derselben auf die Arbeiter der im §. 1 bezeichneten Betriebe bestimmend gewesen sind, in den allgemeinen Erörterungen bereits erwähnt worden. Hiernach bildet §. 2 des Haftpflichtgesetzes den Ausgangspunkt für die in Aussicht genommene Regelung der Unfallversicherung" (Motive S. 42), wobei zu beachten ist, daß „die Salinen zu den Bergwerken, die Aufbereitungsanstalten und Hüttenwerke sowie die Werften und Bauhöfe, sofern in diesen gewerblichen Anlagen ein fabrikmäßiger Betrieb stattfindet, zu den Fabriken im Sinne des Haftpflichtgesetzes zu rechnen sind" (Motive S. 42).

Eine Erweiterung gegenüber dem §. 2 des Haftpflichtgesetzes ist nur insofern eingetreten, „als für diejenigen Betriebe, in welchen Dampfkessel oder durch elementare Kraft bewegte Triebwerke zur Verwendung kommen,

(Abs. 2.) Dasselbe gilt[18]) von Arbeitern und Betriebsbeamten, welche von einem Gewerbetreibenden, dessen Gewerbebetrieb sich auf die Ausführung von Maurer-[19]), Zimmer-, Dachdecker-, Steinhauer- und Brunnenarbeiten erstreckt, in diesem Betriebe[20]) beschäftigt werden, sowie von den im Schornsteinfegergewerbe beschäftigten Arbeitern.

(Abs. 3.) Den im Absatz 1 aufgeführten gelten[21]) im Sinne dieses Ge-

---

der Begriff „Fabrik" nicht von dem Umfange der Produktion, der vorzugsweise in der Zahl der beschäftigten Arbeiter zum äußerlich erkennbaren Ausdruck gelangt, abhängig gemacht worden ist (Motive S. 42), soweit es sich nicht um land- und forstwirthschaftliche Nebenbetriebe handelt, ferner insofern, als Aufbereitungsanstalten, Hüttenwerke, Werften und Bauhöfe auch dann, wenn in diesen gewerblichen Anlagen ein fabrikmäßiger Betrieb nicht stattfindet, der Unfallversicherung unterliegen, endlich dadurch, daß die gewerbsmäßige Erzeugung von Explosionsstoffen oder explodirenden Gegenständen, sowie gewisse Baubetriebe und das Schornsteinfegergewerbe nach den Beschlüssen der Reichstagskommission in die Unfallversicherung einbezogen worden sind, andere Baubetriebe aber durch Beschluß des Bundesraths für versicherungspflichtig erklärt werden können.

Das insbesondere auch in den Reichstagsverhandlungen hervorgetretene Bestreben, schon jetzt den Kreis der versicherungspflichtigen Personen zu vergrößern, hat zu weitergehenden Veränderungen der Vorlage nicht geführt. Nach dem Kommissionsbericht (S. 4) ist bei den Berathungen u. a. hervorgehoben worden:

„Wolle man die Gefährlichkeit der Beschäftigung zum alleinigen Maßstab nehmen, um danach die Ausdehnung des Kreises der zu versichernden Personen zu bestimmen, so komme man folgerecht dazu, alle Staatsbürger, deren Einkommen eine gewisse Höhe nicht übersteigt, und jedenfalls alle, deren Einkommen auf einer bestimmten Beschäftigung beruht, der Versicherungspflicht zu unterwerfen, denn es gebe schließlich keine Beschäftigungsart, die nicht mit irgend einer Gefahr für Leben und Gesundheit verbunden sei. Hierbei stoße man aber nicht nur auf die größten Schwierigkeiten . . . ., sondern ein derartiges Vorgehen sei auch prinzipiell unberechtigt. Man dürfe den Ausgangspunkt und die historische Entwickelung der Frage nicht aus dem Auge verlieren. Das Bedürfniß einer gesetzlichen Regelung der Ersatzpflicht bei Betriebsunfällen sei aus dem Wesen der modernen Industrie (Maschinenbetrieb, Arbeitstheilung, Zusammendrängung vieler Arbeiter in geschlossenen Räumen, Unfähigkeit des einzelnen Arbeiters, den Unfall zu verhüten u. s. w.) hervorgegangen und müsse auf diesem Gebiete zunächst zum Abschlusse gebracht werden."

Auch auf die Arbeiter der Land- und Forstwirthschaft hat die Unfallversicherung zur Zeit nicht ausgedehnt werden können; trotz des von vielen

setzes diejenigen Betriebe[22]) gleich, in welchen Dampfkessel oder durch elementare[23]) Kraft (Wind, Wasser, Dampf, Gas, heiße Luft u. s. w.) bewegte Triebwerke zur Verwendung kommen, mit Ausnahme der land- und forstwirthschaftlichen nicht unter den Absatz 1 fallenden Nebenbetriebe[24]), sowie[25]) derjenigen Betriebe, für welche nur vorübergehend[26]) eine nicht zur Betriebsanlage gehörende Kraftmaschine benutzt wird.

Seiten bekundeten Wunsches, auch dieser zahlreichen Kategorie die Wohlthaten des Gesetzes zugänglich zu machen, hat sich die Mehrheit des Reichstags doch davon überzeugt, daß dies zur Zeit auch nicht einmal fakultativ geschehen könne. „Auch die Vertreter der verbündeten Regierungen erhoben sehr entschiedenen Widerspruch. Die land- und forstwirthschaftlichen Arbeiter durch eine einfache Zusatzbestimmung unter die Vorschrift des Gesetzes zu stellen, sei unmöglich. Die allgemeinen Verhältnisse, das Bedürfniß und die Voraussetzungen einer gesetzlichen Regelung, seien von denen der gewerblichen Arbeiter allzuweit verschieden, als daß man mit der gleichen gesetzgeberischen Maßregel beide treffen könnte. Ein dahin gerichteter Versuch würde als ein Eingriff in althergebrachte Einrichtungen und Anschauungen in weiten Kreisen störend empfunden werden." Auch wurde wiederholt davor gewarnt, „daß man den ersten Schritt der Gesetzgebung auf einem bisher noch unbebauten Felde durch eine, wenn auch in bester Absicht unternommene Häufung der Aufgaben erschwere. Auch hier gelte, daß in der Beschränkung sich der Meister zeige." (Komm.-Ber. S. 7.) Spätere Ausdehnungen der Unfallversicherung durch Spezialgesetze werden nach den Erklärungen, welche regierungsseitig bei den Verhandlungen abgegeben worden sind, erwartet werden können.

[2]) Alle, d. h. Inländer und Ausländer (cf. Anm. 14 zu §. 6), männliche und weibliche (cf. Anm. 12) Personen, erwachsene und „jugendliche" Arbeiter (d. h. „Kinder" zwischen 12 und 14 Jahren, „junge Leute" zwischen 14 und 16 Jahren, cf. §. 135 der Gewerbeordnung).

[3]) „in" einem Bergwerk, einer Fabrik rc. ist derjenige beschäftigt, welcher innerhalb oder außerhalb der zu den Anlagen gehörigen Räumlichkeiten Verrichtungen „im Betriebsdienste" versieht, d. h. Verrichtungen, welche zu dem Betriebe der Fabrik rc. gehören. Reine Bureaubeamte, die Kraft ihrer dienstlichen Stellung lediglich als Handlungsgehülfen fungiren, mit dem gewerbstechnischen Betriebe aber, der allein eine Unfallgefahr als solche herbeiführen kann, nichts zu thun haben, Schreiber rc. können nicht als „in" der Fabrik rc. beschäftigt gelten, fallen also nicht unter die Unfallversicherung. Vergl. jedoch §. 2 Abs. 2.

[4]) Bergwerke sind Anlagen, vermittelst welcher nach Aufdeckung der Fundstätte Mineralien bergmännisch gewonnen werden; weitere Erfordernisse, insbesondere das der staatlichen Aufsicht (vgl. Eger Haftpflichtgesetz II. Aufl. S. 178), sind für dieses Gesetz nicht aufzustellen. Bergmännisch ist ein Betrieb

(Abs. 4.) Im übrigen gelten[27]) als Fabriken im Sinne dieses Gesetzes insbesondere[27]) diejenigen Betriebe, in welchen die Bearbeitung oder Verarbeitung von Gegenständen gewerbsmäßig ausgeführt wird, und in welchen zu diesem Zweck mindestens zehn Arbeiter regelmäßig[28]) beschäftigt werden, sowie Betriebe, in welchen Explosivstoffe oder explodirende Gegenstände gewerbsmäßig erzeugt werden.

(Abs. 5.) Welche Betriebe außerdem[27]) als Fabriken im Sinne dieses

---

nach bergtechnischen Regeln, d. h. nach einem bestimmten Betriebsplan und den zur Sicherheit des inneren Baues, der Oberfläche und der Arbeiter durch Theorie, Praxis und Gesetz vorgeschriebenen Grundsätzen" (Eger a. a. O.). Auf die Regalität des Bergbaues kommt es nicht an. Auch die Gewinnung von Bernstein, Erdöl und ähnlichen Werthen ist hierher (oder zu den ähnlichen Gruben) zu rechnen. Das bloße Aufsuchen der Lagerstätte der Mineralien (Schürfen und Bohren) gehört nicht zum Betriebe eines Bergwerks. Erk. d. R. Ob.-Hand.-Ger. v. 22. 4. 79. (Entsch. 25 S. 145). Die Anlage eines Tunnels ist kein Bergwerksbetrieb (cf. Erk. d. R.-Ob.-Hand.-Ger. v. 10. 3. 76 (Entsch. 20 S. 3). Ueber besondere Knappschafts-Genossenschaften vergl. §. 94.

[5]) Aufbereitungsanstalten sind gewerbliche Anlagen zur mechanischen Reinigung bergmännisch gewonnener Erze. (Wagner's Handbuch der chemischen Technologie, 10. Aufl., S. 6.)

[6]) „Unter Steinbrüchen sind diejenigen Anlagen zu verstehen, in denen die Gewinnung von Steinarten (Bau-, Werk-, Mühlstein-, Marmor-, Basalt-, Granit-, Schieferbrüche u. s. w.) gewerbsmäßig und nach besonderen technischen Regeln erfolgt." (Motive S. 42.)

Dieser Definition entspricht die Begriffsbestimmung in d. Erk. d. R.-Ob.-Hand.-Ger. v. 10. 3. 76 zu §. 2 des Haftpflichtgesetzes (Entsch. 20, S. 3), nach welcher es sich bei einem Steinbruch um ein Unternehmen handelt, dessen Zweck sich unmittelbar auf das Gewinnen von Steinen und deren Verwerthung bez. Benutzung richtet, bei welchem also die Steine selbst als das zu erzielende Produkt erscheinen. Wenn dieses Erkenntniß weiter ausführt, ein Steinbruch liege also nicht vor, sobald die Steine umgekehrt als ein zu beseitigendes Hinderniß erscheinen (wie bei Anlegung von Tunnels oder bei Straßenbauten), wobei es unerheblich sei, ob die aus dem Wege geschafften Steine gelegentlich und nebenbei auch genutzt werden können, ob das Steinbrechen in derselben Arbeitsweise wie bei dem Betriebe eines Steinbruchs geschieht, und wie groß die damit verbundene Gefahr sei — so ist dies für die Unfallversicherung nur mit der Beschränkung zuzugeben, daß bei gleichzeitiger gewerbsmäßiger Benutzung der abgesprengten ꝛc. Steine (zu Brückenbauten oder dergl.), d. h. bei Entfernung der Steine unter gleichzeitiger gewerbsmäßiger Bearbeitung oder Verwerthung derselben, dem Unternehmen doch der Charakter eines Steinbruchs im Sinne dieses Gesetzes wird beigelegt werden müssen.

Ob der Steinbruch über oder unter der Erde betrieben wird, ist unerheblich.

Gesetzes anzusehen sind, entscheidet[29]) das Reichs-Versicherungsamt (§§. 87 ff.).

Auf gewerbliche Anlagen[30]), Eisenbahn- und Schiffahrtsbetriebe[31]), welche wesentliche Bestandtheile eines der vorbezeichneten Betriebe sind, finden die Bestimmungen dieses Gesetzes ebenfalls Anwendung. (Abs. 6.)

Für solche unter die Vorschrift des §. 1 fallende Betriebe, (Abs. 7.)

„Die Steinbrüche wie die Gräbereien sind ebenso wie im Haftpflichtgesetz auch hier deshalb besonders aufgeführt worden, weil es zweifelhaft ist, ob dieselben unter die Bezeichnung Bergwerk zu subsumiren sein würden; es handelt sich also um den Bergwerken analoge Unternehmungen, welche auch als solche der polizeilichen Aufsicht unterliegen.“ (Motive S. 43.)

7) Der Ausdruck Gräberei „umfaßt nach der Terminologie neuerer Berggesetze die auf die Gewinnung der in den sogenannten oberflächlichen Lagerstätten vorkommenden Mineralien (Mergel-, Kies-, Sand-, Thon-, Lehm- und ähnliche Gruben) gerichteten Anlagen, in denen ein gewerbsmäßiger und nach technischen Regeln ausgeführter Betrieb stattfindet.“ (Motive S. 42.) Aehnlich d. Erk. d. R.-Ob.-Hand.-Ger. v. 24. 5. 78 (Entsch. 23, S. 403), welches insbesondere betont, daß es sich dabei um dem Bergwerk analoge Unternehmungen, nämlich um solche Unternehmungen handelt, welche als Unterarten unter dem Ausdruck Bergwerk im weiteren Sinne mitbegriffen werden können (cf. Anm. 6 a. E.). Auch die nach technischen Regeln betriebenen Bernsteingruben, Torfgruben rc. gehören hierher, ebenso die Ausbeutung von Raseneisenstein-Ablagerungen rc.

Gräbereien fallen also nur dann unter das Unfallversicherungsgesetz, wenn sie

a) gewerbsmäßig,

b) nach technischen Regeln

betrieben werden. Gewerbsmäßig aber ist ein Betrieb nur dann, wenn er „auf Erwerb gerichtet“ ist, „d. h. den Zweck verfolgt oder doch wenigstens mitverfolgt, dem Betreibenden ein Einkommen (nicht etwa blos einen Vermögensvortheil, wie eine Ersparung) zu gewähren“ (vgl. Seydel, das Gewerbepolizeirecht nach der Reichsgewerbeordnung 1881, S. 2 und die dort citirten Autoren). Hiernach wird der Betrieb zum eigenen Gebrauch, wie die Ausbeutung eines eigenen Mergel- oder Torflagers zur Bemergelung des eigenen Ackers oder zum Verbrauch in der eigenen Häuslichkeit, ebenso wenig hierher gehören, wie der Gewerbebetrieb eines Torfbauern, welcher Torf zum Verkauf (etwa in der benachbarten Stadt) sticht, sobald die Ausbeutung nicht etwa nach technischen Regeln geschieht. Daß dies die Absicht des Gesetzes ist, folgt auch daraus, daß landwirthschaftliche Nebenbetriebe, welche sich nicht als Gräbereien, Fabriken rc. darstellen, insbesondere also mit Motoren betriebene Molkereien rc., von geringerem Umfang, die nicht als Fabriken anzusprechen sind, der Unfallversicherung nicht unterliegen, cfr. Abs. 3 und Anm. 9.

welche mit Unfallgefahr für die darin beschäftigten Personen nicht verknüpft sind, kann durch Beschluß des Bundesraths die Versicherungspflicht ausgeschlossen[32]) werden.

(Abs 8.) Arbeiter und Betriebsbeamte in anderen[33]), nicht unter Absatz 2 fallenden, auf die Ausführung von Bauarbeiten sich erstreckenden Betrieben können durch Beschluß des Bundesraths für versicherungspflichtig erklärt werden.

Die Ausdrücke „Gräberei" und „Grube" werden wie in diesem Gesetz, so auch sonst häufig gleichbedeutend gebraucht (das Krankenversicherungsgesetz spricht nur von Gruben). Man wird also nach besonderen Unterscheidungsmerkmalen nicht zu suchen haben; insbesondere kommt es auch hier nicht darauf an, ob die Anlage unterirdisch oder über der Erde betrieben wird. Auch Baggereien, d. h. nach technischen Regeln stattfindende Gewinnung von Kies, Sand, Bernstein 2c., welcher unter dem Wasserspiegel lagert, gehören hierher.

Das Ausgraben der Fundamente eines Gebäudes, oder das Ausschachten eines Grundstücks zwecks Hebung und Fortschaffung von Erdmassen zu baulichen Zwecken ist keine Gräberei, cfr. Erk. d. R.-Ob.-Hand.-Ger. v. 10. 3. 76 (Entsch. 20, S. 3) und v. 24. 5. 78 (Entsch. 23, S. 403). Soweit diese Erdmassen von Maurern in ihrem Gewerbebetrieb angenommen werden, fallen diese Arbeiten unter Abs. 2.

[8]) Bauhöfe sind auf eine gewisse Dauer berechnete Anlagen für Bauarbeiten. Dieselben sind ausdrücklich aufgenommen, „da möglicherweise auf Bauhöfen noch andere als die im zweiten Absatz speziell aufgeführten Arbeiter in einer mit besonderer Gefahr für Leben und Gesundheit verbundenen Weise beschäftigt sein können" (Komm. Ber. S. 6).

[9]) Fabriken. Eine erschöpfende Definition des Begriffes „Fabrik" hat bisher nicht gelingen wollen; „die zahlreichen Versuche, welche in den Gesetzgebungen verschiedener Länder bisher in dieser Richtung gemacht worden sind, haben an der Vielgestaltigkeit des praktischen Lebens ihre Schranken gefunden" (Motive S. 43). Eine Zusammenstellung der in verschiedenen Staaten versuchten Definitionen des Begriffs „Fabrik" findet sich in den Motiven zur Oesterreichischen Gewerbenovelle vom 15. März 1883 (Nr. 253 der Beilage zu den stenograph. Protokollen des Abgeordnetenhauses, IX. Session, S. 107 ff.) Man versteht unter „Fabrik" im Allgemeinen eine größere gewerbliche Anlage zur Bearbeitung oder Verarbeitung beweglicher Sachen. Den Gegensatz zur Fabrik bildet der Handwerksbetrieb; ein Begriff bestimmt sich durch den andern (vgl. Urth. d. Reichsgerichts vom 13. 5. 81, Entsch. IV. S. 98); die Grenze zwischen beiden aber ist schwankend und unsicher; sie ist keine absolute, sondern mit Rücksicht auf Betriebsart, Umfang und Gegenstand eine relative.

Weil nun aber der gewöhnliche Handwerksbetrieb aus praktischen Schwierigkeiten einstweilen in die Unfallversicherung nicht hat einbegriffen werden können, und weil ferner bei der Ausführung des Gesetzes die Frage, welcher Betrieb als Fabrik zu betrachten sei und deshalb unter das Gesetz falle, doch sofort zu beantworten ist, so hat man, um den ausführenden Behörden die Entscheidung hierüber zu erleichtern, also lediglich aus praktischen Gründen, für die Beurtheilung dieser Frage „wenigstens einen gesetzlichen Anhalt" (Motive S. 43) geben wollen, dessen Mangel im Haftpflichtgesetz zu mancherlei Zweifeln Anlaß geboten hat. Diese Anhaltpunkte findet das Gesetz in dem Gegenstand des Betriebes (gewerbsmäßige Be- oder Verarbeitung von Gegenständen), und in der Art des Betriebes, wobei der Umfang, „für welchen nach dem Vorgang anderer Gesetzgebungen*) die Zahl der beschäftigten Arbeiter als Maßstab angenommen ist" (Motive), und die eigenthümliche Unfallgefahr maßgebend sind, welche die gewerbsmäßige Herstellung von Explosivstoffen oder explodirenden Gegenständen, sowie eine dauernde Verwendung elementarer Motoren mit sich bringt. Der letztere Gesichtspunkt hat dahin geführt, den Fabriken auch diejenigen kleineren Betriebe „gleich zu stellen", welche nach ihrem Umfang nur handwerksmäßig betrieben werden, wegen der Verwendung von Dampfkesseln oder elementaren Motoren aber die besondere Unfallgefahr der Fabriken um so mehr zeigen, als in derartigen fabrikartig arbeitenden Betrieben die Maßregeln zur Unfallverhütung häufig nicht so gut sind, wie in „Fabriken" von größerem Umfange (cf. allg. Mot. S. 20). Ausgenommen von dieser Gleichstellung sind diejenigen „fabrikähnlichen" mit Motoren arbeitenden kleinen Betriebe, welche in der Land- und Forstwirthschaft vorkommen, eine Ausnahme, welche auf den Beschlüssen der Reichstagskommission beruht. Der Grund für diese Ausnahme liegt insbesondere darin, daß in derartigen kleineren, hauptsächlich für den eigenen Bedarf des betr. Guts arbeitenden Betrieben meist dieselben Arbeiter beschäftigt werden, welche bei der Landwirthschaft selbst Verwendung finden, woraus zahlreiche Schwierigkeiten und Unzuträglichkeiten entstehen würden (vgl. Kommiss. Ber. S. 6, 8). Die Unfallversicherung in derartigen kleinen Anlagen wird später gemeinsam mit der Unfallversicherung für die Land- und Forstwirthschaft zu regeln sein, zumal sie bisher als Theil der letzteren betrachtet und, weil sie nicht Fabriken sind, dem für Fabriken geltenden Haftpflichtgesetz nicht unterworfen sind. Vgl. wegen der landwirthschaftlichen Nebenbetriebe im Uebrigen Anm. 22. „Die angegebene Definition kann und will den Begriff „Fabrik" jedoch nicht erschöpfen... Es wird damit nicht ausgeschlossen, daß in konkreten Fällen auch darüber hinaus einzelne Betriebe als Fabriken sich darstellen können und folgeweise unter die für diese geltenden Normen gebracht werden müssen. Um nach dieser Richtung hin den Anforderungen des praktischen Lebens jederzeit gerecht werden zu können, ist dem Reichsversicherungsamt die Befugniß beigelegt worden, auch andere Betriebe, sofern sie sich als Fabriken darstellen, als solche zu bezeichnen und sie damit unter die Vorschriften des Unfallversicherungsgesetzes zu stellen (Motive S. 43).

*) Vgl. darüber Eger, Haftpflichtgesetz, II. Aufl., S. 197, 201.

Hiernach gelten als Fabriken im Sinne dieses Gesetzes alle diejenigen gewerblichen Anlagen zur Bearbeitung oder Verarbeitung von Gegenständen, welche sich sprachlich oder begrifflich als „Fabriken" darstellen. Daß dies der Fall, fingirt das Gesetz bei allen derartigen Anlagen, in denen 10 oder mehr Personen dauernd beschäftigt werden, bei den Anlagen zur gewerbsmäßigen Erzeugung von Explosivstoffen oder explodirenden Gegenständen, sowie bei denjenigen Anlagen, in welchen elementare, zur Anlage gehörige Motoren rc. verwendet werden, schließt aber von dieser letzteren Fiktion die kleinen, mit elementaren Motoren rc. betriebenen Nebenbetriebe der Land- und Forstwirthschaft aus. Bei allen denjenigen Anlagen, bei welchen diese Fiktionen nicht zutreffen, entscheidet im Falle eines Zweifels das Reichsversicherungsamt nach eigenem Ermessen, ob dieselben als Fabriken anzusehen sind oder nicht. Mit anderen Worten: Es gelten als „Fabriken und denselben gleichstehende Betriebe" im Sinne des Unfallversicherungsgesetzes alle industriellen Anlagen zur gewerbsmäßigen Bearbeitung oder Verarbeitung von Gegenständen,

1) welche mit eigenen, d. h. zur Anlage gehörigen (cf. Anm. 21) Dampfkesseln oder elementaren Motoren arbeiten, und zwar, soweit es sich nicht um landoder forstwirthschaftliche Nebenbetriebe handelt, ohne Rücksicht auf den Umfang der Produktion, also auch dann, wenn sie nur handwerksmäßig betrieben werden;
2) in denen gewerbsmäßig Explosivstoffe oder explodirende Gegenstände bereitet werden;
3) in welchen zwar Dampfkessel oder elementare Motoren nicht verwendet werden, die aber einen erheblichen Umfang haben. Die Grenze findet das Gesetz in dauernder Beschäftigung von mindestens 10 Arbeitern;
4) endlich diejenigen (kleineren) Betriebe, welche sprachlich und begrifflich sich als Fabriken darstellen, ohne unter die vorstehenden Rubriken zu fallen, z. B. kleine Bleiweißfabriken ohne Dampfkessel rc.

Welche Betriebe unter die vierte Kategorie gehören, entscheidet im Zweifel das Reichsversicherungsamt. Für die Entscheidung desselben wird bestimmend sein, ob es sich um eine Anlage zur gewerbsmäßigen Bearbeitung oder Verarbeitung von Gegenständen handelt (§. 1 Abs. 3), ferner, ob eine große Arbeitstheilung stattfindet, welche dem einzelnen Arbeiter eine mechanische, einschläfernde Thätigkeit zuweist und ihn deshalb zu besonderer Achtlosigkeit verleitet; ob Maschinen mit Menschenkraft oder thierischer Kraft (z. B. Göpelwerke) verwendet werden; ob der Betrieb aus irgend einem anderen Grunde eigenthümliche, von der Handlungsweise des einzelnen Arbeiters mehr oder weniger unabhängige Unfallgefahren mit sich bringt, u. s. w. Das sonst wohl aufgestellte Unterscheidungsmerkmal zwischen Fabrik und Handwerk — ob nämlich für den Großbetrieb auf Lager (oder ob für den Detailverkehr zum sofortigen Verkauf) gearbeitet wird, und ob nur einzelne Theile größerer Stücke (oder zusammengesetzte Stücke) gefertigt werden — wird für sich allein nicht maßgebend sein.

Wegen der Landwirthschaft cf. Anm. 22.

Wenn hiernach (auf Grund des Gesetzes oder des Sprachgebrauchs, über welchen letzteren ev. das Reichsversicherungsamt entscheidet,) feststeht, welche Betriebe als Fabriken anzusehen sind, so unterliegen dieselben ohne Ausnahme der Versicherungspflicht, so lange nicht Ausnahmen für einzelne Fälle auf Grund demnächstiger Beschlüsse des Bundesraths dann zugelassen worden sind (§. 1 Abs. 7), wenn einzelne Betriebe, obwohl die betr. Anlagen als Fabriken angesehen werden müssen, nach Lage der Verhältnisse eine Unfallgefahr für die darin beschäftigten Arbeiter nicht mit sich bringen. So lange derartige Beschlüsse nicht ergangen sind, gelten auch diese Fabriken im obigen Sinne für versicherungspflichtig.

Man hat das Bedenken geäußert, daß, nachdem in diesem Gesetz bestimmte Merkmale für den Begriff „Fabrik" gegeben seien, während in dem Haftpflichtgesetz derartige Bestimmungen fehlen, eine große Anzahl gewerblicher Anlagen nach wie vor unter das letztere, statt unter das erstere fallen und zahlreiche Fabrikarbeiter den Segnungen der Unfallversicherung nicht theilhaft werden würden. Dies Bedenken ist nicht begründet. Allerdings entscheidet darüber, ob eine gewerbliche Anlage eine „Fabrik" sei, bei der Anwendung des Haftpflichtgesetzes der Richter, ohne an bestimmte gesetzliche Vorschriften hierüber gebunden zu sein, bei der Unfallversicherung das Gesetz, oder soweit das Gesetz die Anlage nicht ausdrücklich als Fabrik bezeichnet, nach eigenem Ermessen das Reichsversicherungsamt. Es ist aber kaum denkbar, daß der Richter eine gewerbliche Anlage dann als Fabrik auffassen sollte, wenn das Reichsversicherungsamt dies verneint hat, da hierbei im Wesentlichen technische Fragen in Betracht kommen, bei deren Beurtheilung sich der Richter sicherlich an die Auffassung der gerade hierin sachverständigen Behörde anschließen wird. Dies gilt um so mehr, als nach den allgemeinen Erörterungen (S. 20) die Unfallversicherung für alle Betriebe eintreten soll, welche bisher unter das Haftpflichtgesetz fielen, und außerdem noch für einige andere (fabrikartige handwerksmäßige) Betriebe, so daß das Reichsversicherungsamt bei der Beurtheilung dessen, ob eine Anlage eine Fabrik sei, so weit gehen wird, wie nur je ein Richter. Praktisch kann die Frage nur bei solchen gewerblichen Anlagen werden, welche, ohne unter einen der übrigen im Abs. 1 dieses Paragraphen aufgeführten Begriffe (Bergwerke, Salinen, Aufbereitungsanstalten rc.) zu fallen, weder zehn oder mehr Arbeiter regelmäßig beschäftigen, noch gemäß Absatz 7 eximirt sind, noch (außer als land- oder forstwirthschaftliche Nebenbetriebe) mit elementaren Motoren rc. arbeiten — denn in diesen Fällen tritt die Unfallversicherung auf Grund dieses Gesetzes ein und das Haftpflichtgesetz außer Kraft. Positiv ausgedrückt, kann die Frage also nur bei den nach Abs. 7 eximirten und bei denjenigen gewerblichen Anlagen praktisch werden, welche weniger als 10 Personen dauernd beschäftigen und nicht mit elementaren Motoren rc. arbeiten, außerdem bei land- und forstwirthschaftlichen Nebenbetrieben dann, wenn sie weniger als zehn Personen dauernd beschäftigen, ohne Rücksicht darauf, ob sie mit Motoren arbeiten oder nicht. Sind die letzteren beiden Kategorien nicht schon ohne Weiteres als

Fabriken anerkannt bez. nicht schon auf Grund des §. 1, Abs. 5, von dem Reichsversicherungsamt für Fabriken erklärt und einer Unfallversicherungs-Genossenschaft zugewiesen (§§. 11 fg.), oder sind dieselben auf Grund des §. 37 von der Unfallversicherungs-Genossenschaft nicht aufgenommen, Beschwerden hierüber aber nicht erhoben worden, und ereignet sich dann in einem solchen Betriebe ein Unfall, so kommen der Verletzte oder dessen Hinterbliebene auf Grund der §§. 59, 62 immer noch in die Lage, die Entscheidung des Reichsversicherungsamts über die Frage herbeizuführen, ob der betr. Betrieb nicht als Fabrik einer Unfallversicherungs-Genossenschaft angehört. Macht der Entschädigungsberechtigte hiervon keinen Gebrauch, oder wird der Anspruch des Verletzten oder seiner Hinterbliebenen von dem Reichsversicherungsamt endgültig zurückgewiesen, dann erst kommt der Richter in die Lage, seinerseits darüber zu entscheiden, ob die Anlage, in welcher der Unfall entstanden ist, als eine „Fabrik" anzusehen ist, und es muß im letzten Fall billig bezweifelt werden, daß er diese Frage im Gegensatz zum Reichsversicherungsamt bejahen wird. Erachtet der Richter die Anlage nicht als Fabrik, so entscheidet er über den Schadensersatz nach den Vorschriften des geltenden Landesrechts; ist er aber der Meinung, daß es sich um eine „Fabrik" handle, so hat er, da alle „Fabriken" vorbehaltlich des Abs. 7 dem Unfallgesetz unterworfen sind, nur bei den etwa eximirten Fabriken (Abs. 7) nach dem Haftpflichtgesetz zu entscheiden, im Uebrigen aber den Kläger an die Berufsgenossenschaften bez. an die untere Verwaltungsbehörde (§. 59) zu verweisen.

[10]) Hüttenwerke dienen jenen Operationen, welche mit der Ausbringung eines Metalls oder einer Verbindung desselben endigen (Wagner, Handbuch der chemischen Technologie, X. Aufl., S. 6).

[11]) beschäftigten. Die Beschäftigung ist also auch bei der Unfallversicherung, wie bei der Krankenversicherung, die Grundlage der Entschädigungsberechtigung; bei der ersteren ist aber nicht, wie bei der letzteren, die Dauer der Beschäftigung von Einfluß. Der Unfallversicherung unterliegen vielmehr auch solche Arbeiter, welche nur vorübergehend beschäftigt sind, „deren Beschäftigung ihrer Natur nach eine vorübergehende oder durch den Arbeitsvertrag im voraus auf einen Zeitraum von weniger als einer Woche beschränkt ist" (§. 1 Absatz 1, §. 2 Nr. 1 R.-G. v. 15. 6. 83), die also der Krankenversicherung nur dann unterliegen, wenn dieselbe durch statutarische Bestimmung auf sie erstreckt ist; es kommt lediglich darauf an, ob solche vorübergehend beschäftigten Personen bei dem Betriebe derart verunglücken, daß sie nach Maßgabe dieses Gesetzes auf Unfallentschädigung von den Berufsgenossenschaften Anspruch haben, ob sie bei dem Betriebe den Tod, oder eine Körperverletzung mit einer mehr als 13 Wochen dauernden Erwerbsunfähigkeit erleiden. Ist letzteres der Fall, so hat für sie während der ersten 13 Wochen, sobald sie nicht (in Folge statutarischer Bestimmung oder freiwillig) gegen Krankheit versichert sind, der Betriebsunternehmer zu sorgen, cf. §. 5 Anm. 30.

[12]) Arbeiter „worunter hier, wie im Titel VII. der Gewerbeordnung, auch weibliche Arbeiter zu verstehen sind" (Mot. S. 43), ebenso aber auch „das

gewerbliche und sonstige Gesinde, das in den im §. 1 aufgeführten Betrieben beschäftigt wird" (Komm.-Ber. S. 8). Hierhin gehört z. B. der für den Gewerbebetrieb dienende Kutscher. Auch Gesinde zur persönlichen Bedienung ist versicherungspflichtig, wenn es ausnahmsweise vorübergehend „in" dem Betriebe beschäftigt wird. Arbeiter sind ebenso wie im Krankenversicherungsgesetz, ohne Rücksicht auf die Höhe des Lohns der Unfallversicherung unbedingt unterworfen, Betriebsbeamte dagegen nur bei einem Lohn bis zu 2000 Mark jährlich (Anm. 13), cf. jedoch §. 2. Vgl. auch Anm. 2, 16.

Hausindustrielle, d. h. „selbständige Gewerbetreibende, welche in eigener Betriebsstätte im Auftrage und für Rechnung anderer Gewerbetreibender mit der Herstellung oder Bearbeitung gewerblicher Erzeugnisse beschäftigt werden" (§. 2 Nr. 6 R. G. v. 15. 6. 1883) sind keine Arbeiter, sondern eine Uebergangsstufe zwischen diesen und den selbständigen Gewerbetreibenden. Hausindustrielle sind also, auch wenn ihr Betrieb nach §. 1 versicherungspflichtig ist, wenn also mit Motoren (wie bei der Kleineisenindustrie) oder mit zehn oder mehr Arbeitern gearbeitet wird, für ihre Person nicht versichert, wohl aber sind es in diesem Fall ihre unselbständigen Arbeiter.

Arbeiter, welche sich derart mit einander zu gemeinschaftlichem Betriebe vereinigen, daß sie den Erwerb aus ihrer gemeinsamen Thätigkeit nach gewissen Prozentsätzen, etwa entsprechend ihrem Einlagekapital, mit einander theilen, sind nicht zu versichern, weil sie zu einander nicht im Verhältniß von Arbeitgebern und Arbeitnehmern, sondern im Verhältniß von Geschäftstheilhabern stehen. Beschäftigen sie unselbständige Arbeiter, so sind diese zu versichern.

[13]) Betriebsbeamte sind, ebenso wie im Krankenversicherungsgesetz, nur dann der Unfallversicherung unbedingt unterworfen, „wenn sie nach der Höhe des Jahres-Einkommens, von welchem ihre soziale Stellung in der Regel abhängig sein wird, über den Stand der gewöhnlichen Arbeiter sich nicht wesentlich erheben." (Mot. S. 43.) Die Grenze, bis zu welcher dies anzunehmen sei, findet das Gesetz in dem Jahresbetrag von 2000 Mark (= $6^2/_3$ M. für den Arbeitstag, das Jahr zu 300 Arbeitstagen gerechnet), „da bei einem niedrigeren Betrage die zahlreiche Klasse der Werkführer und Vorarbeiter, welche von der Unfallversicherung nicht auszuschließen sein dürfte, wahrscheinlich nur zum Theil getroffen werden würde." (Mot. S. 43.) Hiermit ist nicht gemeint, daß jeder Vorarbeiter immer als Beamter anzusehen sei; er ist es vielmehr nur dann, wenn er im Uebrigen die unterscheidenden Merkmale eines Beamten aufweist (s. unten). Höher gelohnte Betriebsbeamte können durch statutarische Regelung der Unfallversicherung unterworfen werden, §. 2. Reichs-, Staats- und Communalbeamte dagegen, welche mit festem Gehalt und Pensionsberechtigung angestellt sind, werden nicht gegen Unfälle versichert, §. 4; sie sind auf ihre Pension angewiesen und durch dieselbe im Allg. genügend gedeckt. In soweit dies nicht der Fall, soll die weitere Fürsorge für dieselben auf dem Wege der Spezialgesetzgebung erfolgen.

Die Frage, ob eine in den voraufgeführten Betrieben beschäftigte Person Arbeiter oder Betriebsbeamter sei, und ob sie deshalb unbedingt oder nur bei einem Jahresverdienst von höchstens 2000 Mark zu versichern und bei der Anmeldung des Betriebes zu berücksichtigen sei (cf. §§. 11, 35), wird auch hier, wie bei dem Krankenversicherungsgesetz, je nach der Stellung zu beantworten sein, welche dem Betreffenden im Verhältniß zu den übrigen Bediensteten angewiesen ist. Allgemein gültige Unterscheidungsmerkmale lassen sich wohl nicht aufstellen — man wird aber festhalten können, daß in der Regel eine Tagesvergütung nach Maßgabe der wirklichen Arbeitsleistung (mag die Löhnung wöchentlich oder täglich erfolgen) für die Eigenschaft als Arbeiter, eine in größeren Zeitabschnitten zahlbare, unabhängig von der wirklichen Arbeitsleistung ein für alle Mal fixirte Remuneration (Gehalt) für die Eigenschaft als Beamter präsumiren läßt. Auch wird ein Beamter in der Regel gewöhnliche Handarbeit nicht verrichten. Im allgemeinen dürften zu den Betriebsbeamten ungefähr diejenige Kategorieen gehören, für deren Versehen nach §. 2 des Haftpflichtgesetzes der Betriebsunternehmer haften muß (wenngleich statt der extensiven Interpretation, welche in dieser Frage für jenes Gesetz im Interesse der Arbeiter angezeigt war, für die Unfallversicherung eine einschränkende Auslegung des Begriffs geboten erscheint) also „ein Bevollmächtigter oder ein Repräsentant oder eine zur Leitung oder Beaufsichtigung des Betriebes oder der Arbeiter angenommene Person;" es würden dann (vgl. die Ausführungen von Eger a. a. O. S. 224 fg.) hierher gehören:

a) die Generalbevollmächtigten für den Gesammtbetrieb (den technischen und nichttechnischen), Repräsentanten;

b) die Bevollmächtigten für den technischen Betrieb (nicht für andere nichttechnische Betriebsbranchen);

c) alle leitenden und beaufsichtigenden Betriebsorgane niederer Ordnung, und zu letzteren würden diejenigen Personen zu rechnen sein, welche zur selbständigen Leitung, zur Dirigirung eines Theiles des Betriebes angenommen sind und dabei Aufsichtsfunktionen ausüben. Auf den größeren oder geringeren Umfang der Funktionen kommt es ebenso wenig an, wie auf untergeordnete Stellung und das Maaß technischer Kenntnisse. Urth. d. Reichsgerichts v. 19. 12. 79. (Entsch. I. S. 28), Erk. d. R.-O.-H.-G. v. 22. 9. 74. (Entsch. 14 S. 96.)

Bei den Vorarbeitern, Maschinisten, Heizern ꝛc. wird die Frage nur für den konkreten Fall unter Berücksichtigung ihrer Funktionen in dem betr. Betrieb zu beantworten sein; insbesondere sind diejenigen Vorarbeiter nicht Beamte, welche nur die gewöhnlichen Arbeiter auf die verschiedenen Arbeitsstellen zu vertheilen haben (Erk. d. R.-O.-H.-G. v. 5. 6. 78), ebensowenig diejenigen Heizer und Maschinisten, welche die Maschine nur unter dem Befehl eines Andern dirigiren (Sten. Ber. d. R.-T. 1871 S. 478).

14) Lohn oder Gehalt, cf. §. 3 Abs. 1.

15) werden, d. h. sind auf Grund des Gesetzes versichert. Die Anmeldung des Betriebes durch die Arbeitgeber (§§. 11, 35) begründet nicht die Versicherung.

16) bei dem Betriebe. Es muß ähnlich, wie nach dem Haftpflichtgesetz,

ein ursächlicher Zusammenhang zwischen den besonderen Gefahren industrieller Betriebe und dem Unfall erkennbar sein (wie in der Kommissionsberathung von einem Regierungsvertreter, von welchem eine authentische Interpretation der Worte „bei dem Betriebe" verlangt wurde, konstatirt worden ist, vgl. Komm.-Ber. S. 8); denn die Unfallversicherung beruht eben auf der Annahme einer industriellen Betrieben innewohnenden besonderen Gefährlichkeit und der Nothwendigkeit, gegen die hieraus entstehenden Gefahren zu versichern. Ein blos zeitlicher oder örtlicher Zusammenhang zwischen dem Betriebe oder der Betriebsanlage und dem eingetretenen Schaden genügt nicht zur Anwendung des Gesetzes. Ein Kausalnexus liegt aber auch schon dann vor, wenn der ursächliche Zusammenhang nur ein mittelbarer ist; cf. Erk. des R.-O.-H.-G. vom 19. 12. 1873 (Entsch. 12 S. 162), Urtheil d. Reichsgerichts vom 30. 6. 1880 (Blums Annalen II. S. 261). „Beim Betriebe" ist hiernach ein Unfall dann eingetreten, wenn er bei Gelegenheit oder aus Anlaß des Betriebes, „bei der Vorbereitung der Durchführung oder dem Abschluß des Betriebes eintrat, und nach den Umständen mindestens ein mittelbarer Zusammenhang mit den Gefahren, denen man bei industriellen Betrieben ausgesetzt ist, sich als möglich darstellt"; cf. Erk. d. R.-O.-H.-G. vom 17. 5. 1876 (Entsch. 21 S. 91). Mit den spezifisch gefahrbringenden Anstalten der betr. Betriebsanlage (z. B. mit den Maschinen) braucht der Unfall nicht nothwendig in Verbindung zu stehen; nur mit dem technischen oder mechanischen Betriebe des Unternehmens muß ein Zusammenhang erkennbar sein; der Unfall muß bei Gelegenheit des letzeren entstanden sein, auf eine zum technischen oder mechanischen Betrieb gehörige Verrichtung sich beziehen, cf. Urtheil des R.-G. vom 13. 5. 1881 (Entsch. IV. S. 98) und Entsch. des R.-O.-H.-G. vom 4. 1. 1877 (Entsch. 21 S. 9). Sobald diese Voraussetzung zutrifft, kommt es nicht darauf an, ob der Unfall innerhalb oder außerhalb der zur Fabrikation bestimmten Räume sich ereignet. So werden nicht nur Unfälle beim Auf- und Abladen abgehender oder ankommender Wagen, von Produkten und Fabrikaten (z. B. beim Entladen einer Lowry mit Brettern in einer Dampfschneidemühle, Entsch. des R.-O.-H.-G. vom 4. 1. 1877, Entsch. 21 S. 176), bei den Handtirungen in den Magazinen und Lagerräumen (z. B. bei Lagerung eines Bierfasses in den Kellereien der Brauerei, Urth. d. R.-G. v. 13. 5. 1881 Entsch. IV. S. 98), beim Sichten, Reinigen, Aufstellen, Wiegen, Verschicken ꝛc. zu entschädigen sein, sondern auch andere „Außenarbeiten" im engeren Sinne, d. h Arbeiten außerhalb des Fabriketablissements, sobald diese Außenarbeiten auf den Betrieb sich beziehen, gewissermaßen als Theile desselben sich darstellen. Der Monteur einer Maschinenfabrik, welcher eine in der Fabrik gefertigte Maschine außerhalb aufstellt, reparirt oder zur Fabrik zurückschafft, der Ingenieur mit seinen Arbeitern, welcher eine Wasserheizungsanlage oder eine Gasleitung örtlich anbringt, ꝛc., wird hiernach für Unfälle, die hierbei vorkommen, von der Genossenschaft, zu welcher sein Arbeitgeber gehört, zu entschädigen sein, ebenso aber auch der Arbeiter einer Zuckerfabrik, welcher beim Transport leerer Fässer unterwegs verunglückt. Wenn dieser letztere Fall für das Haftpflichtgesetz vom Reichsgericht (Urth. v. 16. 12. 1879, Entsch. I. S. 46) in entgegengesetztem Sinne entschieden ist, so ist diese Entscheidung für die Unfallversicherung nicht maßgebend, weil ein solcher Arbeiter immerhin im Betriebsdienst verunglückt ist und nicht anerkannt werden kann, daß der Transport von Zuckerfässern mit dem Betriebe einer Zuckerfabrik nichts gemein habe. Auch Unfälle bei Betriebszwecken dienenden anderen Arbeiten (z. B. bei Aufstellung der Maschinen) fallen unter das Gesetz. Ueberhaupt wird man nach der Tendenz dieses Gesetzes, den im Beruf verunglückten Arbeitern aus öffentlich rechtlichen Gründen eine Fürsorge zu Theil werden zu lassen, den Begriff des „Unfalls bei dem Betriebe" thunlichst weit fassen müssen, um so mehr, als die Belastung mit der Fürsorgepflicht nicht wie im Haftpflichtgesetz einen Einzelnen, sondern größere leistungsfähige Verbände trifft.

Auf rein zufällige, mit dem Betriebe des Unternehmens in keiner Verbindung stehende Beschädigungen (z. B. durch Blitzschlag, durch Schlägereien unter den Arbeitern, durch einen von außen eindringenden Steinwurf und durch ähnliche Begebenheiten, die nicht etwa durch ein anormales Betriebsereigniß, wie eine Kesselexplosion, hervorgerufen sind) kann dagegen die Unfallversicherung nicht ausgedehnt werden; dieselben sind nicht „bei dem Betriebe" im Sinne dieses Gesetzes entstanden. Vgl. auch Anm. 17.

Das Wort „Betrieb" bezeichnet hier nicht die Betriebsanlage, das Unternehmen, sondern die gewerbliche Thätigkeit in demselben und aus Anlaß desselben.

[17]) Unfälle, ohne Rücksicht darauf, ob dieselben durch höhere Gewalt, Zufall, Verschulden des Verletzten, des Unternehmers oder eines Dritten, ja selbst grobes Verschulden des Verletzten eintreten. Nur bei eigener vorsätzlicher Herbeiführung des Unfalls fällt der Anspruch fort, §. 5 Abs. 7. Der Unfall muß nach dem Inkrafttreten der Unfallversicherung eingetreten sein, vgl. §. 111.

Unter „Unfall bei dem Betriebe" ist ein (dem regelmäßigen Gang des Betriebes fremdes, aber mit demselben in Verbindung stehendes) abnormes Ereigniß zu verstehen (vgl. Eger, Haftpflicht gesetz, II. Aufl., S. 62, 113), dessen Folgen für das Leben oder die Gesundheit schädlich sind. Nachtheile für die Gesundheit, welche lediglich die Folge davon sind, daß ein Betrieb auch unter normalen Verhältnissen allmählig der Gesundheit schädlich wird, an sich ungesund ist, z. B. Bleikoliken, schleichende Krankheiten, allmählige Verschlechterung des Gehörs oder des Gesichts &c., sind keine Betriebsunfälle, vgl. Anm. 2 zu §. 5, wohl aber Vergiftungen durch Einathmung von Gasen z. B. bei Röhrenbrüchen. Soweit für Benachtheiligungen, welche nicht als Unfälle gelten können, nicht etwa die Krankenversicherung Vorsorge trifft, wird dereinst die für den weiteren Ausbau der sozialen Gesetzgebung beabsichtigte Invalidenversorgung eintreten müssen.

[18]) dasselbe gilt. Durch diese Bestimmung werden die hier bezeichneten Betriebe der Unfallversicherung unterworfen, und zwar zur Vermeidung praktischer Schwierigkeiten für die ganze Dauer des Arbeitsverhältnisses, ohne Rücksicht darauf, ob die Beschäftigung in der Werkstätte oder unmittelbar bei der Ausführung eines Baues, ob sie bei Neubauten oder bei Reparaturen &c. stattfindet. Bauarbeiter &c., welche nicht von einem unter Abs. 2 fallenden

Baugewerbetreibenden, sondern von Privatpersonen bei einem Bau beschäftigt werden, den die letzteren ohne Vermittelung eines Gewerbtreibenden durch direkt angenommene Arbeiter im Regiebetriebe ausführen, haben dagegen bis auf Weiteres der Unfallversicherung nicht unterworfen werden können, weil derartige vorübergehende Unternehmungen einen gewerblichen Charakter nicht haben, weil es sich in solchen Fällen meist um kleine selbständige Bauhandwerker, nicht um unselbständige gewerbliche Arbeiter handeln wird, und weil, soweit letztere in Frage kommen, die aus dem häufigen Wechsel und der meist kurzen Dauer der Arbeit entstehenden praktischen Schwierigkeiten zu erheblich sind, als daß sie gleich bei dem ersten Versuch, die Unfallfürsorge zu regeln, überwunden werden könnten. Welchen Umfang der Baugewerbebetrieb hat, in dem die Bauarbeiter beschäftigt sind, ist gleichgültig: es fallen also auch diejenigen Arbeiter unter das Gesetz, welche nicht von einem größeren Bauunternehmer, sondern etwa von einem Maurerpolier beschäftigt werden, welcher nur gelegentlich einen kleineren Bau als Unternehmer übernommen hat, bei demselben vielleicht selbst mitarbeitet, in anderen Fällen aber selbst in dem Betrieb eines größeren Bauunternehmers als Arbeiter beschäftigt ist und dann lediglich für seine Arbeitsleistung entschädigt wird. Sobald derartige Gewerbetreibende auf eigenen Gedeih und Verderb arbeiten, um den Unternehmergewinn aus der Bauausführung zu ziehen, sind sie im Sinne des Gesetzes (cf. §. 9) selbständige Gewerbetreibende, deren Gewerbebetrieb sich auf die Ausführung von Bauarbeiten erstreckt. Die Unternehmer brauchen ferner das betr. Bauhandwerk nicht etwa erlernt zu haben oder persönlich auszuüben, können vielmehr Gewerbetreibende aller Art sein, wenn sich nur ihr Gewerbebetrieb auf die Ausführung von Maurer- ꝛc. Arbeiten erstreckt.

Wenn das Gesetz (vorbehaltlich weitergehender Bestimmungen des Bundesraths, Abs. 8) die Versicherungspflicht auf die im Abs. 2 genannten, mit besonderer Unfallgefahr verbundenen Kategorien von Baubetrieben beschränkt, so hat dies eine doppelte Bedeutung. Einmal sind dadurch diejenigen Betriebe ausgeschlossen, welche andere Bauausführungen, insbesondere Erdarbeiten, wie Wege- oder Eisenbahnbauten, zum Gegenstand haben; in denselben ist die Unfallgefahr in der Regel nicht so erheblich, daß sie das Gesetz unter allen Umständen schon jetzt berücksichtigen müßte, auch sind die praktischen Schwierigkeiten sehr groß, welche sich aus dem häufigen Wechsel der Betriebsstätte und der Arbeitgeber ꝛc. ergeben. Es ist, wie der Staatssekretär des Innern bei der zweiten Lesung des Gesetzes ausführte, kaum möglich, diese Unternehmer von Eisenbahn- oder größeren Wasserbauten ꝛc., welche heut in Ostpreußen, über's Jahr vielleicht schon im Elsaß arbeiten, zu einer Berufsgenossenschaft, wie sie dieses Gesetz vorsieht, zusammen zu fassen, denn dabei würde das Bedenken, daß die Zukunft in ungerechtfertigter Weise die Lasten für die Gegenwart und die Vergangenheit tragen solle, allerdings zutreffen. Man werde andere Formen finden müssen, um auch auf diesen Gebieten das Bedürfniß der Unfallversicherung zu befriedigen, und das könne nur im Wege der Spezialgesetzgebung geschehen (vgl. Sten. Ber. S. 761). Sodann fallen aber auch diejenigen Unternehmer (Handwerksmeister) aus, welche bei Bauausführungen, wo Maurer ꝛc. beschäftigt sind, andere bei Gelegenheit der Bauausführung vorkommende, im Uebrigen nicht versicherungspflichtige Arbeiten, wie Tischler-, Glaser-, Klempner- oder ähnliche Arbeiten liefern. Wollte man diese letzteren, wie der Gesetzentwurf von 1882 vorschlug, als Bauhandwerker ebenfalls der Versicherungspflicht unterwerfen, so würde das Ergebniß sein, daß z. B. ein für Bauten arbeitender Tischlermeister, auch wenn er nur in der Werkstätte etwa Fensterrahmen arbeiten läßt, seine Gesellen zu versichern hätte, ein Tischlermeister aber, welcher gleichartige Arbeiten für andere Zwecke, z. B. Stühle oder Tische, herstellt, nicht. Auch könnte sich ereignen, daß ein Tischler, so lange er für Bauzwecke arbeitet, seine Gesellen zu versichern hätte; sobald er aber andere Arbeiten ausführen läßt, nicht. Der Geselle aber weiß vielleicht gar nicht, ob er Arbeiten, bei denen er versicherungspflichtig sein würde, auszuführen haben wird, oder andere mit gleicher Unfallgefahr verbundene Arbeiten, bei denen er nicht versichert ist. Tischlermeister ꝛc., welche ausschließlich für Bauzwecke arbeiten, werden übrigens nur in geringer Zahl und nur in größeren Städten vorhanden sein; ergibt sich ein Bedürfniß, einzelne solcher Betriebe der Unfallversicherung zu unterstellen, so kann der Bundesrath eine solche Anordnung treffen (Abs. 8). Vgl. Komm.-Bericht S. 6.

Betriebe, welche ausschließlich oder nur gelegentlich für Bauzwecke arbeiten; können aber unter anderen Gesichtspunkten, insbesondere dann versicherungspflichtig sein, wenn sie sich als Fabriken (cfr. Anm. 9) im Sinne dieses Gesetzes darstellen, so lange für dieselben nicht nach Abs. 8 die Versicherungspflicht durch Beschluß des Bundesraths ausgeschlossen ist. Aus diesem Grunde können also einzelne in der Berufsstatistik unter der Rubrik: „Bauunternehmer und Bauunterhaltung" aufgeführten Betriebe, wie Glaser, Kachelofensetzer u. a., ohne Rücksicht auf ihre Verbindung mit dem Baugewerbe, wegen des Umfangs ihres Betriebes (Abs. 4) doch unter das Gesetz fallen.

[19]) Maurerarbeiten. Dahin sollen auch die Fundamentirungsarbeiten bei dem betr. Bau gerechnet werden. (Vgl. Rede d. Abg. Dr. Buhl, Sten. Ber. S. 760.)

[20]) in diesem Betriebe, d. h. bei Ausführung der Maurerarbeiten ꝛc. Andere Arbeiter, welche der Unternehmer in seinem Gewerbebetriebe etwa noch beschäftigt, z. B. Klempner, Glaser, sind nicht ohne Weiteres versicherungspflichtig, d. h. nicht schon auf Grund ihrer Beschäftigung bei dem Bauunternehmer, cfr. jedoch Anm. 18 a. E.

[21]) gelten — gleich, cf. Allg. Motive S. 20, sowie aus der Begründung der gleichlautenden Bestimmung des 2. Entwurfs von 1882 (R.-T. Dr. S. Nr. 19 S. 57): Die Bestimmung „entspricht der Absicht des Entwurfs, gegen die Folgen solcher Gefahren zu sichern, welche in der Natur des Betriebes liegen und von der Handlungsweise des einzelnen Arbeiters mehr oder weniger unabhängig sind. Sie hat daneben die Bedeutung, daß sie die Mehrzahl derjenigen Betriebe, bei denen es fraglich ist, ob sie zu den Fabriken gerechnet

werden können, nichts destoweniger unzweifelhaft diesem Gesetz unterstellt und daß auch der Kleinbetrieb mit alleiniger Ausnahme desjenigen Handwerksbetriebes, welcher ohne Verwendung von Motoren vor sich geht, in die beabsichtigte Regelung eingeschlossen wird."

[22]) Betriebe. Die Landwirthschaft (Ackerbau, Viehzucht), welche sich mit der Gewinnung von rohen Naturprodukten beschäftigt, sowie die Forstwirthschaft, der Garten-, Obst- und Weinbau ist kein „Gewerbebetrieb" (cf. Motive zum ersten Entwurf der Gewerbeordnung), sondern ein Lebensberuf. Sie ist aber auch kein „Betrieb" im Sinne des §. 1 Abs. 3 dieses Gesetzes, weil unter diesen Ausdruck, wie aus den Motiven unzweideutig hervorgeht, nur fabrikartige Anlagen zu subsumiren sind. Auch die Benutzung einer stationairen oder transportablen Kraftmaschine (Lokomobile rc.) zu landwirthschaftichen Arbeiten, z. B. zum Mähen oder Ausdreschen des Getreides, zum Pflügen, zum Betriebe eines Paternosterwerkes behufs Entwässerung von Wiesen rc., macht den Betrieb der Landwirthschaft nicht versicherungspflichtig, vgl. auch Eger Haftpflichtgesetz II. Aufl. S. 202, sowie oben Anm. 1.

Landwirthschaftliche Nebenbetriebe, d. h. neben einer Landwirthschaft als der Hauptsache (cf. §. 9) und in innerer Verbindung mit derselben (welche sich durch Beschäftigung derselben Arbeiter, Verarbeitung selbstgewonnener Produkte u. a. dokumentiren kann) auf Gütern betriebene gewerbliche Anlagen zur Verarbeitung der in der Landwirthschaft gewonnenen rohen Naturprodukte, wie Brennereien, Ziegeleien, Stärkefabriken, Käsefabriken rc., fallen nur dann unter das Gesetz, wenn sie regelmäßig zehn oder mehr Arbeiter beschäftigen oder nach allgemeiner Sprachweise und Auffassung auch ohne diesen Umfang sich als Fabrik charakterisiren. Hiernach würden die auf Gütern betriebenen größeren Brennereien und Brauereien ohne Weiteres als „Fabrik" unter Abs. 1 fallen, nicht dagegen jene vorzugsweise in Süddeutschland zahlreich vorkommenden kleinen Brennereien und Brauereien, welche in ganz geringem Umfang betrieben werden oder den sog. Haustrunk bereiten. Vgl. Anm. 9. Ob industrielle Betriebe landwirthschaftliche Nebenbetriebe im obigen Sinne sind oder ob sie als selbständige Betriebe neben der Landwirthschaft sich darstellen, deren örtliche Verbindung mit der letzteren auf Zufälligkeit oder auf der Person des Besitzers beruht, unterliegt der Beurtheilung des Einzelfalls. Fur solche selbständigen Betriebe (Mühlen werden vielfach sich so darstellen) verbleibt es bei der Regel.

[23]) elementare Kraft. Für Betriebe, welche mit Menschenkraft oder thierischer Kraft (wie Göpelwerke) betrieben werden, gilt diese Fiktion nicht; sie können aber anderweit als „Fabriken" unter das Gesetz fallen.

[24]) Nebenbetriebe cf. Anm. 9, 22.

[25]) sowie derjenigen Betriebe rc., „weil in diesen ein fabrikmäßiger Betrieb überhaupt nicht stattfindet. Es handelt sich hierbei vorzugsweise um diejenigen Fälle, in denen eine transportable Maschine von dem Eigenthümer derselben zur vorübergehenden Benutzung der Maschinenkraft an Andere vermiethet wird, oder eine für einen Fabrikbetrieb bestimmte, in einer festen Be-

triebsstätte befindliche Kraftmaschine auch außerhalb dieser Betriebsstätte vorübergehend als Motor benutzt wird". (Mot. S. 42.)

Sollen also, von den land- und forstwirthschaftlichen Nebenbetrieben abgesehen, industrielle Betriebe, welche sich nicht schon durch den Umfang (d. h. wegen regelmäßiger Beschäftigung von 10 oder mehr Arbeitern) oder sonst als Fabriken charakterisiren, aber bei geringerem Umfang mit elementaren Motoren arbeiten, von der Unfallversicherung ausgeschlossen sein, so muß zweierlei zusammentreffen: die Kraftmaschine

1. darf nicht zur Betriebsanlage gehören,
2. und darf nur vorübergehend benutzt werden.

Daraus folgt:

a) gehört die Kraftmaschine zur Betriebsanlage — und das wird meistentheils der Fall sein, wenn die erstere mit der letzteren in dauernde Verbindung gebracht ist, kann aber auch mit Lokomobilen der Fall sein, welche ausschließlich oder doch überwiegend für einen bestimmten Betrieb bestimmt sind — so kommt es nicht darauf an, ob die elementare Kraft dauernd oder nur vorübergehend Verwendung findet. Ein Betrieb also, welcher mit menschlicher oder thierischer Kraft, hin und wieder aber auch etwa mit einer zur Betriebsanlage gehörenden Wasserkraft arbeitet, ist versicherungspflichtig.

b) gehört die Kraftmaschine nicht zur Betriebsanlage, — dies wird in der Regel bei nicht stationairen Maschinen dann vorkommen, wenn sie durch Transmissionen mit anderen Betriebsanlagen, für welche sie an sich nicht bestimmt sind, in Verbindung gebracht werden (cf. oben die Motive) — so kommt es darauf an, ob deren Benutzung eine dauernde oder eine lediglich vorübergehende ist. Im ersteren Fall ist der Betrieb versicherungspflichtig, im letzteren nicht.

Treibt also ein in einer Anlage stationairer Motor dauernd auch eine andere Anlage, so ist auch die Letztere (ohne Rücksicht auf ihren Umfang) versicherungspflichtig. Gehören beide zu verschiedenen Industriezweigen, stehen aber zu einander in einer Beziehung, welche sie als Theil eines einzigen größeren Betriebes oder als Neben- und Hauptbetrieb erscheinen läßt, so gehören sie nach §. 9 Absatz 3 sämmtlich derjenigen Berufsgenossenschaft an, welcher der Hauptbetrieb zugewiesen ist; dies dürfte z. B. der Fall sein bei einer größeren städtischen Molkerei, mit deren Motor der Besitzer gleichzeitig eine kleinere Käserei betreibt, oder bei einer mit einer Weberei so verbundenen Spinnerei, bei Verbindung einer Spiritus- mit einer Essigfabrik u. s. w. Stellt sich aber die Gesammtanlage als ein Komplex mehrerer selbständiger Betriebe dar, insbesondere also, wenn die verschiedenartigen Betriebe für Rechnung verschiedener Unternehmer betrieben werden, so gehört jeder Betrieb bezw. jeder Unternehmer derjenigen Berufsgenossenschaft an, welche für den ihn betreffenden Industriezweig gebildet ist.

Ob die elementare Kraft (Dampfkraft 2c.) von anderen gemiethet ist, oder ob der Betriebsunternehmer sie selbst erzeugt, macht dabei keinen Unterschied.

In größeren Städten kommt es vor, daß ein Unternehmer in seinem Hause einen Motor lediglich zu dem Zweck aufstellt, um die Dampfkraft, ohne sie zu eigenem Betrieb zu benutzen, an andere Unternehmer nach Antheilen zu vermiethen (zu einem Theil etwa an einen Knopffabrikanten, zu einem andern Theil etwa an einen Litzenfabrikanten, einen weiteren Theil etwa an einen Möbelfabrikanten rc.). In diesem Fall haben die mehreren Miether einen zu ihrer Betriebsanlage gehörigen bez. mit derselben in dauernde Verbindung gebrachten stationairen Motor in Benutzung, sind also in ihren verschiedenen Industriezweigen versicherungspflichtig. Aber auch der Eigenthümer des Motors ist versicherungspflichtig; sein Gewerbebetrieb besteht in der gewerblichen Ausnutzung des Motors durch Vermiethung. Die von ihm angestellten und besoldeten Kesselwärter rc. sind also gegen die Folgen etwaiger Unfälle gedeckt.

[26]) nur vorübergehend. Betriebe, welche selbst nur zeitweise arbeiten (Zuckerfabriken, Brennereien rc.), verwenden den während des Betriebs benutzten Motor nicht vorübergehend, sondern dauernd.

[27]) Im übrigen .... insbesondere .... außerdem ... vergl. Anm. 9.

[28]) regelmäßig, d. h. wenn der Betrieb auf mindestens 10 Arbeiter als Regel basirt ist, ohne Rücksicht auf eine vorübergehend etwa vorhandene Minderzahl. Bei Betrieben mit periodisch wiederkehrenden Unterbrechungen (Zuckerfabriken, Brennereien rc.) kommt natürlich nur die wirklich regelmäßige Betriebszeit in Betracht.

[29]) entscheidet, von Amtswegen oder auf Anrufen in Streitfällen, und zwar nach §. 88 endgültig.

[30]) gewerbliche Anlagen. „Die Vorschrift im früheren Entwurf, daß auf Eisenbahn- und Schifffahrtsbetriebe das Gesetz nur dann Anwendung finden soll, wenn sie als integrirende Theile eines versicherungspflichtigen Betriebes lediglich für diesen bestimmt sind, ist durch eine allgemeinere Fassung ersetzt worden. Dies empfiehlt sich aus dem Grunde, um auch andere gewerbliche Anlagen, welche wesentliche Bestandtheile eines versicherungspflichtigen Betriebes sind, den Bestimmungen dieses Entwurfs zu unterwerfen." (Mot. S. 44) cf. auch §. 9 Abs. 3. Hierhin gehören z. B. Werkstätten, welche in größeren Fabrikbetrieben für deren Zweck arbeiten, z. B. Tischler- oder Schlosserwerkstätten in Spinnereien, Krahnanlagen in Fabriken rc.

[31]) Eisenbahn- und Schifffahrtsbetriebe, entsprechend einem Beschluß des Reichstags zur ersten Unfallgesetz-Vorlage. Nach dem Kommissionsbericht zu derselben (R.-T.-Dr. S. 1881 Nr. 159 S. 10) findet die Bestimmung darin ihre Begründung, daß die bei derartigen integrirenden Bestandtheilen einer Fabrik rc. beschäftigten Arbeiter „in Bezug auf etwa eintretende Unfälle nicht einer anderen gesetzlichen Beurtheilung unterliegen dürfen, als die übrigen Arbeiter der gleichen Betriebe, zumal ja ein häufiger Uebergang von der einen zur anderen Beschäftigung stattzufinden pflege."

Für die sonst beim Eisenbahnbetrieb beschäftigten Personen verbleibt es bis zu weiterer gesetzlicher Regelung, welche voraussichtlich alsbald erwartet

§. 2.

(Abs 1.) Durch statutarische Bestimmung (§§. 16 ff.) kann die Versicherungspflicht auf Betriebsbeamte[1]) mit einem zweitausend Mark übersteigenden Jahresarbeitsverdienst[2]) erstreckt[3]) werden. In diesem Falle ist bei der Feststellung der Entschädigung der volle Jahresarbeitsverdienst zu Grunde zu legen.

(Abs. 2.) Durch Statut kann ferner bestimmt werden, daß und unter welchen Bedingungen Unternehmer[4]) der nach §. 1 versicherungs-

---

werden darf, bei den Bestimmungen des §. 1 des Haftpflichtgesetzes v. 7. 6. 71 (R.-G.-B. S. 207): „Wenn bei dem Betriebe einer Eisenbahn ein Mensch getödtet oder körperlich verletzt wird, so haftet der Betriebsunternehmer für den dadurch entstandenen Schaden, sofern er nicht beweist, daß der Unfall durch höhere Gewalt oder durch eigenes Verschulden des Getödteten oder Verletzten verursacht tist."

Für den Ausschluß der Schifffahrtsbetriebe werden in den Motiven zur 2. Unfallgesetzvorlage (R.-T.-Dr. S. 1882 Nr. 19 S. 58) insbesondere örtliche Schwierigkeiten und die auf Herkommen und den Eigenthümlichkeiten des Schiffergewerbes beruhenden Bestimmungen des Handelsgesetzbuchs über die den Schiffern unter Umständen zu gewährenden Entschädigungen geltend gemacht; die spätere Einführung der Unfallversicherung aber erscheint auch hier nicht ausgeschlossen. Eisenbahnwerkstätten fallen unter die Unfallversicherung, wenn sie „Fabriken" (cf. Anm. 9) sind, vgl. Motive zur 2. Gesetzvorlage S. 58.

[32]) ausgeschlossen. „Andererseits fallen nach dem bestehenden Sprachgebrauch Betriebe unter die Bezeichnung „Fabrik", welche mit einer Unfallgefahr für die darin beschäftigten Personen überhaupt nicht verknüpft sind. Die Heranziehung solcher Betriebe zur Unfallversicherung würde, selbst wenn sie der niedrigsten Gefahrenklasse zugewiesen würden, eine Unbilligkeit gegen die Unternehmer und eine überflüssige Belästigung derselben, daneben aber auch eine Belastung der Verwaltung mit zahlreichen für die Erreichung des Zwecks des Gesetzes nicht erforderlichen Geschäften mit sich bringen. Die Ausschließung dieser Betriebe von dem Versicherungszwange kann indessen nicht durch gesetzliche Aufstellung bestimmter Merkmale, sondern nur durch Aufzählung der auszuschließenden Betriebsarten erfolgen, welche mit Sicherheit und erschöpfend nur allmälig an der Hand praktischer Erfahrung möglich ist. Es ist daher dem Bundesrath vorbehalten worden, die näheren Bestimmungen über Betriebe dieser Art, für welche die Versicherungspflicht auszuschließen ist, zu erlassen." (Mot. S. 43.)

Hierher könnten etwa Schneiderwerkstätten, Korbmachereien, Betriebe eines Perrückenmachers ꝛc. mit mehr als zehn Arbeitern gerechnet werden. Für diese Anlagen würde ev. das Haftpflichtgesetz in Kraft bleiben, cf. Anm. 9 a. E.

[33]) anderen, cf. Anm. 18.

Zu §. 2.

[1]) Betriebsbeamte. cf. Anm. 13 zu §. 1, sowie Anm. 4 zu §. 5.

pflichtigen Betriebe berechtigt sind, sich selbst oder andere nach §. 1 nicht versicherungspflichtige Personen gegen die Folgen von Betriebsunfällen zu versichern.

Ermittelung des Jahresarbeitsverdienstes.

§. 3.

Als Gehalt oder Lohn im Sinne dieses Gesetzes gelten auch Tantièmen und Naturalbezüge[1]). Der Werth der letzteren ist nach Ortsdurchschnittspreisen[2]) in Ansatz zu bringen. (Abs. 1.)

---

2) Jahresarbeitsverdienst; über die Berechnung vgl. §. 3 u. Anm. 2 dazu.

3) erstreckt. „Für die Betriebsbeamten mit einem 2000 Mark übersteigenden Jahreseinkommen liegt ein gleich dringendes Bedürfniß zur Unfallfürsorge nicht vor, vielmehr wird es im allgemeinen, soweit nicht das Haftpflichtgesetz Anwendung findet, der Vereinbarung der Betheiligten überlassen werden können, die Voraussetzung und den Umfang der Fürsorge vertragsmäßig festzustellen, welche ihnen im Falle eines sie treffenden Unfalls zu theil werden soll. Da jedoch die möglichst vollständige Beseitigung der durch die Anwendung des Haftpflichtgesetzes bei eintretenden Unfällen nothwendigerweise entstehenden erbitternden Streitigkeiten zwischen den Betriebsunternehmern und ihren Beamten als das anzustrebende Ziel angesehen werden muß, so ist neben der obligatorischen Unfallversicherung des §. 1 auch für die Betriebsbeamten mit einem 2000 Mark übersteigenden Arbeitsverdienst die Möglichkeit eröffnet worden, daß die Berufsgenossenschaft statutarisch die Unfallversicherungspflicht nach Maßgabe des Entwurfs auf dieselben ausdehnen kann. Erfolgt diese Ausdehnung, so finden auch auf die Versicherung dieser Beamten alle Bestimmungen des Entwurfs gleichmäßige Anwendung.

Bis zu welchem Betrage des Jahreseinkommens die Unfallversicherung der Beamten Platz greifen soll, ist ebenfalls Sache der statutarischen Beschlußfassung." (Mot. S. 44.)

Wird also die Versicherungspflicht auf Beamte etwa bis zu 3000 Mark Jahresverdienst erstreckt, so ist für deren Entschädigung im Falle eines Unfalls auch dieser ihr Jahresverdienst (vorbehaltlich der Bestimmungen des §. 5, insbesondere der Reduktion des über 4 Mark täglich hinausgehenden Betrages) zu Grunde zu legen; eine Versicherung zu einem Minderbetrage ist unzulässig.

4) Unternehmer. cf. §. 9. Nach dem Entwurf sollten Unternehmer der nach §. 1 versicherungspflichtigen Betriebe, sofern ihr Jahreseinkommen 2000 Mark nicht übersteigt, kraft Gesetzes berechtigt sein, nach Maßgabe dieses Gesetzes auch für ihre Person sich zu versichern. Im Gegensatz dazu besteht jetzt ein Recht für alle (auch größere) Unternehmer, sich selbst oder andere nicht versicherungspflichtige Personen (z. B. die Angehörigen der Arbeiter, welche denselben das Essen zutragen) zu versichern, nur dann, wenn das Statut eine solche Möglichkeit und die näheren Ausführungsbestimmungen dazu vorsieht.

(Abs 2.) Als Jahresarbeitsverdienst[3]) gilt, soweit sich derselbe nicht aus mindestens wochenweise fixirten Beträgen zusammensetzt, das Dreihundertfache des durchschnittlichen täglichen Arbeitsverdienstes[4]). Für Arbeiter[5]) in Betrieben, in welchen die übliche Betriebsweise für den das ganze Jahr regelmäßig[6]) beschäftigten Arbeiter eine höhere oder niedrigere Zahl von Arbeitstagen ergiebt, wird diese Zahl statt der Zahl dreihundert der Berechnung des Jahresarbeitsverdienstes zu Grunde gelegt.

Zu §. 3.

[1]) Tantièmen und Naturalbezüge. Zu letzteren gehören u. a. freie Wohnung, Feuerung, Viehweide, Kartoffelland, Leinaussaat ꝛc. Es ist unerheblich, ob die Tantièmen ꝛc. allein oder neben baarem Gehalt bezogen werden.

Was außerdem zum Gehalt oder Lohn zu rechnen sei, ist nach allgemeinen Grundsätzen zu bestimmen. Jedenfalls gehören dazu die Miethsentschädigungen und Dienstwohnungen. Vgl. Erk. d. R.-Ob.-Hand.-Ger. v. 26. 10. 75: Die Nebenbezüge, wenn sie auch dem Betrage nach nicht fest bestimmt sind, vielmehr sich nur nach Durchschnittsbeträgen berechnen lassen, sind als ein Theil des Diensteinkommens zu betrachten. Dies gilt aber nur, soweit diese Nebenbezüge den Charakter eines Gehaltszuschusses haben, nicht, soweit sie als Repräsentations- oder Dienstaufwandskosten oder als Erstattung von Auslagen (z. B. für Dienstreisen) anzusehen sind und den erforderlichen Aufwand nicht übersteigen. Vgl. Eger a. a. O. S. 318.

[2]) Ortsdurchschnittspreisen. Was die Frage anbetrifft, wer zur Feststellung berufen sei, so ist die wörtlich gleichlautende Vorschrift in §. 1 Abs. 3 des Krankenversicherungsgesetzes durch §. 5 des vom Bundesrath aufgestellten Normalstatuts für Ortskrankenkassen (Centr.-Bl. f. d. D. Reich, Nachtrag zu Nr. 12 vom 22. März 1884) dahin ausgelegt worden, daß der Werth der Naturalbezüge nach Ortsdurchschnittspreisen von dem Kassenvorstand festzusetzen sei. Man wird dies auch für die Unfallversicherung dahin gelten lassen können, daß dem Vorstand der Berufsgenossenschaften, vorbehaltlich des Instanzenzuges (Schiedsgericht, Reichsversicherungsamt), die Festsetzung zusteht und demselben zu überlassen ist, zuvor mit den verschiedenen in Frage kommenden Gemeinden hierüber in Verbindung zu treten. Der Vorstand kann auch die Vermittelung der Vertrauensmänner (§. 19) in Anspruch nehmen, falls denselben oder den Sektionsvorständen nicht etwa schon durch das Statut die Festsetzung direkt übertragen sein sollte; er kann aber auch die Gemeindebehörden nach §. 98 wegen Festsetzung requiriren. Für einzelne Naturalbezüge bestehen übrigens amtliche Festsetzungen.

[3]) Jahresarbeitsverdienst. Derselbe ist nach der hier vorgeschriebenen Berechnung maßgebend für die Ermittelung der Unfallrente (§. 5, cf. Anm. 9 zu demselben), für die Beurtheilung der Versicherungspflicht der

Bei jugendlichen[7]) Arbeitern und solchen Personen, welche wegen noch nicht beendigter Ausbildung[8]) keinen oder einen geringen[9]) Lohn beziehen, gilt[10]) als Jahresarbeitsverdienst das Dreihundertfache des von der höheren Verwaltungsbehörde nach Anhörung der Gemeindebehörde für Erwachsene[11]) festgesetzten ortsüblichen Tagelohnes gewöhnlicher Tagearbeiter (§. 8 des Gesetzes, betreffend die Krankenversicherung der Arbeiter, vom 15. Juni 1883)[12]). (Abs. 3.)

Beamten (§. 1, Abs. 1), und bei nicht ausgebildeten oder jugendlichen Arbeitern für die Umlage des Jahresbedarfs (§. 10, Abs. 1). Im Uebrigen entscheidet für die Umlage die Höhe der thatsächlich verdienten Löhne und Gehälter mit der nach §. 10, Abs. 2 erforderlichen Reduktion.

[4]) des durchschnittlichen täglichen Arbeitsverdienstes, über dessen Berechnung vgl. §. 5, Abs. 3 fg.

[5]) Arbeiter und Beamte. Das Gesetz erwähnt der Kürze halber nicht immer die Beamten neben den Arbeitern, sondern begreift unter den letzteren oft auch die Beamten.

[6]) Das ganze Jahr regelmäßig. Arbeiter in Betrieben, deren übliche Betriebszeit überhaupt nicht ein volles Jahr währt, welche daher auch Arbeiter nicht das ganze Jahr hindurch regelmäßig beschäftigen können, fallen unter diese Ausnahme nicht; ihr Tagesarbeitsverdienst kommt also zum 300fachen Betrage in Berechnung. Dies gilt u. A. bei Brauereien, Brennereien, Zuckerfabriken, Torfgräbereien, Maurern ꝛc., so daß z. B. ein Brennknecht, welcher in einer mehrere Monate hindurch stillestehenden Brennerei während des ganzen Betriebsjahres, aber nur 180 Tage gearbeitet und pro Tag 3 Mark verdient hat, im Falle eines Betriebsunfalls nach einem Arbeitsverdienst von 300 × 3 = 900 Mark zu entschädigen ist.

Dagegen fallen unter die Ausnahme Arbeiter in denjenigen Betrieben, in denen regelmäßig während einzelner Wochentage nicht gearbeitet wird, z. B. in Spinnereien, in welchen etwa während des Sonnabends der Betrieb ruht, oder in Betrieben mit schwacher Wasserkraft, welche während der trockenen Jahreszeit etwa nur einen Tag um den andern in Gang sein können. Ruht der Betrieb aber nur während eines Theils eines Betriebstages, z. B. am Sonnabend Nachmittag zum Zweck des Putzens der Maschinen, so ist, da jeder Arbeitstag voll in Rechnung kommt, die Durchschnittszahl 300 anzuwenden.

Eine höhere Anzahl von Arbeitstagen können z. B. Arbeiter in Betrieben oder Theilen von Betrieben haben, in denen mit Rücksicht auf die besonderen Verhältnisse der letzteren auch während der Sonn- und Feiertage die Arbeit nicht ausgesetzt werden kann.

[7]) jugendliche Arbeiter, cf. Anm. 2 zu §. 1.

[8]) Wegen noch nicht beendeter Ausbildung. Hierunter fallen z. B. die Volontaire und Lehrlinge, außerdem aber auch erwachsene Arbeiter,

Reichs-, Staats- und Kommunalbeamte.

§. 4.

(Abs 1.) [1])Auf Beamte, welche in Betriebsverwaltungen des Reichs, eines Bundesstaates oder eines Kommunalverbandes[2]) mit festem Gehalt[3]) und[4]) Pensionsberechtigung angestellt[5]) sind, findet dieses Gesetz keine Anwendung.

---

welche von ihrer bisherigen Beschäftigung zu einer anderen übergegangen, in der letzteren aber noch nicht ausgebildet sind und deshalb nicht von Anfang an den vollen Lohn beziehen.

[9]) geringen, d. h. geringer als der ortsübliche Tagelohn der Erwachsenen; andernfalls ist der höhere Lohn zu Grunde zu legen (Komm.-Ber. S. 11).

[10]) gilt als Jahresarbeitsverdienst, „weil für diese Personen die Bemessung der Entschädigung nach dem thatsächlichen Arbeitsverdienst den Rücksichten der Billigkeit nicht entsprechen würde" (Motive S. 44).

[11]) für Erwachsene, d. h. für männliche jugendliche Arbeiter ꝛc. der für männliche erwachsene Arbeiter, für weibliche Lehrlinge ꝛc. der für weibliche erwachsene Arbeiter festgestellte ortsübliche Tagelohn (Motive S. 44). Dieser ortsübliche Tagelohn wird zu Grunde gelegt „zur Vermeidung von Streitigkeiten und im Interesse der Einheitlichkeit" (a. a. O.); die Feststellung desselben muß für jeden Ort des Reichs erfolgen, weil nach demselben bei der Gemeinde-Krankenversicherung das Krankengeld und die Beiträge, bei Orts-, Betriebs- (Fabrik-), Bau-, Innungs- und Knappschaftskassen das Sterbegeld bemessen wird, §§. 8, 9, 20, 64, 72, 73, 74 K.-G. vom 15. Juni 1883.

[12]) §. 8 des K.-G. vom 15. 6. 1883 lautet:

> Der Betrag des ortsüblichen Tagelohns gewöhnlicher Tagearbeiter wird von der höheren Verwaltungsbehörde nach Anhörung der Gemeindebehörde festgesetzt.
>
> Die Festsetzung findet für männliche und weibliche, für jugendliche und erwachsene Arbeiter besonders statt . . . .

Zu § 4.

[1]) „Auf diejenigen in öffentlichen Betrieben beschäftigten Personen, welche als Beamte mit Gehalt und Pensionsberechtigung angestellt sind, soll der Entwurf keine Anwendung finden, weil ihre Heranziehung zur Versicherung eine unerwünschte Rückwirkung auf die Gesetzgebung der einzelnen Bundesstaaten über die Pensionirung der Beamten ausüben würde. Dieses erscheint um so bedenklicher, als in einzelnen Bundesstaaten die den Beamten im Falle der Dienstunfähigkeit zustehende Pension ausnahmslos höher ist als die nach Maßgabe dieses Entwurfs zu bemessende Entschädigung. Wenn dem gegenüber in anderen Bundesstaaten der Bezug der Pension vor Ablauf einer gewissen Dienstzeit auch bei der durch Unfälle herbeigeführten Dienstunfähigkeit davon abhängig ist, daß der Unfall nicht selbst verschuldet ist, und die

Höhe der Pension vor Ablauf einer gewissen Dienstzeit hinter der in diesem Entwurf vorgesehenen Entschädigung zurückbleibt, so daß die Beamten bei der Ausschließung von der Unfallfürsorge in einzelnen Fällen ungünstiger stehen würden als die Arbeiter, so wird es Sache der Spezialgesetzgebung sein, diese Unbilligkeiten zu beseitigen." (Mot. S. 45.)

In den Verhandlungen war das Bestreben hervorgetreten, auch die Beamten der Staatsbetriebe ꝛc. der Unfallversicherung derart zu unterwerfen, daß auf die aus der Unfallversicherung erhaltene Entschädigung die Pension zu verrechnen sei. Man hat hiervon Abstand genommen, a) aus dem in den Motiven hervorgehobenen Gesichtspunkte, daß ein Theil der Staatsbeamten schon jetzt besser gestellt sei; in Bayern z. B. beträgt die Pension eines verunglückten Beamten im Mindestbetrage 70 pCt. des Gehalts, und diese Pension steigt mit dem Dienstalter; b) um nicht schwierige Verrechnungen mit den Staatskassen ꝛc. hervorzurufen, ferner c) weil die Regelung der Pensionsverhältnisse und dessen, was damit zusammenhänge, nicht in ein Gesetz über Unfallversicherung gehöre, sondern den die Stellung der Beamten regelnden Spezialgesetzen zuzuweisen sei, endlich d) weil man annehmen muß, daß mit dem Eintritt der Wirksamkeit dieses Gesetzes diejenigen Regierungen und Kommunalbehörden, deren Fürsorge für die verunglückten Beamten hinter den Leistungen dieses Gesetzes zurückbleibt, schon in ihrem eigenen Interesse, um nicht geeignete und leistungsfähige Beamtenkräfte an die Privatverwaltungen zu verlieren, sich genöthigt sehen würden, ihren Beamten dasselbe zuzuwenden, was nach diesem Gesetz den Privatbeamten zu Theil wird. „Sollte sich diese Voraussicht nicht bewahrheiten oder sollten die Ungleichmäßigkeiten, die aus der Verschiedenartigkeit der Fürsorge innerhalb der einzelnen Länder sich herausstellen, unangenehme und den Absichten dieses Gesetzes widersprechende Folgen haben, so wird in Frage kommen, ob man nicht im Wege des Spezialgesetzes das Ziel, das die Regierungen in der Tendenz vollständig theilen, erreichen kann" (cf. Rede des Staatssekret. d. Innern, Sten. Ber. S. 785).

Für die Beamten der Reichs-, Staats- und Kommunalverwaltungen bleibt hiernach das Haftpflichtgesetz in Kraft.

²) Kommunalverband, weiterer (wie Kreis ꝛc.) oder engerer (Gemeinde). Beamte anderer Korporationen, die nicht Kommunalverbände sind (Stifter, Kirchen ꝛc.), fallen unter diese Ausnahme — welche, wie alle Ausnahmen, einschränkend zu interpretiren ist — auch dann nicht, wenn sie ebenso wie die Beamten des Staates ꝛc. gegen Gehalt und Pensionsberechtigung angestellt sind.

³) Gehalt, §. 3 Abs. 1. Vorübergehend bewilligte Tagegelder, Diäten ꝛc. sind kein „festes Gehalt".

⁴) und. Die Ausnahmestellung der Staats- ꝛc. Beamten tritt nur dann ein, wenn sie nicht nur festes Gehalt beziehen, sondern auch Pensionsberechtigung haben. Letztere ist das wesentlichere.

⁵) angestellt. Ob die Anstellung eine dauernde oder ob sie auf Probe, Kündigung, Widerruf, auf Zeit oder in anderer Weise erfolgt ist, ob der

Gegenstand der Versicherung und Umfang der Entschädigung.

§. 5.

(Abs. 1.) Gegenstand der Versicherung ist der nach Maßgabe der nachfolgenden Bestimmungen zu bemessende Ersatz des Schadens[1]), welcher durch Körperverletzung oder Tödtung[2]) entsteht.

(Abs. 2.) Der Schadensersatz soll im Falle der Verletzung bestehen:

1. in den Kosten des Heilverfahrens[3]), welche vom Beginn der vierzehnten Woche[4]) nach Eintritt des Unfalls an entstehen[5]);
2. in einer dem Verletzten vom Beginn der vierzehnten Woche nach Eintritt des Unfalls an für die Dauer der Erwerbsunfähigkeit[6]) zu gewährenden Rente[7]).

(Abs. 3.) Die Rente ist nach Maßgabe desjenigen Arbeitsverdienstes[8]) zu berechnen[9]), den der Verletzte während des letzten Jahres[10])

Beamte vereidigt ist oder nicht, macht keinen Unterschied. Es entscheidet neben der Pensionsberechtigung nicht die „feste Anstellung", sondern das „feste Gehalt", welches der Beamte während der Anstellung erhält.

Zu §. 5.

[1]) Ersatz des Schadens, nicht auf Grund des Civilrechts und der civilrechtlichen Verschuldung, wie nach dem Haftpflichtgesetz v. 7. 6. 71, sondern auf Grund einer öffentlich geregelten Versicherung. Ueber die Gründe, aus denen die civilrechtliche Haftpflicht aufgegeben worden ist, vgl. oben den Auszug aus der allgemeinen Begründung des zweiten Gesetzentwurfs (S. 38).

Mit der aus Anlaß der Dürftigkeit eintretenden Armenunterstützung hat die Unfallfürsorge, deren Eintritt von der Bedürftigkeit nicht abhängt, nichts anderes gemein, als daß beide einer öffentlich-rechtlichen Versorgung entspringen; im Uebrigen sind sie durchaus verschiedener Natur. So können denn auch die Folgen, welche das positive Recht an den Bezug öffentlicher Armenunterstützung knüpft, auf den Bezug von Unfallentschädigung nicht ausgedehnt werden. Insbesondere gilt dies von den Wahlrechten des Empfängers. cfr. Näheres in v. Woedtke, Krankenversicherung, Anm. 1 zu §. 77.

Ueber die Höhe der Belastung, welche der Industrie durch die nach diesem Gesetz zu gewährenden Unfallrenten — vorbehaltlich der Bestimmungen in §. 5, Abs. 9 und §. 18 — erwachsen wird, enthalten die dem zweiten Entwurf eines Unfallversicherungsgesetzes beigegebene „Denkschrift, betr. die Gefahrenklassen und das Gefahrenverhältniß zwischen den verschiedenen Gefahrenklassen" (R.-T. Dr. S. 1882 zu Nr. 19) und die von dem Kais. Geh. Reg.-Rath Bödiker bearbeitete „Unfallstatistik des deutschen Reichs nach der Aufnahme vom Jahre 1881" (Ergänzungsheft zu Band 53 der Statistik

seiner Beschäftigung in dem Betriebe, in welchem der Unfall sich ereignete, an Gehalt oder Lohn [11]) durchschnittlich für den Arbeitstag [12]) bezogen hat (§. 3), wobei der vier Mark übersteigende [13]) Betrag nur mit einem Drittel zur Anrechnung kommt.

War der Verletzte in dem Betriebe nicht ein volles Jahr [14]), von dem Unfalle zurückgerechnet, beschäftigt, so ist der Betrag zu Grunde zu legen, welchen während dieses Zeitraums Arbeiter derselben [15]) Art in demselben Betriebe oder [16]) in benachbarten gleichartigen Betrieben durchschnittlich [17]) bezogen haben. (Abs. 4.)

Erreicht [18]) dieser Arbeitsverdienst (Abs. 3 und 4) den von der höheren Verwaltungsbehörde nach Anhörung der Gemeindebehörde für Erwachsene festgesetzten ortsüblichen Tagelohn gewöhnlicher Tagearbeiter (§. 8 des Gesetzes, betreffend die Krankenver- (Abs. 5.)

---

des deutschen Reichs) werthvolle Ermittelungen und Berechnungen, aus welchen hier Folgendes erwähnt werden mag.

Auf Grund der Brune'schen Sterblichkeitstafel, bei Annahme der der Vorlage zu Grunde liegenden Höhe der Entschädigungen, bei der ferneren auf die Erfahrungen der Knappschaftsvereine gestützten Annahme, daß höchstens 10 pCt. aller durch Unfall herbeigeführten Invalidisirungen Fälle der theilweisen Erwerbsunfähigkeit betreffen (Unfallstatistik S. 19), bei Einsetzung einer Halbinvaliden-Rente von 50 pCt. des Lohns, unter Berücksichtigung der in der Unfallstatistik ermittelten Zahl der versicherungspflichtigen männlichen Arbeiter (1 615 253; über 14 Jahre alt 1 578 930), und bei Zugrundelegung der 13wöchentlichen Karenzzeit haben die Berechnungen ergeben,

daß die Last aus einem Invaliditätsfall ebenso groß ist, wie die Last aus 2,9025 tödtlichen Unfällen

(Denkschrift S. 112), und daß die Belastung aus einem Unfall mit vorübergehender Erwerbsunfähigkeit von mehr als 13 Wochen 0,84 pCt., aus einem tödtlichen Unfall 271,35 pCt., aus einem zur Invalidität führenden Unfall 787,59 pCt. des Durchschnittsjahresverdienstes der versicherten Personen darstellt (Unfallstatistik S. 18). Wird der Durchschnittsjahresverdienst (wie dort geschehen) zu 750 Mark angenommen, so ergiebt sich als Durchschnittsbelastung

a) aus einem tödtlichen Unfall eines Mannes etwa 2035 Mark,
b) aus einem zur Invalidität führenden Unfall eines Mannes etwa 5907 Mark,
c) aus einem Unfall mit vorübergehender Erwerbsunfähigkeit von mehr als 13 Wochen 630 Mark,
d) als durchschnittliche Belastung durch die versicherten männlichen Personen etwa 1¹/₈ pCt. des Lohns (Denkschrift S. 113),
e) die Durchschnittsbelastung aus Unfällen, von denen Frauen be-

sicherung der Arbeiter, vom 15. Juni 1883) nicht, so ist der letztere der Berechnung zu Grunde zu legen.

(Abs. 6.) Die Rente beträgt[19]):

a) im Falle völliger Erwerbsunfähigkeit[20]) für die Dauer[21]) derselben sechsundsechzigzweidrittel Prozent[22]) des Arbeitsverdienstes[23]);

b) im Falle theilweiser[24]) Erwerbsunfähigkeit für die Dauer derselben einen Bruchtheil[25]) der Rente unter a, welcher nach dem Maße der verbliebenen Erwerbsfähigkeit zu bemessen ist.

(Abs. 7.) Dem Verletzten und seinen Hinterbliebenen steht ein Anspruch nicht zu, wenn er den Betriebsunfall vorsätzlich[26]) herbeigeführt hat.

---

troffen werden, gleich 10,3 pCt. der Kassenbelastung aus Unfällen männlicher Personen,

f) die Gesammtbelastung bei rund 2 Millionen Versicherten, wovon etwa ⅛ dem weiblichen Geschlecht angehört, jährlich rund 14 Millionen Mark, pro Kopf der Versicherten etwa 7 Mark jährlich (Unfallstatistik S. 18).

Es darf aber nicht übersehen werden, daß diese Resultate gegenwärtig nicht mehr durchaus zutreffen. Denn es sind nicht nur die Renten der Hinterbliebenen erhöht und die Maximalschranken für die Rente des Verletzten bei theilweiser Erwerbsunfähigkeit in Fortfall gebracht, sondern es ist insbesondere der Kreis der versicherten Personen jetzt ein größerer geworden, nachdem die großen Baugewerbe dem Gesetz unterstellt sind, während bisher nur die Bauhöfe berücksichtigt worden waren. Auch sind gegenwärtig nicht mehr die Aufnahmen der Unfallstatistik, sondern die der Berufsstatistik maßgebend, welche letztere allerdings, soweit sich dies kontroliren ließ, mit der ersteren auffallend, bis zu einer Differenz von 3 pCt., übereinstimmt.

Endlich handelt es sich bei jenen Berechnungen der Natur der Sache nach lediglich um Durchschnittsberechnungen für die Gesammtindustrie, nicht um Berechnungen für die einzelnen Versicherungsgenossenschaften, so daß für die letzteren das Bild voraussichtlich ein anderes werden wird.

[2]) Körperverletzung oder Tödtung, d. h. wenn dieselben mittelbar oder unmittelbar als Folge eines bei dem Betriebe sich ereignenden Unfalles sich darstellen, cf. §. 1 und Anm. 16, 17 zu demselben. Ersetzt wird hier wie im Haftpflichtgesetz nur Schaden an Leib und Leben, nicht auch Sachbeschädigungen (an Kleidern 2c.) oder andere Nachtheile.

Körperverletzung ist hier wie im Reichsstrafrecht (§. 223 Str.-G.-B.) jede Einwirkung auf den Körper eines Menschen, durch welche derselbe eine Störung des körperlichen Wohlbefindens erleidet. Vgl. Oppenhoff, Anm. 2 zu §. 223 Str.-G.-B. Sie ist nicht auf äußere Verletzung (laesio) des Körpers

Die Berufsgenossenschaften[27]) (§. 9) sind befugt[28]), der Krankenkasse[29]), welcher der Verletzte angehört, gegen Erstattung der ihr dadurch erwachsenden Kosten die Fürsorge[30]) für den Verletzten über den Beginn der vierzehnten Woche hinaus bis zur Beendigung des Heilverfahrens zu übertragen. In diesem Falle gilt als Ersatz[31]) der im §. 6 Absatz 1 Ziffer 1[40]) des Krankenversicherungsgesetzes bezeichneten Leistungen die Hälfte des in jenem Gesetze bestimmten Mindestbetrages des Krankengeldes[32]), sofern nicht höhere Aufwendungen nachgewiesen[33]) werden. Streitigkeiten[34]), welche aus Anlaß dieser Bestimmung zwischen den Berufsgenossenschaften und den Krankenkassen[29]) entstehen, werden nach Maßgabe des §. 58 Absatz 2 des Krankenversicherungsgesetzes entschieden. (Abs. 8.)

(Verwundungen und Verstümmelungen) beschränkt, sondern umfaßt auch Störungen der inneren Körpertheile, überhaupt aller Funktionen der äußeren und inneren Organe. So gehören auch Störungen der geistigen Funktionen (eigentliche Geisteskrankheiten, Gedächtnißschwäche ꝛc.) hierher. cfr. Eger, Haftpflichtgesetz, II. Aufl., S. 61 u. 62. Dagegen genügt nicht ein bloßes körperliches Mißbehagen, sondern die Körperverletzung muß die Arbeitsfähigkeit beeinträchtigen, bez. einen materiellen Schaden hervorrufen. Die Einwirkung kann auch eine psychische (Gemüthserschütterung, Schreck ꝛc.) sein, Erk. d. R.-Ob.-Hand.-Ger. v. 2. 2. 77 (Entsch. 21, S. 412). Wenn auch die Körperverletzung in der Regel und nach der Natur der Sache als gewaltsam und plötzlich sich darstellen wird, so ist begrifflich doch auch eine allmählige körperschädigende Wirkung nicht ausgeschlossen, sobald dieselbe durch einen „Unfall", nicht durch den regelmäßigen normalen Betrieb (Anm. 17 zu §. 1) hervorgerufen wird, dessen schädliche Folgen erst nach und nach hervortreten. So werden die allmählig sich geltend machenden Folgen außergewöhnlicher Erschütterungen ꝛc., z. B. einer Kesselexplosion, nicht aber z. B. die allmählige Erblindung des wegen seines Berufs als Heizer der Einwirkung der Hitze und der Flugasche aus der Feuerbuchse der Maschine regelmäßig ausgesetzten Arbeiters als Körperverletzung im Sinne dieses Gesetzes zu verstehen sein.

Der Tod kann sofort oder erst später eintreten. Es ist nur erforderlich, daß er Folge eines bei dem Betriebe sich ereignenden Unfalls ist; der Unfall muß wirklich die Ursache des Todes sein. Derselbe Gesichtspunkt wird auch entscheiden, wenn mehrere Ursachen zusammen wirken, um den Tod oder die Körperverletzung herbeizuführen; denn der Schadensersatz ist gesetzlich fixirt, kann also nicht wie beim Haftpflichtgesetz je nach dem Maße, in welchem die verschiedenen Ursachen (u. a. das Verschulden des Verletzten) zusammengewirkt haben, abgestuft werden (cf. Eger, Haftpflichtgesetz, II. Aufl., S. 67). Hiernach bleibt der Anspruch bestehen, wenn der Unfall den wegen eines bis-

(Abs. 9.) Von Beginn der fünften Woche[35]) nach Eintritt des Unfalls bis zum Ablauf der dreizehnten Woche ist das Krankengeld, welches den durch einen Betriebsunfall verletzten Personen auf Grund des Krankenversicherungsgesetzes gewährt wird, auf mindestens zwei Drittel des bei der Berechnung desselben zu Grunde gelegten Arbeitslohnes[36]) zu bemessen. Die Differenz zwischen diesen zwei Dritteln und dem gesetzlich oder statutengemäß zu gewährenden niedrigeren Krankengelde[37]) ist der betheiligten Krankenkasse (Gemeinde-Krankenversicherung) von dem Unternehmer desjenigen Betriebes zu erstatten, in welchem der Unfall sich ereignet hat. Die zur Ausführung dieser Bestimmung erforderlichen Vorschriften erläßt das Reichs-Versicherungsamt.

---

herigen Leidens des Verletzten voraussichtlich nahe bevorstehenden Tod nur beschleunigt, oder wenn sonst der körperliche Zustand die Folgen der Verletzung (deren Schwere und Dauer) verschlimmert, z. B. wenn ein Augenkranker in Folge des Unfalls das Sehvermögen verliert, während ein Mann mit gesunden Augen nur eine Schwächung der Sehkraft hätte davontragen können, wenn Alter, zarte Konstitution, schwache Knochen ꝛc. mitgewirkt haben. Nach den Bestimmungen des Gesetzes über das Verschulden der Arbeiter bei der Entstehung des Unfalls (Abs. 7) wird ungeeignetes Verhalten der letzteren während des Heilverfahrens (z. B. Nichtbefolgung der ärztlichen Anordnungen, Trunkfälligkeit u. s. w.) den Entschädigungsanspruch ausschließen, wenn der Verletzte dadurch absichtlich den Tod oder schwere Nachtheile für seine Gesundheit herbeigeführt hat; im Uebrigen kann solches Verhalten auf die Entschädigung wohl nur dann von Einfluß sein, wenn durch dasselbe der Kausalzusammenhang zwischen dem Unfall und der Verletzung aufgehoben wird. Es wird hier viel auf sachverständiges Gutachten und ärztlichen Ausspruch ankommen. Besonderen Benachtheiligungen durch Verschleppen der Krankheit, Simulation ꝛc. kann übrigens die Genossenschaft in vielen Fällen durch Unterbringung des Verletzten in ein Krankenhaus (§. 7) entgehen.

[3]) Heilverfahren ohne Beschränkung, wie sie das Krankenversicherungsgesetz kennt (in der Gemeindekrankenversicherung werden nur freie ärztliche Behandlung, freie Arznei, und freie [sog. kleine] Heilmittel, wie Brillen und Bruchbänder gewährt [§. 6 a. a. O.]). Es steht zu erwarten, daß die Unfallversicherungsgenossenschaften schon im eigenen Interesse, um die Erwerbsfähigkeit des Verletzten thunlichst zu erhalten oder baldmöglichst wieder herzustellen, wodurch sich die demselben zu gewährende Rente mindert (cf. §. 5, Abs. 2, Nr. 2, Abs. 5; §. 65), für ein von Anfang an möglichst intensives Heilverfahren (z. B. durch Unterbringung in Krankenhäuser ꝛc.) sorgen werden; auch erscheint nicht ausgeschlossen und aus gleichem Grunde gewiß oft zu empfehlen, daß die Versicherungsgenossenschaften auch während der ersten 13 Wochen, in

Den nach §. 1[38]) versicherten Personen, welche nicht nach den Bestimmungen des Krankenversicherungsgesetzes versichert sind[39]), hat der Betriebsunternehmer die in den §§. 6 und 7 des Krankenversicherungsgesetzes[40]) vorgesehenen Unterstützungen einschließlich des aus dem vorhergehenden Absatze sich ergebenden Mehrbetrages für die ersten dreizehn Wochen[41]) aus eigenen Mitteln zu leisten. (Abs. 10.)

Streitigkeiten[34]), welche aus Anlaß der in den beiden vorhergehenden Absätzen enthaltenen Bestimmungen unter den Betheiligten entstehen, werden nach Maßgabe des §. 58 Absatz 1 des Krankenversicherungsgesetzes entschieden, und zwar in den Fällen des letztvorhergehenden Absatzes von der für Orts-Krankenkassen des Beschäftigungsortes zuständigen Aufsichtsbehörde[42]). (Abs. 11.)

---

welchen die Sorge für den Verletzten den Krankenkassen oder der Gemeinde-Krankenversicherung obliegt, aus eigenen Mitteln dazu beisteuern, um dem Verletzten zur Beschleunigung der Heilung auch andere Heilmittel zukommen zu lassen, als aus der Krankenversicherung zu gewähren sind, z. B. Badereisen. Dasselbe gilt von solchen Vorrichtungen, die nach abgeschlossener Heilung eine Erleichterung der den Verletzten gebliebenen körperlichen Mängel, und dadurch eine Hebung der Erwerbsfähigkeit zur Folge haben, z. B. künstliche Gliedmaßen u. a. Zum Heilverfahren sind nicht nur die Wiedererlangung der Gesundheit im engeren Sinne, sondern auch bei notorisch unheilbaren Verletzungen die nur auf Linderung der Schmerzen, auf Abwendung einer Verschlechterung des gegenwärtigen Körperzustandes, auf thunlichste Hinhaltung des tödtlichen Ausgangs ꝛc. gerichteten Bemühungen zu rechnen. Im Uebrigen gehören selbstverständlich auch freie Arznei und Heilmittel hierher.

[4]) Vom Beginn der vierzehnten Woche. Vgl. allg. Motive (oben S. 23), sowie aus den besonderen Motiven zu §. 5: „Hiernach sollen also die Kosten des Heilverfahrens der durch Unfall Verletzten, sowie die Entschädigung derselben im Falle einer durch den Unfall herbeigeführten Erwerbsunfähigkeit bis zum Ablauf der dreizehnten Woche von den Krankenkassen getragen und erst von diesem Zeitpunkt ab die Kosten des Heilverfahrens und die Entschädigung des Verletzten von der Unfallversicherung übernommen werden. Im Falle der Tödtung dagegen ist die den Hinterbliebenen des Getödteten zustehende Rente sogleich vom Tage des Todes ab von der Unfallversicherung zu übernehmen, welcher auch die zu gewährenden Beerdigungskosten unbeschadet der Bestimmung in §. 8 zur Last fallen." (Mot. S. 45.)

Wird nach Beendigung des ersten Heilverfahrens ein abermaliges Heilverfahren erforderlich, so erfolgt dasselbe, soweit es in die ersten 13 Wochen seit der Verletzung fällt, zu Lasten der Krankenkasse ꝛc., im Uebrigen zu Lasten der Unfallversicherung.

Die Bestimmung, daß die Unfallversicherung bei den Berufsgenossenschaften erst nach Ablauf der ersten 13 Wochen eintreten soll, wird als die Einführung der Carenzzeit bezeichnet, wenn gleich dieser Ausdruck insofern nicht recht zutrifft, als der Empfangsberechtigte in dieser Zeit eine Fürsorge ja nicht entbehrt, sondern die Schadloshaltung nur von einem andern Verpflichteten (den Krankenkassen event. dem Unternehmer statt der Berufsgenossenschaft) erhält. Nothwendig ist eine solche anderweite Fürsorge für die kleineren Unfälle bezw. für die ersten Wochen um deswillen, weil auch der Arbeiter einen, wenn auch nur geringfügigen Beitrag zu der Fürsorge für Unfälle (im Ganzen) leisten muß, wenn er, was wünschenswerth ist, an der Verwaltung betheiligt werden soll (ebenso, wie der Arbeitgeber zu den Lasten der Krankenversicherung, und zwar in sehr erheblichem Maße (mit $^{1}/_{3}$ der Gesammtlast), beizutragen hat), und weil die nothwendig für größere Bezirke zu bildenden Genossenschaften unmöglich alle kleinen Unfälle, welche naturgemäß eine Erledigung in kleinen örtlichen Verbänden erfahren müssen, abwickeln und kontroliren können. Das Verlangen aber, daß der Arbeitgeber die Gesammtkosten aller seine Arbeiter treffenden Unfälle ebenso allein tragen solle, wie den Schaden an seinem todten Betriebskapital, ist, wie in den Verhandlungen mit Recht hervorgehoben, innerlich unbegründet, weil der Arbeiter keine todte Waare, kein Betriebsmaterial ist. Vgl. noch aus dem Komm.-Ber. S. 12:

„Ein Vertreter der verbündeten Regierungen führte aus, bei der Frage der Carenzzeit handle es sich darum, ob der Arbeiter einen Beitrag zur Unfallversicherung leisten solle oder nicht. In weiten Kreisen spreche man sich dafür aus; man sei dort der Meinung, die Unfallversicherung werde nur dann ihre Aufgabe ausreichend erfüllen, wenn die Arbeiter zufolge des von ihnen gezahlten Beitrages die ihnen zu Theil werdende Entschädigung nicht als ein bloßes Geschenk ansehen könnten. Der von ihnen durch Vermittelung der Krankenkassen gezahlte Beitrag bilde zugleich das unumgängliche Aequivalent für die Heranziehung der Arbeiter zur Verwaltung. Außerdem würde durch Uebertragung der Fürsorge für die sämmtlichen kleineren Unfälle an die Krankenkassen die geschäftliche Behandlung und die gesammte Verwaltung ganz außerordentlich erleichtert. Auch pflegten ja schon jetzt die Krankenkassen diese Fürsorge während dreizehn Wochen für die durch Unfall Beschädigten zu treffen, obwohl dabei die Zahl der haftpflichtigen Fälle, in denen Erstattung der Kosten erfolgt, eine verschwindende Minderzahl darstelle. Endlich liege, wie ziemlich ausnahmelos anerkannt werde, nur in der Carenzzeit ein Schutzmittel gegen die Gefahr der Simulation."

Was die Dauer dieser sog. Carenzzeit anbetrifft, so sind für die Bemessung derselben auf 13 Wochen wesentlich die historische Entwickelung der Krankenversicherung und Zweckmäßigkeitsgründe maßgebend gewesen. In der Reichstagskommission war die von der Vorlage in diesem Umfang bemessene Dauer zuerst auf 4 Wochen herabgesetzt, doch wurde bei der zweiten Lesung die Regierungsvorlage wieder hergestellt. Für diese Wiederherstellung „sprachen sich nachdrücklich die Vertreter der verbündeten Regierungen aus. Die Frage sei gar nicht politischer, sondern wesentlich praktischer Natur. Aus praktischen Erwägungen sei die dreizehnwöchentliche Carenzzeit in den Entwurf eingesetzt worden; sie habe sich in diesem Umfange bei den Krankenkassen historisch entwickelt. Eine Abkürzung sehe arbeiterfreundlich aus, habe aber in Wahrheit nur eine ganz minimale Bedeutung. Die aufgenommene Unfallstatistik ergebe für 4 Monate 5 681 Unfälle, welche eine mehr als 28 Tage dauernde Erwerbsunfähigkeit zur Folge haben, also für das Jahr rund 17 000 Unfälle mit 850 000 Arbeitstagen. Ziehe man davon die Summe der innerhalb der Grenze von 4 Wochen fallenden Krankentage = 476 000 ab, so bleibe ein Mehrbetrag von höchstens 400 000 Krankentagen; lege man sodann einen Arbeitslohn von 2,50 Mk. pro Tag zu Grunde, so ergebe sich, daß für diesen Mehrbetrag an Krankentagen gegenüber einer Carenzzeit von 4 Wochen ein weiteres Krankengeld von 500 000 Mark durch die Krankenkassen aufgebracht werden müsse Hiervon entstammten 334 000 Mark den Beiträgen der Arbeiter, was auf eine Gesammtzahl von 2 Millionen Arbeiter ausgeschlagen 1/6 Mark pro Kopf und Jahr darstelle. Letzteres sei der Betrag, um welchen der Arbeiter mehr belastet werde, sofern man sich entschließe, die Carenzzeit von 4 auf 13 Wochen auszudehnen" (Komm.-Ber. S. 13), d. h. sofern man sich entschließe, den Krankenkassen die Unfälle nicht blos bis zu 4, sondern bis zu 13 Wochen Erwerbsunfähigkeit zuzuweisen. In den weiteren Verhandlungen ist sodann noch wiederholt hervorgehoben worden, daß die Herabsetzung der Carenzzeit von 13 auf 4 Wochen für die Krankenkassen, welche gegenwärtig und nach dem Krankenversicherungsgesetz alle Unfälle bis zu 13 Wochen zu tragen hätten, einfach ein Geschenk bedeute, auf welches dieselben schwerlich besonderen Werth legen würden, und welches für die Arbeiter einen reellen Werth von kaum 20 Pf. pro Jahr und Kopf habe, während dadurch die Genossenschaften, welche bei 13 Wochen Carenzzeit und rund 2 Millionen Versicherten (cf. jedoch Anm. 1) nur etwa 4 600 Unfälle im Jahr zu reguliren haben würden (cf. Bödiker, Geh. Reg.-Rath, die Unfallgesetzgebung der europäischen Staaten, S. 26), mit der Abwickelung von weiteren 16 100 Unfällen (17 000 — 900, welche letzteren eine über 13 Wochen hinausreichende Arbeitsunfähigkeit zur Folge haben, also ohnehin zur Behandlung der Genossenschaften gelangen) belastet werden würden. Diese Belastung stehe zu dem Werth der Sache in keinem Verhältniß und sei für eine Selbstverwaltung auf ehrenamtlicher Grundlage unerträglich. Auch eine Mitbetheiligung der Berufsgenossenschaft an der Fürsorge für die ersten 13 Wochen in der Art, daß dieselben den Krankenkassen einen Zuschuß zum Krankengelde der Verletzten zu gewähren hätten, stieß wegen der hierdurch nothwendig bedingten schwierigen Verwaltung und Abrechnung mit den Krankenkassen auf unüberwindliche praktische Schwierigkeiten.

Schließlich führte in dritter Lesung des Gesetzentwurfs der immer von Neuem hervortretende Wunsch, dem von einem Unfall getroffenen Arbeiter wenigstens für einen Theil derjenigen Zeit, für welche er hiernach auf die Krankenkassen anzuweisen ist, eine höhere Entschädigung zu gewähren, als die letzteren in Form des gesetzlichen Krankengeldes zu zahlen haben, ohne doch die

Krankenkassen von der ihnen nach der historischen Entwickelung bereits gegenwärtig obliegenden Fürsorge für die ersten 13 Wochen zu entlasten oder die Berufsgenossenschaften mit zu schwierigen Verwaltungsgeschäften zu belasten, zu dem in Abs. 9 eingeschlagenen und wohl gangbaren Wege.

Hiernach soll, falls die Krankenkassen nicht schon allgemein entsprechende Mehrleistungen gewähren, nach Ablauf der ersten 4 Wochen der Unternehmer desjenigen Betriebes, in dem sich der Unfall ereignet hat, auf eigene Kosten das gesetzliche Krankengeld von 50 pCt. auf $66^2/_3$ pCt. des Lohnes bis dahin erhöhen, daß die Unfallversicherungsgenossenschaften auf Grund des Gesetzes die Fürsorge zu übernehmen haben. Diese Bestimmung charakterisirt sich als Novelle zum Krankenversicherungsgesetz und berührt die Leistungen der Berufsgenossenschaften gar nicht, die der Krankenkassen nur insofern, als die letzteren den Zuschuß zum Krankengeld vorzuschießen und von dem betr. Betriebsunternehmer wieder einzuziehen haben.

Allerdings wird hierdurch ein dritter Interessent, der Betriebsunternehmer in Person, in die Fürsorge für den Unfall hineingezogen, was mit dem System des Gesetzes wenig harmonirt, auch ist zu beachten, daß in den Krankenkassen diejenigen Personen, welche durch Unfall erwerbsunfähig geworden sind, nunmehr eine höhere Fürsorge genießen, als die aus anderweiten Krankheitsursachen vorübergehend erwerbsunfähigen Personen Will man hierüber aber hinwegsehen, so ist anzuerkennen, daß die bei der Betheiligung der Berufsgenossenschaften hervorgehobene praktische Schwierigkeit vermieden, und die angestrebte Erhöhung ohne neue praktische Schwierigkeiten doch erreicht wird. Aus diesen Gründen konnte die Abänderung zugestanden werden. Die Betriebsunternehmer, in deren Betriebe sich der Unfall ereignet hat, können die wirkliche Dauer der Krankheit leicht kontroliren und den Zuschuß ohne schwierige Verrechnungen an die örtlich nahestehende Krankenkasse bei Gelegenheit der ihnen im Allgemeinen obliegenden Einzahlung der regelmäßigen Kassenbeiträge abführen; sie werden auch in dieser aus Unfällen ihnen persönlich bevorstehenden Mehrbelastung einen gewissen Antrieb sehen, die größtmöglichste Fürsorge zur Verhütung von Unfällen eintreten zu lassen.

Hiernach können bei Betriebsunfällen kumulativ drei Verpflichtete konkurriren. Vom Eintritt des Todes ab trägt die Berufsgenossenschaft die ganze Last (cf. §. 8); hat der Unfall nicht den Tod, sondern eine Körperverletzung zur Folge, so liegt die Fürsorge für den Verletzten ob:

a) während der ersten 4 Wochen den Krankenkassen allein, und zwar in derjenigen Höhe, in welcher dieselben nach Gesetz oder Statut für den Fall der Krankheit einzutreten haben.

b) vom Beginn der 5. bis zum Beginn der 14. Woche den Krankenkassen und dem einzelnen Betriebsunternehmer insofern, als erstere ihre gesetzlichen oder statutarischen Leistungen weiter zu erfüllen, für den Fall aber, daß das hiernach zu gewährende Krankengeld den gesetzlichen Betrag (50 pCt.) nicht übersteigt, dasselbe auf Kosten des Betriebsunternehmers bis zu $66^2/_3$ pCt. zu erhöhen haben, vgl Abs. 9;

c) vom Beginn der vierzehnten Woche ab den Berufsgenossenschaften, welche dabei befugt sind, die Fürsorge bis zur Beendigung des Heilverfahrens gegen Kostenerstattung den Krankenkassen zu übertragen, vgl. Abs. 8.

(In den Fällen a) und b) tritt, wenn der Verletzte nicht Mitglied einer Krankenkasse ist, der betr. Betriebsunternehmer persönlich für die Leistungen der Kasse ein, vgl. Abs. 10;)

Die Krankenpflege für die ganze Dauer des Heilverfahrens in einer Hand zu belassen bz. gegen Ersatz der nach Ablauf von 13 Wochen erwachsenden Kosten der Krankenkassen zuzuweisen, hat für die Einheitlichkeit der Behandlung und für die Vereinfachung der Verwaltung offenbar erhebliche Vortheile. Man hat jedoch davon Abstand genommen, eine derartige Regelung obligatorisch zu treffen, hat dieselbe vielmehr in das Belieben der Genossenschaften gestellt. Während der Entwurf (in der Begründung) die Erwartung aussprach, daß ein derartiges Arrangement freiwillig werde getroffen werden, ist die Reichstagskommission einen Schritt weiter gegangen und hat die Berufsgenossenschaften ausdrücklich ermächtigt, den Krankenkassen die fernere Fürsorge für die Verunglückten bis zur Beendigung des Heilverfahrens zu übertragen. Fortan steht es also nicht mehr im Belieben beider Theile, ob sie ein derartiges Arrangement eingehen wollen, sondern nur ein Theil, die Berufsgenossenschaft, ist zur Entschließung hierüber berechtigt, während die Krankenkasse zur Uebernahme verpflichtet ist, sobald die Berufsgenossenschaft von ihrem Recht Gebrauch macht. cf. Anm. 30 fg.

Die Frage, ob nun auch sämmtliche, der Unfallversicherung unterworfene Personen während der ersten 13 Wochen auf anderweite Fürsorge zu rechnen haben, ist, soweit es sich um die nach §. 1 dieses Gesetzes versicherten Personen handelt, zu bejahen, denn soweit für dieselben nicht die Krankenversicherung eintritt, hat der Unternehmer für diese Zeit aufzukommen, Abs. 10. Betriebsbeamte mit einem 2000 Mark übersteigenden Arbeitsverdienst dagegen, auf welche etwa die Versicherungspflicht statutarisch erstreckt worden ist (§. 2 Abs. 1), haben allerdings der Regel nach keine Krankenversicherung, falls sie nicht auf Grund ihres gesetzlichen Rechts einer Ortskrankenkasse 2c. oder der Gemeindekrankenversicherung freiwillig beigetreten sind, §. 4 Abs. 2, §. 19 Abs. 3, §. 63 Abs. 2, §. 72 d. R.-G. v. 15. 6. 83; vgl. v. Woedtke, Kommentar zu demselben Anm. 7 zu §. 4. Auch der Unternehmer hat für sie nicht einzutreten. Hierin aber kann ein schwerwiegender Mißstand nicht gefunden werden. „Im Allgemeinen befinden sich dieselben in der Lage, die Kosten der Krankenpflege für die erste Zeit (sc. die ersten 13 Wochen) nach dem Unfall aus eigenen Mitteln bestreiten zu können, ohne dadurch einer Gefährdung ihrer wirthschaftlichen Existenz ausgesetzt zu sein." (Mot. S. 46) Das Haftpflichtgesetz tritt für derartige Beamte, wenn auf dieselben die Versicherungspflicht erstreckt worden ist (§. 2), auch dann außer Kraft, wenn der Unfall eine Erwerbsunfähigkeit von weniger als 13 Wochen zur Folge hat, §. 95.

Fragt man nun, wie sich die Gesammtunfälle nach ihrer Zahl und nach ihrem Belastungswerth auf die Krankenkassen und auf die Unfallversicherung vertheilen, so ergiebt sich, daß diejenigen Unfälle, welche den Krankenkassen zufallen, der Anzahl nach bedeutend überwiegen, nach ihrem finanziellen Belastungswerth aber durchaus zurücktreten.

Nach den Ergebnissen der Unfallstatistik (Bödiker a. a. O, cf. Anm. 1) betragen von der Gesammtheit aller ermittelten Unfälle (etwa 85 000 im Jahre)

a) die Unfälle mit tödlichem Ausgang . . . . 2,2 pCt.
b) „ „ „ nachfolgender dauernder Erwerbsunfähigkeit 1,9 „
c) „ „ „ „ vorübergehender „ 95,9 „

Von den Unfällen unter c haben zur Folge gehabt:

1. eine Erwerbsunfähigkeit von 1 bis 14 Tagen . . . . 56,9 pCt.
2. „ „ „ 15 bis 28 „ . . . . 23,1 „
3. „ „ „ mehr als 28 Tagen . . . 20,0 „

Von den letzteren (unter c) haben 900 = 1,1 pCt. aller Unfälle eine vorübergehende Erwerbsunfähigkeit von mehr als 13 Wochen zur Folge. Hiernach veranlassen 94,8 pCt. aller Unfälle eine Erwerbsunfähigkeit bis zu 13 Wochen, sind also von den Krankenkassen zu erledigen, während 5,2 pCt. (bei rund 2 Millionen Versicherten (cf. jedoch Anm. 1) 4600 Fälle) aller Unfälle den Berufsgenossenschaften verbleiben.

Wichtiger aber ist offenbar der finanzielle Belastungswerth der einzelnen Unfälle. Derselbe ist unter Berücksichtigung der für die einzelnen Unfälle ermittelten Krankentage (welche naturgemäß mit der Schwere des Unfalls zunehmen) und der nach dem Gesetzentwurf zu zahlenden Entschädigungen, welche bei Tod, namentlich aber bei dauernder Invalidität ungleich bedeutender sind, wie bei vorübergehender Erwerbsunfähigkeit, (cf. Anm. 1), dahin ermittelt worden (Bödiker Unfallstatistik S. 20), daß auf die Unfallversicherung bei 13wöchiger Karenzzeit 13$^1/_5$ Millionen Mark, auf die Krankenkassen rund 2$^3/_4$ Millionen Mark, entfallen, d. h. auf erstere 83$^1/_2$ pCt., auf letztere 16$^1/_2$ pCt. der gesammten Unfallast. Hierbei ist, wie der Staatssekretär des Innern ausdrücklich konstatirt hat, im Interesse der Sicherheit der Rechnung und Summen überall nach oben gegriffen. Erwägt man dann ferner, daß die Arbeitgeber zu den Krankenkassen (mit Ausschluß der freien Hülfskassen, deren Mitglieder das Zusammenwirken mit den Arbeitgebern und deren Betheiligung an den Kosten der Krankenversicherung verschmähen, während sie gleichwohl jederzeit in eine Kasse eintreten können, zu welcher der Arbeitgeber beiträt) $^1/_3$ der Gesammtbeiträge leisten, so ergiebt sich, daß die Arbeiter bei 13wöchiger Karenzzeit durch die Beiträge zu den Krankenkassen nur $^2/_3$ von 16$^1/_2$ pCt., also nur 11 pCt. der gesammten Unfallast tragen, während der Rest von 89 pCt., außer dem nach Abs. 9 zu leistenden Zuschuß, den Unternehmern zufällt. Letztere tragen außerdem auch zu den Lasten der nicht durch Unfälle hervorgerufenen Krankheiten, welche achtmal so groß sind, mit $^1/_3$ bei. Vor dem Erlaß des Krankenversicherungsgesetzes hatten dagegen die Krankenkassen, soweit sie überhaupt für Erwerbsunfähigkeit entschädigten, oft ohne Beihülfe der Unternehmer die ganzen aus Unfällen erwachsenden Kosten zu tragen. Die Belastung der Arbeiter wird also in Zukunft erheblich geringer, während die Sicherheit gegen die Folge der Unfälle wächst. Es ergiebt sich hieraus:

a) daß der Vorwurf, den Arbeitern werde ein überwiegender Theil der Unfallla*t neu aufgebürdet, unbegründet ist,

b) daß die Arbeiter einen Theil der Unfallbelastung tragen und daher ein gewisses Maaß von Betheiligung an der Verwaltung der Unfallversicherung beanspruchen können.

Eine solche Betheiligung ist ihnen in den §§. 41 fg. eingeräumt worden.

5) welche.. entstehen. Die Feststellung der Kosten für das Heilverfahren liegt der Genossen'chaft ob, §. 57. Dieselbe wird daher auch über die Nothwendigkeit und Angemessenheit der zu diesem Zweck gemachten Aufwendungen zu entscheiden haben (vorbehaltlich des schiedsgerichtlichen Verfahrens, §. 62), und hierbei insbesondere darauf Rücksicht nehmen müssen, welche Aufwendungen den Verhältnissen des Verletzten, sowie dem zu erreichenden Erfolg vernünftigerweise entsprechen. (cf. Eger a. a. O. S. 297.)

6) Für die Dauer der Erwerbsunfähigkeit. Die Entscheidung des Reichtsgerichts v. 23. 12. 79 (Entsch. I. 66), nach welcher während der unfreiwilligen Detention einer nach dem Haftpflichtgesetz entschädigten Person im Zuchthaus oder Gefängniß die Zahlung der Rente cessirt, da der Betreffende während seiner Detention so wie so nicht hätte arbeiten können und deshalb während dieser Zeit einen Schaden durch die Verletzung nicht erleide, wird auch hier dann maßgebend sein, wenn die Detention eine nach §. 65 zu berücksichtigende wesentliche Aenderung in der Erwerbsfähigkeit ergibt.

7) Die Rente ist demnächst an Stelle des Krankengeldes neben den Kosten des Heilverfahrens zu zahlen.

8) nach Maßgabe des Arbeitsverdienstes, nicht nach festen Pauschsummen, weil durch letztere, wie die Motive der ersten Unfallgesetzvorlage ausführen, die mannigfaltigen Unterschiede, welche durch die Verschiedenheit der Lohnhöhe in den verschiedenen Gegenden und Industriezweigen bedingt sind, also die bisherige wirthschaftliche Lage der Verletzten nicht genügend berücksichtigt werden könnte, und der eingeführte Modus jede weitere Unterscheidung der versicherten Personen entbehrlich macht.

9) zu berechnen. Die Rente ist ein Prozentsatz des Arbeitsverdienstes, d. h. des gesammten Verdienstes, also des Jahresverdienstes, letzterer ein Vielfaches des durchschnittlichen Tagesverdienstes. Da die Anzahl der Arbeitstage und der Tagelohn, welche ein und derselbe Arbeiter während verschiedener Jahre oder mehrere gleichartige Arbeiter während eines Jahres in demselben Betriebe wirklich haben absolviren bezw. beziehen können, außerordentlich verschieden sind, ohne daß diese Verschiedenheiten die Unfallgefahr und den Durchschnittsverdienst beinträchtigen — die Arbeitszeit ist vielleicht durch Krankheit, Betriebseinschränkung 2c. unterbrochen, oder wegen besonders flotten Geschäftsganges vorübergehend erhöht worden —, so durfte nicht der wirkliche Jahresverdienst oder die Zahl der wirklich absolvirten Arbeitstage den Maßstab für

die Bemessung der Rente bilden, sondern es war ein Maßstab zu wählen, welcher zwar die thatsächlichen Lohnverhältnisse des letzten Jahres und des betr. Arbeiters berücksichtigt, dieselben aber nach allgemeinen Durchschnittszahlen regulirt. Solche Durchschnittszahlen werden ebenso für die Berechnung des Tagesverdienstes, wie für den Multiplikator bei Berechnung des Jahresverdienstes vorgeschrieben.

Der Jahresverdienst ist also ein Vielfaches des durchschnittlichen Tagesverdienstes. Letzterer wird gefunden, indem man den wirklichen Gesammtverdienst des Verunglückten während des letzten Jahres (einschl. Tantièmen und Naturalbezügen, §. 3 Abs. 1) durch die Zahl der wirklich absolvirten Arbeitstage (cf. Anm. 12) dividirt (hierdurch wird die Berücksichtigung von Ueberstunden und besonderen Arbeitstagen ermöglicht), und den hieraus sich ergebenden Durchschnittsbetrag entweder reduzirt, §. 5 Abs. 3 (wenn er über 4 Mark täglich beträgt), oder erhöht, §. 5 Abs. 5 (wenn er den ortsüblichen Tagelohn nicht erreicht). Hat der Verletzte in dem Betriebe nicht ein volles Jahr (cf. Anm. 14) gearbeitet, so kommen gleichartige Verhältnisse eventuell aus Nachbarbetrieben in Rechnuftg, §. 5 Abs. 4. Der so ermittelte durchschnittliche Tagesverdienst des Verunglückten wird mit der durchschnittlichen (üblichen) Zahl der Arbeitstage — im Allgem. 300, falls nicht die übliche Betriebsweise eine andere Zahl als Regel ergiebt (cf. Anm. 6 zu §. 3) — multiplizirt, §. 3 Abs. 2 (cf. in §. 5 Abs. 3 das Zitat des §. 3): ein Bruchtheil der so erhaltenen Zahl ist die Unfallrente, §. 5 Abs. 6, §. 6. — Hiernach erhält z. B. ein ganz invalide gewordener Arbeiter, welcher in einem Betriebe, dessen übliche Betriebsweise keine besondere Abweichung von der allgemeinen Regel aufweist, so daß also die Zahl 300 in Rechnung zu ziehen ist, während des letzten Jahres thatsächlich 300 Tage gearbeitet und dabei insgesammt 600 Mark verdient hat, an Jahresrente

$$\frac{600}{300} \cdot 300 \cdot \frac{2}{3} = 400 \text{ Mark};$$

wenn er in demselben während 320 Tagen 1000 Mark verdient hat,

$$\frac{1000}{320} \cdot 300 \cdot \frac{2}{3} = 625 \text{ Mark};$$

wenn er in demselben während 280 Tagen 1500 Mark, in einem Tage also mehr als durchschnittlich 4 Mark verdient hat, so daß nur $\left(\frac{1500}{280} =\right)$ 5,36 abzüglich $^2/_3$ des Ueberschusses über 4, also im Ganzen nur 4,45 Mark als Tagesverdienst in Rechnung kommen, $4,45 \cdot 300 \cdot \frac{2}{3} = 890$ Mark.

Kleine Modifikationen dieser Berechnung ergeben sich

a) bei denjenigen Personen, deren Jahresarbeitsverdienst sich aus mindestens wochenweise fixirten Beträgen zusammensetzt (§. 3 Abs. 2). Auch bei diesen Personen muß der durchschnittliche Tagesverdienst nach Maßgabe des §. 5 Abs. 2 ermittelt und reduzirt oder erhöht werden; es werden dabei aber statt der nicht zu ermittelnden wirklichen Arbeitstage sowohl als Divisor wie demnächst als Multiplikator die Zahl von 300 Arbeitstagen in Rechnung kommen müssen, weil dies die Durchschnittszahl ist, von der das Gesetz ausgeht, cf. Anm. 13, weil ferner eine dauernde Beschäftigung über diese Zeit hinaus nicht stattzufinden pflegt, eine kürzere Beschäftigung während eines Jahres aber ebenso wenig anzunehmen ist, indem die etwa ausfallenden Arbeitstage durch den für Zeitperioden fixirten Lohn mit gedeckt sind (cf. Anm. 6 zu §. 3, Anm. 3 zu §. 10);

b) bei denjenigen Personen, welche wegen noch nicht beendigter Ausbildung keinen Lohn oder weniger, als der ortsübliche Tagelohn beträgt, beziehen (§. 3 Abs. 3). Hier fällt die Berechnung des Tagesverdienstes fort und an die Stelle tritt das Dreihundertfache des ortsüblichen Tagelohns, welcher immer niedriger als 4 Mark pro Arbeitstag sein wird.

[10]) während des letzten Jahres, vom Tage des Unfalls zurückgerechnet (cfr. Absatz 4); also nicht das Kalender- oder Rechnungs-Jahr.

[11]) Gehalt oder Lohn, cf. §. 3, Abs. 1.

[12]) durchschnittlich für den Arbeitstag, im Allgemeinen ohne Rücksicht auf die Zahl der Arbeitsstunden. Letztere werden in dem wirklich bezogenen Lohn genügend zum Ausdruck kommen.

Wird aber die Arbeitsdauer auf die einzelnen Arbeitstage derart ungleich vertheilt, daß an einigen Tagen eine übermäßig große, an anderen Tagen dafür (als Entschädigung) gar keine Arbeitsleistung stattfindet — wenn z. B. ein Arbeiter 20 Stunden hintereinander zu arbeiten hat, um dann während der nächsten 20 Stunden zu feiern — so werden diejenigen Arbeitstage, an welchen der Arbeiter mit Rücksicht auf die erhöhte Arbeitsleistung an andern Tagen gar nicht gearbeitet hat, als Arbeitstag mit in Anrechnung zu bringen sein.

Wenn die Arbeitszeit nach Tag- und Nachtschicht wechselt, wird auch die Zeit der Nachtschicht als Arbeitstag zu berechnen sein.

[13]) übersteigende. Nach dem Krankenversicherungsgesetz kommt, wie auch nach den bisherigen Unfallvorlagen, immer nur der Höchstbetrag von 4 Mark täglich in Betracht.

„Diese Aenderung erscheint nothwendig, um den besser gestellten Arbeitern und Betriebsbeamten einen ihrer bisherigen wirthschaftlichen Lage mehr entsprechenden Unterhalt zu sichern.“ (Mot. S. 46.)

Diesem Maximalbetrag entspricht ein Minimalbetrag, cf. Anm. 18.

[14]) nicht ein volles Jahr, wenn der Arbeiter vor weniger als Jahresfrist in den Betrieb eingetreten, oder der Betrieb selbst erst vor weniger als Jahresfrist begonnen ist. Bei Betrieben, welche periodisch intermittiren, z. B. Maurern, Zuckerfabriken ꝛc., gilt als Jahr das Betriebsjahr, d. h. die übliche Betriebsweise während des Kalenderjahres.

[15]) derselben Art, d. h. in derselben Kategorie mit derselben Arbeitsfähigkeit und gleichwerthigen Arbeitsleistung. Hängt die Höhe des Arbeitsverdienstes in demjenigen Betriebe, in welchem der Unfall sich ereignete, oder in demjenigen Betriebe, welcher zur Vergleichung herangezogen wird, von der Länge der Zeit ab, welche der Arbeiter in dem Betriebe schon beschäftigt ist

— in einzelnen Betrieben erhalten Arbeiter während des ersten Jahres ihrer Beschäftigung täglich etwa 2 Mark, während des zweiten Jahres etwa 2,20 Mark, später 2,30 Mark rc. — so kann der vor Ablauf des ersten Jahres verunglückte Arbeiter Entschädigung nur nach Maßgabe der während des ersten Jahres gezahlten Löhnung beanspruchen.

[16]) oder, d. h. wenn in demselben Betriebe Arbeiter von der Kategorie des Verletzten nicht ein Jahr hindurch beschäftigt worden sind.

[17]) durchschnittlich, rc. für den Arbeitstag (cf. Abs. 3). Ein Durchschnitt aus den etwa vorhandenen mehreren gleichartigen Nachbarbetrieben braucht nicht gezogen zu werden. Die Reduktion des den Betrag von 4 Mark täglich übersteigenden Lohns (nach Abs. 3) hat auch in diesem Fall stattzufinden.

[18]) Erreicht . . nicht. „Da nicht sowohl die Zerstörung und Schmälerung der zeitigen Erwerbsthätigkeit, als vielmehr die Vernichtung und Beeinträchtigung der Erwerbsfähigkeit die Grundlage für die Höhe der zu gewährenden Unfallentschädigung bildet, so erscheint es gerechtfertigt, nicht nur den thatsächlich bezogenen Lohn, sondern auch den unter normalen Verhältnissen mindestens zu erlangenden Arbeitsverdienst in Berücksichtigung zu ziehen. Aus diesem Grunde ist zur Beseitigung von Härten, insbesondere in denjenigen Fällen, in denen z. B. wegen mangelnden Absatzes eine vorübergehende Einschränkung der Arbeitszeit und somit des Arbeitsverdienstes eintritt, die Festsetzung eines der Schadensregulirung zu Grunde zu legenden Minimallohnsatzes geboten. Als solcher wird in Uebereinstimmung mit den Vorschriften des Krankenversicherungsgesetzes der durch die höhere Verwaltungsbehörde nach Anhörung der Gemeindebehörde für Erwachsene festgesetzte ortsübliche Tagelohn gewöhnlicher Tagearbeiter anzunehmen sein, dessen Normirung auf Grund genauer Ermittelungen durch eine Stelle erfolgt, welche die maßgebenden Verhältnisse vollständig zu übersehen in der Lage ist." (Mot. S. 46.)

Einem Arbeiter z. B., welcher in dem Betriebe desjenigen Unternehmers, in welchem er z. Z. des Unfalls beschäftigt ist, zwar schon ein volles Betriebsjahr oder länger thätig war, während des letzten Jahres aber aus irgend einem Grunde statt der sonst erhaltenen 2 Mark Arbeitslohn, zeitweise nur 1,50 Mark täglich erhalten hat, wird, wenn er etwa 50 Tage à 2 Mark, 150 Tage à 1,50 Mark gearbeitet hat, und der durchschnittliche Tagesarbeitsverdienst daher $(50 \times 2 + 150 \times \frac{3}{2}) : 200 = 1{,}62$ Mark, der ortsübliche Tagelohn gewöhnlicher Tagearbeiter aber 1,80 Mark beträgt, nach Maßgabe des letzteren, also nach einem Jahresarbeitsverdienst von $300 \times 1{,}80 = 540$ Mark, nicht nach dem seinem Durchschnittslohn entsprechenden niedrigeren Betrage von 486 Mark entschädigt.

[19]) beträgt. Wegen der Zahlbarkeit der Rente (monatlich pränumerando) vgl. §. 66.

Ueber die Gründe, welche dazu geführt haben, die Entschädigung nicht gleich dem vollen, sondern gleich einem Bruchtheil des derzeitigen Arbeitsverdienstes festzustellen, cf. den Auszug aus den allgemeinen Motiven des ersten Entwurfs S. 13. Es mag noch darauf hingewiesen werden, daß die Arbeitsfähigkeit mit zunehmendem Alter von selbst sich mindert und daß der Verdienst durch Krankheit, verdienstlose Zeiten rc. beeinträchtigt werden kann. Wollte man trotzdem den vollen gegenwärtigen Verdienst zur Grundlage der Entschädigung des Verletzten machen, so würde man ihn auf Grund seines Unfalls vor solchen, den Gesunden bedrohenden Verminderungen seines Einkommens sicher stellen; er würde also thatsächlich in der Regel eine Verbesserung gegen die letzteren erfahren.

Eine Fürsorge durch Sicherstellung des vollen gegenwärtigen Arbeitsverdienstes wäre also nur nicht nur ein voller Schadensersatz, sondern geradezu eine Prämie auf den Unfall. Der volle Schaden, den der Verunglückte erleidet, wird vielmehr in der Regel schon dann gedeckt, wenn ihm zwei Drittel Theil seines gegenwärtigen Verdienstes sichergestellt werden. Durch die Festsetzung des Gesetzes ist der Schaden, den der Arbeiter erleidet, gewissermaßen auf Grund einer praesumtio iuris et de iure gesetzlich fixirt; der zu gewährende Bruchtheil des Arbeitsverdienstes ist der Schaden, den der Arbeiter erleidet, nicht ein Bruchtheil dieses Schadens, so daß dem Arbeiter ein Theil des Schadens nicht ersetzt würde. Der Arbeiter erhält Ersatz für den vollen Schaden, den er erleidet; ihm wird nichts entzogen; wie hoch aber dieser Schaden sei, berechnet nicht er, sondern unter Berücksichtigung einer ganzen Reihe wichtiger und zutreffender, aber nicht mit gleicher Schärfe ins Auge fallender Momente das Gesetz.

[20]) völlige Erwerbsunfähigkeit ist nicht eine augenblickliche Erwerbslosigkeit, sondern die unter Berücksichtigung der thatsächlichen Verhältnisse voraussichtlich bestehende Unmöglichkeit, fortan nach Maßgabe seiner körperlichen und geistigen Kräfte und seiner Vorbildung einen (nicht etwa ganz unsicheren) Arbeitsverdienst zu beziehen. Der Verlust eines Armes oder Beines wird daher in der Regel nicht als völlige Erwerbsunfähigkeit angesehen werden können, wohl aber der Verlust beider Arme oder beider Beine.

Anderweite von dem Arbeitsverdienst unabhängige Einnahmen, z. B. aus Vermögen, Alimentationsansprüchen rc., ändern nichts an der Erwerbsunfähigkeit; dieselbe ist nicht gleichbedeutend mit Erwerbslosigkeit oder Dürftigkeit. Arbeitern oder Betriebsbeamten, welchen kraft Arbeitsvertrages gegen den Betriebsunternehmer ein Anspruch auf Fortbezug des Gehalts rc. zusteht, haben, soweit sie in Folge eines Unfalls erwerbsunfähig geworden sind, trotzdem einen ungeschmälerten Anspruch aus §. 5.

Im Uebrigen wird bei der Frage, ob und inwieweit der Verletzte noch die Möglichkeit eines Arbeitserwerbes habe, und ob er deshalb als ganz oder nur theilweis erwerbsunfähig gelten müsse, ebenso wie für das Haftpflichtgesetz die bisherige Lebensstellung des Verletzten nicht ohne Bedeutung sein. Die gewöhnlichen Arbeiter, deren bisherige Verrichtungen ohne bestimmte Vorbildung oder Lehre keine oder nur geringe manuelle Geschicklichkeit erforderten, welche also gewöhnliche Handarbeit bisher betrieben haben, brauchen bei kleineren Verletzungen nicht einmal als theilweis erwerbsunfähig zu gelten, sobald sie andere ebenso einfache Arbeit noch verrichten können, wenn dieselbe auch von ihrer bisherigen Beschäftigung abweicht; sie können ihre Thätigkeit als gewöhnliche Handarbeiter auch in ähnlichen Beschäftigungen fortsetzen, cf. Erk. d. R.-O.-H.-G. v. 30/6. 74 (Entsch 14 S. 44). Von Personen dagegen, welche eine besondere (insbesondere höhere) Ausbildung genossen haben, wird nicht verlangt werden können, daß sie in ganz untergeordneten Stellungen (z. B. als Lohnschreiber oder Portiers 2c.), oder in Stellungen, welche eine ganz neue Ausbildung erfordern, fortan thätig sein und um deswillen, weil die Möglichkeit eines solchen Erwerbs nicht ausgeschlossen sei, als nur theilweis erwerbsunfähig sich betrachten lassen sollen. Sie werden vielmehr, wenn sie in Folge des Unfalls ihre bisherige oder eine derselben gleichartige Thätigkeit nicht mehr ausüben können, einstweilen für ganz erwerbsunfähig gelten müssen, allerdings mit dem Vorbehalt, daß, wenn sie demnächst wirklich eine neue Stellung angenommen und aus derselben einen Erwerb sich gesichert haben, später auf Grund des §. 65 eine anderweite Feststellung ihres Anspruchs auf Rente zu erfolgen hat. (Der französische Gesetzentwurf von Leon Peulevey unterscheidet außer den Unfällen, welche den Tod zur Folge haben,

Unfälle, welche eine unbedingte Arbeitsunfähigkeit,
" " " dauernde Arbeitsunfähigkeit für das betreffende Gewerbe,
" " " zeitweise Arbeitsunfähigkeit

herbeiführen. Vgl. Bödiker Unfallgesetzgebung S. 71.)

[21]) Für die Dauer, wegen späterer Veränderungen vgl. §. 65.

[22]) $66^2/_3$ Prozent. „Damit wird der Arbeiter, wenigstens im Vergleich mit den Angehörigen anderer Berufsarten, nicht ungünstig gestellt. Er erhält damit beispielsweise, ohne Rücksicht auf sein Alter, die gleiche Pension, welche nach §. 41 des Gesetzes, betreffend die Rechtsverhältnisse der Reichsbeamten, vom 31. März 1873 (Reichs-Gesetzbl. S. 61) einem Reichsbeamten zu Theil wird, wenn er nach 43 Dienstjahren in den Ruhestand übertritt. Einen weiteren Vergleichungspunkt bietet das Militärpensionsgesetz vom 27. Juni 1871 (Reichs-Gesetzbl. S. 175)." (Motive des ersten Gesetzentwurfs.)

Bei den Kommissionsberathungen wurde darauf hingewiesen, daß der österreichische Gesetzentwurf die Rente nur auf 60 pCt. normire und daß man sich hüten müsse, durch eine von humanitären Erwägungen diktirte weitergehende Steigerung der Rente eine Prämie auf den Unfall zu setzen. (Komm.-Ber. S. 15.)

[23]) Arbeitsverdienst d. h. Jahresarbeitsverdienst, cf. Anm. 9.

[24]) theilweiser Erwerbsunfähigkeit, cf. Anm. 20.

[25]) Bruchtheil. Der Entwurf hatte eine Maximalhöhe von 50 pCt. des Arbeitsverdienstes, also von $^3/_4$ der Entschädigung für Ganzinvalidität vorgesehen, „da anzunehmen ist, daß der Verletzte, wenn ihm überhaupt noch ein Rest von Erwerbsfähigkeit geblieben ist, im Stande sein wird, durch seinen Verdienst die ihm zu Theil werdende Entschädigung mindestens bis zu dem

Betrage der bei voller Erwerbsunfähigkeit zu leistenden zu ergänzen. Auch die dem Soldaten zu Theil werdende Pension beträgt, wenn er größtentheils erwerbsunfähig ist, nahezu $^3/_4$ (180 Mark) der Pension bei voller Erwerbsunfähigkeit (252 Mark)" (Motive des ersten Gesetzentwurfs.) Die zahlenmäßige Beschränkung hat die Reichstagskommission fallen lassen, weil die theilweise Erwerbsunfähigkeit der völligen Erwerbsunfähigkeit sich sehr nähern kann.

[26]) vorsätzlich. Ueber die Nothwendigkeit, die Schuldfrage zurücktreten zu lassen, vergl. oben den Auszug aus den allg. Motiven der ersten Vorlage (S. 12). Die Bestimmung der Vorlage, daß die Hinterbliebenen auch bei Vorsatz des Verletzten ihre Entschädigungsansprüche behalten sollten, ist von der Reichstagskommission gegen den Widerspruch eines Regierungsvertreters gestrichen worden, weil diese Bestimmung „eine Verletzung des Rechtsgefühls, unter Umständen sogar einen Anreiz zum Selbstmord einzuschließen scheine. Daß die Industrie für die Hinterbliebenen eines Arbeiters aufkommen solle, der einen Unfall vorsätzlich herbeigeführt, möglicherweise nicht nur sich, sondern auch Andere verletzt und die Unternehmer in hohem Grade geschädigt habe, lasse sich nicht rechtfertigen, zumal ein durch Vorsatz herbeigeführter Unfall nicht als ein Betriebsunfall im eigentlichen Sinne angesehen werden könne. Habe zudem der Verunglückte selbst keinen Anspruch gehabt, so könne derselbe auch nicht auf seine Angehörigen übergehen." (Komm.-Ber. S. 16.)

Vorsatz ist bewußtes Wollen der Rechtswidrigkeit (hier also des Unfalls). Er hat nur Zurechnungsfähigkeit zur Voraussetzung und wird ausgeschlossen durch jeden Irrthum über die Widerrechtlichkeit der Handlung. Beim Vorsatz will man das Unrecht, beim Versehen ist es nicht gewollt, cf. Förster, Theorie und Praxis des Pr. Pr. R., I. 3. Aufl. S. 143. Vergl. auch Anm. 8 zu §. 94.

[27]) Berufsgenossenschaften bezw. deren Organe innerhalb ihrer durch das Statut abgegrenzten Befugnisse. cf Anm. 1, 3 zu §. 57.

[28]) befugt, cf. Anm. 4.

[29]) Krankenkasse oder Knappschaftskasse oder der Gemeinde-Krankenversicherung, cf. Anm. 8 zu §. 80.

[30]) Fürsorge. Das Recht des Verletzten auf umfassendes Heilverfahren und Unfallrente in dem Umfang, in welchem sie nach Ablauf der ersten dreizehn Wochen geleistet werden muß (Abs. 2, 6), wird hierdurch nicht berührt. Ueberträgt also die Berufsgenossenschaft nicht nur die Fortsetzung des Heilverfahrens, sondern auch die Gewährung der Baarentschädigung an die Krankenkassen, so haben letztere die volle Rente, nicht das geringere Krankengeld, an den Verletzten zu zahlen und von der Berufsgenossenschaft wieder einzuziehen. Letztere kann aber auch nur das eigentliche Heilverfahren den Krankenkassen übertragen und die Unfallrente an den Beschädigten (durch Vermittelung der Post) direkt abführen lassen, und dies wird ihr im Allgemeinen bequemer sein. Die Wahl steht nur der Berufsgenossenschaft, nicht den Krankenkassen oder den Verletzten zu.

Als Ersatz ihrer Aufwendungen für das Heilverfahren liquidirt die Krankenkasse in der Regel die Pauschsumme. Soweit sie ausnahmsweise höhere Aufwendungen hat machen müssen (z. B. durch Zuziehung von Spezialärzten), kann sie diese in der wirklich aufgewendeten und erforderlich gewesenen Höhe außerdem liquidiren.

In welchem Umfange die Krankenkassen in einer außerordentlichen Weise für die Verletzten zu sorgen haben, kann die Berufsgenossenschaft, vorbehaltlich ihrer Verhaftung für die daraus entstehenden Kosten, bestimmen. Die näheren Modalitäten werden durch Vereinbarung zu regeln sein.

Bei Verpflegung in einem Krankenhause ist, wie der Komm.-Bericht (S. 16) konstatirt, die Krankenkasse an den Pauschalbetrag nicht gebunden, kann vielmehr ihre wirklichen Auslagen liquidiren.

[31]) gilt als Ersatz, entsprechend dem §. 27 Abs. 3, §. 57 Abs. 5 des R.-G. v. 15. 6. 1883 (cf. §. 75 a. a. O.), mit dem Unterschiede, daß dort jene Pauschsumme obligatorisch ist und weitergehende Forderungen ausschließt, hier aber höhere Aufwendungen liquidirt werden dürfen.

[32]) Krankengeldes, also verschieden, je nachdem es sich um eine Gemeinde-Krankenversicherung (§. 6 a. a. O.) (§. 75 a. a. O.) oder Hülfskasse einerseits, oder um eine organisirte Krankenkasse (Orts-, Betriebs- [Fabrik-], Bau-, Innungs- oder Knappschaftskasse, §§. 20, 64, 72, 73, 74 a. a. O.) andererseits handelt. In letzteren bildet der (event. abzustufende) Durchschnittslohn der betr. Arbeiterkategorie, soweit er 3 Mk. oder in klassenweiser Abstufung 4 Mk. pro Arbeitstag nicht übersteigt, in ersteren der ortsübliche Tagelohn gewöhnlicher Tagearbeiter den Maßstab, von welchem das Krankengeld im Mindestbetrage 50 pCt. betragen muß; bei Betriebs- (Fabrik-), Baukrankenkassen und Knappschaftskassen kann an dessen Stelle durch das Kassenstatut der wirkliche Arbeitsverdienst bis zu 4 Mark täglich gesetzt werden (§. 64 Nr. 1, §§. 72, 73 a. a. O.). Der hiernach für die ärztliche Behandlung 2c. zu erstattende Betrag muß individuell (nach der Höhe des von dem Verunglückten zu beanspruchenden Krankengeldes) berechnet werden.

[33]) nachgewiesen werden. Auch die Nothwendigkeit und Angemessenheit, nicht blos die Thatsache der Aufwendung ist im Streitfall darzuthun.

[34]) Streitigkeiten. §. 58 des Gesetzes vom 15. Juni 1883 lautet:

(Abs. 1.) „Streitigkeiten, welche . . . . . entstehen, werden von der Aufsichtsbehörde entschieden. Gegen deren Entscheidung findet binnen zwei Wochen nach Zustellung derselben die Berufung auf den Rechtsweg mittelst Erhebung der Klage statt. Die Entscheidung ist vorläufig vollstreckbar, soweit es sich um Streitigkeiten handelt, welche Unterstützungsansprüche betreffen.

(Abs. 2.) Streitigkeiten über . . . . . werden im Verwaltungsstreitverfahren entschieden. Wo ein solches nicht besteht, findet die Vorschrift des Absatzes 1 mit der Maßgabe Anwendung, daß die vorläufige Vollstreckbarkeit der Entscheidung der Aufsichtsbehörde ausgeschlossen ist."

Hiernach sind also zu entscheiden:

a) Streitigkeiten aus der Fürsorge für Verletzte über die ersten 13 Wochen hinaus (Abs. 8) im Verwaltungsstreitverfahren, event. von der Aufsichtsbehörde vorbehaltlich des Rechtswegs mit Aufschub der Vollstreckung.

b) Streitigkeiten wegen des von Unternehmern zu erstattenden Zuschusses zum Krankengeld von der 5. Woche ab (Abs. 9), und wegen der Fürsorgepflicht der Unternehmer für solche Verletzte, welche einer Krankenkasse nicht angehören, während der ersten 13 Wochen (Abs. 10) — von der Aufsichtsbehörde vorbehaltlich des Rechtswegs mit sofortiger Vollstreckbarkeit der Entscheidungen (Abs. 11).

Zuständig ist in den Fällen der Abs. 8, 9, die Aufsichtsbehörde über die Krankenkassen (§§. 44, 66, 72, 74, 84 R.-G. v. 15. 6. 83, bei der Gemeindekrankenversicherung die Gemeindeaufsichtsbehörde, bei Innungskrankenkassen die Aufsichtsbehörde der Innung, bei Hülfskassen ohne Betrittszwang die landesrechtlich bestellte Aufsichtsbehörde, §. 33 R.-G. v. 7. 4. 76); in den Fällen des Abs. 10 die Aufsichtsbehörde über Ortskrankenkassen, cf. Anm. 42.

35) Vom Beginn der fünften Woche, vgl. Anm. 4.

36) Arbeitslohnes, vgl. Anm. 32.

37) niedrigeren Krankengeld. Krankenkassen, welche nach den Kassenstatuten gemäß §§. 21 Nr. 2, 64, 72, 73 74, 75, 85 des Ges. v. 15. 6. 83 schon ihrerseits zwei Drittel des Lohnes als Krankengeld zahlen, haben gegen die Unternehmer keinen Anspruch. Eingeschriebene oder auf Grund landesrechtlicher Vorschriften errichtete Hülfskassen, deren Mitgliedschaft von der Betheiligung an einer anderen Kasseneinrichtung befreit, sind gesetzlich verpflichtet, an Krankengeld entweder mindestens 50 pCt. des ortsüblichen Tagelohns neben freier ärztlicher Behandlung ꝛc., oder mindestens 75 pCt. des ortsüblichen Tagelohns ohne freie ärztliche Behandlung zu zahlen. Hülfskassen, welche ihre Unterstützungen nach der letzteren Alternative gewähren, haben nach dem Wortlaut auf die Zuschüsse des Unternehmers keinen Anspruch. Bei der z. Th. großen örtlichen Ausdehnung dieser Kassen, zu denen der Unternehmer sonst in keiner Beziehung steht, fallen die Gesichtspunkte, welche die Ausnahmebestimmung des Abs. 9 zulässig erscheinen ließen (S. 68), fort; einschränkende Interpretation ist daher hier geboten.

38) nach §. 1. Für die statutarisch versicherten Betriebsbeamten mit mehr als 2000 Mark Jahresverdienst gilt diese Bestimmung nicht, cf. Anm. 4.

39) nicht . . . versichert sind. Hierher gehören insbesondere diejenigen Personen, „deren Beschäftigung ihrer Natur nach eine vorübergehende oder durch den Arbeitsvertrag im voraus auf einen Zeitraum von weniger als einer Woche beschränkt ist“ §. 1 R.-G. v. 15./6. 1883), falls auf dieselben nicht die Krankenversicherungspflicht statutarisch erstreckt ist (§. 2 Nr. 1 a. a. O.), oder falls dieselben nicht freiwillig einer Krankenkasse ꝛc. beigetreten sind und auf Grund dieses Beitritts Krankenunterstützung erhalten, §. 4 Abs. 2, §. 6 Abs. 3, §. 19 Abs. 3, §. 26 Abs. 4 Nr. 4, §§. 64, 72 a. a. O. — Auch das Gesinde kann hierher gehören, §. 4, §. 26 Abs. 4 Nr. 4 a. a. O.

40) Die §§. 6 und 7 G. v. 15. 6. 83 enthalten die Minimalleistungen für Krankheitsfälle. Sie lauten, soweit sie hier in Betracht kommen:

§ 6: (Absatz 1) „Als Krankenunterstützung ist zu gewähren:

1. vom Beginn der Krankheit ab freie ärztliche Behandlung, Arznei, sowie Brillen, Bruchbänder und ähnliche Heilmittel;

§. 6.

(Abs. 1.) Im Falle der Tödtung[1]) ist als Schadensersatz außerdem zu leisten:

1. als Ersatz der Beerdigungskosten[2]) das Zwanzigfache des nach §. 5 Absatz 3 bis 5 für den Arbeitstag ermittelten Verdienstes,[3]) jedoch mindestens dreißig Mark;
2. eine den Hinterbliebenen des Getödteten vom Todestage an zu gewährende Rente,[4]) welche nach den Vorschriften des §. 5 Absatz 3 bis 5 zu berechnen ist.

---

2. im Falle der Erwerbsunfähigkeit, vom dritten Tage nach dem Tage der Erkrankung ab für jeden Arbeitstag ein Krankengeld in Höhe der Hälfte des ortsüblichen Tagelohns gewöhnlicher Tagearbeiter.

(Abs. 4.) Das Krankengeld ist wöchentlich postnumerando zu zahlen."

§ 7. (Abs. 1.) „An Stelle der in § 6 vorgeschriebenen Leistungen kann freie Kur und Verpflegung in einem Krankenhause gewährt werden, und zwar:

1. für diejenigen, welche verheirathet oder Glieder einer Familie sind, mit ihrer Zustimmung, oder unabhängig von derselben, wenn die Art der Krankheit Anforderungen an die Behandlung oder Verpflegung stellt, welcher in der Familie des Erkrankten nicht genügt werden kann,
2. für sonstige Erkrankte unbedingt.

(Abs. 2.) Hat der in einem Krankenhause Untergebrachte Angehörige, deren Unterhalt er bisher aus seinem Arbeitsverdienste bestritten hat, so ist neben der freien Kur und Verpflegung die Hälfte des in §. 6 festgesetzten Krankengeldes zu leisten."

In dem Fall des §. 7 Absatz 2 ist auch die Erhöhung (cf. Abs. 9 des zur Erörterung stehenden §. 5) nur zur Hälfte zu gewähren, so daß also die Angehörigen statt $^1/_4$ (§. 7 d. Kr.-V.-G.) die Hälfte von $^2/_3$, also $^1/_3$, erhalten.

[41]) für die ersten dreizehn Wochen, und zwar nicht nur dann, wenn die Unfallversicherung nach Maßgabe dieses Gesetzes überhaupt einzutreten hat, also wenn ein Fall vorliegt, welcher nach Eintritt des Todes oder wegen einer nach Ablauf von 13 Wochen noch bestehenden Erwerbsunfähigkeit rc. demnächst von der Genossenschaft abzuwickeln ist, sondern auch für kleineren Unfälle. Dafür fällt auch in diesem Fall das Haftpflichtgesetz rc. fort, dessen Beseitigung für alle durch dieses Gesetz versicherte Personen Mitzweck des Gesetzes ist. Vergl. §. 94 und Anmerkung 1 dazu.

[42]) Aufsichtsbehörde, d. h. nach §. 44 K.-G. vom 15. 6. 1883 „unter Oberaufsicht der höheren Verwaltungsbehörde in Gemeinden von mehr als zehntausend Einwohnern von der Gemeindebehörde, übrigens von den seitens der Landesregierungen zu bestimmenden Behörden."

Zu §. 6.

[1]) Tödtung, sobald der Tod als mittelbare oder unmittelbare Folge des Unfalls eintritt, cf. Anm. 2 zu §. 5. Der Unfall braucht nicht die alleinige,

Dieselbe beträgt[5]):

a) für die Wittwe[6]) des Getödteten bis zu deren Tode oder Wiederverheirathung[7]) zwanzig Prozent, für jedes hinterbliebene[8]) vaterlose Kind[9]) bis zu dessen zurückgelegtem fünfzehnten Lebensjahre fünfzehn Prozent und, wenn das Kind auch mutterlos ist oder wird, zwanzig Prozent des Arbeitsverdienstes.[3])

Die Renten der Wittwen und der Kinder dürfen zusammen sechszig Prozent des Arbeitsverdienstes[3]) nicht

---

muß aber die „wirkliche", die Hauptursache des Todes sein, cf. Anm. 2 zu §. 5. Ueber die Fälligkeit der Leistungen im Fall der Tödtung vgl. §. 66.

[2]) Beerdigungskosten. Sind dieselben aus Krankenkassen gezahlt, so ist der Betrag den letzteren zu erstatten, §. 8. Die Beerdigungskosten, welche die Unfallversicherung gewährt, werden, weil nach dem Durchschnittsverdienst (§. 5) berechnet, in der Regel höher sein, als die nach dem ortsüblichen Tagelohn berechneten Sterbegelder der Krankenkassen (§. 20 G. v. 15/6. 83), falls letztere nicht etwa von der Bestimmung in §. 21 Nr. 6 a. a. O. Gebrauch gemacht haben, oder falls nicht etwa Hülfskassen ohne Beitrittspflicht (§. 75 a. a. O.), Knappschaftskassen (§. 74 a. a. O.) oder ältere fortbestehende Krankenkassen (§. 85 Abs. 4 a. a. O.) höhere Sterbegelder fortgewähren.

[3]) des für den Arbeitstag ermittelten Verdienstes, cf. Anm. 9 zu §. 5.

[4]) Rente. cf. Anm. 9 fg. zu §. 5. Die Vorschriften dieses Paragraphen wegen der Rente an Hinterbliebene beruhen auf der Alimentationspflicht des Verletzten.

[5]) beträgt. Die Hinterbliebenen können in keinem Falle eine gleich hohe Entschädigung beanspruchen, wie dem Getödteten zu Theil geworden sein würde, wenn er als völlig Erwerbsunfähiger am Leben geblieben wäre, weil der eigene Unterhalt des Verunglückten fortfällt. „Da die Frau des Arbeiters . . . . in der Regel schon bei Lebzeiten desselben an der erwerbenden Thätigkeit theilnimmt, so ist die Annahme berechtigt, daß sie als Wittwe durch ihren Arbeitsverdienst mit einem Zuschusse von 20 pCt. des Verdienstes des Mannes vor Dürftigkeit geschützt und sich in keiner wesentlich schlechteren Lage, als zu Lebzeiten des Mannes befinden wird, zumal sich dieser Zuschuß beim Vorhandensein von Kindern .... erhöht. Bei Bemessung der Rente für die Kinder ist zu berücksichtigen, daß in der Arbeiterbevölkerung auch diese mit zunehmendem Alter und damit wachsenden Kosten ihres Unterhalts mehr und mehr zu erwerbender Arbeit angehalten werden und daß sie mit beendigtem Volksschulunterricht, also spätestens mit vollendetem fünfzehnten Lebensjahre, meistens in die Lage kommen, den eigenen Unterhalt verdienen zu können" (Motive des ersten Entwurfs).

[6]) Wittwe. Dem Wittwer einer verunglückten Arbeiterin spricht das

übersteigen; ergiebt sich ein höherer Betrag, so werden die einzelnen Renten in gleichem Verhältnisse[10]) gekürzt.

Im Falle der Wiederverheirathung[11]) erhält die Wittwe den dreifachen Betrag ihrer Jahresrente als Abfindung.

Der Anspruch der Wittwe ist ausgeschlossen[12]), wenn die Ehe erst nach dem Unfalle geschlossen worden ist;

b) für Ascendenten[13]) des Verstorbenen, wenn dieser ihr einziger Ernährer war, für die Zeit bis zu ihrem Tode oder bis zum Wegfall der Bedürftigkeit zwanzig Prozent[14]) des Arbeitsverdienstes.[3])

Gesetz einen Anspruch auf Rente nicht zu. Dasselbe gilt nach dem Haftpflichtgesetz v. 7/6. 71, dem Gemeinen Recht, dem Preuß. Allg. Landrecht und anderen Landesrechten Deutschlands, auch nach dem Preuß. Eisenbahngesetz v. 3. 11. 38. cf. darüber Urth. d. R.-G. v. 5./1. 81 (Entsch. III S. 319). Eine Konkubine ist keine Ehefrau, kann also auch nicht Wittwe werden. Verunglückt eine in einem Betriebe beschäftigte Wittwe, welche auf Grund des §. 6 Rente erhält, selbst, so erhält sie neben ihrer Wittwenrente die Invalidenrente unverkürzt.

7) oder Wiederverheirathung. Eine versicherungspflichtige verheirathete oder unverheirathete Arbeiterin, welche verunglückt, wird nach §. 5 aus eigenem Recht entschädigt, behält also ihre Rente bis zum Tode ohne Rücksicht auf etwaige Verheirathung oder Wiederverheirathung, welche auch ihre Erwerbsfähigkeit nicht beeinflussen kann.

8) Hinterbliebene. Die Rechte des zur Zeit des Todesfalls bereits koncipirten, aber nicht geborenen Kindes richten sich nach Landesrecht. Im Gemeinen Recht wird der nasciturus berücksichtigt, denn nasciturus pro iam nato habetur, quoties de commodis eius quaeritur, l. 7. 26. D. 1, 5; l. 231 D. 50, 17. Dasselbe wird auf Grund des §. 12 I. 1. Allg. Landrechts auch für das Preußische Recht gelten. Vgl. Urtheil des Reichsoberhandelsgerichts v. 12. Februar 1878 (XXIII S. 197). Die Renten der schon lebenden Berechtigten werden einstweilen gezahlt werden müssen, als komme der nasciturus nicht in Frage: erst wenn er lebend zur Welt gekommen ist, wird event. nach §. 6 Nr. 2a Abschn. 2 die Kürzung vorzunehmen sein.

9) Kind. Wenn ein männlicher Arbeiter verunglückt, so haben Anspruch auf Rente (außer der Wittwe und event. der Ascendenten) seine eigenen ehelichen Kinder und die den ehelichen gleichstehenden legitimirten (Windscheid, Pandekten, II. 493; §§. 596, 597, 600 II. 2. A. L.-R.), adoptirten oder arrogirten (Windscheid, Pandekten, II. S. 848; §. 681 II. 2. A. L.-R.) Kinder, Kinder in der Einkindschaft (§. 732 II. 2. A. L.-R.), außerdem auch seine außerehelichen Kinder, bezüglich deren seine Vaterschaft durch gerichtliches Urtheil oder Anerkenntniß festgestellt ist (cf. Förster, Theorie und Praxis des Preuß. Privatrechts, III. S. 611 ff.; §. 612 II. 2. A. L.-R.), nicht aber Stief-

Wenn mehrere der unter b benannten Berechtigten vorhanden sind, so wird die Rente den Eltern vor den Großeltern gewährt.

Wenn die unter b bezeichneten mit den unter a bezeichneten Berechtigten konkurriren, so haben die ersteren einen Anspruch nur, soweit für die letzteren der Höchstbetrag der Rente nicht in Anspruch genommen wird.

Die Hinterbliebenen eines Ausländers,[15]) welche zur Zeit des Unfalls nicht im Inlande wohnten, haben keinen Anspruch auf die Rente.

---

kinder (cf. Förster a. a. O. III. 673), ebensowenig Pflegekinder (cf. Förster a. a. O. S. 585) oder Schwiegerkinder, weil diese Kategorien keine leiblichen Kinder des Getödteten sind, Schwiegerkinder auch nicht weniger als 15 Jahre alt sein werden.

Verunglückt eine Arbeiterin, so haben ihre unehelichen vaterlosen (cf. oben) Kinder sofort, ihre ehelichen, legitimirten oder adoptirten Kinder aber, sowie diejenigen außerehelichen Kinder, bezüglich deren die Vaterschaft festgestellt ist, erst dann einen Anspruch auf Rente, wenn auch der Vater schon todt ist oder demnächst (in Folge Unfalls oder anderweit) stirbt; und zwar gleich zum erhöhten Betrage.

Unerheblich ist, ob das Kind vor oder nach dem Unfall geboren wird; es kommt nur darauf an, daß das Kind zur Zeit des Todes hinterbleibt. Dies gilt auch dann, wenn die Ehe erst nach dem Unfall geschlossen ist. In letzterer Beziehung werden die Kinder anders behandelt als die Wittwe.

Unter „Kindern" sind auch weitere Descendenten zu verstehen, l. 10 §. 9 D. II. 4; l. 84, 201 de V. S. (D. L. 16); §§. 40, 41 I. 1, §. 1145 I. 11, §. 1972 II. 8. A. L.-R.

[10]) in gleichem Verhältniß, wie im ersten Absatz des al. a.

[11]) im Falle der Wiederverheirathung. Diese Bestimmung „ist aus der Erwägung hervorgegangen, daß es sowohl im allgemeinen Interesse als in demjenigen der zur Leistung der Entschädigung Verpflichteten liegt, die Wiederverheirathung der Wittwen zu erleichtern, während ein bei der Wiederverheirathung eintretender völliger Verlust der Rente leicht Veranlassung werden kann, daß Wittwen ein außereheliches Verhältniß eingehen" (Mot. S. 47).

[12]) ausgeschlossen. Die Vorlage wollte in diesem Falle auch den Anspruch der Kinder der Wittwe ausschließen. Die Kommission hat dies mit Rücksicht auf diejenigen Fälle, „in welchen eine solche Eheschließung nur die nachträgliche, um des Gewissens willen vorgenommene Sanktionirung eines zuvor bereits vorhandenen Verhältnisses sei," geändert, um dadurch zu bewirken, „daß zwar die nach dem Unfall geschlossene Ehe der hinterlassenen Wittwe Entschädigungsansprüche nicht verleiht, daß dagegen die Kinder des Verstorbenen . . . . günstiger gestellt werden, und zwar sowohl in dem Falle, daß sie jener Ehe entsprossen, als in dem andern, daß sie durch die Eheschließung

nachträglich legitimirt, wie endlich in dem immerhin möglichen dritten Falle, daß sie ohne vorausgegangene Eheschließung von dem Verstorbenen als seine Kinder ausdrücklich anerkannt sind." (Kom.-Ber. S. 17.) Die Genossenschaft kann das Anerkenntniß anfechten, cf. §. 63 Abs. 2.

[13]) Ascendenten. „Es ist dem bedürftigen Ascendenten des Verstorbenen ein Anspruch auf die Gewährung einer Rente nur unter der Voraussetzung eingeräumt worden, daß der Verunglückte ihr einziger Ernährer gewesen ist, sie also nachweislich auch vor dem Unfall unterstützt hat, weil ihnen andernfalls aus dem Unfall ein ökonomischer Nachtheil nicht erwachsen ist. Auch in diesem Falle soll die Rente nur mit der Begrenzung auf 20 pCt. des Arbeitsverdienstes des Verstorbenen gewährt werden, und bei einer Konkurrenz von Ascendenten mit sonstigen Entschädigungsberechtigten soll die Gesammtrente den Höchstbetrag von 50 pCt. dieses Jahresarbeitsverdienstes nicht überschreiten" (Mot. S. 47).

Wie die Motive des ersten Entwurfs ausführen, wird diese Beschränkung den thatsächlichen Verhältnissen, wie sie bei Lebzeiten des Arbeiters bezüglich der Unterstützung von Ascendenten neben dem Unterhalt eigener Familie bestanden haben, voraussichtlich entsprechen.

[14]) Zwanzig Prozent. Diesen Betrag haben gleich nahe berechtigte Ascendenten zu theilen. Stirbt demnächst einer derselben, so wächst dem Ueberlebenden die Rente des Verstorbenen zu; eine Minderung im Fall des Todes ist nicht zulässig, cf. Erk. d. R.-Ob.-Hand.-Ger. vom 23. 2. 1878 (23, S. 299).

[15]) Ausländer. „Der letzte Absatz des §. 6, dessen Ergänzung sich in §. 67 findet, regelt das Verhältniß der im Inlande beschäftigten ausländischen Arbeiter. Eine völlige Ausschließung derselben von der Unfallversicherung erscheint nicht gerechtfertigt und würde dem Bedenken begegnen, daß dadurch für die Betriebsunternehmer eine Prämie auf möglichst ausgedehnte Beschäftigung ausländischer Arbeiter gesetzt werden würde. Andererseits liegt keine Veranlassung vor, die Mittel der zur Entschädigungsleistung Verpflichteten zur Unterstützung von Ausländern zu verwenden, welche im Auslande leben. Dazu kommt, daß die Zahlung von Renten an solche Ausländer zu erheblichen Weiterungen führen und eine schwer durchzuführende Kontrole erfordern würde. Es soll daher den Hinterbliebenen eines Ausländers ein Anspruch auf die Rente nur dann zustehen, wenn sie zur Zeit des Unfalls den Aufenthalt des Getödteten im Inlande getheilt haben" (Mot. S. 47).

Nach §. 6 i. f. in Verbindung mit §. 67 ist also das Verhältniß der Ausländer das folgende:

ein Ausländer, welcher verunglückt, erhält selbst auch dann Rente (§. 5), wenn er nicht im Reichsgebiet wohnt; darf aber nach §. 67 mit seiner Einwilligung abgefunden werden. Ueber die Höhe der Abfindungssumme entscheidet die Vereinbarung mit der Genossenschaft;

die Hinterbliebenen eines Ausländers erhalten Rente nur, wenn sie zur Zeit des Unfalls im Inlande wohnten (§. 6 i. f.); verlassen sie später dasselbe, so bleibt ihr Anspruch unberührt.

§. 7.

[1])An Stelle der im §. 5 vorgeschriebenen Leistungen kann bis zum beendigten Heilverfahren[2]) freie Kur und Verpflegung in einem Krankenhause gewährt werden, und zwar: (Abs. 1.)

1. für Verunglückte, welche verheirathet sind oder bei einem Mitgliede ihrer Familie wohnen, mit ihrer Zustimmung oder unabhängig von derselben, wenn die Art der Verletzung Anforderungen an die Behandlung oder Verpflegung stellt, denen in der Familie nicht genügt werden kann;
2. für sonstige Verunglückte in allen Fällen.

Für die Zeit der Verpflegung des Verunglückten in dem Krankenhause steht den im §. 6 Ziffer 2 bezeichneten Angehörigen desselben die daselbst angegebene Rente insoweit zu, als sie auf dieselbe im Falle des Todes des Verletzten einen Anspruch haben würden. (Abs. 2.)

Die Nachsendung der Renten erfolgt selbstverständlich auf Kosten und Gefahr des Empfängers, wobei dieser sein Fortleben und eventuell seine fortdauernde Invalidität nachzuweisen hat.

Zu §. 7.

[1]) „Mehr noch als für Krankheitsfälle im Allgemeinen besteht für Unfälle das Bedürfniß, die nachtheiligen Folgen derselben durch eine zweckentsprechende ärztliche Behandlung des Verunglückten nach Möglichkeit zu beseitigen und seine Wiederherstellung zu fördern. Aus diesem Grunde ist nach dem Vorgange des Hülfskassengesetzes und des Krankenversicherungsgesetzes vorgeschrieben, daß an die Stelle der in §. 5 festgesetzten Entschädigung die Verpflegung in einem Krankenhause treten kann. Es erscheint indessen billig, daß diese Art der Fürsorge solchen, welche bei Mitgliedern ihrer Familie wohnen, gegen ihren Willen nicht aufgedrungen werden darf, wenn es nicht im Interesse der Heilung nothwendig ist.

Soweit der Verunglückte Angehörige hat, denen ein Entschädigungsanspruch im Falle seines Todes zustehen würde, erscheint es angemessen, denselben die für diesen Fall festgesetzte Entschädigung auch für die Zeit der Verpflegung des Verunglückten in dem Krankenhause zu gewähren" (Motive S. 47).

[2]) Bis zum beendigten Heilverfahren. Wird aus Anlaß des Unfalls demnächst ein neues Heilverfahren erforderlich (cf. Anm. 4 zu §. 5), so kann natürlich auch bei diesem letzteren Unterbringung in ein Krankenhaus eintreten. Es kann dies ein wirksames Mittel werden, Simulanten zu entlarven, welche ihre ganz oder zum Theil wiedererlangte Erwerbsfähigkeit verbergen wollen.

Verhältniß zu Krankenkassen, Armenverbänden rc.

§. 8.

(Abs. 1.) [1][2]Die Verpflichtung der eingeschriebenen Hülfskassen, sowie der sonstigen Kranken-, Sterbe-, Invaliden- und anderen Unterstützungskassen, den von Betriebsunfällen betroffenen Arbeitern und Betriebsbeamten sowie deren Angehörigen und Hinterbliebenen Unterstützungen zu gewähren, sowie die Verpflichtung von Gemeinden oder Armenverbänden[3]) zur Unterstützung hülfsbedürftiger Personen wird durch dieses Gesetz nicht berührt. Soweit auf Grund solcher Verpflichtung Unterstützungen in Fällen gewährt sind, in welchen dem Unterstützten nach Maßgabe dieses Gesetzes ein Entschädigungsanspruch zusteht, geht der letztere bis zum Betrage der geleisteten Unterstützung auf die Kassen, die Gemeinden oder die Armenverbände über, von welchen die Unterstützung gewährt worden ist.

(Abs. 2.) Das Gleiche[4]) gilt von den Betriebsunternehmern und Kassen, welche die den bezeichneten Gemeinden und Armenverbänden obliegende Verpflichtung zur Unterstützung auf Grund gesetzlicher Vorschrift erfüllt haben.

Zu §. 8.

[1]) Die in dem früheren Entwurf vor dem Wort „Verpflichtung" noch befindlichen Worte: „auf gesetzlicher Vorschrift beruhende" sind fortgelassen, um jeden Zweifel darüber auszuschließen, daß auch statutarische Bestimmungen der Kassen rc. in Kraft bleiben, auf Grund deren mehr geleistet wird, als das Gesetz fordert.

[2]) Den durch Unfall Verletzten steht häufig ein gleichartiger Anspruch, wie gegen die Organe der Unfallversicherung, auch gegen bestehende Kranken- rc. Kassen zu (z. B. auf Sterbegeld, auf Krankengeld nach Ablauf der ersten 13 Wochen rc.) Diese Ansprüche sollen erhalten bleiben; doch wird den Kassen, welche auf Grund derselben Leistungen gewährt haben, zu deren Gewährung auf Grund dieses Gesetzes die Berufsgenossenschaften verpflichtet sind, von den letzteren diese Leistung ersetzt. Hiernach haben die Berechtigten — schon um die Möglichkeit doppelter Zahlung seitens der beiden Verpflichteten zu verhüten — sich zunächst an die ihnen lokal nähere Krankenkasse rc. zu wenden; die Berufsgenossenschaft erstattet letzterer die Auslagen (bis zu der Höhe, zu der ihre eigene Verpflichtung besteht) und gewährt den Berechtigten den denselben von ihr geschuldeten Mehrbetrag. cf. Anm. 7 zu §. 57. Der praktische Erfolg ist also, daß die Verletzten unter allen Umständen dasjenige, worauf sie auf Grund dieses Gesetzes Anspruch haben, erhalten, aber nur einmal; ferner, daß die Verpflichtungen aus der Unfallversicherung principaler Natur sind, so daß den Berufsgenossenschaften eine Erleichterung aus korrespondirenden Ver-

pflichtungen anderer Anstalten nicht erwächst; endlich, daß die anderen Verbände (Kassen) zu der Höhe, in welcher ihre Leistungen durch die Unfallversicherung gedeckt werden, erleichtert werden. In Anwendung auf das Sterbegeld also liegt die Sache so: die Berufsgenossenschaft haftet unter allen Umständen für das Sterbegeld in Höhe des im §. 6 angegebenen Betrages, und erstattet denselben der Krankenkasse ꝛc., soweit dieselbe diesen Betrag hat zahlen müssen; ist das Sterbegeld aus letzterer höher, so wird die Krankenkasse zu dem überschießenden Betrage nicht befreit. Gewährt die Krankenkasse Krankenunterstützung über 13 Wochen hinaus, so wird die letztere von der Berufsgenossenschaft insoweit erstattet, als die Unterstützungspflicht der letzteren nach §. 5 reicht. Die Vorschrift des §. 8 bezieht sich aber, was nicht zu übersehen ist, nur auf solche Unterstützungen, welche sowohl aus der Unfallversicherung, wie aus anderen Kassen zu leisten sind, also nicht auf die Fürsorge für Verletzte während der ersten 13 Wochen, weil für diese Zeit eine Verpflichtung der Unfallversicherungsgenossenschaften nach §. 5 überhaupt nicht besteht.

Die vorstehende Bestimmung des Gesetzes weicht von den Vorschlägen der früheren Entwürfe insofern ab, als letztere die Verpflichtung der Krankenkassen ꝛc., den durch Betriebsunfälle betroffenen Arbeitern und deren Hinterbliebenen Unterstützungen zu gewähren, zur Vermeidung des gleichzeitigen Bezuges beider Benefizien insoweit aufheben wollten, als die Unfallversicherung Platz greift. Wenn nun gegenwärtig umgekehrt die Verpflichtung der Krankenkassen aufrecht erhalten, ihnen aber ein Erstattungsanspruch gegen die Berufsgenossenschaften eingeräumt ist, so „empfiehlt sich diese Aenderung nicht blos aus dem Grunde, weil die Unterstützungskassen den Verhältnissen ungleich näher stehen und die Zahlungen an die Entschädigungsberechtigten — es kommen hier vorzugsweise die Sterbegelder in Frage — schneller bewirken können als die Berufsgenossenschaften, sondern auch besonders zu dem Zweck, damit nicht, wenn Differenzen zwischen den Unterstützungskassen und den Berufsgenossenschaften über die Verpflichtung zur Entschädigung des vom Unfall Betroffenen und seiner Hinterbliebenen entstehen, letztere auf jede Unterstützung bezw. Entschädigung bis zum Austrag dieser Differenzen verzichten müssen" (Mot. S. 48).

Wegen des Verhältnisses zu civilrechtlichen Entschädigungsansprüchen ꝛc. vgl. §. 94.

[3]) Armenverbänden. „Ebenso soll die gesetzliche Verpflichtung der Gemeinden und sonstiger Verbände, durch Unfall hülfsbedürftig gewordenen Arbeitern Unterstützung zu gewähren, durch die Versicherung keine Veränderung erleiden, jedoch soll auch ihnen das zu diesem Zweck Geleistete von den Berufsgenossenschaften erstattet werden und zu dem Ende der Entschädigungsanspruch des Unterstützten gegen die letzteren bis zum Betrage der geleisteten Unterstützung auf die fragliche Gemeinde oder den betreffenden Verband bezw. auf diejenigen, welche die Verpflichtung derselben auf Grund gesetzlicher Vorschrift erfüllt haben, übergehen" (Mot. S. 47).

Durch diese Bestimmung wird die Armenpflege wirksam entlastet.

[4]) Das Gleiche. Die Schlußbestimmung soll landesgesetzlichen Vor-

Träger der Versicherung (Berufsgenossenschaften).

§. 9.

(Abs. 1.) [1])Die Versicherung erfolgt auf Gegenseitigkeit durch die Unternehmer[2]) der unter §. 1 fallenden Betriebe, welche zu diesem Zweck in Berufsgenossenschaften vereinigt werden. Die Berufsgenossenschaften sind für bestimmte Bezirke[3]) zu bilden und umfassen innerhalb derselben alle[4]) Betriebe derjenigen Industriezweige, für welche sie errichtet sind.

(Abs. 2.) Als Unternehmer[2]) gilt derjenige, für dessen Rechnung[5]) der Betrieb erfolgt.

(Abs. 3.) Betriebe, welche wesentliche Bestandtheile verschiedenartiger[6]) Industriezweige umfassen, sind derjenigen Berufsgenossenschaft zuzutheilen, welcher der Hauptbetrieb angehört.

(Abs. 4) Die Berufsgenossenschaften können unter ihrem Namen[7]) Rechte erwerben und Verbindlichkeiten eingehen, vor Gericht klagen und verklagt werden.

(Abs 5.) Für die Verbindlichkeiten der Berufsgenossenschaft haftet den Gläubigern derselben nur das Genossenschaftsvermögen.

---

schriften, wie sie namentlich in Süddeutschland bestehen, Rechnung tragen (Motive des ersten Entwurfs), und entspricht dem §. 57 Abs. 3 des Ges. v. 15./6. 1883.

Zu §. 9.

[1]) Wegen der Form der Unfallversicherung und der zu ihrer Durchführung vorgesehenen Organisation, insbesondere darüber, daß die Versicherung in korporativen Verbänden mit Selbstverwaltung auf Gegenseitigkeit erfolgen soll, über den Beitrittszwang zu denselben und über die Ausschließung der Privatversicherungsgenossenschaften cf. oben S. 26 fg., 15. Die Grundlage des ersten Entwurfs war die büreaukratisch centralisirte Versicherung; der zweite Entwurf basirte auf der Gleichheit der Unfallgefahr verschiedenartiger Betriebszweige mit territorialer Gliederung in genossenschaftlich organisirte Betriebsgenossenschaften und Betriebsverbände; die Grundlage des nunmehr Gesetz gewordenen dritten Entwurfs ist die Gemeinsamkeit der wirthschaftlichen Interessen, des Berufs. Der zweite Entwurf organisirte nach den Betriebseinrichtungen, das Gesetz nach dem Beruf; jenes hatte daher Betriebsvereinigungen, dieses Berufsgenossenschaften, d. h. Verbände für wirthschaftlich gleiche oder verwandte Betriebe.

Der Kommissions-Bericht (S. 17) hebt hervor:

„Der Paragraph ist nach zwei Richtungen hin von prinzipeller Bedeutung. Er schließt die sämmtlichen Privatgesellschaften von der Versicherung aus, indem er dieselbe auf gesetzlich normirte Körperschaften von öffentlichrechtlichem Charakter überträgt, und er bestimmt über die Bildung dieser letzteren. Nach beiden Richtungen gab er zu ausgedehnten Diskussionen Anlaß."

a. Den Vertheidigern der Privatversicherungsgesellschaften ist von den Regierungsvertretern insbesondere entgegengehalten worden, daß die hohen Verwaltungskosten und das z. Th. von Erfolg begleitete Bestreben, hohe Dividenden zu erzielen, nothwendig auf die von den Unternehmern zu zahlende Prämie zurückwirken müßten; „zugleich führe das Interesse des Geschäfts zu einer höchst skrupulösen Auswahl unter den die Versicherung nachsuchenden Unternehmern", sowie dazu, die Entschädigungsansprüche möglichst zu beschränken und z. Th. aus formalen Gründen auf den Weg des Processes zu verweisen. Insbesondere aber könne keine Privatversicherungsgenossenschaft die durchaus erforderliche unbedingte Garantie bieten, daß der verunglückte Arbeiter seine Rente auch wirklich erhalte; denn ein wirksamer Schutz dagegen, daß die Genossenschaft im entscheidenden Augenblick bankerott ist oder sich auflöst, sobald ein ihre Leistungsfähigkeit in Frage stellendes Massenunglück eintritt (wobei nicht nur die jetzt verunglückten, sondern vielleicht auch die früher bereits als renteberechtigt anerkannten Arbeiter ins Freie fallen möchten), lasse sich nicht finden. Wenn auch bei der Zulassung der Gesellschaft eine behördliche Untersuchung über ihre Leistungsfähigkeit stattfinde, so könne sich doch schon binnen kurzer Zeit die Lage der Gesellschaft vollständig ändern. Daß die Privatversicherungsgesellschaften keinerlei gute Leistungen aufzuweisen hätten, solle darum nicht behauptet werden; die verbündeten Regierungen seien jedoch der Ueberzeugung, daß die gleichen Leistungen ohne jene Nachtheile und Mängel von nach Maßgabe des Gesetzes ins Leben zu rufenden Genossenschaften erwartet werden dürften. „Formale Rücksichten zum Schaden der Versicherten würden hier viel weniger zur Geltung kommen können, und die Gefahr nicht länger bestehen, daß materiell begründete Ansprüche der Arbeiter an juristischen Finessen scheiterten. Feste Prämien, in denen man einen Vorzug der Privatgesellschaften erblickt habe, existirten nur bei Aktiengesellschaften, nicht bei den auf Gegenseitigkeit begründeten. . . . Der Versicherte seinerseits finde nach den Bestimmungen des Gesetzes sogar größeren Schutz gegen zu hohe Belastung; gegen irrige Einstellung in die Gefahrenklasse bleibe ihm der Rekurs an die Behörde, während bei den Privatgesellschaften, die ihren Tarif geheimzuhalten pflegten, eine solche Remedur nicht geboten und der Versicherte lediglich dem guten Willen der Agenten oder Vorstände überlassen sei" (Komm.-Ber. S. 12). Im Uebrigen wurde noch hervorgehoben, daß man ja keine Privatgesellschaft zwingen könne, Unternehmer aufzunehmen; es würden dann also immer eine ganze Reihe von Risiken, und zwar die schlechteren, ungedeckt bleiben, was bei einem auf Gesetz beruhenden Versicherungszwange doch nicht angehe.

Aber auch neben den Berufsgenossenschaften haben die Privatgesellschaften nicht zugelassen werden können, und zwar wegen der „Gefahr, welche das Nebeneinanderbestehen der beiden Anstalten für die Leistungsfähigkeit der Berufsgenossenschaften einschließe; dieselben würden, so zu sagen, im Keime erstickt werden. In den ersten Jahren würden die Privatgesellschaften durch

Unterbietung in den Prämien eine möglichst große Anzahl von Unternehmern an sich zu ziehen suchen, um dann zu geeigneter Zeit damit in die Höhe zu gehen; die guten Risiken würden sie ohnehin vorwegnehmen. Auch die Divergenz in Betreff der Unfallverhütungsvorschriften, je nachdem ein Betrieb in einer öffentlichen oder einer privaten Genossenschaft versichert sei, müsse zu Unzuträglichkeiten führen" (Komm.-Ber. S. 21). Die Privatgesellschaften würden in der Versicherung gegen Einzelunfälle und gegen Reisegefahr, sowie in der Unfallversicherung bezüglich der nicht unter dieses Gesetz fallenden Personen (Unternehmer, höher gelohnte Betriebsbeamte, fest angestellte Reichs- ꝛc. Beamte, sowie Arbeiter in den nicht versicherungspflichtigen Betrieben, wie Landwirthschaft, Transportgewerbe) ein ausreichendes Feld ihrer Thätigkeit finden; die bei ihnen angestellten Personen würden, wenn sich wirklich eine Geschäftsverminderung ergeben sollte (s. auch §. 97), in den Berufsgenossenschaften Verwendung finden können.*)

b. Ueber die Ausdehnung der Berufsgenossenschaften lassen sich die Motive (zu §. 9) folgendermaßen aus:

„Soweit hier über die Form der Unfallversicherung und über die zu ihrer Durchführung vorgesehene Organisation Bestimmungen getroffen werden, ist zu deren Begründung auf die Allgemeinen Erörterungen zu verweisen. Nach diesen Darlegungen sollen im allgemeinen die großen wirthschaftlichen Verbände, die aus der freien Initiative der Berufsgenossen hervorgegangen sind, als Typus der Berufsgenossenschaften gelten. Wie einzelne dieser Verbände sich nicht über das ganze Reichsgebiet erstrecken, sondern sich auch auf große lokal abgegrenzte Wirthschaftsgebiete beschränken, so sollen auch die Berufsgenossenschaften sich über das ganze Reichsgebiet ausdehnen, soweit nicht für einzelne Bezirke besondere Berufsgenossenschaften gebildet werden."

Hierbei ist es nach den Beschlüssen der Reichstagskommission lediglich verblieben, wenn auch durch Einschiebung der Worte „für bestimmte Bezirke", anscheinend eine kleine Nüance beliebt worden ist. Vorbehaltlich der regulirenden Thätigkeit des Bundesraths ist die ganze Organisation lediglich in das Belieben der Industrie gestellt. Die Industrie selbst soll sich gruppiren, wie sie es für zweckmäßig hält, ohne an ein bestimmtes Tableau gebunden zu sein; wo sie dies ihren Interessen förderlich erachtet, steht ihr eine Ausdehnung über das Reich zu; es bleibt ihr aber auch überlassen, für größere Industriezweige mehrere Genossenschaften nach Wirthschaftsgebieten (Bezirken) zu bilden. In der Kommission ist ausdrücklich konstatirt worden, daß auch nach der gegenwärtigen Fassung „die Ausdehnung einer Berufsgenossenschaft auf das Reich möglich und zulässig bleibe"; unter dem Ausdruck „bestimmte Bezirke" sei das Reichsgebiet mitverstanden; „die Leistungsfähigkeit der Verbände sei die Minimalgrenze, wie die Ausdehnung auf das gesammte Reichsgebiet die Maximalgrenze bilde" (Komm.-Ber. S. 23). Schlagender kann die Uebereinstimmung der Vorlage mit den durch den Reichstag lediglich gebilligten Beschlüssen seiner

*) cf. Resolution des Reichstags vom 17. Juni 1884.

Kommission nicht dargethan werden, als durch folgende Ausführung des Kommissionsberichts (S. 24):

„Der Sinn (der gegenwärtigen Fassung des §. 9) findet, wie in den Verhandlungen der Kommission hervorgehoben wurde, seine ausreichende und zutreffende Erläuterung in nachfolgender Stelle der Motive (S. 38):

„Wenn der Entwurf hinsichtlich der für die Organisation dieser korporativen Genossenschaften maßgebenden allgemeinen Gesichtspunkte davon ausgeht, daß eine kräftige Entwickelung des genossenschaftlichen Lebens und eine erfolgreiche Verwaltung durch genossenschaftliche Organe nur möglich ist, wenn dem Begriff und Wesen der Berufsgenossenschaften entsprechend; in ihnen nur solche gewerbliche Betriebe vereinigt werden, welche auf wirthschaftlichem Gebiet im Allgemeinen gleiche oder verwandte Interessen und Vorbedingungen des Betriebes haben, so folgt derselbe hierin nur den bei der Bildung der freiwilligen Vereine eingeschlagenen Wegen. Das gleiche wird hinsichtlich der Abgrenzung der Berufsgenossenschaften zu geschehen haben. Wie dieses bei den freiwilligen wirthschaftlichen Vereinen der Fall ist, wird auch für die Abgrenzung der Berufsgenossenschaften die Gemeinsamkeit der wichtigeren Interessen die Grundlage bilden müssen und demgemäß die territoriale Abgrenzung nach kleineren Wirthschaftsgebieten in so weit Platz greifen dürfen, als nach der Entwickelung der einzelnen Industriezweige die wirthschaftlichen Interessen derselben dieses bedingen und die Leistungsfähigkeit der zu bildenden Berufsgenossenschaften dadurch nicht in Frage gestellt wird. Soweit diese freien Vereine, in deren Organisation und Abgrenzung die Wünsche der betheiligten Kreise im Großen und Ganzen bereits Ausdruck gefunden haben, den hinsichtlich ihrer Leistungsfähigkeit zu stellenden Anforderungen genügen, werden dieselben sich zu Berufsgenossenschaften im Sinne des Entwurfs umgestalten und als solche die Unfallversicherung der von ihren Mitgliedern beschäftigten Arbeiter übernehmen können."

Die Hauptsache ist, und darauf ist bei Genehmigung der Gruppirung besonders zu achten, daß die Genossenschaft unbedingt leistungsfähig sein muß. Denn der Fall, daß eine Genossenschaft leistungsunfähig wird und daß dann die Bestimmungen des §. 33 Anwendung finden, darf niemals vorkommen, cf. Anm. 8 zu §. 33.

Für die Bildung der Genossenschaften lassen sich noch folgende Gesichtspunkte aufstellen.

Sollen kleinere Genossenschaften entstehen, so müssen sie nach Wirhschaftsgebieten gebildet werden. Staatliche oder provinzielle Grenzen sind für derartige Wirthschaftsgebiete ohne Bedeutung; politische Enklaven lassen sich nicht ausschließen.

Der Grundsatz, daß für die Abgrenzung der Genossenschaften die Gemeinsamkeit der wirthschaftlichen Interessen insoweit maßgebend ist, als die Betheiligten eine solche Gemeinsamkeit anerkennen wollen, gilt auch in der Beziehung, daß es vorbehaltlich der Bestimmungen in §. 12 Nr. 2 dem Ermessen der Betheiligten überlassen ist, ob sie die Genossenschaften für größere oder kleinere Industriezweige ꝛc. bilden wollen, falls dieselben verwandt sind. So wenig, wie die Bildung einer einzigen Genossenschaft für die gesammte Textilindustrie ausgeschlossen ist, so wenig wird sich auch dagegen erinnern lassen, daß die Betheiligten innerhalb dieses Zweiges verschiedene Genossenschaften für Spinnereien, Webereien ꝛc. bilden. Im eigenen Interesse aber dürften die Industriellen gut thun, diejenigen wirthschaftlich einander nahe stehenden Gruppen von Industriezweigen mit einander zu vereinigen, in denen ein häufiger Uebergang der Arbeiter von einem zu dem andern Industriezweig stattzufinden pflegt oder welche oft in demselben Etablissement betrieben werden; die nach wiederholten Erklärungen der Reichsregierung in Aussicht stehenden weiteren Aufgaben der Berufsgenossenschaften, insbesondere die Altersversorgung der Arbeiter, würden den Genossenschaften hierdurch wesentlich erleichtert werden. Aus diesem Grunde wird es sich empfehlen, ähnlich wie jetzt die ganze keramische Industrie, die Lederindustrie, die Eisen- und Stahlindustrie, die Müllerindustrie u. a. in freien wirthschaftlichen Vereinen verbunden sind, so auch die Berufsgenossenschaften in ähnlicher Umfassung zu begründen.

Die Thätigkeit der Behörde ist überall nur eine regulirende und ausgleichende. Ergiebt sich später die Unzweckmäßigkeit der getroffenen Abgrenzung, so sind nach §. 31 Aenderungen in dem Bestand der Genossenschaften zulässig.

Werden die Genossenschaften für größere Bezirke, insbesondere für den ganzen Umfang des Reichs, gebildet, so können dieselben durch Einrichtung von Sektionen die Verwaltung decentralisiren, cf. Anm. 2 zu §. 19. Andererseits können, wenn für einen größeren Industriezweig mehrere Genossenschaften gebildet sein sollten, letztere nach §. 30 zu gemeinsamer Uebernahme der Unfallast sich vereinigen. Die Berufsgenossen können also auf verschiedenen Wegen dasselbe erreichen — decentralisirte Verwaltung und breite Schultern für die Uebernahme der Unfallast — mögen sie umfangreiche Genossenschaften bilden und demnächst decentralisiren, oder mögen sie kleine Genossenschaften errichten und dieselben demnächst zur gemeinsamen Tragung des Risikos vereinigen. Ersteres empfiehlt sich um deswillen, weil die demnächstige Vereinigung mehrerer selbständiger Verbände zu gemeinsamer Uebernahme des Risikos an der Kollision der Interessen vielfach scheitern wird.

[2]) Unternehmer, also auch das Reich und die Bundesstaaten, ebenso Kommunalverbände, Aktiengesellschaften, Handelsgesellschaften, Minderjährige ꝛc.

[3]) bestimmte Bezirke, einschließlich des Reichsgebiets, cf. Anm. 1.

[4]) alle, selbstverständlich mit der Beschränkung nach Abs. 3.

[5]) für dessen Rechnung. Unternehmer ist also Derjenige, dem das ökonomische Ergebniß des Betriebes Vortheil oder Nachtheil bringt, welcher die gewerbliche Anlage ihrem Zwecke gemäß, um den Unternehmergewinn zu erzielen, ausnutzt. Auf das Eigenthum an der Anlage kommt nichts an. Unter-

Aufbringung der Mittel.

§. 10.

Die Mittel zur Deckung der von den Berufsgenossenschaften zu leistenden Entschädigungsbeträge und der Verwaltungskosten werden durch Beiträge aufgebracht,[1]) welche von den Mitgliedern[2]) nach Maßgabe[3]) der in ihren Betrieben von den Versicherten verdienten Löhne und Gehälter beziehungsweise des Jahresarbeitsverdienstes jugendlicher und nicht ausgebildeter Arbeiter (§. 3 Absatz 3), sowie der statutenmäßigen Gefahrentarife (§. 28) jährlich umgelegt[1]) werden. (Abs. 1.)

nehmer ist also, wenn der Betrieb verpachtet ist, der Pächter, nicht der Verpächter; bei im Nießbrauch befindlichen Anlagen der Nutznießer ꝛc. cf. Erk. d. R.-Ob.-H.-G. vom 7. 10. 1876 (Entsch. 21. S. 175.)

Wenn ein Hausindustrieller, z. B. ein Weber, mit einem ihm gehörigen oder von ihm gepachteten Motor oder mit mindestens 10 Arbeitern arbeitet, so ist er als Unternehmer versicherungspflichtig, und nicht der Kaufmann (Fabrikant ꝛc.), für den er arbeitet.

[6]) verschiedenartige. Da Betriebsanlagen vorkommen, deren wesentliche Bestandtheile verschiedenartigen Industriezweigen angehören — z. B. wenn mit einer Waggonfabrik eine für deren Zwecke bestimmte Gasfabrik, ein Dampfkrahn, eine Eisenbahnanlage ꝛc. verbunden ist — so hat Bestimmung getroffen werden müssen, wo diese Anlagen unterzubringen sind. Aus Zweckmäßigkeitsgründen hat man sich dafür entschieden, alle diese verschiedenartigen Bestandtheile einer einzigen Genossenschaft, und zwar derjenigen zuzuweisen, welcher der Hauptbetrieb (die Waggonfabrik) zugehört. Im konkreten Falle kann letzteres unter Umständen zweifelhaft sein; es wird dann in erster Linie das Ermessen des Betriebsunternehmers maßgebend sein. Im Streitfalle ist nach §. 37 zu verfahren. Vgl. auch Anm. 25 zu §. 1.

[7]) unter ihrem Namen. Dadurch sind den Berufsgenossenschaften die Rechte juristischer Personen in der Form beigelegt worden, in welcher dies in neueren Gesetzen vielfach geschehen ist, weil „die Berufsgenossenschaften Träger dauernder Verbindlichkeiten sein sollen."

> „Der allgemeine Gerichtsstand . . . der Korporationen . . . . wird durch den Sitz derselben bestimmt. Als Sitz gilt, wenn nicht ein Anderes erhellt, der Ort, wo die Verwaltung geführt wird . . . .
>
> Neben dem durch die Vorschriften dieses Paragraphen bestimmten Gerichtsstande ist ein durch Statut oder in anderer Weise besonders geregelter Gerichtsstand zulässig" (§. 19 Civ.-P.-O.).

Zu §. 10.

[1]) aufgebracht — umgelegt. Ueber das Umlageprincip im Gegensatz zum Deckungskapitalprincip vgl. zunächst die allg. Motive oben S. 33. Nach dem jetzt angenommenen Umlageverfahren wird für jedes Rechnungsjahr nur derjenige Betrag von den Mitgliedern baar aufgebracht, welcher in demselben

(Abs. 2.) Löhne und Gehälter, welche während der Beitragsperiode[4]) durchschnittlich den Satz von vier Mark täglich übersteigen, kommen mit dem vier Mark übersteigenden Betrage nur zu einem Drittel in Anrechnung.

(Abs. 3.) Zu anderen Zwecken[5]) als zur Deckung der von der Genossenschaft zu leistenden Entschädigungsbeträge und der Verwaltungskosten,[6]) zur Gewährung von Prämien[7]) für Rettung Verunglückter und für Abwendung von Unglücksfällen, sowie zur Ansammlung des Reservefonds (§. 18) dürfen weder Beiträge von den Mitgliedern

---

Jahr baar auszuzahlen war, vgl. jedoch auch die Uebergangsbestimmung des §. 100. Bis zum Eintritt des Beharrungszustandes wird sich der Jahresbedarf fortwährend steigern, weil zu den neuen Ausgaben, die jedes Jahr erfordert, die durch die Unfälle der Vorjahre hervorgerufenen Zahlungen an Renten ꝛc. abzüglich der dem Werthe nach geringeren Abgänge hinzutreten. Zur Ausgleichung der erheblichen Jahresdifferenzen dient die Ansammlung des Reservefonds (§. 18).

In den Kommissionsverhandlungen „erklärten die Vertreter der verbündeten Regierungen, man könne in Betreff der beiden einander gegenübergestellten Systeme verschiedener Ansicht sein. Ein absolut durchschlagender, jede Gegenrede ausschließender Beweis für den Vorzug des einen oder anderen lasse sich nicht führen, die Regierungen hätten jedoch jetzt ebenso wie in der Vorlage des Jahres 1882 aus guten Gründen sich auf den Boden des Umlageverfahrens gestellt." Es wurde hervorgehoben, „dasselbe entspreche am meisten der Gesammtrichtung des Gesetzes, welches die Industrie in ihrer Solidarität für die Betriebsunfälle haftbar macht"; und „empfehle sich durch die außerordentliche Einfachheit des Verfahrens. Man bedürfe nach seiner Einführung keines versicherungstechnischen Apparats, keiner weitläufigen Kassenverwaltung; das effektiv Geleistete werde durch die Post liquidirt und demnächst auf die Mitglieder der Berufsgenossenschaften durch die Vorstände umgelegt, ganz ähnlich wie in den Gemeinden die nothwendigen Jahresausgaben auf die Gemeindemitglieder." (Komm.-Ber. S. 26, 27).

Zunächst wird sich zu Gunsten des Umlageverfahrens ein erheblicher finanzieller Vortheil herausstellen. Einer regierungsseitig aufgestellten und in der „Nordd. Allg. Zeitung" (Nr. 171 fg. pro 1884) veröffentlichen Berechnung, welche auch zu den Akten der Reichstagskommission hinübergegeben ist (vgl. Komm.-Ber. S. 27), sind hierüber folgende Zahlen zu entnehmen, die für die Gesammtindustrie unter Zugrundelegung der in Anm. 14 zu §. 5 erörterten Annahmen sich ergeben haben:

Für 1 615 253 versicherte männliche Arbeiter mit einem Durchschnittsverdienst von 750 Mark jährlich würden bei einem Zinsfuß von 4 pCt. alljährlich rund 13 500 000 Mark an Deckungskapitalien (für den Anfang jedes Jahres geltend) erhoben werden müssen. Fast genau dieselbe Summe ist, wenn der jedesmalige Jahresbedarf umgelegt wird, am Anfang des 17. Jahres aufzu-

der Genossenschaft erhoben werden, noch Verwendungen aus dem Vermögen der Genossenschaft erfolgen.

Behufs Beschaffung der zur Bestreitung der Verwaltungskosten erforderlichen Mittel können die Berufsgenossenschaften von den Mitgliedern für das erste Jahr einen Beitrag im voraus[8]) erheben. Falls das Statut hierüber nichts Anderes bestimmt, erfolgt die Aufbringung dieser Mittel nach Maßgabe der Zahl der von den Mitgliedern in ihren Betrieben beschäftigten versicherungspflichtigen Personen[9]) (§. 11). (Abs. 4.)

---

bringen. Während die Last bei Deckungskapitalien von Anfang an sich gleich bleibt, steigt sie bei dem Umlageverfahren bis zu dem Beharrungszustande, welcher nach 75 Jahren eintritt, (denn erst nach 75 Jahren ist das Gesammt-Unfall-Risiko der Invaliden des ersten Jahres, von denen ein Theil 15 Jahre alt ist, als ablaufend anzusehen; cf. die Tabelle I. der Denkschrift zur 2. Vorlage,) und beträgt alsdann 22 855 000 Mark. Die Steigerung, anfänglich sehr bedeutend, nimmt von Jahr zu Jahr ab, so daß der Jahresbetrag von 22 Millionen schon im 45. Jahre erreicht wird. Man könnte also auch in diesem Jahr schon von einem Beharrungszustand sprechen, wenn man eine Differenz von weniger als einer Million außer Betracht läßt. In den ersten 17 Jahren, (d. h. bis zu demjenigen Zeitpunkt, in welchem bei dem Umlageverfahren derjenige Jahresbetrag erreicht wird, welcher jährlich zu zahlen ist, wenn von vornherein Deckungskapitalien aufgebracht werden), werden bei dem Umlageverfahren erhebliche Jahresaufwendungen erspart; nach Ablauf der 17 Jahre ist die Jahreslast aus dem Umlageverfahren dauernd größer, als wenn von Anfang an Deckungskapitalien aufgebracht wären, und übersteigt nach dem Eintritt des Beharrungszustandes die letztere um jährlich 22 855 000 — 13 510 564 = ca. 9 344 000 Mark. Zieht man aber die Gesammtaufwendungen in Betracht, welche bis zum Eintritt des Beharrungszustandes nach jedem der beiden Systeme zu machen sein würden, so ergiebt sich eine Ersparniß zu Gunsten des Umlageprincips. Bis zum Schluß des 75. Jahres sind nämlich unter Anrechnung von Zins und Zinseszins zu zahlen

nach dem Deckungskapitalverfahren 6 303 770 000
nach dem Umlageverfahren . . . 6 060 810 000

mithin nach dem Umlageverfahren, — bei welchem die Zinsen und Zinseszinsen desjenigen, was nicht unmittelbar für die laufenden Entschädigungen gebraucht wird, erspart bezw. der Industrie erhalten werden, — weniger 242 960 000, ein Kapital, welches mit seinen Zinsen zu 4 pCt. ausreichen würde, um den nach dem Umlageverfahren dauernd zu zahlenden Mehrbetrag von jährlich 9 344 000 Mark zu decken. Diese Ziffern werden sich etwas modifiziren, wenn erst die aus der Unfallverhütung (§§. 78 fg.) mit Sicherheit zu erwartende erhebliche Verminderung der Unfälle, und damit der Unfallast, zur Geltung kommt.

Der Hauptvortheil aber, welchen die Industrie in finanzieller Beziehung aus dem Umlageverfahren haben wird, liegt darin, daß sie die ihr verbleibenden Kapitalien nicht nur zu 4 pCt., d. h. zu demjenigen Zinsfuß, zu welchem die pupillarisch sicher anzulegenden Deckungskapitalien genutzt werden können, sondern als Betriebskapital mindestens zu 6 pCt. nutzen kann, — ein Vortheil, dessen Gesammtwerth am Anfang des 76. Jahres auf rund 3 252 000 000 Mark beziffert worden ist.

Den Werth dieser Rechnung wollen zwar die Vertheidiger des Anlage- oder Kapitaldeckungsverfahrens als richtig nicht gelten lassen; sie befürchten von dem Umlageverfahren eine Entlastung der Gegenwart zum Nachtheil der Zukunft, und daraus die Gefahr einer späteren Leistungsunfähigkeit der Industrie. Es würde zu weit führen, auf das Für und Wieder einzugehen; es genüge zu erwähnen, daß diesen Befürchtungen entgegengetreten und namentlich darauf hingewiesen worden ist, wie die möglichen Schwankungen, welche, wenn es sich um einzelne Unternehmer handle, bedenklich werden könnten, innerhalb der Berufsgenossenschaften von angemessener Größe sich leicht ausgleichen würden, und daß nach der Grundidee des Gesetzes ja nicht einzelne Unternehmer durch die aus ihren Betrieben hervorgegangenen Invaliden, sondern die Berufsgenossenschaften als solche belastet werden, welche daher so zu bilden seien, daß sie die Last leicht und sicher regeln können. (Vergl. Komm.-Ber. S. 26 fg.)

Mag übrigens der finanzielle Effekt des Umlageprinzips auch nicht ganz den oben berechneten Mehrbetrag erreichen, namentlich da die jetzt obligatorische Ansammlung des Reservefonds, durch welchen zwischen den Gegensätzen hat vermittelt werden sollen, einige Aenderungen in jenen Zahlen bewirken wird, so stehen doch dem Umlageverfahren auch abgesehen von seinen finanziellen Vortheilen anderweite erhebliche Vorzüge zur Seite, welche schließlich für dasselbe entscheiden müssen. Im Einzelnen lassen sich dieselben, wie im Wesentlichen auch in den oben erwähnten Ausführungen in der „Nordd. Allg. Zeitung" geschehen, wie folgt darlegen. Es spricht für das Umlageverfahren:

a) der öffentlich rechtliche Charakter der Berufsgenossenschaften als Träger der Versicherunglast. Es entspricht dem Wesen dieser sich fortwährend verjüngenden, dauernden Verbände ebenso, wie dem der Kommunalverbände, nicht mehr als die effektiven Bedarfssummen alljährlich umzulegen. Für derartige Verbände, welche vermöge eines gesetzlichen Beitrittszwanges die Garantie fortwährenden Bestandes in sich tragen, ist es nicht erforderlich, nach den Grundsätzen der Versicherungstechnik bemessene, den Deckungskapitalien gleichkommende Prämien zu erheben.

Wenn im Laufe der Jahre die Mitglieder wechseln, so ist das irrelevant. Treten nämlich die Kinder an die Stelle der Väter, oder wird ein Betrieb anderweitig vererbt, so findet eine Kontinuität der betheiligten Rechssubjekte statt. Dies gilt auch bei etwaiger Auseinandersetzung mehrerer Geschwister in Beziehung auf den Betrieb, insofern bei der Werthschätzung des letzteren die Unfallversicherungslast nothwendigerweise berücksichtigt werden muß. Wird ein Betrieb verkauft, so äußert sich im Kaufpreis der Werth der auf dem Betriebe ruhenden Last. Tritt ein Unternehmer nach Jahren mit einem neuerrichteten Betriebe in die Genossenschaft ein, so kennt er vorher die in der Genossenschaft zu übenehmende Last. Diese Last ist also ein Faktor seines geschäftlichen Kalküls, und er hat volle Freiheit, je nach dem Ergebnisse seiner Kalkulation sich zu entscheiden, ob er diesen oder einen anderen Betrieb errichten, ob er ein Gut kaufen, Handwerker, Gelehrter oder Rentier werden will.

b) die Nothwendigkeit, die neue, weil über das Haftpflichtgesetz weit hinausgehende Versicherungslast allmählig aufzulegen. Wenn ein großer Theil der Fabriken schon jetzt freiwillig Unfallversicherungsverträge bis zu einem gewissen Maße geschlossen hat, so ist doch die Mehrzahl der Betriebe, namentlich sind die kleinen Betriebe nicht versichert. Bei Annahme des Deckungskapitalprinzips würde man also die ganze neue Last unvermittelt auf die Schultern der gegenwärtigen Betriebsunternehmer, die zum großen Theil bisher nicht versichert hatten, legen. Ein solches Verfahren wäre um so weniger zu rechtfertigen, als die Zahl der Unfälle mit der Zunahme der Schutzvorrichtungen ꝛc. von Jahr zu Jahr abnehmen wird, so daß man also mit der höchsten Last beginnen würde. Aus letzterem folgt ferner,

c) daß, da die Kosten für die Maßregeln zur Unfallverhütung, welche für die Zukunft eine wesentliche Entlastung der Genossenschaften in Aussicht stellen, von der jetzigen Generation aufgebracht werden müssen, so daß letztere erhebliche Aufwendungen tragen muß, deren Vortheil erst in der Zukunft zu Tage treten wird, — die hieraus sich ergebende Belastung der Gegenwart zu Gunsten der Zukunft eine Ausgleichung bedarf. Für das Umlageverfahren spricht ferner

d) die für die ersten Jahre unvermeidliche Unsicherheit der Gefahrenklassen-Gruppirung. Sind innerhalb einer Genossenschaft Betriebszweige oder einzelne Betriebe in zu hohe Gefahrenklassen eingeschätzt, so ist die ungerechte Ueberlastung in den ersten 5 Jahren bei dem Umlageprinzip eine dem Werthe nach minimale. Später aber hat man genügendes statistisches Material, um eine zutreffendere Gefahrenklassen-Abgrenzung vorzunehmen. Nicht minder wichtig ist

e) der Umstand, daß bei dem sogen. Deckungsverfahren ein enormer Betrag von Kapitalreserven der produktiven Verwendung innerhalb der Industrie entzogen wird, daß dieses mit den äußersten Sicherheitskautelen anzulegende und zu verwaltende kolossale Kapital eine Unsumme von Verwaltungsarbeit und schwerer Verantwortlichkeit mit sich bringt, daß diese die Berufsgenossenschaften unverhältnißmäßig belasten, auch die Kosten und Weiterungen der Verwaltung außerordentlich erhöhen würde. Ohne Justitiarius würde kaum eine Genossenschaft auskommen, wenn sie in eine solche Geldwirthschaft hineingerathen sollte. Daraus ergiebt sich zu Gunsten des Umlageverfahrens ferner

f) der Vortheil einer leichteren Gewinnung geeigneter Vorstandsmitglieder für die Genossenschaften, da Niemand gern die verantwortliche Verwaltung so großer Reserven wird auf sich nehmen mögen. Als weitere Vortheile wird man noch hervorheben können, daß

g) die anfänglich geringen Beiträge der Rücksicht auf die Exportfähigkeit unserer Industrie entsprechen, eine Rücksicht, welche so lange, bis die Nachbarstaaten zu ähnlichen Maßregeln, wie sie das gegenwärtige Gesetz vorsieht, sich genöthigt sehen, eine thunlichst niedrige Belastung erfordert. Lange wird sich das Ausland gleichartigen Maßregeln nicht entziehen können, wie es denn thatsächlich in manchen Nachbarstaaten schon jetzt sich zu regen anfängt (cf. darüber Bödiker, die Unfallgesetzgebung in den Europäischen Staaten);

h) daß bei Massenunfällen das Deckungsverfahren so ungeheuere Aufwendungen auf einmal erfordern würde, daß deren Aufbringung unter Umständen mit einem Schlage einen blühenden Industriezweig, wenn auch vielleicht nicht vernichten, so doch in seiner Lebensfähigkeit und in seinem Gedeihen erheblich beeinträchtigen könnte.

[2]) Mitglieder, §. 34.

[3]) nach Maßgabe. Maßgebend für die Beiträge der Unternehmer ist im Allgemeinen der Betrag, den dieselben für die Beitragsperiode thatsächlich an Lohn und Gehalt gezahlt haben.

Die Bestimmungen über die Berechnung der Löhne und Gehälter, insbesondere auch die nur theilweise Berücksichtigung des den Betrag von 4 Mark übersteigenden Tagesverdienstes, sind eine nothwendige Konsequenz der entsprechenden Vorschriften des §. 5 über die Unfallentschädigung. Die Leistungen der Mitglieder der Genossenschaften sollen zu dem Risiko und zu der Belastung, welche sie der Genossenschaft verursachen, in angemessenem Verhältniß stehen. Das Wort „durchschnittlich" kann daher hier nicht auf die Gesammtheit der von allen in einem Betriebe Beschäftigten verdienten Arbeitslöhne, sondern nur auf den Verdienst jedes Einzelnen bezogen werden; denn ein Arbeitgeber, welcher 100 Arbeiter gegen 3 Mark täglichen Lohn und 100 Arbeiter gegen 5 Mark täglichen Lohn beschäftigt, belastet die Genossenschaft mit einem niedrigeren Risiko, als ein Unternehmer, welcher 200 Arbeiter gegen 4 Mark Tageslohn beschäftigt. Demgemäß ist für diejenigen Arbeiter, deren Lohn den Betrag von täglich 4 Mark nicht übersteigt, einfach der wirkliche Jahresarbeitsverdienst, wie er sich aus den Lohnlisten und Büchern ergiebt, zu Grunde zu legen; bei denjenigen Arbeitern aber, bei welchen der Betrag von 4 Mark überschritten wird, muß für jeden Einzelnen der Mehrbetrag mit einem Drittel hinzugesetzt werden.

Der der Berechnung zu Grunde zu legende Jahresarbeitsverdienst wird zum Theil auf ähnliche Weise ermittelt, wie bei §. 5, nämlich:

a) bei jugendlichen und noch nicht ausgebildeten versicherten Personen (§. 3 Abs. 3) durch Multiplikation des ortsüblichen Tagelohnes gewöhnlicher erwachsener Tagearbeiter mit der Zahl 300;

b) bei ausgebildeten Arbeitern, welche nach Maßgabe der wirklichen Arbeitsleistung gelöhnt werden, dadurch, daß der wirkliche Jahresverdienst derselben durch die Zahl der wirklich absolvirten Arbeitstage dividirt und, soweit er 4 Mark pro Arbeitstag übersteigt, nach §. 10 Abs. 3 reduzirt, demnächst aber mit der Zahl der wirklichen Arbeitstage wieder multiplizirt wird.

Bei Personen, welche (wie meist die Beamten) im Pauschsatz Löhnung nach gewissen Perioden (Wochen, Monaten, Jahren) erhalten, wird aus den in Anm. 9 zu §. 5 aufgeführten Gründen die im §. 3 als Regel allgemein angenommene Zahl von 300 Arbeitstagen zu Grunde zu legen sein. Bei einem Beamten, welcher erst seit 5 Monaten gegen einen Monatslohn von 150 Mark in dem Betriebe beschäftigt war, im Jahr also 1800 Mark verdient haben würde, ist hiernach dieser Jahresverdienst durch 300 zu dividiren, um zu ermitteln, wieviel an dem durchschnittlichen Tagesverdienst zu kürzen ist; der so ermittelte anrechnungsfähige durchschnittliche Tagesverdienst ist dann mit dem seiner wirklichen Dienstzeit entsprechenden Theil von 300 zu multipliziren. Der Lohn jenes Beamten ist hiernach mit 4,67 × 125 = 586,75 Mark bei der Umlegung zu berücksichtigen.

Die Berechnung bei der Umlegung unterscheidet sich also insbesondere dadurch von der Berechnung, wie sie bei Festsetzung der Rente zu Grunde gelegt wird (cf. Anm. 9 zu §. 5), daß die bei der letzteren vorgeschriebene event. Erhöhung auf den ortsüblichen Tagelohn gewöhnlicher Tagearbeiter (§. 5 Abs. 5), sowie die Substituirung gleichartiger Arbeiterkategorien bei einer noch nicht ein Jahr hindurch fortgesetzten Beschäftigung (§. 5 Abs. 4) fortfällt und als Multiplikator nicht eine Durchschnittszahl, sondern die Zahl der wirklichen Arbeitstage dient.

Im Uebrigen handelt es sich hier um das Rechnungsjahr (§§. 70, 71, 77), nicht, wie im Fall des §. 5, um den von einem bestimmten Ereigniß ab zurückdatirten Zeitraum eines Jahres.

[4]) Beitragsperiode, d. h. dasjenige Rechnungsjahr, für welches die Umlegung erfolgt.

[5]) Zu anderen Zwecken. „Die Uebernahme anderweiter Verpflichtungen als derjenigen, welche durch diesen Entwurf den Genossenschaften auferlegt worden sind, seitens derselben und die Erhebung von Beiträgen zu Zwecken, welche dem Gesetze fremd sind, soll verhindert werden; dagegen fallen Abrundungen, welche sich bei der Erhebung der Beiträge als nothwendig herausstellen, nicht unter das Verbot" (Motive S. 40.) Diese Bestimmung entspricht dem §. 29 Abs. 2 des Krankenversicherungsgesetzes, dem §. 13 des Hülfskassengesetzes sowie dem §. 100b Abs. 1, 2 des Innungsgesetzes v. 18./7. 1881, und enthält die in Folge des gesetzlichen Beitrittszwanges ganz besonders nothwendige Beschränkung der Beiträge und Leistungen auf das gesetzlich nothwendige Maß. Die Motive zu §. 98a Abs. 3 des citirten Gesetzes v. 18./7. 1881 bemerken

II. Bildung und Veränderung der Berufsgenossenschaften.

Ermittelung der versicherungspflichtigen Betriebe.

§. 11.

(Abs. 1.) [1])Jeder Unternehmer[2]) eines unter den §. 1 fallenden Betriebes[3]) hat den letzteren binnen einer von dem Reichs-Versicherungsamt zu bestimmenden und öffentlich bekannt zu machenden Frist*) unter Angabe[4]) des Gegenstandes und der Art desselben, sowie der Zahl der durchschnittlich[5]) darin beschäftigten versicherungspflichtigen Personen bei der unteren Verwaltungsbehörde[6]) anzumelden.[7])

---

unter Hinweis auf den §. 100b Abs. 1, 2 desselben: „(hierdurch) soll Vorsorge getroffen werden, daß nicht mit Hülfe einer für bestimmte Zwecke gesetzlich anerkannten Organisation ungesetzliche oder fremdartige Zwecke verfolgt werden können."

Die Beschränkung auf die Entschädigungsbeträge, die Verwaltungskosten (cf. auch §. 30), die Prämien und die Ansammlung des Reservefonds hat u. A. auch die Folge, daß außerordentliche Unterstützungen ebenso, wie nach dem Krankenversicherungsgesetz, unzulässig sind.

[6]) Verwaltungskosten. Soweit das Gesetz nicht ausdrücklich Beschränkungen vorsieht, sind die Berufsgenossenschaften in ihrer Verwaltung, und folgeweise auch in der Verwendung ihrer Fonds zu Verwaltungszwecken nicht beschränkt. Bezüglich der Verwaltungskosten für das erste Jahr vergl. Abs. 4. Der Reservefonds darf zu Verwaltungskosten nicht eher verwendet werden, als bis derselbe den laufenden doppelten Jahresbedarf übersteigt, und nicht vor Ablauf des 11. Jahres, §. 19.

[7]) Prämien. Bei der Eisenbahnverwaltung hat sich die Aussetzung von Prämien für das Auffinden von Ax- und Schienenbrüchen vortrefflich bewährt; ähnliche Prämien können nur dringend empfohlen werden. Sowohl die Auslobung — Versprechen von Belohnungen für den Fall, daß die vorgesehenen nützlichen Handlungen geschehen — als die Gewährung von Belohnungen ohne vorgängiges Versprechen gehört hierher.

[8]) Im Voraus. Für die Bestreitung der Verwaltungskosten späterer Jahre dient der Betrag, welcher am Schluß des ersten Jahres und demnächst der folgenden Jahre für die Deckung der im Vorjahre thatsächlich erforderlich gewordenen Aufwendungen an Verwaltungskosten nach Maßgabe des §. 71 erhoben wird.

Für die Verwaltungskosten wird so viel zu erheben sein, wie nach ungefährem Ueberschlag für die ersten 17 Monate (erst nach Ablauf derselben wird die Umlegung für das erste Rechnungsjahr beendet sein und dann ein weiterer Betrag zur Verfügung stehen) voraussichtlich erforderlich sein wird; größere Summen dürfen nicht erhoben werden.

[9]) Personen, weil zunächst voraussichtlich ein anderer Maßstab nicht möglich sein wird.

---

*) Bis zum 1. September 1884, cf. Ausführungsanleitung (Anlage D.).

Für die nicht angemeldeten Betriebe hat die untere Verwaltungsbehörde[6]) die Angaben nach ihrer Kenntniß der Verhältnisse zu ergänzen.[8]) (Abs. 2)

Dieselbe ist befugt, die Unternehmer nicht angemeldeter Betriebe zu einer Auskunft darüber innerhalb einer zu bestimmenden Frist durch Geldstrafen[9]) im Betrage bis zu einhundert Mark anzuhalten. (Abs. 3.)

Die untere Verwaltungsbehörde[6]) hat ein nach den Gruppen, Klassen und Ordnungen der Reichs-Berufsstatistik[10]) geordnetes Verzeichniß[11]) sämmtlicher[12]) Betriebe ihres Bezirks unter Angabe des (Abs. 4.)

Zu §. 11.

[1]) „Die Anmeldung der versicherungspflichtigen Betriebe ist nothwendig, um das für die Bildung und die vorläufige Abgrenzung der Berufsgenossenschaften erforderliche Material zu erlangen.

Für die definitive Zugehörigkeit der einzelnen Betriebe zu einer Berufsgenossenschaft ist diese Anmeldung nicht entscheidend (§§. 34 ff.)" (Motive S. 47), d. h. insofern nicht, als die definitive Zugehörigkeit erst nach Prüfung und Anerkennung derselben durch die Genossenschaft, durch das Genossenschaftskataster und durch den Mitgliedsschein begründet wird, §. 37. Dagegen ist die Anmeldung eine definitive, und braucht nach Konstituirung der Genossenschaft nicht wiederholt zu werden, §. 35.

[2]) Unternehmer, cf. §. 9 Abs. 2. Nach §. 105 gehören hierher auch „die gesetzlichen Vertreter handlungsunfähiger Betriebsunternehmer, die Mitglieder des Vorstandes einer Aktiengesellschaft, Innung oder eingetragenen Genossenschaft, die Liquidatoren einer Handelsgesellschaft, Innung oder eingetragenen Genossenschaft".

[3]) unter den §. 1 fallenden Betriebes. Bei der Frage, ob Anlagen zur gewerbsmäßigen Bearbeitung oder Verarbeitung von Gegenständen, welche mit weniger als 10 Arbeitern oder ohne zugehörige Motoren betrieben werden nach Begriff und Sprachgebrauch Fabriken (§. 1 Abs. 1) und als solche anzumelden sind, werden die in Anm. 9 zu §. 1 angegebenen Merkmale zu berücksichtigen sein. Im Zweifel ist die Anmeldung zu rathen.

[4]) Angabe. Diese Angaben sind zur vorläufigen Uebersicht über den Umfang der Versicherungen und der Betriebe erforderlich, eine Uebersicht, welche für die Abgrenzung der Berufsgenossenschaften (§§. 12 fg.) sowie für das Stimmrecht in den Generalversammlungen und den provisorischen Genossenschaftsversammlungen (§§. 13, 16) von entscheidender Bedeutung ist.

[5]) durchschnittlich hat die Bedeutung von „regelmäßig", cf. Anm. 28 zu §. 1. Die Angabe der genauen Zahl wird erst in §. 71 verlangt.

[6]) untere, höhere Verwaltungsbehörde, §. 109.

[7]) hat .... anzumelden. Ueber die Nachtheile der Nichtanmeldung cf. Anm. 2 zu §. 35.

Gegenstandes und der Art des Betriebes, sowie der Zahl der darin beschäftigten versicherungspflichtigen Personen aufzustellen. Das Verzeichniß ist der höheren Verwaltungsbehörde[6]) einzureichen und von dieser erforderlichenfalls hinsichtlich der Einreihung der Betriebe in die Gruppen, Klassen und Ordnungen der Reichs-Berufsstatistik zu berichtigen.

(Abs. 5.) Die höhere Verwaltungsbehörde[6]) hat ein gleiches Verzeichniß[11]) sämmtlicher versicherungspflichtigen Betriebe ihres Bezirks dem Reichs-Versicherungsamt einzureichen.

Freiwillige Bildung der Berufsgenossenschaften.

§. 12.

(Abs. 1.) Die Bildung[1]) der Berufsgenossenschaften erfolgt auf dem Wege der Vereinbarung der Betriebsunternehmer unter Zustimmung des Bundesraths. Die Zustimmung des Bundesraths kann versagt[2]) werden:

1. wenn die Anzahl der Betriebe, für welche die Berufsge-

---

[8]) ergänzen ꝛc., wenn die Behörde glaubt, daß die nicht angemeldeten Betriebe doch unter §. 1 fallen. Auch für die Behörde gilt dann, was in Anm. 3 ausgeführt ist.

[9]) Geldstrafen. Dieselben sind Exekutivstrafen und können als solche wiederholt werden. Die Centralbehörden der Bundesstaaten bestimmen, in welche Kassen die Strafen fließen; die Beitreibung erfolgt im Verwaltungszwangsverfahren, §. 109.

[10]) Reichsberufsstatistik, vergl. Anlage A.

[11]) Verzeichniß. Auf Grund der Verzeichnisse wird die Zulässigkeit der Anträge auf freiwillige Bildung von Berufsgenossenschaften geprüft (§. 13), die Genossenschaftsversammlung ausgeschrieben und das Stimmverhältniß in derselben geregelt (§. 14)

[12]) sämmtlicher, ꝛc. versicherungspflichtiger.

Zu § 12.

[1]) Bildung der Berufsgenossenschaften. Vgl. Anm. 1 zu §. 9. Unbedingte Leistungsfähigkeit und die Gemeinsamkeit der wirthschaftlichen Interessen, also Gleichartigkeit der Betriebe sind die wesentlichsten Erfordernisse für die Bildung der Berufsgenossenschaften.

Die Motive sagen hierüber (S. 49):

„Aufgabe des Gesetzes ist, die Bildung von Berufsgenossenschaften zu sichern, welche in ihrer Abgrenzung zur nachhaltigen Erfüllung der ihnen obliegenden Pflichten und zur Ausübung der damit verbundenen Rechte befähigt

nossenschaft gebildet werden soll, oder die Anzahl der in denselben beschäftigten Arbeiter zu gering[3]) ist, um die dauernde Leistungsfähigkeit der Berufsgenossenschaft in Bezug auf die bei der Unfallversicherung ihr obliegenden Pflichten zu gewährleisten;

2. wenn Betriebe von der Aufnahme in die Berufsgenossenschaft ausgeschlossen[4]) werden sollen, welche wegen ihrer geringen Zahl oder wegen der geringen Zahl der in ihnen beschäftigten Arbeiter eine eigene leistungsfähige Berufsgenossenschaft zu bilden außer Stande sind, und auch einer anderen Berufsgenossenschaft zweckmäßig nicht zugetheilt werden können;

3. wenn eine Minderheit[5]) der Bildung der Berufsgenossenschaft widerspricht und für einzelne Industriezweige oder Bezirke eine besondere Berufsgenossenschaft zu bilden beantragt, welche als dauernd leistungsfähig zu erachten ist.

---

sind. Soweit dieses Ziel auf dem Wege der freien Vereinbarung der Berufsgenossen zu erreichen ist, liegt kein Grund zu einer behördlichen Festsetzung und Abgrenzung der Berufsgenossenschaften vor.

Um indessen eine Gewähr für die Herstellung leistungsfähiger Bildungen zu gewinnen, bedarf es einer Instanz, von deren Genehmigung die Abgrenzung der einzelnen Genossenschaften abhängig zu machen ist. Als diese Instanz ist der Bundesrath in Aussicht genommen."

Nach dem Kommissionsbericht (S. 28) ist von der vorgängigen Aufstellung eines Tableaus für die Bildung der Genossenschaften Abstand genommen, „nicht so sehr wegen der Schwierigkeit der Aufgabe als vielmehr, weil man die Wünsche der Industrie entgegennehmen wolle und das Hauptgewicht auf freiwillige Bildungen lege. Die Aufstellung allgemeiner Normen für die Prüfung der Leistungsfähigkeit sei kaum möglich; sehr verschiedene Momente müßten dabei in Betracht kommen, die Unfallgefahr, die Gewähr der Bestandsfähigkeit, aber auch die Erwägung, daß nicht einzelne Zweige übrig bleiben dürften, welche aus sich zur Bildung leistungsfähiger Genossenschaften nicht ausreichten. Man müsse nothwendig individualisiren und darum zuvor die Wünsche und Interessen der einzelnen Industrien prüfen."

Es ist zu erwarten, daß die freiwillige Bildung von Berufsgenossenschaften in erster Linie an die für einzelne Industriezweige schon bestehenden freien wirthschaftlichen Vereinigungen sich anschließen wird, um deren Erfahrungen und Organisation für die Zwecke der Unfallversicherung nutzbar machen zu können.

Die Anlage C gestattet einen Ueberblick darüber, wie diese freien Verbände gegenwärtig zusammengesetzt sind, und wird vielfach den Unternehmern

§. 13.

(Abs. 1) Die Beschlußfassung über die Bildung der Berufsgenossenschaften erfolgt durch die zu diesem Zweck zu einer Generalversammlung zu berufenden Betriebsunternehmer mit Stimmenmehrheit.[1])

(Abs. 2.) Anträge[2]) auf Einberufung der Generalversammlung sind an das Reichs-Versicherungsamt[3]) zu richten; dasselbe hat, sofern es nicht den Fall des §. 12 Ziffer 1 für vorliegend erachtet, den Anträgen stattzugeben, wenn dieselben innerhalb vier Monaten[4]) nach dem Inkrafttreten dieses Gesetzes und mindestens[5]) von dem zwanzigsten Theil der Unternehmer derjenigen Betriebe, für welche die Berufsgenossenschaft gebildet werden soll, oder von solchen

---

einen Anhalt dafür geben, in welcher Richtung sie den Anschluß an andere Betriebe zum Zweck des Antrags auf freiwillige Bildung von Berufsgenossenschaften zu suchen haben. Einen Ueberblick über den Umfang der einzelnen Industriezweige gestattet dann ferner die Anlage B; vgl. darüber Anm. 5 zu §. 13.

Wegen der besonderen Knappschafts-Berufgenossenschaften vgl. §. 94.

[2]) kann versagt werden. Aus anderen, als den im Text angegebenen 3 Gründen, darf, sobald das Prinzip der Berufsgenossenschaften, d. h. die Uebereinstimmung der wirthschaftlichen Interessen bezw. die Gleichartigkeit der Betriebe gewahrt ist (vgl. Anm. 1 zu §. 9, sowie Anm. 3 zu §. 31), die Zustimmung zu den Vereinbarungen der Betriebsunternehmer nicht versagt werden. In den Fällen unter a und b muß die Versagung erfolgen; in dem Fall c kann sie erfolgen, und der Bundesrath wird dabei zweifellos den Wünschen der Minorität so weit Rechnung tragen, als dieselben den Interessen der Mehrheit des ganzen Industriezweiges nicht gar zu schroff widerstreiten.

Haben die Wünsche der Betheiligten bei der ersten Bildung der Berufsgenossenschaften nicht berücksichtigt werden können, so ist durch die Zulassung von Aenderungen in dem Bestand der Genossenschaften (§§. 31 fg.) für spätere Zeit die Berücksichtigung solcher Wünsche doch noch möglich.

[3]) zu gering. „Die Genehmigung an die Bedingung zu knüpfen, daß die zu bildenden Berufsgenossenschaften eine bestimmte Anzahl von Betrieben oder eine gewisse Anzahl von in denselben beschäftigten Arbeitern umfassen, erscheint nicht wohl angängig, da diese Faktoren allein die Leistungsfähigkeit einer Berufsgenossenschaft nicht bestimmen, dieselbe vielmehr auch von anderen Momenten, insbesondere von der wirthschaftlichen Lage der betreffenden Industriezweige wesentlich abhängt." (Motive S. 49).

Bei einem Industriezweig, welcher Massenunfällen ausgesetzt ist, oder bei welchem das wirthschaftliche Gedeihen von besonderen lokalen oder internationalen Verhältnissen abhängt, wird daher der Umfang anders zu bemessen sein, als bei sonstigen Industriezweigen, in welchen dies nicht der Fall ist.

Unternehmern, welche mindestens den zehnten Theil der in diesen Betrieben vorhandenen versicherungspflichtigen Personen beschäftigen, gestellt werden.

Erachtet das Reichs-Versicherungsamt die Voraussetzungen des (Abs. 3.) §. 12 Ziffer 1 für vorliegend, so ist von demselben die Entscheidung des Bundesraths einzuholen.

Findet das Reichs-Versicherungsamt bei der Prüfung von An- (Abs. 4.) trägen auf Einberufung der Generalversammlung, daß der unter §. 12 Ziffer 2 vorgesehene Fall vorliegt, so hat dasselbe die Unternehmer der dabei in Betracht kommenden Betriebe zum Zweck der Beschlußfassung über die Abgrenzung der Berufsgenossenschaft zu der Generalversammlung mit einzuladen.[6])

---

[4]) ausgeschlossen. Hierdurch „ist Fürsorge getroffen, daß nicht einzelne Industriezweige oder Bezirke, welche wegen der geringen Zahl ihrer Betriebe oder wegen der geringen Zahl der in diesen Betrieben beschäftigten Arbeiter eine leistungsfähige Genossenschaft zu bilden außer Stande sind, von der Aufnahme in diejenige Genossenschaft, welcher sie nach ihren wirthschaftlichen Interessen und den Vorbedingungen des Betriebes angehören, ausgeschlossen werden können" (Mot. S. 49).

[5]) Minderheit. „Die Vorschrift bezweckt den Schutz der Minorität in denjenigen Fällen, in denen die Bildung einer Berufsgenossenschaft für ein größeres Wirthschaftsgebiet oder für mehrere Industriezweige in der Generalversammlung beschlossen worden ist, obwohl die Betriebsunternehmer eines kleineren Wirthschaftsgebiets oder einzelner dieser Industriezweige für sich eine Berufsgenossenschaft zu bilden wünschen, welche als dauernd leistungsfähig zu erachten ist." (Mot. S. 49.)

Hiernach muß die Minderheit, welche durch ihren Widerspruch die Sache an den Bundesrath bringen kann, die Mehrheit derjenigen Betriebe umfassen, für welche die kleinere Genossenschaft gewünscht wird.

Um die Wünsche der Betriebsunternehmer, welche für ein kleineres Wirthschaftsgebiet oder für kleinere Industriezweige kleinere Genossenschaften zu bilden wünschen und derartige Anträge in der für den größeren Kreis einberufenen Generalversammlung stellen, auf ihre Bedeutung prüfen zu können, wird über die darauf gerichteten Anträge durch itio in partes abzustimmen sein (§. 14). Einen Anspruch auf Genehmigung solcher erst in der Generalversammlung beantragten kleineren Genossenschaften, mag die beanspruchte Abtrennung auch sonst zulässig erscheinen, hat die Minorität nicht; derartige Ansprüche bestehen nur bei fristzeitiger Stellung von Anträgen nach §. 13.

Zu §. 13.

[1]) Stimmenmehrheit, d. h. nach der absoluten Majorität der in der Generalversammlung vertretenen, nach §. 11 Abs. 2 berechneten Stimmen.

²) Anträge. „Bei Anträgen auf freiwillige Bildung von Berufsgenossenschaften wird eine Garantie dafür geboten werden müssen, daß dieselben voraussichtlich den Intentionen der Majorität der Berufsgenossen entsprechen. Aus diesem Grunde erscheint die Vorschrift, daß die Anträge durch eine größere Zahl von Berufsgenossen unterstützt sein müssen, wobei die Anzahl der von denselben beschäftigten Arbeiter angemessen zu berücksichtigen ist, geboten." (Mot. S. 50.)

³) Reichs-Versicherungsamt. „Eine Betheiligung des Reichs-Versicherungsamts bei der Erledigung solcher Anträge zu gestatten, empfiehlt sich aus Zweckmäßigkeitsgründen, um erfolglose Generalversammlungen zu vermeiden. Insbesondere wird es Aufgabe des Reichsversicherungsamts sein, durch Benehmen mit den Betheiligten dahin zu wirken, daß die Anträge auf Bildung von Genossenschaften eine sachgemäße Abgrenzung derselben im Auge haben. Zu diesem Zweck wird das Reichs-Versicherungsamt auch Anträge auf Bildung von Genossenschaften mit dem Anheimgeben einer Korrektur den Antragstellern zurückgeben können." (Mot. S. 50.)

Verweigern letztere die Abänderung, so müssen die Anträge nach §. 14 erledigt werden.

⁴) innerhalb vier Monaten. Ist binnen dieser Frist ein genügend unterstützter Antrag nicht gestellt, so werden die Berufsgenossenschaften nicht mehr auf dem Wege der Vereinbarung, sondern gemäß §. 15 nach Anhörung von Vertretern der betheiligten Industriezweige durch den Bundesrath gebildet.

⁵) mindestens von dem 20. Theil. cf. Anm. 2. Für die Beurtheilung, ob diese Bedingungen erfüllt sind, dienen dem Reichsversicherungsamt die in §. 11 erwähnten Verzeichnisse, welche dann auch für die Einberufung der Generalversammlung maßgebend sind, §. 14, cf. Anm. 11 zu §. 11.

Aber auch die Betriebsunternehmer, welche den Antrag auf Bildung einer Genossenschaft für einen bestimmten Industriezweig oder einen bestimmten Bezirk stellen wollen, und denen jene Verzeichnisse nicht ohne Weiteres zugänglich sind, müssen einen Anhalt für die Beurtheilung haben, ob ihre Anträge als genügend unterstützt werden angesehen werden und deshalb auf Berücksichtigung rechnen können. In denjenigen Industriezweigen, für welche freie wirthschaftliche Vereinigungen schon jetzt bestehen, wird das statistische Material hierzu den Unternehmern unschwer zugänglich sein; um aber auch den übrigen Industriezweigen, welche einer derartigen Vertretung zur Zeit noch ermangeln, wenigstens einen Anhalt zu geben, sind in der Anlage B die aus den speziellen Ergebnissen der Berufszählung v. 5. Juni 1882 ersichtlichen Zahlen über die Anzahl der in den einzelnen Industriezweigen beschäftigten selbständigen und unselbständigen Personen zusammengestellt worden.

Die Angaben betreffen zunächst die im Hauptberuf dort thätigen Personen; in Klammern sind aber auch die Zahlen der die betr. Thätigkeit nur als Nebenberuf ausübenden Personen hinzugefügt.

Jene Zahlen sind für die Fragen, wieviel Unternehmer in einer Gruppe von Industriezweigen versicherungspflichtige Betriebe haben, und wie viel versicherte Personen in den letzteren arbeiten, nicht unbedingt maßgebend. Unter den in der Berufsstatistik behandelten Betrieben stecken nämlich nicht nur die versicherungspflichtigen, sondern auch alle diejenigen Betriebe, welche, weil sie ohne Motoren und mit weniger als 10 Arbeitern betrieben werden und sich auch sonst nicht als „Fabrik" bezeichnen lassen, nicht versicherungspflichtig sind. Ferner stecken nnter den „selbständigen" Gewerbetreibenden (rubr. a) nicht nur die Unternehmer, sondern auch leitende Beamte und sonstige Geschäftsleiter (wie Direktoren, Administratoren ꝛc.); die Betriebe der Hausindustriellen (rubr. a. fr.) werden im Allgemeinen nur in solchen Industriezweigen versicherungspflichtig sein, in denen elementare Motoren regelmäßig verwendet werden, wie in der Kleineisenindustrie; unter das höhere Verwaltungs- und Aufsichtspersonal (rubr. b) sind auch die nicht versicherungspflichtigen (cf. Anm. 3 zu §. 1) Büreaubeamten, und unter die „sonstigen Gehülfen und Arbeiter" (rubr. c) sind manche Personen (Aufseher ꝛc.) gerechnet, welche als Beamte im Sinne dieses Gesetzes zu qualifizieren und daher nur bei einem Jahreseinkommen von weniger als 2000 Mark versicherungspflichtig sind; bei allen Beamten (die hiernach in allen 3 Kategorien zu finden sind), wird ein Unterschied nach der Lohnhöhe nicht gemacht. Bei den Gruppen B 75 und 81 (Rübenzuckerfabrikation und Zuckerraffinerie, bz. Branntweinbrennerei, Liqueur- und Preßhefefabrikation) hat wegen der Jahreszeit, in welche die Berufszählung fiel (5. Juni), nur eine vergleichsweise geringe Zahl von Arbeitern angegeben werden können; die durchschnittliche Zahl derselben — welche für die Unfallversicherung allein maßgebend sein kann — wird erst in der speziellen gewerblichen Betriebsstatistik nachgewiesen werden. Immerhin aber geben diese Zahlen doch einen werthvollen Anhalt, und werden im Großen und Ganzen das richtige treffen, freilich nur für denjenigen, welcher einen Ueberblick über einzelne Gruppen von Industriezweigen nicht blos innerhalb örtlicher Bezirke, sondern innerhalb des Reichsgebiets gewinnen will. Für das letztere gestatten sie namentlich auch ein Urtheil über den Umfang und die hiervon zum Theil abhängige Leistungsfähigkeit einzelner Industriezweige, welche für die Frage, ob für dieselben eine Berufsgenossenschaft rathsam sei, von wesentlicher Bedeutung ist.

Für die Beurtheilung, ob ein Antrag die genügende Unterstützung hat, wird es im Allgemeinen ausreichen, wenn man, um die Zulänglichkeit der Zahl der antragstellenden Unternehmer zu prüfen, die Rubrik a zu Grunde legt, und die Rubrik a. fr. unberücksichtigt läßt, und wenn man andererseits, um die Zahl der von den antragstellenden Unternehmern beschäftigten Personen zu prüfen, die Rubrik c zu Grunde legt und die Rubrik b unberücksichtigt läßt; denn was in der einen Kategorie zu viel, wird durch die andere Kategorie etwa ausgeglichen werden. Gerathen dürfte es immerhin sein, die Zahlen nicht zu knapp zu bemessen.

Für die Beurtheilung der Frage, wie viel Unternehmer und Arbeiter in den Anträgen vertreten sein müssen, um den letztern eine Berücksichtigung zu sichern, wird ferner im Allgemeinen nur auf den Hauptberuf zu rück-

§. 14.

(Abs. 1.) [1])Auf Grund der unter §. 11 erwähnten Verzeichnisse werden die Betriebsunternehmer[2]) von dem Reichs-Versicherungsamt unter Angabe der ihnen zustehenden Stimmenzahl zur Generalversammlung einzeln eingeladen.[3])

(Abs. 2.) Jeder Unternehmer oder Vertreter eines Betriebes, in welchem nicht mehr als 20 versicherungspflichtige[4]) Personen beschäftigt werden, hat eine, darüber hinaus bis zu 200 für je 20 und von 200 an für je 100 mehr versicherungspflichtige Personen eine weitere Stimme.[5])

(Abs. 3.) Abwesende Betriebsunternehmer können sich durch stimmberechtigte Berufsgenossen oder durch einen bevollmächtigten Leiter[6]) ihres[7]) Betriebes vertreten[8]) lassen.

(Abs. 4.) Die Generalversammlung findet in Gegenwart[9]) eines Vertreters des Reichs-Versicherungsamts statt, welcher dieselbe zu eröffnen, die Wahl des aus einem Vorsitzenden, zwei Schriftführern und mindestens zwei Beisitzern bestehenden Vorstandes herbeizuführen und, bis dieselbe erfolgt ist, die Verhandlungen zu leiten hat.

---

sichtigen sein. Dies gilt durchweg allerdings nur für die Arbeiter und Beamten, da die nebensächliche Beschäftigung derartiger Personen in dem Durchschnitt, nach welchem die Zahl der beschäftigten Personen anzugeben ist (§. 11), der Regel nach schon anderweit ausreichenden Ausdruck finden wird; es gilt im Allgemeinen aber auch für die Zahl der Unternehmer, da Personen, welche aus dem betreffenden Industriezweig einen Nebenerwerb machen, denselben im Allgemeinen nicht in versicherungspflichtigem Umfang betreiben werden. Unternehmer im Nebenberuf werden hiernach nur in solchen Industriezweigen zu berücksichtigen sein, wo der Betrieb mit Motoren stattfindet oder nach allgemeinem Sprachgebrauch „Fabrik" ist.

[6]) mit einzuladen. Die letzteren werden in separato abzustimmen haben, weil die Entscheidung bei dem Bundesrath beruht.

Zu §. 14.

[1]) Die auf Grund dieses §. eintretende Betheiligung an der Generalversammlung entscheidet noch nicht für die Zugehörigkeit zu einer Genossenschaft; über diese entscheiden erst später die Vorstände der Genossenschaften durch die Eintragung in das Genossenschaftsregister bezw. durch Ausstellung des Mitgliedscheins, §§. 34 ff.

Das Gesetz unterscheidet die Generalversammlung von der Genossenschaftsversammlung; ersterer Ausdruck wird gebraucht für die Versammlungen behufs Berathung über die Bildung von Genossenschaften; sind letztere gebildet, so heißen die Versammlungen der Mitglieder Genossenschaftsversammlungen.

Die Generalversammlung hat unter der Leitung ihres Vorstandes außer über den auf Bildung der Berufsgenossenschaft gerichteten Antrag, welcher zu ihrer Einberufung Anlaß gegeben hat, auch über die aus ihrer Mitte dazu etwa gestellten Abänderungsanträge[10]) Beschluß zu fassen. (Abs. 5.)

Auf Verlangen des Vertreters des Reichs-Versicherungsamts, welcher jederzeit gehört werden muß, erfolgt die Abstimmung über die in Bezug auf die Abgrenzung der Berufsgenossenschaft gestellten Anträge getrennt nach Industriezweigen oder Bezirken.[11]) (Abs. 6)

Ueber die Verhandlungen der Generalversammlung ist ein Protokoll aufzunehmen, welches die gestellten Anträge, sowie die gefaßten Beschlüsse — letztere unter Angabe des Stimmverhältnisses sowie der Art der Abstimmung — enthalten muß. Das Protokoll ist innerhalb acht Tagen nach der Generalversammlung durch den Vorstand dem Reichs-Versicherungsamt einzureichen und demnächst dem Bundesrath (§. 12) vorzulegen. (Abs. 7.)

---

[2]) Betriebsunternehmer. §. 9 Abs. 2.

[3]) eingeladen. „Durch die Einladungsschreiben wird die unentbehrliche Legitimation für die in der Generalversammlung Erscheinenden beschafft.“ (Motive.) Die Einladung des Reichsversicherungsamts bildet dergestalt ausschließlich die Legitimation für die Berechtigung zur Theilnahme an der Generalversammlung, daß Derjenige von der letzteren ausgeschlossen ist, welcher diese Legitimation nicht erhalten hat, z. B. wer erst nachträglich einen versicherungspflichtigen Betrieb begonnen hat. Auch Abänderungen in der Zahl der regelmäßig beschäftigten Arbeiter ändern nichts mehr an dem einmal angegebenen Stimmverhältniß.

Die Einladungsschreiben können einfache Postbriefe sein; Zustellungsbescheinigung ist nicht erforderlich, cf. argum. e. contr. in §. 110.

Darüber, daß eine Versammlung auch zur Verhandlung über mehrere rechtzeitig gestellte Anträge berufen werden kann, vgl. Anm. 11, und darüber, daß in der Versammlung dann noch wieder neue Anträge gestellt und berathen werden dürfen, s. Anm. 10.

[4]) versicherungspflichtige Personen. Beamte mit mehr als 2000 Mark Jahreseinkommen bleiben unberücksichtigt, weil deren Versicherungspflicht erst durch das (noch nicht bestehende) Statut eingeführt werden kann.

[5]) Stimme. „Die Abmessung der den Unternehmern oder Vertretern der Betriebe eingeräumten Stimmenzahl ist nothwendig, um von vorn herein ein richtiges, den Interessen der Betriebsunternehmer an der Unfallversicherung entsprechendes Verhältniß bei den Abstimmungen über die Bildung der Genossenschaften zu sichern.“ (Motive S. 50.)

Hier ist ebenso wie im §. 11 an die durchschnittliche Zahl der beschäftigten versicherungspflichtigen Personen zu denken.

[6]) Leiter, also nur solche, welche die Geschäftsführung in dem Betriebe besorgen oder doch an derselben Theil nehmen.

[7]) ihres Betriebes. Disponenten ꝛc. anderer Betriebe können also nicht zu Vertretern bestellt werden.

[8]) vertreten. Nach den Motiven soll auf einen thunlichst umfangreichen Gebrauch von dieser Vertretungsbefugniß hingewirkt werden, „und zwar nicht allein im Interesse der Geschäftsvereinfachung, sondern auch namentlich, um zu ermöglichen, daß bei Interessenkollisionen die verschiedenen Gesichtspunkte im Verhältniß ihrer Bedeutung ohne übermäßige Opfer an Geld und Zeit zur Geltung kommen. Vermöge der nach dem Entwurf zulässigen Bevollmächtigung wird es möglich sein, Generalversammlungen zu erlangen, in denen die Verhandlung nicht durch eine übergroße Anzahl persönlich erscheinender Betheiligter erschwert wird. Es wird dem Reichs-Versicherungsamt unbenommen sein, schon vor dem Erlaß der Einladungen zur Generalversammlung darauf hinzuwirken, daß von der Befugniß zur Bevollmächtigung in größerem Umfange Gebrauch gemacht wird. Auch die bestehenden wirthschaftlichen Vereinigungen werden die Möglichkeit bieten, eine derartige Einwirkung auf die Betriebsunternehmer auszuüben" (Mot. S. 50).

Die Interessenten haben es hiernach in der Hand, ohne große Mühe und Kosten ihre Interessen durch Bestellung geeigneter Vertreter wahrzunehmen.

Eine Beschränkung in der Zahl der Stimmen, welche auf einen Erscheinenden vereinigt werden dürfen, kennt das Gesetz nicht.

Die privatschriftlichen Vollmachten zur Vertretung sind gebühren- und stempelfrei (§. 102), eine notarielle oder gerichtliche Vollmacht darf nicht verlangt werden.

[9]) In Gegenwart eines Vertreters des Reichs-Versicherungsamtes, „dessen Aufgabe (abgesehen von der Eröffnung und Leitung der Verhandlungen bis zur Wahl des Vorstandes) vorzugsweise darin bestehen wird, für eine möglichst vollständige Aeußerung der Wünsche der Betheiligten auch für den Fall, daß die Prinzipalanträge seitens des Bundesraths nicht genehmigt werden sollten, sowie für eine zweckentsprechende Abstimmung, z. B. nach Industriezweigen oder Bezirken, Sorge zu tragen. Zur Erreichung dieses Zweckes wird dem Vertreter des Reichs-Versicherungsamts das Recht, jederzeit in der Generalversammlung gehört zu werden, einzuräumen sein" (Motive S. 51).

[10]) Abänderungsanträge. „Hat die Generalversammlung zunächst nur den Zweck, den Betriebsunternehmern Gelegenheit zu geben, über die beantragte Bildung der Berufsgenossenschaften Beschluß zu fassen, so ergiebt sich doch aus der Natur der Sache, daß in derselben Anträge auf anderweite Abgrenzung der Berufsgenossenschaft — Vereinigung mit einer anderen Berufsgenossenschaft, Ausscheidung einzelner Industriezweige und Zutheilung derselben an eine andere Berufsgenossenschaft, Uebernahme einzelner Industriezweige

Bildung der Berufsgenossenschaften durch den Bundesrath.

§. 15.

Für diejenigen Industriezweige,[1]) für welche innerhalb der im §. 13 festgesetzten Frist genügend unterstützte Anträge auf Einberufung der Generalversammlung zur freiwilligen Bildung einer Berufsgenossenschaft nicht gestellt worden sind, werden die Berufsgenossenschaften durch den Bundesrath nach Anhörung von Vertretern[2]) der betheiligten Industriezweige gebildet. Dasselbe geschieht, wenn den gestellten Anträgen in Rücksicht auf §. 12 Ziffer 1 nicht stattgegeben, oder wenn den Beschlüssen, welche in einer nach §. 14 berufenen Generalversammlung gefaßt sind, die Genehmigung (Abs. 1.)

---

aus einer anderen Berufsgenossenschaft, Aenderung der räumlichen Grenzen — gestellt werden können, und daß dergleichen Anträge zur Berathung und Abstimmung zu bringen sind. Die Generalversammlungen bieten somit die beste Gelegenheit, über die Wünsche und die Bedürfnisse der einzelnen Industriezweige bezüglich der Abgrenzung der Berufsgenossenschaften eingehende und vollständige Information zu erhalten. Aus diesem Grunde empfiehlt es sich, zu denselben einen Vertreter des Reichs-Versicherungsamtes zuzuziehen." (Mot. S. 50.) Vgl. Anm. 9.

[11]) nach Industriezweigen oder Bezirken. „Eine derartige Abstimmung nach Industriezweigen oder Bezirken ist nöthig, wenn neben dem Antrage auf Bildung einer Genossenschaft für ein größeres Wirthschaftsgebiet oder für mehrere Industriezweige auch ein solcher auf Bildung einer Genossenschaft für einen Theil dieses Wirthschaftsgebietes oder für einzelne dieser Industriezweige innerhalb der gesetzlichen Frist von der nöthigen Anzahl Betriebsunternehmer gestellt worden ist.

In diesem Falle genügt die Anberaumung einer Generalversammlung für sämmtliche betheiligten Betriebsunternehmer, da auf dieser beide Anträge der Beschlußfassung unterzogen werden können, wobei selbstverständlich über den begrenzteren Antrag nur die nach Maßgabe desselben bei der Bildung der Genossenschaft betheiligten Betriebsunternehmer mitzustimmen berechtigt sind. In gleicher Weise kann eine Abstimmung nach Industriezweigen oder Bezirken erforderlich werden, wenn erst in der Generalversammlung selbst entsprechende Anträge gestellt werden. (Vgl. §. 12 Ziffer 3.)" (Mot. S. 51.)

[12]) Bundesrath. Derselbe hat über die Genehmigung der Beschlüsse zu befinden, §. 12. Wird dieselbe versagt, so kann derselbe den Betheiligten eine weitere Frist für die Fassung anderweiter Beschlüsse gewähren (§. 15 Abs. 1), in welchem Fall dann abermalige Generalversammlungen zu berufen sind, für die §. 14 maßgebend bleibt. Wird die Genehmigung ertheilt, so muß der betr. Beschluß veröffentlicht werden, §. 15 Abs. 2.

versagt worden ist, sofern nicht der Bundesrath den Betheiligten eine weitere Frist für die Fassung anderweiter Beschlüsse gewährt.

(Abs. 2) Die Beschlüsse des Bundesraths, durch welche Berufsgenossenschaften errichtet, sowie die beantragte Bildung freiwilliger Berufsgenossenschaften genehmigt werden, sind unter Bezeichnung der Bezirke und Industriezweige, für welche die einzelnen Berufsgenossenschaften gebildet sind, durch den Reichsanzeiger zu veröffentlichen.[3])

Statut der Berufsgenossenschaften.

§. 16.

(Abs. 1.) [1])Die Berufsgenossenschaften regeln[2]) ihre innere Verwaltung sowie ihre Geschäftsordnung durch ein von der Generalversammlung ihrer Mitglieder (Genossenschaftsversammlung) zu beschließendes Statut. Bis zum Zustandekommen eines gültigen Genossenschaftsstatuts (§. 20) finden die in §. 14 enthaltenen Bestimmungen über die Einladung zu der Generalversammlung, die Ausübung des

---

Zu §. 15.

[1]) Industriezweige in größeren oder kleineren Wirthschaftsgebieten.

[2]) Vertretern. „Die Auswahl dieser Vertreter wird dem Bundesrath überlassen werden können, nachdem die Industriezweige in der Lage gewesen sind, durch Anträge auf Einberufung der Generalversammlung eine unmittelbare Geltendmachung ihrer Wünsche und Interessen herbeizuführen. Sind diese Wünsche und Interessen bereits auf andere Weise zum Ausdruck gelangt, z. B. im Falle des §. 12 Ziffer 3 in der betreffenden Generalversammlung, so würde eine nochmalige Anhörung der Betheiligten in der Regel zwecklos und demgemäß nicht weiter erforderlich sein." (Mot. S. 50).

[3]) zu veröffentlichen. „Von wem die Bekanntmachung zu erlassen ist, wird nicht ausdrücklich gesagt, doch ergiebt der Zusammenhang des Gesetzes, daß dies vom Reichs-Versicherungsamt zu geschehen hat, in dessen Hand die sämmtlichen auf die Ausführung desselben gerichteten Maßregeln gelegt sind." (Komm.-Ber. S. 30).

Die Veröffentlichungen sollen u. A. die Unternehmer in den Stand setzen, bei etwaigen Veränderungen in ihrem Betriebe zu prüfen, ob diese Veränderungen Einfluß auf die Zugehörigkeit zur Genossenschaft haben, cf. Anm. 2 zu §. 38.

Zu §. 16.

[1]) Sobald nach Maßgabe der Bestimmungen der §§. 12—15 die Berufsgenossenschaften gebildet, sind bezw. sobald feststeht, wie die verschiedenen Industriezweige in Berufsgenossenschaften gegliedert werden sollen, kommt es darauf an, daß diese Berufsgenossenschaften sich konstituiren und an die Lösung ihrer Aufgaben herantreten. Zu dem Zweck sollen diejenigen Personen, welche nach den bisherigen provisorischen Feststellungen Mitglieder der Genossenschaften sein

Stimmrechts der Genossenschaftsmitglieder und die Betheiligung eines Vertreters des Reichs-Versicherungsamts[3]) an den Verhandlungen auch auf die Genossenschaftsversammlungen Anwendung.[4])

Die Genossenschaftsversammlung wählt bei ihrem erstmaligen Zusammentreten einen aus einem Vorsitzenden, einem Schriftführer und mindestens drei Beisitzern bestehenden provisorischen[5]) Genossenschaftsvorstand, welcher bis zur Uebernahme der Geschäfte durch den auf Grund des Statuts gewählten Vorstand die Genossenschaftsversammlung leitet und die Geschäfte der Genossenschaft führt. (Abs. 3.)

Die Mitglieder[6]) der Berufsgenossenschaften können sich in der Genossenschaftsversammlung durch andere stimmberechtigte Mitglieder oder durch einen bevollmächtigten Leiter[7]) ihres Betriebes vertreten[8]) lassen. (Abs. 4.)

---

sollen, in einer ersten Genossenschaftsversammlung ein Statut berathen und gleichzeitig einen provisorischen Vorstand wählen. Dieses Statut bedarf dann der Bestätigung. Ist dieselbe erfolgt, so beruft der provisorische Vorstand nach Maßgabe der Bestimmungen des Statuts die konstituirende Genossenschaftsversammlung, welche ihrerseits den definitiven Vorstand wählt. Wenn letzterer seine Funktionen übernommen hat, so ist die Thätigkeit des provisorischen Vorstandes beendet.

[2]) regeln. Die Berufsgenossen haben volle Selbstverwaltung bei der Lösung der ihnen obliegenden gemeinsamen Aufgaben; die Mitwirkung der Behörde tritt auf Grund des Gesetzes nur da ein, wo sie zur Sicherung wesentlicher öffentlich rechtlicher Zwecke der Unfallversicherung unumgänglich erscheint.

[3]) Reichsversicherungsamt, eventuell Landesversicherungsamt, §. 92. In diesem Stadium der Organisation beginnt die Thätigkeit des letzteren.

[4]) Anwendung, weil die Genossenschaft „zunächst noch der eigenen Organe, sowie der statutarischen Normen für die Form ihrer Verwaltung ermangelt."

„Dadurch fällt die Initiative für die behufs Aufstellung des Statuts zu berufende Genossenschaftsversammlung dem Reichs-Versicherungsamt zu, dessen Kommissar auf diese Weise zugleich die Möglichkeit erhält, bei den Verhandlungen über das Statut berathend, aufklärend und ausgleichend mitzuwirken." (Mot. S. 52).

[5]) provisorischen. Ein solches provisorisches Organ der Genossenschaft ist erforderlich, weil die letztere sofort einer Vertretung bedarf, der definitive Vorstand aber erst nach Maßgabe des Genossenschaftsstatuts gewählt werden kann, welches letztere erst berathen, beschlossen und genehmigt werden muß. Auch auf den provisorischen Vorstand werden §§. 22—27 Anwendung finden müssen.

[6]) Mitglieder, §. 34.

[7]) Leiter ihres Betriebes, cf. Anm. 6, 7 zu §. 14.

[8]) vertreten, cf. Anm. 8 zu §. 14.

§. 17.

Das Genossenschaftsstatut¹) muß Bestimmung treffen:

1. über Namen und Sitz der Genossenschaft;
2. über die Bildung des Genossenschaftsvorstandes²) und über den Umfang seiner Befugnisse;
3. über die Berufung³) der Genossenschaftsversammlung, sowie über die Art⁴) ihrer Beschlußfassung;
4. über das Stimmrecht⁵) der Mitglieder der Genossenschaft und die Prüfung ihrer Vollmachten;⁶)
5. über das von den Organen der Genossenschaft bei der Einschätzung der Betriebe in die Klassen des Gefahrentarifs⁷) zu beobachtende Verfahren⁸) (§. 28);
6. über das Verfahren⁸) bei Betriebsveränderungen, sowie

Zu §. 17.

¹) Das Genossenschaftsstatut „hat vorzugsweise die Aufgabe, die allgemeine Verwaltungsorganisation der Genossenschaft und diejenigen Verhältnisse, welche dauernder Natur sind, zu regeln." (Motive).

²) Genossenschaftsvorstand. cf. §§. 22—27. Derselbe kann auch aus Delegirten der Sektionsvorstände (§. 19) gebildet werden.

³) Berufung, z. B. durch Bekanntmachung in öffentlichen Blättern.

⁴) Art ihrer Beschlußfassung. In der Preuß. Kreisordnung (§. 121) findet sich die Vorschrift, daß eine Versammlung, welche zum zweiten Mal zur Beschlußfassung über denselben Gegenstand berufen wird, ohne Rücksicht auf die Zahl der vertretenen Stimmen beschlußfähig ist, falls bei der Zusammenberufung zur zweiten Versammlung hierauf ausdrücklich hingewiesen ist.

⁵) Stimmrecht. Dabei ist darauf Rücksicht zu nehmen, daß sowohl den kleineren wie den größeren Unternehmern eine ausgiebige Wahrung ihrer Interessen möglich wird. Darauf, daß dies in zweckmäßiger Weise geschieht, wird bei der Bestätigung der Statuten voraussichtlich ein ganz besonderes Gewicht gelegt werden.

Es empfiehlt sich daher eine Anlehnung an die betr. Vorschriften des Gesetzes für die Generalversammlung (§§. 14, 16), d. h. eine Abstufung des Stimmrechts nach der Anzahl der in dem Betriebe regelmäßig beschäftigten oder der in dem jedesmal vorhergehenden Geschäftsjahre thatsächlich beschäftigt gewesenen Personen, deren Zahl dem Genossenschaftsvorstand nach §. 71 bekannt sein muß. Uebrigens kann das Statut nur darüber Bestimmung treffen, in welchem Umfang den Einzelnen das Stimmrecht zusteht. Die Berechtigung als solche, Stimmen in der Genossenschaftsversammlung zu führen, ist nach ausdrücklicher Vorschrift des Gesetzes (§. 34 Abs. 2) nur von dem Besitz der bürgerlichen Ehrenrechte abhängig.

⁶) Vollmachten. cf. Anm. 8 zu §. 14.

bei Aenderungen in der Person[9]) des Unternehmers (§§. 37 letzter Abs., 38, 39);

7. über die Folgen der Betriebseinstellungen,[10]) insbesondere über die Sicherstellung der Beiträge der Unternehmer, welche den Betrieb einstellen;
8. über die den Vertretern der versicherten Arbeiter zu gewährenden Vergütungssätze[11]) (§§. 44 Abs. 4, 49 Abs. 2, 55 Abs. 1);
9. über die Aufstellung, Prüfung und Abnahme der Jahresrechnung;
10. über die Ausübung der der Genossenschaft zustehenden Befugnisse zum Erlaß von Vorschriften behufs der Unfallverhütung und zur Ueberwachung der Betriebe (§§. 78 ff.);
11. über die Voraussetzungen einer Abänderung[12]) des Statuts.[13])

---

[7]) Gefahrentarif. Die Aufstellung des Tarifs und die Einschätzung in die einzelnen Klassen desselben soll nach §. 28 in der Regel durch die Genossenschaftsversammlung oder den von derselben hiermit beauftragten Ausschuß oder Vorstand erfolgen. „Es bleibt indessen dem freien Ermessen der Genossenschaftsversammlung überlassen, die allgemeinen Grundsätze, nach welchen die Einschätzung in die Gefahrentarife zu bewirken ist, und event. diese Tarife selbst im Statut festzusetzen." (Motive S. 52.) Obligatorisch hat man dies letztere nicht machen wollen, weil wesentliche Aenderungen der Betriebsanlagen und Einrichtungen auch auf den Grad der Unfallgefahr von Einfluß sind und deshalb von Zeit zu Zeit Abänderungen der Gefahrentarife erforderlich werden, welche dann gleichzeitig eine Statutenänderung mit sich führen würden, und weil es andererseits „nur ausnahmsweise möglich sein wird, in der das Statut berathenden Genossenschaftsversammlung bereits definitive Beschlüsse über die Bildung der Gefahrenklassen und die Höhe der in denselben zu leistenden Beiträge zu fassen". (Motive S. 52.) Man hat sich daher darauf beschränkt, in dieser Beziehung obligatorisch nur Vorschriften über das Verfahren bei der Einschätzung in die Tarife und bei Betriebsveränderungen zu fordern.

[8]) Verfahren. „Insbesondere wird zu bestimmen sein, von welchen Organen die Einschätzung in die Gefahrentarife vorzunehmen ist (cf. §. 28), welche Angaben die Betriebsunternehmer über ihre Einrichtungen und Anlagen zum Zweck der Veranlagung zu machen haben, innerhalb welcher Fristen dieses zu geschehen hat, in welcher Weise die Veranlagung zu bewirken ist, wenn die erwähnten Angaben nicht rechtzeitig gemacht worden sind, welche Betriebsänderungen für die Einschätzung in die Gefahrentarife als bestimmend anzusehen sind und in welchen Fristen dieselben zur Kenntniß der Genossenschaftsorgane gebracht werden müssen. . . . . Desgleichen hat das Statut darüber Bestimmung zu treffen, in welcher Weise und innerhalb welcher Fristen die

Betriebsänderungen zur Kenntniß der Genossenschaftsorgane gebracht werden sollen." (Motive S. 52.) Vergl. auch Anm. 2 zu §. 38.

[9]) in der Person. Eine Aenderung in der Person des Betriebsunternehmers gilt auch für den ausscheidenden Theil nicht als Betriebseinstellung, sondern wird besonders behandelt, §. 37.

[10]) Eine Betriebseinstellung liegt nur dann vor, wenn die Absicht besteht, den Betrieb dauernd aufzulösen; §. 68 Nr. 1 Abs. 1 des Krankenversicherungsgesetzes braucht dafür den Ausdruck „Auflösung". Zeitweilige, durch die Art des Betriebes bedingte periodisch wiederkehrende Einstellungen oder Einschränkungen des Betriebes (cf. §. 67 Abs. 3 des Krankenversicherngsgesetzes), wie sie z. B. bei Zuckerfabriken, Brennereien .c. vorkommen, gehören nicht hierher.

Da die Mitgliedschaft mit der Einstellung des Betriebes erlischt (cf. §. 34), so kann der Fall eintreten, daß am Schluß eines Rechnungsjahres ein Betrieb nicht mehr versicherungspflichtig ist und deshalb den Vorschriften des Gesetzes (über die Aufbringung der Beiträge rc.) nicht mehr unterliegt, obwohl er während eines Theils dieses Zeitabschnitts noch versicherte Arbeiter beschäftigt hat und folgeweise für diese Zeit noch beitragspflichtig war. Es muß also Vorsorge getroffen werden, daß ein solcher Betrieb nach Verhältniß der Zeit, für welchen der Unternehmer noch Mitglied der Genossenschaft war, zu den Beiträgen herangezogen werden kann. (cf. Motive zur 2. Vorlage, R. T. Dr. S. 1882 Nr. 19 S. 73). Für die in Zukunft fällig werdenden Beiträge haftet der ausscheidende Betrieb nicht, weil er nur, so lange er zur Genossenschaft gehört, an den Jahreslasten partizipirt, und letztere nach dem Umlageprinzip nur in derjenigen Höhe aufzubringen sind, welche die in jedem Jahr zu leistenden Zahlungen erforderlich machen.

Die für den aufgelösten Betrieb pro rata temporis noch zu zahlenden Beiträge des laufenden Jahres, welche erst am Schluß des Rechnungsjahres fällig sind (§§. 70, 71), werden in der Regel durch Niederlegung einer Kaution sichergestellt werden müssen. Der zweite Gesetzentwurf enthält hierüber detaillirte Vorschriften*). Gegenwärtig hat man die näheren Bestimmungen dem Statut

*) §. 70 des II. Entwurfs (S. 7 d. J. 1883 Nr. 19) lautet:

Wird ein unter den §. 1 fallender Betrieb eingestellt, so hat der Betriebsunternehmer binnen vier Wochen dem Vorstand der Genossenschafts- oder Verbandsabtheilung davon Anzeige zu machen und für die Zeit vom Ablauf des letzten Rechnungshalbjahres die im §. 68 Abs. 1 vorgeschriebene Nachweisung (sc. über die während dieses Zeitraums im Betriebe beschäftigt gewesenen versicherten Personen und die von denselben verdienten Löhne und Gehälter) einzureichen, gleichzeitig auch zwei Procent des aus der Nachweisung sich ergebenden anrechnungsfähigen Betrages der Löhne und Gehälter als Kaution für den am Schlusse des laufenden Halbjahrs fälligen Beitrag einzuzahlen.

Wird dieser Vorschrift nicht genügt, so hat der Vorstand den anrechnungsfähigen Betrag der Löhne und Gehälter seinerseits festzustellen und zwei Procent desselben von dem Betriebsunternehmer einzuziehen.

Von der als Kaution eingezahlten Summe wird demnächst der nach Maßgabe des nachgewiesenen oder festgestellten Lohn- und Gehaltsbetrages zu berechnende Beitrag bestritten.

Der überschießende Betrag der Kaution wird dem Betriebsunternehmer zurückgezahlt, ein etwaiger Mehrbetrag des Beitrags von demselben eingezogen.

überlassen, „um so mehr, als die Höhe der Kaution nicht für alle Berufsgenossenschaften gleichmäßig zu bemessen sein wird, sondern sich nach dem Betrage der voraussichtlich zu zahlenden Beiträge wird richten müssen" (Motive S. 53.) Die Kautionsbeträge sind im Verwaltungszwangsverfahren beizutreiben (§. 74) und würden im Konkurs ein Vorzugsrecht nach §. 54 Nr. 3 der Konkursordnung haben. „Eröffnet der Unternehmer den Betrieb wieder, so muß er neu eintreten." (Komm.-Ber. S. 30.)

11) Vergütungssätze, um deren angemessene und billige Normirung zu kontroliren (Mot.). Die Vergütung für die Vertreter der Arbeiter besteht in den Fällen der §§. 44, 49, 55 in dem Ersatz für entgangenen Arbeitsverdienst, in den Fällen der §§. 44, 49 außerdem in dem Ersatz der baaren Auslagen. Zu den baaren Auslagen gehören u. A. die Reisekosten, die zuweilen (wie im §. 25) besonders genannt werden, sowie Zehrgelder.

Soll den Mitgliedern der Genossenschaften bei Wahrnehmung der Genossenschaftsgeschäfte als Mitglieder der Vorstände, als Vertrauensmänner oder als Beisitzer des Schiedsgerichts (§§. 25, 49) eine Entschädigung für den ihnen hieraus erwachsenden Zeitverlust zustehen, was zulässig ist, so muß das Statut hierüber Bestimmung treffen (§. 25). Im Uebrigen sind die den Genossenschaftsmitgliedern für baare Auslagen (Reisekosten, Diäten) zu gewährenden Sätze nicht durch das Statut, sondern durch die Genossenschaftsversammlung zu bestimmen. Denn bei diesen Bezügen der Mitglieder der Genossenschaft braucht das Reichs-Versicherungsamt die Angemessenheit nicht zu kontroliren; es kann dies der Selbstverwaltung der Berufsgenossen überlassen bleiben.

12) Abänderung. In ähnlichen Fällen wird wohl vorgesehen, daß in Generalversammlungen, in denen über die Abänderung des Statuts Beschluß gefaßt werden soll, mehr als die Hälfte sämmtlicher Stimmen anwesend sein, und von den vertretenen Stimmen eine qualifizirte Mehrheit der Abänderung zustimmen soll.

Ueber die Auflösung einer Genossenschaft oder die Ausscheidung einzelner Industriezweige ꝛc. aus derselben giebt das Gesetz (§§. 31 ff.) Bestimmungen, so daß es besonderer Bestimmungen des Statuts darüber nicht nothwendig bedarf.

13) Der Inhalt des Statuts wird durch diese Vorschriften natürlich nicht erschöpft. Außer den weiteren, nach §§. 2, 10, 18, 19, 24, 25 (49), 29 freistehenden Bestimmungen wird vielmehr das Statut auch noch eine Reihe anderer, für die Verwaltung der Genossenschaft wichtiger Punkte zu regeln haben. Dahin gehören u. A. Bestimmungen darüber, wie es bei Veränderung in der Person des Betriebsunternehmers (durch Verkauf, Erbgang, Eingehung eines Sozietätsverhältnisses ꝛc.) mit der Mitgliedskarte (§. 37) gehalten werden soll (vgl. auch Anm. 1 zu §. 27), ob und welche Publikationsorgane bestimmt, wie die von der Genossenschaft zu wählenden Beisitzer zum Schiedsgericht gewählt werden sollen (Anm. 3 zu §. 47) u. A. Vgl. auch Anm. 1 zu §. 27, Anm. 2 zu §. 72.

Wegen der Knappschafts-Berufsgenossenschaften vgl. §. 94.

§. 18.

(Abs. 1.) Die Berufsgenossenschaften haben¹) einen Reservefonds²) anzusammeln. An Zuschlägen zur Bildung desselben sind bei der erstmaligen Umlegung der Entschädigungsbeträge dreihundert Prozent, bei der zweiten zweihundert, bei der dritten einhundertundfünfzig, bei der vierten einhundert, bei der fünften achtzig, bei der sechsten sechszig und von da an bis zur elften Umlegung jedesmal zehn Prozent weniger als Zuschlag zu den Entschädigungsbeträgen³) zu erheben. Nach Ablauf der ersten elf Jahre sind die Zinsen des

---

Zu §. 18.

¹) haben, also obligatorisch. Die Vorlage wollte die Ansammlung nur fakultativ gestatten.

²) Reservefonds. So lange die Beiträge noch niedrig sind, also in den ersten Jahren des Bestehens der Berufsgenossenschaften, sollen die letzteren durch jährlich fallende Zuschläge zu den zu zahlenden Entschädigungsbeträgen einen Reservefonds ansammeln. Derselbe dient nicht nur dazu, um im Fall der Noth ein verfügbares Kapital von erheblicher Höhe zur Hand zu haben, sondern auch dazu, damit demnächst seine Zinsen zur Verminderung der Jahreslasten verwendet werden können.

Für die Verwaltung des Reservefonds häftet der Vorstand wie ein Vormund seinem Mündel (§. 26); er hat also für sichere Anlegung der Gelder Sorge zu tragen (cf. Anm. 1 zu §. 26), und zwar nach Maßgabe der Bestimmungen des §. 76.

³) Entschädigungsbeträge. Es handelt sich also um prozentuale Zuschläge zu denjenigen Beträgen, welche an die Postverwaltungen als Deckung für die von ihnen geleisteten Vorschüsse abzuführen sind. Die Verwaltungskosten, desgleichen die auf Grund des §. 100 etwa zu übernehmenden Lasten bleiben unberücksichtigt, weil für deren Höhe ein sicherer Anhalt fehlt, dieselbe auch in der ersten Zeit von Zufälligkeiten abhängen wird. Die Zuschläge werden nach demselben Verhältniß aufgebracht, wie die Entschädigungsbeträge selbst.

⁴) weiter. Während der ersten elf Jahre sollen also die Zinsen des Reservefonds demselben unbedingt zugeschlagen werden, auch wenn derselbe den doppelten Jahresbedarf übersteigt.

⁵) Jahresbedarf im Sinne des §. 10, also einschließlich der Verwaltungskosten, jedoch ausschließlich der für die Ansammlung des Reservefonds auszuschreibenden Beträge.

⁶) den laufenden doppelten Jahresbedarf, d. h. den Jahresbedarf des letztverflossenen Rechnungsjahres, für welches im laufenden Jahre die Umlegung erfolgt, §§. 70, 71.

⁷) Durch die in diesem Paragraphen vorgesehenen Zuschläge wird erreicht, daß der Reservefonds im Laufe des zwölften Rechnungsjahres, in welchem zum letzten Male besondere Zuschläge (zu der elften Umlage für das elfte Rechnungsjahr) erhoben werden, mit Zinsen und Zinseszinsen à 4 pCt. den

Reservefonds dem letzteren solange weiter[4]) zuzuschlagen, bis dieser den doppelten Jahresbedarf[5]) erreicht hat. Ist das letztere der Fall, so können die Zinsen insoweit, als der Bestand des Reservefonds den laufenden doppelten Jahresbedarf[6]) übersteigt, zur Deckung der Genossenschaftslasten verwendet werden.[7])

Auf Antrag des Genossenschaftsvorstandes kann die Genossenschaftsversammlung jederzeit weitere Zuschläge zum Reservefonds beschließen, sowie bestimmen, daß derselbe über den doppelten Jahres- (Abs. 2.)

Betrag von mehr als 40 Millionen Mark — für die versicherungspflichtige Gesammtindustrie (mit Ausschluß der Baugewerke) berechnet, cf. Anm. 1 zu §. 5 —, und im Laufe des fünfzehnten Rechnungsjahres, unter Hinzurechnung der weiter aufgekommenen Zinsen, insoweit diese nicht anderweitig verwendet sein sollten, mehr als den doppelten Betrag des für den Beharrungszustand im fünfundsiebenzigsten Jahr (cf. Anm 1 zu §. 10) erforderlichen Jahresbedarfs erreicht hat.

Nach den mehrerwähnten, in der „Norddeutschen Allg. Zeitung" regierungsseitig veröffentlichten Berechnungen wird nämlich der wahrscheinliche Betrag, welcher bei der (nach der Unfallstatistik) zu Grunde gelegten Anzahl von 1 615 253 männlichen Arbeitern und 750 Mark Durchschnitts-Jahreslohn in den einzelnen Jahren aufzubringen ist, auf den Anfang des Jahres bezogen (so daß also der Betrag erst im nächstfolgenden Jahre umzulegen ist,) wie folgt berechnet:

An Entschädigungen sind aufzubringen

für das			zum Reservefonds sind aufzubringen	
1. Jahr	688 000	Mark (siehe hinten)	300 pCt.	= 2 064 000 Mark:
2. „	1 708 000	„	200 „	= 3 416 000 „
3. „	2 752 000	„	150 „	= 4 128 000 „
4. „	3 758 000	„	100 „	= 3 758 000 „
5. „	4 723 000	„	80 „	= 3 778 400 „
6. „	5 529 000	„	60 „	= 3 317 400 „
7. „	6 554 000	„	50 „	= 3 277 000 „
8. „	7 412 000	„	40 „	= 2 964 800 „
9. „	8 232 000	„	30 „	= 2 469 600 „
10. „	9 016 000	„	20 „	= 1 803 200 „
11. „	9 761 000	„	10 „	= 976 100 „
12. „	10 468 000	„		
13. „	11 142 000	„		
14. „	11 781 000	„		
15. „	12 387 000	„		
16. „	12 971 000	„		
17. „	13 533 000	„ *)		

---

*) ungefähr derselbe Betrag wäre bei dem Deckungskapitalprincip von Anfang an konstant zu erheben.

bedarf erhöht werde. Derartige Beschlüsse bedürfen der Genehmigung des Reichs-Versicherungsamts.[8])

(Abs. 3.) In dringenden Bedarfsfällen kann die Genossenschaft mit Genehmigung des Reichs-Versicherungsamts[8]) schon vorher die Zinsen und erforderlichenfalls auch den Kapitalbestand des Reservefonds angreifen. Die Wiederergänzung[9]) erfolgt alsdann nach näherer Anordnung des Reichs-Versicherungsamts.[8])

20.	=	15 054 000	Mark;
30.	=	19 074 000	=
40.	=	21 413 000	=
45.	=	22 064 000	=
50.	=	22 482 000	=
60.	=	22 804 000	=
70.	=	22 851 000	=
75.	=	22 855 000	=
76.	=	22 855 000	=

Hiernach würde (salvo errore in calculo) der Reservefonds mit Zinsen in runder Summe betragen:

bei	der	1.	Umlage	2 064 000	Mark,
=	=	2.	=	5 562 560	=
=	=	3.	=	9 841 700	=
=	=	4.	=	13 993 370	=
=	=	5.	=	18 331 505	=
=	=	6.	=	22 382 165	=
=	=	7.	=	26 554 445	=
=	=	8.	=	30 581 425	=
=	=	9.	=	34 474 285	=
=	=	10.	=	37 656 455	=
=	=	11.	=	40 138 815	=
=	=	12.	=	41 744 375	=

Es würden also schon bei der 12. Umlage die Zinsen des ganzen Reservefonds zur Erleichterung der Genossenschaftslasten herangezogen werden können, da der in diesem Jahr bereits aufgelaufene Betrag des Reservefonds das Doppelte der in diesem Jahre aufzubringenden Entschädigungsbeträge, einschl. der voraussichtlichen Verwaltungskosten, erheblich übersteigen wird.

Ein Zwang zur Verwendung der Zinsen besteht nicht, da nach Abs. 2 die Maximalgrenze des Reservefonds — vorbehaltlich der Genehmigung des Reichs-Versicherungsamtes — auch über den doppelten Jahresbedarf hinaus erhöht werden kann.

Der für das erste Rechnungsjahr in Ansatz gebrachte Betrag von nur 688 000 Mark erscheint auf den ersten Blick sehr niedrig. Es ist aber „zu

§. 19.

Das Statut kann die Zusammensetzung der Genossenschafts-versammlung aus Vertretern,[1]) die Eintheilung der Berufsgenossenschaft in örtlich abgegrenzte Sektionen,[2]) sowie die Einsetzung von (Abs. 1.)

---

beachten, daß die im ersten Jahre versorgungsberechtigt werdenden Personen (1542 Invalide, 1124 Wittwen, 2254 Waisen, 85 Aszendenten) im Durchschnitt nur die Hälfte einer vollen Jahresversorgung beziehen, da die Versorgungsberechtigung der einzelnen Personen nur nach und nach eintritt, so daß die am letzten Tage des ersten Jahres versorgungsberechtigt werdenden Personen nur mit Einem Tage in Betracht kommen. Das selbstverständliche Resultat ist, daß, abgesehen von dem Sterbegelde, für jede Person im ersten Jahre durchschnittlich nur der Satz für ein halbes Jahr in Betracht gezogen werden darf. Ueberdies ist die Hauptlast, nämlich die der Invaliden, im ersten Jahre sogar nur mit $^3/_8$ einer vollen Jahreslast anzusetzen, denn durch die 13wöchige Karenzzeit, auf welcher die Rechnung beruht, fällt ein Quartal für jeden Invaliden aus; es bleiben mithin nur 3 Quartale; hiervon der halbe Durchschnitt (wie oben) macht $^3/_8$. Für die folgenden Jahre ist dann der Zugang, Abgang und die Karenzzeit zu berücksichtigen. Dies ist bei den in ihren Resultaten mitgetheilten Rechnungen geschehen."

Dies für die Gesammtindustrie entwickelte Bild wird sich freilich in den einzelnen Genossenschaften verschieden gestalten; immerhin gewährt es einen Ueberblick, in welchem Verhältniß sich voraussichtlich die Last in den einzelnen Jahren entwickeln, und welchen Einfluß der Reservefonds auf die Gestaltung der finanziellen Lage der Genossenschaften und der Unternehmer gewinnen wird.

[8]) Reichs-Versicherungsamt event. Landes-Versicherungsamt, §. 92.

[9]) Die Wiederergänzung des ganz oder zum Theil verbrauchten Reservefonds hat nicht durch das Gesetz geregelt werden können, weil dieselbe nach den Umständen zu erfolgen haben und namentlich bei außergewöhnlichen Verhältnissen (Krieg rc.) nicht immer nach Maßgabe der Bestimmungen des ersten Absatzes möglich sein wird.

Ist der Reservefonds angegriffen, so können die Zinsen des übrig gebliebenen oder wieder angesammelten Kapitals nicht eher wieder zur Deckung von Genossenschaftslasten verwendet werden, als bis durch die Ansammlungen der doppelte Jahresbedarf wieder erreicht ist.

Wegen einer besonderen Zweckbestimmung des Reservefonds, vergl. §. 74 Abs. 2.

Zu § 19.

[1]) Vertretern. Das Gesetz überläßt „in Gemäßheit des in demselben durchgeführten Prinzips der Selbstverwaltung die Entscheidung über die Zusammensetzung der Genossenschaftsversammlungen der freien Entschließung der Berufsgenossenschaft. Wird sich auch im allgemeinen die Einführung einer ständigen

Vertrauensmännern[3]) als örtliche Genossenschaftsorgane vorschreiben. Enthält dasselbe Vorschriften dieser Art, so ist darin zugleich über die Wahl der Vertreter, über Sitz und Bezirk der Sektionen, über die Bildung der Sektionsvorstände und über den Umfang ihrer Befugnisse, sowie über die Abgrenzung der Bezirke der Vertrauensmänner, die Wahl der letzteren und ihrer Stellvertreter und den Umfang[4]) ihrer Befugnisse Bestimmung zu treffen.

(Abs. 2.) Die Abgrenzung der Bezirke der Vertrauensmänner, sowie die Wahl der letzteren und ihrer Stellvertreter kann von der Genossenschaftsversammlung dem Genossenschaftsvorstande übertragen werden.[5])

Vertretung der Berufsgenossen in der Genossenschaftsversammlung empfehlen, so liegt doch ein Grund, in dieser Beziehung die freie Selbstbestimmung einzuschränken, um so weniger vor, als die Erfahrungen, welche bei einzelnen der bestehenden freien wirthschaftlichen Vereinigungen gemacht worden sind, darthun, daß durch die Berechtigung sämmtlicher Mitglieder, an den Generalversammlungen theilzunehmen, besondere Schwierigkeiten nicht entstehen, während die hierdurch bewirkte größere Annäherung der Berufsgenossen an einander wesentliche Vortheile bietet. Die Berufsgenossenschaften werden die Theilnahme an den Genossenschaftsversammlungen ihren Mitgliedern um so eher gewähren können, als diesen allgemein gestattet ist, ihre Rechte in den Genossenschaftsversammlungen durch Bevollmächtigte wahrzunehmen." (Mot. S. 53.) Vgl. §. 16 Abs. 3.

[2]) Sektionen, zum Zweck der Decentralisation der Verwaltung im Interesse einer schleunigen und sachlichen Erledigung der Geschäfte. Die Motive führen aus, daß die räumliche Ausdehnung der Genossenschaften in den überwiegend meisten Fällen die Einrichtung von Sektionen erforderlich machen wird; hierbei werden „die Erfahrungen der freien wirthschaftlichen Vereine als zweckmäßiger Anhalt dienen können. Die mannigfaltigen Verschiedenheiten, welche bezüglich der Verwaltung dieser Vereine, deren große Mehrzahl ebenfalls in Sektionen eingetheilt ist, bestehen, liefern den Beweis, wie wenig eine einheitliche Verwaltungsorganisation für alle Berufsgenossenschaften den Interessen und den Wünschen der Betheiligten, sowie den praktischen Bedürfnissen entsprechen würde." (Mot. S. 54).

Durch die Einrichtung von Sektionen ist die Möglichkeit gegeben, unbeschadet des Einstehens größerer Verbände für die Unfallast den Schwerpunkt der Verwaltung insbesondere durch die Feststellung der Unfallentschädigungen (§. 57) in kleinere Kreise zu legen; es ist dann erreicht, was so vielfach angestrebt worden ist, nämlich breite unbedingt leistungsfähige Schultern für die Uebernahme der Unfallast und lokale Verwaltung in den Verbänden. Die Bedenken, welche gegen eine Ausdehnung der Berufsgenossenschaften auf das Reich namentlich um deswillen erhoben worden sind, weil so ausgedehnte Verbände angeblich eine ungemein schwerfällige Verwaltung mit sich bringen würden, sind dann im Wesentlichen beseitigt; die Thätigkeit des Genossenschaftsvorstandes wird sich dann im Allgemeinen auf eine generelle Leitung reduziren.

Die Funktionen der Sektionen und ihrer Vorsteher sind durch das Statut zu regeln. Das Gesetz erwähnt:

a) die selbständige Aufbringung eines Theils der Unfalllast, falls das Statut dies vorsieht, §. 29;
b) die Auswahl der von der Genossenschaft zu ernennenden Mitglieder des Schiedsgerichts, §. 47;
c) die Entgegennahme der Anzeige von der Einleitung der Untersuchung von Unfällen, §. 54;
d) die Feststellung der Entschädigung bei kleineren Unfällen nach näherer Vorschrift des §. 57;
e) ein Requisitionsrecht und die Verpflichtung, den Requisitionen von Behörden ꝛc. nachzukommen, §. 98.

Ferner würden den Sektionen übertragen werden können:

f) die Führung der Listen über den Eintritt und das Ausscheiden der Betriebe;
g) die Feststellung von Betriebsveränderungen;
h) die Ueberwachung der Unfallverhütungs-Vorschriften in den Betrieben;
i) die Ueberwachung der ärztlichen Behandlung der Verletzten sowie der theilweise Erwerbsunfähigen;
k) die Ausfertigung von Verträgen mit Aerzten, Krankenversicherungskassen und Krankenhäusern behufs Kur und Verpflegung und der Verletzten;
l) die Wahl von Vertretern für die Genossenschaftsversammlung, sofern diese statutenmäßig aus Vertretern besteht;
m) die Stellung von Anträgen und Beschwerden in Angelegenheiten der Genossenschaftsverwaltung an die Genossenschaftsversammlung;
n) die Anweisung der festgesetzten Vergütungen in den Fällen der §§. 49, 55.

Durch das Statut kann auch bestimmt werden, daß die Verwaltungskosten der Sektion lediglich auf die Mitglieder derselben umgelegt werden (cf. Anm. 1 zu §. 71).

Die Sektionen sind für räumlich abgegrenzte Bezirke zu bilden, eine besondere Organisation einzelner Betriebsarten (cf. Anm. 3 zu §. 78) ist nicht vorgesehen und erscheint in dem Rahmen des Gesetzes auch nicht angängig.

Die Bildung von Sektionen ermöglicht die Beibehaltung der bestehenden Knappschaftsverbände, auf deren Erhaltung von den Betheiligten großer Werth gelegt wird. Vgl. hierüber und die dann erforderlichen Abänderungen in der bisherigen Organisation der Knappschaftsverbände die allgemeinen Motive, sowie über Bildung besonderer Knappschafts-Berufsgenossenschaften den §. 94.

An Stelle der Sektionen oder neben denselben können Vertrauensmänner eingesetzt werden.

§. 20.

(Abs. 1.) Das Genossenschaftsstatut bedarf zu seiner Gültigkeit der Genehmigung[1]) des Reichs-Versicherungsamts.[2])

(Abs. 2.) Gegen die Entscheidung desselben, durch welche die Genehmigung versagt wird, findet binnen einer Frist von vier Wochen, vom Tage der Zustellung[3]) an den provisorischen Genossenschaftsvorstand (§. 16), die Beschwerde an den Bundesrath statt.

---

[3]) Vertrauensmänner (örtliche Beauftragte, §. 57) für enge Bezirke. Diese Organe können entweder direkt unter dem Genossenschaftsvorstand oder zunächst unter dem Sektionsvorstand stehen.

„Die Einführung des Instituts der Vertrauensmänner wird sich empfehlen, wenn die Betriebe wenig konzentrirt sind und sich über weite Gebiete erstrecken, weil dann die Sektionen allein nicht genügen würden, um die Anknüpfung und Aufrechterhaltung persönlicher Beziehungen zwischen dem Sektionsvorstande und den Betriebsunternehmern zu ermöglichen. Da die Bezirke der Vertrauensmänner ungleich enger begrenzt werden können, so würden durch die Einsetzung derselben sich die Verwaltungskosten erheblich vermindern. Den Vertrauensmännern würde die Kontrole über die Schutzmaßregeln in den Fabriken und die Mitwirkung bei der Feststellung der Unfälle übertragen werden können; außerdem würde denselben in denjenigen Fällen, in denen Sektionen nicht gebildet sind, in denen sie also direkt unter dem Vorstande der Berufsgenossenschaft fungiren, die vorläufige Fürsorge für die Verunglückten und deren Hinterbliebene zur Pflicht gemacht werden können." (Mot. S. 54). Das Gesetz erwähnt die Vertrauensmänner in den §§. 18, 21, 24, 25, 26, 47, 54, 57, 60, 61, 88.

Es leuchtet ein, daß das Institut der Vertrauensmänner einer großen Ausbildung fähig ist und in zahlreichen Fällen dazu benutzt werden kann, die Verbindung zwischen einzelnen Industriellen und größeren Centralverbänden zu vermitteln. Aehnliche Einrichtungen bestehen schon jetzt in landschaftlichen Creditvereinen, ständischen Feuerversicherungsgesellschaften.

[4]) Umfang ihrer Befugnisse. Vergl. u. A. Anm. 3 zu §. 49. Ueber das Requisitionsrecht vgl. §. 101.

[5]) kann übertragen werden. Für die erste Organisation wird es sich empfehlen, von dieser Befugniß Gebrauch zu machen, weil die Berufsgenossen zunächst noch schwerlich einen genügenden Ueberblick darüber haben werden, welche Personen sich als Vertrauensmänner eignen und wie die Bezirke abzugrenzen sind.

Zu §. 20.

[1]) Genehmigung, behufs Wahrung der öffentlichen Interessen, cf. allg. Motive S. 29.

Wird innerhalb dieser Frist Beschwerde nicht eingelegt oder wird die Versagung der Genehmigung des Statuts vom Bundesrath aufrecht erhalten, so hat[4]) das Reichs-Versicherungsamt[2]) innerhalb vier Wochen die Mitglieder der Genossenschaft zu einer neuen Genossenschaftsversammlung behufs anderweiter Beschlußfassung über das Statut einzuladen.[5]) Wird auch dem von dieser Versammlung beschlossenen Statut die Genehmigung endgültig versagt, so wird ein solches von dem Reichs-Versicherungsamt[2]) erlassen.[6]) (Abs. 3.)

Abänderungen des Statuts bedürfen der Genehmigung des Reichs-Versicherungsamts, gegen deren Versagung[7]) binnen einer Frist von vier Wochen die Beschwerde an den Bundesrath zulässig ist. (Abs. 4.)

Veröffentlichung des Namens und Sitzes der Genossenschaft 2c.

§. 21.

Nach endgültiger Feststellung des Statuts hat der Genossenschaftsvorstand durch den Reichsanzeiger bekannt zu machen (Abs. 1.)

1. den Namen und den Sitz der Genossenschaft,
2. die Bezirke der Sektionen und der Vertrauensmänner,

---

[2]) Reichsversicherungsamt, event. Landesversicherungsamt, §. 92.

[3]) Zustellung, cf. §. 110.

[4]) hat. Eine derartige zweite Verhandlung über das Statut muß stattfinden, wenn dem ersten Entwurf endgültig die Genehmigung versagt ist. Weitere Verhandlungen sind nicht ausgeschlossen, aber nicht vorgeschrieben.

„Da das Gesetz erst in Kraft treten kann, wenn für alle Industriezweige Genossenschaften konstituirt sind, so ist die äußerstenfalls eintretende behördliche Befugniß zum Erlasse des Statuts nicht zu entbehren" (Mot. S. 55).

[5]) einzuladen. Dabei sind die Bestimmungen in §. 14 wiederum maßgebend, vgl. §. 16.

[6]) erlassen. Wenn die Genossenschaftsversammlung überhaupt ein Statut zu beschließen sich weigert, so wird die Verwaltung der Genossenschaft auf Grund des §. 27 durch das Reichs- (Landes-) Versicherungsamt organisirt.

[7]) Versagung. Der versagende Bescheid muß nach §. 110 zugestellt werden.

Zu §. 21.

Diese Bekanntmachungen, welche von dem Reichsversicherungsamt nach §. 89 durch Strafen erzwungen werden können, sind schon um deswillen wichtig, weil aus denselben die höhere Verwaltungsbehörde ihre Kenntniß von der Zusammensetzung des Vorstandes wird schöpfen müssen, wenn sie darüber

3. die Zusammensetzung des Genossenschaftsvorstandes und der Sektionsvorstände, sowie die Namen der Vertrauensmänner und ihrer Stellvertreter.

(Abs. 2.) Etwaige Aenderungen sind in gleicher Weise zur öffentlichen Kenntniß zu bringen.

Genossenschaftsvorstände.

§. 22.

(Abs. 1.) Dem Genossenschaftsvorstande liegt die gesammte Verwaltung der Genossenschaft ob, soweit nicht einzelne Angelegenheiten durch Gesetz oder Statut der Beschlußnahme der Genossenschaftsversammlung [1]) vorbehalten oder anderen Organen [2]) der Genossenschaft übertragen sind.

(Abs. 2.) Die Beschlußfassung der Vorstände kann in eiligen Fällen [3]) durch schriftliche Abstimmung erfolgen.

(Abs. 3.) Der Beschlußnahme der Genossenschaftsversammlung müssen vorbehalten werden:

1. die Wahl [4]) der Mitglieder des Genossenschaftsvorstandes,
2. die Prüfung und Abnahme der Jahresrechnung,
3. Abänderungen [5]) des Statuts.

---

nach §. 23 Bescheinigungen ertheilen soll. Eine Anzeige von der Zusammensetzung des Vorstandes und von eintretenden Veränderungen an die zur Ausstellung dieser Bescheinigungen verpflichteten Behörde, wie sie §. 34 Abs. 2. Ges. v. 15./6. 1883 vorschreibt, ist in dem vorliegenden Gesetz wohl um deswillen nicht ausdrücklich vorgeschrieben, weil es sich um verhältnißmäßig wenige Bildungen handelt und hier das Geeignete sehr leicht im Verwaltungswege, eventuell unter Dazwischenkunft des Reichsversicherungsamts, geregelt werden kann.

Zu §. 22.

[1]) Der Genossenschaftsversammlung sind durch Gesetz, außer den im §. 22 bezeichneten Angelegenheiten, vorbehalten worden:

§. 16: die Vereinbarung des Statuts.

§. 18: die Beschlußfassung über weitere Zuschläge zum Reservefonds und über die Erhöhung desselben.

§. 24: die Bestrafung derjenigen Genossen, welche die auf sie getroffenen Wahlen unbefugt ablehnen;

§. 25: die Festsetzung der Pauschsätze für die Reisekosten-Entschädigung der Genossenschaftsorgane und für die aus der Genossenschaft gewählten Mitglieder des Schiedsgerichts, §. 49; ebenso die Regelung des Verhältnisses zwischen den

§. 23.

Die Genossenschaft wird durch ihren Vorstand gerichtlich und außergerichtlich vertreten. Die Vertretung erstreckt sich auch auf diejenigen Geschäfte und Rechtshandlungen, für welche nach den Gesetzen eine Spezialvollmacht erforderlich ist. (Abs. 1.)

Durch die Geschäfte, welche der Vorstand der Genossenschaft und die Vorstände der Sektionen, sowie die Vertrauensmänner (Abs. 2.)

---

ehrenamtlichen Organen und den Beamten der Genossenschaft, cf. Anm. 1 zu §. 25;

§. 28: die Beschlüsse über die Bildung der Gefahrenklassen und Aufstellung des Gefahrentarifs (vorbehaltlich der Uebertragung an den Vorstand rc.) die Beschlußfassung über die Beibehaltung oder Abänderung desselben auf Grund der periodischen Revisionen, und die Bestimmung über Zuschläge oder Nachlässe von den Beiträgen aus Anlaß der Zahl der in einzelnen Betrieben vorgekommenen Unfälle;

§. 30: die Vereinbarung mit anderen Genossenschaften zu gemeinsamer Uebernahme des Risikos und und die Untervertheilung der in solchem Fall der Genossenschaft erwachsenen Auflage unter die Berufsgenossen;

§§. 31—33: Beschlußfassungen über die Abänderung des Bestandes der Genossenschaften.

Außerdem erwähnt das Gesetz, (§. 19), daß die Genossenschaftsversammlungen die Abgrenzung der Vertrauensmännerbezirke, sowie die Wahl der Vertrauensmänner und ihrer Stellvertreter, falls darüber im Statut nichts bestimmt wird, den Vorständen übertragen können.

[2]) Organen. Als solche kennt das Gesetz die Sektionsvorstände, Ausschüsse derselben oder des Genossenschaftsvorstandes sowie besondere Kommissionen zur Festsetzung der Entschädigungen (§. 57), Vertrauensmänner, Beauftragte (§. 82). Auch Beamte können an der Verwaltung der Genossenschaft betheiligt werden, nur dürfen die Vorstände ihre verantwortliche Thätigkeit nicht etwa auf einen büreaukratischen Apparat abwälzen; sie dürfen „den Generalsekretair nicht in den Vordergrund schieben". Auch eine Theilung der Verantwortlichkeit zwischen den Organen der Genossenschaft einerseits und bezahlten Beamten andrerseits ist unstatthaft. Mit Rücksicht hierauf hat die Reichstagskommission es abgelehnt, in diesem Paragraph neben den „Organen" auch „Beamte" aufzuführen, wobei aber das Recht zur Anstellung von Beamten für zweifellos erachtet ist (Komm.-Ber. S. 33).

[3]) eilige Fälle; die Festsetzungen der Entschädigungen sind immer eilig, §. 58. Von der Befugniß, die Beschlußfassung durch schriftliche Abstimmung herbeizuführen, wird insbesondere dann Gebrauch zu machen sein, wenn es sich lediglich um kalkulatorische Maßnahmen, um Bewilligung des Sterbegeldes, der Renten für Personen, die zweifellos ganz invalide sind, rc. handelt.

[4]) Wahl, wegen der besonderen Wichtigkeit dieser Wahl.

[5]) Abänderung, §. 17 Nr. 12.

innerhalb der Grenzen ihrer gesetzlichen und statutarischen Vollmacht im Namen der Genossenschaft abschließen, wird die letztere berechtigt und verpflichtet.

(Abs. 3.) Zur Legitimation der Vorstände bei Rechtsgeschäften genügt[1]) die Bescheinigung[2]) der höheren Verwaltungsbehörde,[3]) daß die darin bezeichneten Personen den Vorstand bilden.

§. 24.

(Abs. 1.) Wählbar zu Mitgliedern der Vorstände und zu Vertrauensmännern sind nur[1]) die stimmberechtigten Mitglieder der Genossenschaft beziehungsweise deren gesetzliche Vertreter. Nicht wählbar ist, wer durch gerichtliche Anordnung in der Verfügung über sein Vermögen beschränkt ist.

(Abs. 2.) Die Ablehnung[2]) der Wahl ist nur aus denselben Gründen zulässig, aus welchen das Amt eines Vormundes abgelehnt werden kann. Eine[3]) Wiederwahl kann abgelehnt werden.

Zu §. 23.

[1]) genügt, d. h. es darf nicht Mehr gefordert werden, doch kann sich der Richter rc. auch mit anderweiten glaubhaften Nachweisen begnügen.

[2]) Bescheinigung, vgl. Anm. zu §. 21. Dieselbe ist in der Regel gebühren- und stempelfrei, §. 102.

[3]) höhere Verwaltungsbehörde, §. 109. „Diese Bescheinigung ist naturgemäß von derjenigen höhern Verwaltungsbehörde auszustellen, in deren Bezirk der Vorstand seinen Sitz hat." (Mot. S. 55.)

Zu §. 24.

[1]) nur, vorbehaltlich der nach Abs. 4 dem Statut überlassenen Erweiterung. In Knappschafts-Berufsgenossenschaften können die Knappschaftsältesten stimmberechtigte Mitglieder der Vorstände sein, wenn das Statut dies gestattet, §. 94.

[2]) Ablehnung. Diese Bestimmung gilt auch für die Mitglieder des Schiedsgerichts, §. 49. cf. §. 23 der preußischen Vorm.-Ordnung v. 5./7. 1875 (Ges.-S. S. 431):

„Die Uebernahme einer Vormundschaft können ablehnen:

1. weibliche Personen;
2. wer das sechszigste Lebensjahr überschritten hat;
3. wer bereits mehr als eine Vormundschaft oder Pflegschaft führt;
4. wer an einer die ordnungsmäßige Führung der Vormundschaft hindernden Krankheit leidet;
5. wer nicht in dem Bezirk des Vormundschaftsgerichts seinen Wohnsitz hat;

Genossenschaftsmitglieder, welche eine Wahl ohne solchen Grund ablehnen, können auf Beschluß der Genossenschaftsversammlung für die Dauer der Wahlperiode[4]) zu erhöhten Beiträgen[5]) bis zum doppelten Betrage herangezogen werden. (Abs. 3.)

Das Statut kann bestimmen, daß die von den Unternehmern bevollmächtigten Leiter[6]) ihrer Betriebe zu Mitgliedern der Vorstände und zu Vertrauensmännern gewählt werden können. (Abs. 4.)

§. 25.

Die Mitglieder der Vorstände und die Vertrauensmänner verwalten ihr Amt als unentgeltliches Ehrenamt,[1]) sofern nicht durch das Statut eine Entschädigung für den durch Wahrnehmung der Genossenschaftsgeschäfte ihnen erwachsenden Zeitverlust bestimmt wird. Baare Auslagen werden ihnen von der Genossenschaft ersetzt, und zwar, soweit sie in Reisekosten[2]) bestehen, nach festen, von der Genossenschaftsversammlung zu bestimmenden Sätzen.[3]) (Abs. 1.)

---

6. wer nach Maßgabe des §. 58 zur Stellung einer Sicherheit angehalten wird;
7. wer fünf oder mehr minderjährige eheliche Kinder hat.

Die Führung einer Gegenvormundschaft steht im Sinne der Nr. 3 der Führung einer Vormundschaft oder Pflegschaft nicht gleich.

Das Ablehnungsrecht geht verloren, wenn es nicht bei dem Vormundschaftsgericht vor der Verpflichtung geltend gemacht wird."

[3]) Eine Wiederwahl, d. h. nur eine. Die Wahl muß für eine Wahlperiode angenommen, kann für die unmittelbar darauf folgende nächste Wahlperiode abgelehnt, muß aber nach dem Ablauf der letzteren, also für die dritte Wahlperiode wieder angenommen werden, worauf wiederum eine Ablehnung erfolgen darf.

[4]) Wahlperiode. Die Dauer derselben ist durch das Statut festzusetzen.

[5]) erhöhte Beiträge, welche, wie alle Beiträge, im Verwaltungszwangsverfahren beigetrieben werden, §. 74.

[6]) Leiter ihrer Betriebe, cf. Anm. 6, 7 zu §. 14.

Zu §. 25.

[1]) Ehrenamt, entsprechend den allgemeinen Grundsätzen der Selbstverwaltung. Nur baare Auslagen sollen ersetzt werden. Dies Prinzip kann aber nach den Beschlüssen der Reichstagskommission durch das Statut insoweit unterbrochen werden, als nach dem letzteren auch der Zeitverlust, den die Vorstandsmitglieder im Dienst der Genossenschaft erleiden, soll entschädigt werden können, „damit auch nichtvermögenden aber befähigten Genossenschafts-

§. 26.

(Abs. 1.) Die Mitglieder der Vorstände, sowie die Vertrauensmänner haften der Genossenschaft für getreue Geschäftsverwaltung, wie Vormünder [1]) ihren Mündeln.

(Abs. 2.) Mitglieder der Vorstände, sowie Vertrauensmänner, welche absichtlich zum Nachtheil der Genossenschaft handeln, unterliegen der Strafbestimmung [2]) des §. 266 des Strafgesetzbuchs.

---

mitgliedern die Geschäftsführung übertragen werden könne." (Komm.-Ber. S. 33). Da das Gesetz eine Beschränkung nicht vorsieht, wird anzunehmen sein, daß die Genossenschaften, weil sie nach §. 16 die innere Verwaltung selbst regeln, die Entschädigung für den Zeitverlust auch in einem Pauschquantum, einem fixirten Jahresbetrage bewilligen können. Ein derart fixirter Betrag trägt aber auch dann nicht den Charakter des Gehalts (als einer Entschädigung für die Mühwaltung, welche mit dem Amt des Vorstandsmitglieds verbunden ist), sondern nur den Charakter der Entschädigung für den Zeitverlust. Die ehrenamtlichen Vorstandsmitglieder sind also niemals bezahlte Beamte der Genossenschaft.

„Soweit Beamte zur Besorgung der Geschäfte der Berufsgenossenschaft angestellt werden müssen (Sekretäre, Kassenführer), wird denselben selbstverständlich eine Entschädigung gewährt werden können. Die Stellung dieser Beamten und ihr Verhältniß zu den ehrenamtlichen Organen der Genossenschaft wird durch das Statut oder durch besondere Beschlüsse der Genossenschaftsversammlung zu regeln sein." (Mot. S. 55.)

Durch das Statut oder besondere Beschlüsse der Genossenschaftsversammlung können also Beamte auch an der Geschäftsleitung betheiligt werden, jedoch nur unter Verantwortlichkeit der Genossenschaftsorgane, cf. Anm. 2 zu §. 22.

[2]) Reisekosten, cf. Anm. 11 zu §. 17.

[3]) Die Bestimmungen dieses Paragraphen gelten auch für die Beisitzer des Schiedsgerichts, §. 49.

Zu §. 26.

[1]) Vormünder, nach den einschlagenden Bestimmungen der Landesgesetze, cf. Anm. 2 zu §. 76. Für Preußen kommen folgende Bestimmungen der Vormundschaftsordnung vom 5. 7. 1875 (G.-S. S. 431) in Betracht:

§. 32. „Der Vormund . . . haftet für die Sorgfalt, welche ein ordentlicher Hausvater auf seine eigenen Angelegenheiten verwendet.

Die Einrede der Theilung unter mehreren Verhafteten ist ausgeschlossen . . . .

§. 39. . . . . Versäumt oder verzögert der Vormund die Anlegung von Geldern, so muß er die anzulegende Summe mit sechs vom Hundert jährlich verzinsen.

§. 40. Der Vormund darf Vermögensgegenstände des Mündels nicht in seinem Nutzen verwenden. Er hat das trotzdem in seinem Nutzen

§. 27.

So lange die Wahl der gesetzlichen Organe[1]) einer Genossenschaft nicht zu Stande kommt,[2]) so lange ferner diese Organe die Erfüllung ihrer gesetzlichen oder statutarischen Obliegenheiten verweigern, hat das Reichs-Versicherungsamt[3]) die letzteren auf Kosten der Genossenschaft wahrzunehmen oder durch Beauftragte wahrnehmen zu lassen. (Abs. 1.)

---

verwendete Geld von der Verwendung an zu verzinsen. Den Zinsfuß bestimmt das Vormundschaftsgericht nach seinem Ermessen auf acht bis zwanzig vom Hundert.

Eine Hypothek oder Grundschuld, welche auf einem Grundstück des Vormunds haftet, darf derselbe für den Mündel nicht erwerben."

Ueber die Haftung der Vormünder nach den bayrischen Partikularrechten vgl. Roth, bayrisches Civilrecht, Bd. I. §. 98 S. 520 fg.

Die Bestimmung, daß Genossenschaftsgelder pupillarisch sicher angelegt werden müssen, findet sich in §. 76.

[2]) Strafbestimmung. §. 266 Str.-G.-B. lautet, soweit er hier in Betracht kommt:

„Wegen Untreue werden mit Gefängniß, neben welchem auf Verlust der bürgerlichen Ehrenrechte erkannt werden kann, bestraft:

1. Vormünder . . wenn sie absichtlich zum Nachtheile der ihrer Aufsicht anvertrauten Personen oder Sachen handeln; . . . .

Wird die Untreue begangen, um sich oder einem Anderen einen Vermögensvortheil zu verschaffen, so kann neben der Gefängnißstrafe auf Geldstrafe bis zu dreitausend Mark erkannt werden."

Zu §. 27.

[1]) gesetzliche Organe sind nicht blos die Genossenschaftsvorstände und Genossenschaftsversammlungen, welche das Gesetz obligatorisch vorschreibt, sondern auch die auf Grund dieses Gesetzes durch Statut einzurichtenden Organe der Genossenschaften (Sektionsvorstände (§. 19), Vertrauensmänner (§. 19), Ausschüsse (§. 28), Kommissionen (§. 57), Beauftragte (§. 82). Das Reichs-(Landes-)Versicherungsamt wird diesen letzteren Kategorien gegenüber von der Befugniß des §. 27 so lange keinen Gebrauch machen, als durch das Statut im Falle einer Renitenz für eine geeignete Wahrnehmung ihrer statutarischen Obliegenheiten Sorge getragen ist und hiernach verfahren wird. Im Uebrigen vgl. §. 24 Abs. 3, §. 89.

[2]) nicht zu Stande kommt. Bei der ersten Konstituirung einer Genossenschaft tritt nach §. 16 bis zur Uebernahme der Geschäfte durch den Vorstand der provisorische Genossenschaftsvorstand, nicht das Reichs-(Landes-)Versicherungsamt, ein, vorausgesetzt natürlich, daß dessen Wahl zu Stande kommt.

Bildung der Gefahrenklassen.

§. 28.

(Abs. 1.) Durch die Genossenschaftsversammlung sind[1]) für die zur Genossenschaft gehörigen Betriebe je nach dem Grade der mit denselben verbundenen Unfallgefahr entsprechende Gefahrenklassen[2]) zu bilden und über die Höhe der in denselben zu leistenden Beiträge (Gefahrentarif) Bestimmungen zu treffen.

(Abs. 2.) Durch Beschluß der Genossenschaftsversammlung kann die Aufstellung und Aenderung des Gefahrentarifs einem Ausschuß oder dem Vorstande übertragen werden.

Ist dies nicht der Fall, so tritt auch an die Stelle dieser provisorischen Organe das Reichs-(Landes-)Versicherungsamt.

[3]) Reichsversicherungsamt, eventuell Landesversicherungsamt, §. 92.

Zu §. 28.

[1]) sind. Die Aufstellung von Gefahrenklassen mit verschieden hohen Beiträgen ist obligatorisch; das Gesammtrisiko der Genossenschaft wird auf die Genossen unter Berücksichtigung der anrechnungsfähigen Löhne und Gehälter nach der Höhe vertheilt, in welcher jeder Einzelne nach der Beschaffenheit seines Betriebes die Gesammtheit gefährdet.

Die Genossenschaft kann dann einen Theil des Gesammtrisikos (§. 29) und im Fall des §. 94 das ganze Risiko den Sektionen auflegen, kann aber auch mit andern Genossenschaften zu gemeinsamer Tragung des Risikos zusammentreten (§. 30). Im ersteren Fall muß der Vertheilungsmaßstab auch innerhalb der Sektionen derselbe sein, wie innerhalb der Genossenschaft (§. 29); im letztern Fall findet dieser Modus für die Aufbringung des gemeinsam zu tragenden Entschädigungsbetrages nur dann statt, wenn die Genossenschaftsversammlung nicht einen andern Maßstab bestimmt, was ihr freisteht (§. 30).

[2]) Gefahrenklassen, Veranlagung. In den Gefahrenklassen werden die Beiträge nach dem Maß der Unfallgefahr verschieden abgestuft (Gefahrentarif), etwa so, daß das Maß der Unfallgefahr für die höchste Gefahrenklasse = 100 gesetzt und dasjenige der übrigen danach in einem Prozentsatz bestimmt wird (Motive zum 2. Gesetzentwurf S. 55). Vgl. Beispiel in Anm. 1 zu §. 70. Das Gesetz „will die größere oder geringere Unfallgefahr für die Leistungen der einzelnen Betriebe zu den Kosten der Unfallversicherung maßgebend sein lassen. Es entspricht dies der Billigkeit, da die Unfallgefahr nicht blos in den einzelnen Industriezweigen, sondern auch innerhalb derselben je nach der größeren oder geringeren Vollkommenheit der Betriebseinrichtungen eine verschiedene ist". (Mot. S. 55.) Die Betriebe können in so viel Gefahrenklassen eingetheilt werden, als die Verschiedenheit der Unfallgefahr erforderlich macht. Bei der Eintheilung ist die weitgehendste Individualisirung der Betriebe zulässig; dieselbe wird aber nach objektiven äußerlich erkennbaren Merkmalen zu

Die Aufstellung und Abänderung des Gefahrentarifs bedarf der Genehmigung des Reichs-Versicherungsamts.[3]) Wird ein Gefahrentarif von der Genossenschaft innerhalb einer vom Reichsversicherungsamt zu bestimmenden Frist nicht aufgestellt, oder dem aufgestellten die Genehmigung versagt, so hat das Reichs-Versicherungsamt[3]) nach Anhörung[4]) der mit der Aufstellung beauftragten Organe der Genossenschaft den Tarif selbst festzusetzen.[5]) (Abs. 3.)

Die Veranlagung[2]) der Betriebe zu den einzelnen Gefahrenklassen liegt nach näherer Bestimmung des Statuts (§. 17) den Organen der Genossenschaft ob. Gegen die Veranlagung steht dem (Abs. 4.)

---

erfolgen haben, welche scharf genug zu bezeichnen sind, „um den Mitgliedern der Berufsgenossenschaft eine gewisse Kontrole über die Richtigkeit der Veranlagung der einzelnen Betriebe zu ermöglichen" (Motive). Bei der Einschätzung können Versicherungstechniker zugezogen, müssen Nebenbetriebe, welche Einfluß auf die Gefährlichkeit des Hauptbetriebes haben, berücksichtigt werden ꝛc. Wenn zu Gunsten der Privatversicherungsgesellschaften behauptet worden ist, daß dieselben darüber hinaus noch eine weitergehende Individualisirung nach subjektiven Merkmalen, insbesondere nach der Richtung haben eintreten lassen, daß sie die Persönlichkeit des Unternehmers und seiner Betriebsbeamten, sowie die Sorgsamkeit in Bezug auf die Unfallversicherung berücksichtigen, so erscheint dies allerdings, wie auch in dem Komm.-Bericht (S. 34) erwähnt ist, nach dem Gesetz nicht zulässig (cf. Komm.-Ber. S. 34). Wird hierbei berücksichtigt, daß derartige subjektive Momente in hohem Maße unsicher sind, daß ein mehr oder minder häufiger Wechsel in den Persönlichkeiten eintritt oder doch möglich ist, so kann es nur als eine im Interesse der Genossenschaften liegende Maßregel angesehen werden, wenn die Berücksichtigung solcher Momente ausgeschlossen wird. Wohl aber können demnächst nach Abs. 5 derartige subjektive Momente Berücksichtigung finden, wenn sie auf die Zahl der Unfälle von Einfluß sind und dann in dieser Zahl zur Erscheinung kommen.

Etwa vorgekommene Unbilligkeiten der Einschätzung können durch die im Abs. 5 vorgesehenen Tarifrevisionen demnächst ausgeglichen werden.

Gegen die Aufstellung des Tarifs und die Abgrenzung der Gefahrenklassen gegen einander hat der einzelne Betriebsunternehmer kein Rechtsmittel; seine Interessen werden auch in dieser Beziehung von dem Reichs- (Landes-) Versicherungsamt und zwar von Amtswegen wahrgenommen, welchem die Genehmigung des Tarifs schon um deswillen vorbehalten bleiben mußte, um „die kleinen und weniger gefährlichen Betriebe vor einer zu starken Heranziehung zu den Kosten der Unfallversicherung im Verhältniß zu den größeren und gefährlicheren Betrieben zu schützen" (Mot. S. 55) Nur gegen seine Einschätzung in die einzelnen Klassen des Gefahrentarifs steht dem Unternehmer ein Rechtsmittel zu.

Betriebsunternehmer binnen einer Frist[6]) von zwei Wochen die Beschwerde an das Reichs-Versicherungsamt[3]) zu.

(Abs. 5.) Der Gefahrentarif ist nach Ablauf von längstens zwei Rechnungsjahren und sodann mindestens von fünf zu fünf Jahren unter Berücksichtigung der in den einzelnen Betrieben vorgekommenen Unfälle einer Revision[7]) zu unterziehen. Die Ergebnisse derselben sind mit dem Verzeichnisse der in den einzelnen Betrieben vorgekommenen auf Grund dieses Gesetzes zu entschädigenden Unfälle der Genossenschaftsversammlung zur Beschlußfassung über die Beibehaltung oder Aenderung der bisherigen Gefahrenklassen oder Gefahrentarife vorzulegen. Die Genossenschaftsversammlung kann den Unternehmern nach Maßgabe der in ihren Betrieben vorgekommenen Unfälle für die nächste Periode Zuschläge[8]) auflegen oder

---

[3]) Reichsversicherungsamt, event. Landesversicherungsamt, § 92.

[4]) nach Anhörung, um den Organen „Gelegenheit zu geben, die von der Behörde erhobenen Anstände zu beseitigen" (Mot. S. 56).

[5]) selbst festzusetzen, „da die Aufstellung eines Gefahrentarifs obligatorisch und ohne dieselbe eine Umlegung der Mitgliederbeiträge nicht möglich ist" (Mot. S. 55), die ganze Einrichtung also ohne Gefahrentarif nicht funktioniren kann.

[6]) Frist. Die Veranlagung muß daher nach §. 109 zugestellt werden.

[7]) Revision, „weil die Erfahrungen über den Umfang der Unfallgefahr in den einzelnen Industriezweigen und Betriebsarten noch nicht abgeschlossen sind und niemals absolut sein werden" (Mot. S. 56). Diese Revision betrifft nur die Aufstellung der Gefahrenklassen und das Beitragsverhältniß der Klassen zu einander. Erfolgt eine Aenderung der Gefahrenklassen nicht, so ist eine allgemeine Revision der Einschätzung der einzelnen Betriebe in die Gefahrenklassen nicht nothwendig, weil nicht vorgeschrieben. Wegen neuer Einschätzung in Folge von Betriebsänderungen vgl. §. 39.

[8]) Zuschläge, welche als Mehrbeiträge nach §. 74 im administrativen Zwangsverfahren beigetrieben werden.

Diese von der Reichstagskommission eingefügten Bestimmungen „bezwecken einmal eine Vermehrung der objektiven Kriterien der Einschätzung und damit eine Steigerung der Individualisirung und sollen dem Reichsversicherungsamt seine Aufgabe erleichtern. Sie knüpfen ferner das eigenste Interesse des Unternehmers an die möglichste Verhütung von Unfällen, indem sie der Genossenschaftsversammlung das Recht geben, nach Maßgabe der in den einzelnen Betrieben wirklich vorgekommenen Unfälle Zuschläge aufzuerlegen oder Nachlässe zu bewilligen" (Komm.-Bericht S. 32).

Die Bestimmung dient also im Wesentlichen zur Korrektur des Gefahrentarifs und wird in der Praxis nicht so angewendet werden dürfen, daß sie lediglich

Nachlässe bewilligen. Die über die Aenderung der bisherigen Gefahrenklassen oder Gefahrentarife gefaßten Beschlüsse bedürfen zu ihrer Gültigkeit der Genehmigung des Reichs-Versicherungsamtes; demselben ist das Verzeichniß der vorgekommenen Unfälle vorzulegen.

Theilung des Risikos.

§. 29.

Durch das Statut[1]) kann vorgeschrieben werden, daß die Entschädigungsbeträge bis zu fünfzig Prozent[2]) von den Sektionen zu tragen sind,[3]) in deren Bezirken die Unfälle eingetreten sind. (Abs. 1.)

Die hiernach den Sektionen zur Last fallenden Beträge sind auf die Mitglieder derselben nach Maßgabe der für die Genossenschaft festgesetzten Gefahrenklassen und der in diesen zu leistenden Beiträge (§§. 10, 28) umzulegen. (Abs. 2.)

---

eine Belohnung für die thatsächlich bewirkte geringe Belastung der Genossenschaft durch Unfälle, oder eine Bestrafung für den umgekehrten Fall darstellt, sobald nicht die Zahl der Unfälle mit den Betriebseinrichtungen in ursächlichem Zusammenhang steht, sondern vielleicht auf reinen Zufälligkeiten oder höherer Gewalt beruht.

Zu §. 29.

[1]) Durch das Statut, also nur mit Genehmigung des Reichsversicherungsamts, §. 20 Abs. 1. „Die Ertheilung dieser Genehmigung wird von der Leistungsfähigkeit der Sektionen in Bezug auf die ihnen daraus erwachsenden Lasten und von dem Maße der zu tragenden Gefahr abhängen," (Motive S. 56).

[2]) Fünfzig Procent, „um eine übermäßige Belastung der Sektionen schon durch das Gesetz zu verhindern." (Motive.)

[3]) Zu tragen sind. Durch eine solche Uebertragung wird insbesondere das Interesse der Sektionen „an einer sparsamen und gewissenhaften Verwaltung sowie an der Verhütung von Unfällen und demgemäß an der sorgsameren Beaufsichtigung der Betriebsanlagen gefördert. Träger der Versicherung bleiben aber auch in diesen Fällen die Berufsgenossenschaften. Sie haften demgemäß für die Quote, welche den einzelnen Sektionen etwa auferlegt wird." (Motive S. 56).

Die Haftung der Genossenschaft für die der Sektion auferlegte Quote ist subsidiarisch. Diese Bestimmung wird die Umbildung der Knappschaftsverbände erleichtern (cf. allg. Motive [S. 28] und Anm. 2 zu §. 19), welche übrigens an die Maximalgrenze von 50 pCt. nicht gebunden sind, vergl. §. 94. Den Postverwaltungen gegenüber ist die Theilung des Risikos einflußlos, cf. Anm. 1 zu §. 70.

Die Unterverteilung innerhalb der Sektion erfolgt nach dem allgemeinen Vertheilungsmaßstab (§§. 10, 28).

Gemeinsame Tragung des Risikos.

§. 30.

(Abs. 1.) Vereinbarungen von Genossenschaften, die von ihnen zu leistenden Entschädigungsbeträge ganz oder zum Theil gemeinsam zu tragen, sind zulässig. Derartige Vereinbarungen[1]) bedürfen zu ihrer Gültigkeit der Zustimmung der betheiligten Genossenschaftsversammlungen, sowie der Genehmigung des Reichs-Versicherungsamts.[2]) Dieselben dürfen nur mit dem Beginn eines neuen Rechnungsjahres[3]) in Wirksamkeit treten.

(Abs. 2.) Die Vereinbarung hat sich darauf zu erstrecken, in welcher Weise der gemeinsam zu tragende Entschädigungsbetrag auf die betheiligten Genossenschaften zu vertheilen ist.

(Abs. 3.) Ueber die Vertheilung[4]) des auf eine jede Genossenschaft entfallenden Antheils an der gemeinsam zu tragenden Entschädigung unter die Mitglieder der Genossenschaft entscheidet die Genossenschaftsversammlung. Mangels einer anderweiten Bestimmung erfolgt die Umlage dieses Betrages in gleicher Weise, wie die der von der Genossenschaft nach Maßgabe dieses Gesetzes zu leistenden Entschädigungsbeträge (§§. 10, 28).

Zu §. 30.

[1]) Derartige Vereinbarungen lassen die berufsgenossenschaftliche Gliederung der Industriezweige unberührt und fallen lediglich unter den Gesichtspunkt der Rückversicherung; sie werden, worauf die Motive hinweisen, insbesondere in zwei Fällen vorkommen:

a) unter verwandten Industriezweigen, „deren Vereinigung in eine Berufsgenossenschaft mit Rücksicht auf die Verschiedenheit ihrer Interessen und der von ihnen zu verfolgenden Ziele nicht hat erfolgen können," welche aber die gemeinsame Uebernahme der Unfallgefahr oder eines Theiles derselben als in ihrem beiderseitigen Interesse liegend wünschen";

b) wenn für einen Industriezweig mehrere territoriale Genossenschaften neben einander gebildet worden sind.

„Auf diese Weise wird die Vertheilung des Risikos auf weitere und engere Kreise, auf welche vielfach in Interessentenkreisen Werth gelegt worden ist, ermöglicht." (Motive S. 56.) Für die Verhaftung der einzelnen Versicherungsgenossenschaften, insbesondere den Postverwaltungen gegenüber, ist ein derartiges Arrangement einflußlos, cf. Anm. 1 zu §. 70. Die Anweisnng des zu zahlenden Entschädigungs-Betrages erfolgt also auch hier durch den Vor-

Abänderung des Bestandes der Berufsgenossenschaften.

§. 31.

Nach erfolgtem Abschluß der Organisation der Berufsgenossenschaften sind Aenderungen [1]) in dem Bestande der letzteren mit dem Beginn eines neuen Rechnungsjahres [2]) unter nachstehenden Voraussetzungen zulässig: (Abs. 1.)

1. Die Vereinigung mehrerer Genossenschaften erfolgt auf übereinstimmenden Beschluß der Genossenschaftsversammlungen mit Genehmigung des Bundesraths.[3])
2. Das Ausscheiden einzelner Industriezweige oder örtlich abgegrenzter Theile aus einer Genossenschaft und die Zutheilung derselben zu einer anderen Genossenschaft erfolgt auf Beschluß der betheiligten Genossenschaftsversammlungen mit Genehmigung des Bundesraths.[3]) Die Genehmigung kann versagt werden, wenn durch das Ausscheiden die Leistungsfähigkeit einer der betheiligten Genossenschaften in Bezug auf die ihr obliegenden Pflichten gefährdet wird.
3. Wird die Vereinigung mehrerer Genossenschaften oder das Ausscheiden einzelner Industriezweige oder örtlich abge-

---

stand derjenigen Genossenschaft, welcher der betr. Betrieb angehört, Anm. 5 zu §. 69.

[2]) Reichsversicherungsamt, event. Landesversicherungsamt, §. 92.

[3]) Rechnungsjahr, §. 77.

[4]) Vertheilung. Von besonderen Ausnahmefällen abgesehen, wird die Untervertheilung des Antheils an der gemeinsam zu tragenden Entschädigung nach denselben Grundsätzen zu erfolgen haben, wie die Aufbringung der eigenen Genossenschaftslasten.

Zu §. 31.

[1]) Aenderungen. „Da die bisherigen Erfahrungen auf dem Gebiete der Unfallversicherung nicht ausreichen, um als Grundlage dauernder, unabänderlicher Einrichtungen dienen zu können, empfiehlt es sich nicht, die Beweglichkeit in der Abgrenzung der Berufsgenossenschaften zu beschränken. Im Gegentheil erfordert die Rücksicht auf die Verschiedenartigkeit der Entwickelung der einzelnen Industriezweige Bestimmungen, welche dem aus der veränderten Gestaltung der thatsächlichen Verhältnisse sich ergebenden Bedürfnisse nach Aenderungen in dem Bestande der Berufsgenossenschaften in möglichst einfacher Weise Rechnung tragen. Hierbei wird der Freiheit der Bewegung ein möglichst weiter Spielraum zu gewähren und die Entscheidung über etwaige Aenderungen

grenzter Theile aus einer Genossenschaft und die Zutheilung derselben zu einer anderen Genossenschaft auf Grund eines Genossenschaftsbeschlusses beantragt, dagegen von der anderen betheiligten Genossenschaft abgelehnt, so entscheidet auf Anrufen der Bundesrath.[3])

4. Anträge auf Ausscheidung einzelner Industriezweige oder örtlich abgegrenzter Theile aus einer Genossenschaft und Bildung einer besonderen Genossenschaft für dieselben sind zunächst der Beschlußfassung der Genossenschaftsversammlung zu unterbreiten und sodann dem Bundesrath[3]) zur Entscheidung vorzulegen. Die Genehmigung zur Bildung der neuen Genossenschaft kann versagt werden, wenn einer der in §. 12 Ziffer 1 und 2 angegebenen Gründe vorliegt.

Wird die Genehmigung ertheilt, so erfolgt die Beschlußfassung über das Statut für die neue Genossenschaft nach Maßgabe[4]) der Bestimmungen in den §§. 16 bis 20.

---

ebenfalls in erster Reihe den Interessenten selbst zu überlassen und die behördliche Genehmigung bezw. Anordnung auf diejenigen Fälle zu beschränken sein, in denen entweder eine Verständigung derselben nicht erzielt wird, oder Fürsorge dafür zu treffen ist, daß bei den beabsichtigten Veränderungen die Interessen der bei denselben Betheiligten angemessen gewahrt werden. Hierdurch ist zugleich die Möglichkeit geboten, Wünschen der Betriebsunternehmer, welche bei der ersten Bildung der Berufsgenossenschaften keine Berücksichtigung gefunden haben, Rechnung zu tragen." (Mot. S. 57).

Derartige Veränderungen können in 3 Fällen vorkommen:

a) es werden mehrere Genossenschaften mit einander vereinigt, §. 31 Nr. 1, 2, §. 32 Abs. 1, 5;

b) oder es treten einzelne Theile (nach örtlicher Begrenzung oder nach Industriezweigen) aus einer Genossenschaft in eine andere über, §. 31 Nr. 2, 3, §. 32 Abs. 2, 4 bis 6;

c) oder es treten derartige einzelne Theile einer Genossenschaft aus und bilden eine neue Genossenschaft, §. 31 Nr. 4, §. 32 Abs. 3 bis 6.

[2]) mit dem Beginn eines neuen Rechnungsjahres, so daß die Aenderungen mit diesem Zeitpunkt in's Leben treten. Ueber das Rechnungsjahr vgl. §. 77.

[3]) Bundesrath. „Es muß Gewähr dafür gegeben werden, daß nicht heterogene Genossenschaften sich vereinigen." (Komm.-Ber. S. 34.) In solchem Fall würden die Vereinigungen dem Princip des Gesetzes (§. 39 fg.) nicht entsprechen. cf. Anm. 1 zu §. 9. Im Uebrigen hat der Bundesrath in den Fällen dieses Paragraphen dieselbe Stellung, welche ihm in §. 12 für die erste

§. 32.

[1])Werden mehrere Genossenschaften zu einer Genossenschaft vereinigt, so gehen mit dem Zeitpunkte, zu welchem die Veränderung in Wirksamkeit tritt,[2]) alle Rechte und Pflichten der vereinigten Genossenschaften auf die neugebildete Genossenschaft über. (Abs. 2.)

Wenn einzelne Industriezweige oder örtlich abgegrenzte Theile aus einer Genossenschaft ausscheiden und einer anderen Genossenschaft angeschlossen werden, so sind von dem Eintritt dieser Veränderung ab die Entschädigungsansprüche, welche gegen die erstere Genossenschaft aus den in Betrieben der ausscheidenden Genossenschaftstheile eingetretenen Unfällen erwachsen sind, von der Genossenschaft zu befriedigen, welcher die Genossenschaftstheile nunmehr angeschlossen sind. (Abs. 1.)

Scheiden einzelne Industriezweige oder örtlich abgegrenzte Theile aus einer Genossenschaft unter Bildung einer neuen Genossenschaft aus, so sind von dem Zeitpunkte der Ausscheidung ab die Entschädigungsansprüche, welche gegen die erstere Genossenschaft (Abs. 3.)

Bildung der Genossenschaften gegeben worden ist; er hat also insbesondere auch die Minoritäten zu schützen (cf. Komm.-Ber. a. a. O.). Der Bundesrath tritt aber hier nur auf Anrufen ein; Anordnungen desselben wegen Abänderung bestehender Berufsgenossenschaften sind nicht zugelassen. Die dem Bundesrath in §. 15 für die erste Bildung von Genossenschaften eingeräumten Zwangsbefugnisse fallen also, sobald Genossenschaften einmal gebildet sind, fort.

[4]) nach Maßgabe; es ist also ein provisorischer Vorstand zu wählen 2c.

Zu §. 32.

[1]) §. 32 behandelt die Rechtswirkungen der im §. 31 erörterten Fälle von Veränderungen in dem Bestand der Genossenschaften, cf. Anm. 1 zu §. 31.

[2]) in Wirksamkeit tritt. Dieser Zeitpunkt muß in dem übereinstimmenden Beschluß der Genossenschaften angegeben sein.

Binnen Jahresfrist, d. h. bis zum Ablauf des ersten Rechnungsjahres, muß dann der Gefahrentarif aufgestellt und genehmigt und die Einschätzung in die Klassen desselben erfolgt sein (§. 28 Abs. 3, 4), damit die Umlegung der im ersten Jahre für die neue Genossenschaft vorgeschossenen Beträge rechtzeitig erfolgen kann.

[3]) entsprechenden, nach dem Kapitalwerth der Gesammtlasten der alten Genossenschaft im Verhältniß zu dem Kapitalwerth der von der neuen Genossenschaft zu übernehmenden Lasten. Der Kapitalwerth ist nach technischen Grundsätzen zu berechnen.

aus den in Betrieben der ausscheidenden Genossenschaftstheile eingetretenen Unfällen erwachsen sind, von der neugebildeten Genossenschaft zu befriedigen.

(Abs. 4.) Insoweit zufolge des Ausscheidens von Industriezweigen oder örtlich abgegrenzten Theilen Entschädigungsansprüche auf andere Genossenschaften übergehen, haben die letzteren Anspruch auf einen entsprechenden[3]) Theil des Reservefonds und des sonstigen Vermögens derjenigen Genossenschaft, aus welcher die Ausscheidung stattfindet.

(Abs. 5.) Die vorstehenden Bestimmungen können durch übereinstimmenden Beschluß der betheiligten Genossenschaftsversammlungen abgeändert oder ergänzt werden.

(Abs. 6.) Streitigkeiten, welche in Betreff der Vermögensauseinandersetzung zwischen den betheiligten Genossenschaften entstehen, werden mangels Verständigung derselben über eine schiedsgerichtliche Entscheidung[4]) von dem Reichs-Versicherungsamt[5]) entschieden.

Auflösung von Berufsgenossenschaften.

§. 33.

[1])Berufsgenossenschaften, welche zur Erfüllung der ihnen durch dieses Gesetz auferlegten Verpflichtungen leistungsunfähig[2]) werden, können auf Antrag des Reichs-Versicherungsamts[3]) von dem Bundes-

---

[4]) schiedsgerichtliche Entscheidung. Auch hier ist der freien Verständigung der Berufsgenossen voller Spielraum gelassen. Bei der schiedsgerichtlichen Entscheidung ist aber nicht an das bei der Entschädigung für Betriebsunfälle fungirende Schiedsgericht der §§. 46 ff. zu denken. Das Reichs- (event. Landes-) Versicherungsamt wird auch dann eintreten müssen, wenn der Schiedsvertrag außer Kraft getreten ist; vergl. darüber, sowie über das Verfahren ꝛc. die §§. 851 ff. der Civ.-Proz.-Ordn.

[5]) Reichs-Versicherungsamt event. Landes-Versicherungsamt, §. 92.

Zu §. 33.

[1]) Vgl. die Ausführungen in den allg. Motiven (S. 31, 32).

[2]) leistungsunfähig. Wann die Leistungsunfähigkeit eintritt, ist Thatfrage. cf. aus den allgem. Motiven: „die Leistungsunfähigkeit einer Genossenschaft wird nicht bereits anzunehmen sein, wenn einzelne Betriebsunternehmer die aus der Unfallfürsorge ihnen erwachsenden Kosten nicht zu tragen vermögen, oder wenn durch Krisen vorübergehend die Lage der der Genossenschaft angehörigen Industriezweige ungünstig beeinflußt wird. Andererseits wird das Eintreten des Reichs auch nicht davon abhängig gemacht werden dürfen, daß

rath aufgelöst[4]) werden. Diejenigen Industriezweige, welche die aufgelöste Genossenschaft gebildet haben, sind anderen Berufsgenossenschaften nach deren Anhörung zuzutheilen.[5]) Mit der Auflösung der Genossenschaft gehen deren Rechtsansprüche[6]) und Verpflichtungen, vorbehaltlich der Bestimmung im §. 92, auf das Reich[7]) über.

---

die zwangsweise Beitreibung der Mitgliederbeiträge gegen sämmtliche Betriebsunternehmer wegen Unvermögens derselben nicht hat erfolgen können."

Im Uebrigen ist hierbei, wie aus dem Komm.-Ber. S. 36 hervorgeht, weniger an Massenunfälle, als an den völligen Niedergang ganzer Industriezweige zu denken. Vgl. auch Anm. 1 zu §. 12.

[3]) Reichs-Versicherungsamt, event. Landes-Versicherungsamt, §. 92.

[4]) Die Auflösung und Zutheilung erfolgt uno actu.

[5]) zuzutheilen. Die Zutheilung erfolgt frei von Schulden und Verpflichtungen; erst von dem Augenblick der Zutheilung ab fallen Unfälle, die in dem zugetheilten Betriebe neu eintreten, dem neuen Verbande zu. Die zugetheilten Unternehmer aber treten in die Rechtsverhältnisse ihrer neuen Berufsgenossen ein, tragen also hinfort zu den Lasten der bisher in dieser Genossenschaft eingetretenen Unfälle ebenso bei, wie die älteren Mitglieder.

Die Zutheilung kann nur zu verwandten oder zu solchen Genossenschaften erfolgen, denen jene Betriebe ihrer Natur nach am nächsten stehen. Ein Widerspruch gegen die Zutheilung steht der betheiligten Genossenschaft nicht zu.

[6]) Rechtsansprüche, z. B. gegen Betriebsunternehmer auf Zahlung rückständiger Beiträge. Erhebliche Vermögensobjekte können, da der Reservefonds verbraucht sein muß, im Uebrigen wohl nicht vorhanden sein und gehen, soweit sie vorhanden sind, in das Eigenthum des Reichs (oder im Fall des §. 92 des Bundesstaats) über.

Verpflichtungen; das Reich übernimmt also an Stelle des zahlungsunfähigen Schuldners die Weiterzahlung der Renten (§§. 5, 6).

[7]) auf das Reich; hierin liegt eine durch die Konkurrenz der Bundesstaaten im Fall des §. 92 abgeschwächte Garantie des Reichs für die Berufsgenossenschaften, allerdings in einer Beschränkung, daß sie wohl niemals praktisch werden wird. „Die Reichsgarantie hat vorwiegend nur eine theoretische Bedeutung; sie bildet den konsequenten Abschluß des Systems, soll aber, wenn irgend möglich, niemals praktisch werden" (Komm.-Ber. S. 29); es handelt sich „um eine theoretische Konstruktion einzelner außerordentlicher Fälle"; die Vorschrift „hat wesentlich dekorative Bedeutung und hat einen realen Werth für die Regel nur darum, weil dadurch auf die Vermeidung unsolider Bildungen hingewirkt wird" (a. a. O. S. 36).

Es handelt sich hierbei nicht um einen Reichszuschuß als dauernde Einrichtung, sondern lediglich um eine Garantie für einzelne außerordentliche Fälle, wie sie Staaten auch anderen öffentlich rechtlichen Korporationen zu

III. Mitgliedschaft des einzelnen Betriebes. Betriebsveränderungen.

Mitgliedschaft.

§. 34.

(Abs. 1) [1])Mitglied der Genossenschaft ist jeder Unternehmer[2]) eines im Bezirke derselben belegenen Betriebes[3]) derjenigen Industriezweige, für welche die Genossenschaft errichtet ist. Die Mitgliedschaft beginnt[4]) für die Unternehmer der zur Zeit des Inkrafttretens des Gesetzes versicherungspflichtigen Betriebe mit diesem Zeitpunkte,[5]) für die Unternehmer später entstehender oder versicherungspflichtig werdender[6]) Betriebe mit dem Zeitpunkte der Eröffnung[7]) beziehungsweise des Beginns der Versicherungspflicht derselben.

(Abs. 2.) Stimmberechtigt[8]) ist jedes Mitglied der Genossenschaft, sofern es sich im Besitz der bürgerlichen Ehrenrechte[9]) befindet.

---

leisten haben, welche durch die Gesetzgebung des betr. Staates in's Leben gerufen sind und öffentliche Pflichten zu übernehmen gehabt haben.

Der Zustimmung des Reichstags bedarf es bei der Uebernahme der Verpflichtungen der aufgelösten Betriebe nicht. „Die Nöthigung, die gewährte Reichshülfe in den Etat einzustellen, wenn auch der Posten nicht verweigert werden könne, werde doch wegen der zu erwartenden Kritik vor einer unberechtigten Anwendung des §. 33 schützen" (Komm.-Ber. S. 36).

Die Ueberweisung an die Gesammtheit der Berufsgenossenschaften statt auf das Reich ist in Erwägung gezogen, jedoch wegen der praktischen Schwierigkeiten und weil zu bezweifeln sei, ob eine rechtliche Grundlage für eine derartige Uebertragung vorhanden wäre, aufgegeben worden (cf. Komm.-Ber. S. 36).

Zu §. 34.

[1]) Die bisherigen Bestimmungen behandelten die Konstituirung der Genossenschaften; die folgenden Vorschriften regeln die Rechtsverhältnisse der Mitglieder innerhalb der Genossenschaften.

[2]) Unternehmer, vgl. Anm. 5 zu §. 9. Die versicherten Arbeiter und Beamten sind nicht Mitglieder. Bei den Krankenkassen ist es umgekehrt.

[3]) Betriebs, sc. versicherungspflichtigen.

[4]) beginnt. „Jeder an sich versicherungspflichtige Betriebsunternehmer wird kraft des Gesetzes Mitglied derjenigen Genossenschaft, zu welcher er nach Maßgabe der Abgrenzung der letzteren und nach Maßgabe des von ihm betriebenen Industriezweiges gehört. Die Anwendung dieses Grundsatzes auf den konkreten Fall wird dergestalt zu konstatiren sein, daß sowohl für die Be-

theiligten, als auch für die Behörden volle Klarheit über die Zugehörigkeit zur Genossenschaft herrscht. Dies soll durch die Einrichtung von Genossenschaftskatastern und die Ausstellung von Mitgliedscheinen erreicht werden" (Mot. S. 51).

Die Versicherung besteht aber auch, wenn ein Mitgliedschein nicht ertheilt und das qu. Unternehmen in das Genossenschaftskataster nicht aufgenommen worden ist, sobald nur die objektiven, von dem Gesetz gestellten Voraussetzungen vorliegen. Es kann sich dann nur um eine bei der Ueberweisung vorgekommene Omission handeln, welcher, sobald sie entdeckt wird, spätestens bei Eintritt eines Unfalls, der zu Entschädigungen führt (§. 59 Abs. 3), durch nachträgliche Ueberweisung abgeholfen werden muß.

Die Versicherung ist in solchem Falle auf den Beginn der Versicherungspflicht zurückzudatiren, woraus die Verpflichtung zur Nachzahlung desjenigen Betrages folgt, welcher in den bereits verflossenen Jahren hätte gezahlt werden müssen.

Die Erhebung von Eintrittsgeldern erscheint — vorbehaltlich der Erhebung eines pauschalisirten Beitrages zu den Verwaltungskosten für das Jahr, in welchem der Beitritt erfolgt, nach Maßgabe des §. 10 — unzulässig, weil neu entstehende Betriebe auf Grund des Gesetzes Mitglieder der für den betreff. Betrieb bestehenden Genossenschaft sind und die Erhebung von Eintrittsgeld daher als eine auf die Eröffnung neuer Betriebe von Konkurrenten gelegte Steuer sich darstellen würde, welche das Gesetz nicht kennt.

[5]) mit diesem Zeitpunkt, d. h. also, sobald es sich um die materielle Versicherung handelt, mit dem Zeitpunkt, zu welchem nach §. 110 der §. 1 dieses Gesetzes durch Kais. Verordnung mit Zustimmung des Bundesraths in Kraft gesetzt ist; sobald es sich um die zur Vorbereitung der Versicherung erforderlichen Maßnahmen handelt, mit dem Zeitpunkt, wo die Genossenschaft errichtet ist.

[6]) versicherungspflichtig werdender, z. B. wenn eine gewerbliche Anlage nach den Bestimmungen in §. 1 nachträglich in Folge von Erweiterungen den Charakter einer „Fabrik" annimmt, oder wenn eine Kraftmaschine, die bisher nur vorübergehend bei einer Betriebsanlage benutzt wurde, derselben dauernd einverleibt wird, oder wenn in einem Betriebe, der bisher ohne Kraftmaschine arbeitete, eine solche neu eingestellt wird.

Die Bestimmung des Zeitpunktes, mit welchem eine solche Veränderung in Kraft tritt, unterliegt der Beurtheilung des Einzelfalls.

[7]) Zeitpunkt der Eröffnung. Derartige Unternehmer, deren Betriebe erst später versicherungspflichtig werden, treten, sobald dieser Zeitpunkt eintritt, in die sämmtlichen Rechtsverhältnisse und Verbindlichkeiten der Genossenschaft ein, participiren also insbesondere auch an der Belastung aus früheren Unfällen. Vgl. Anm. 4.

[8]) Stimmberechtigt. Ueber die Ausübung des Stimmrechts entscheiden allgemeine Grundsätze. Handlungsunfähige und Minderjährige haben sich durch ihre gesetzlichen Vertreter, juristische Personen durch ihre Vorstände

Betriebsanmeldung.

§. 35.

(Abs. 1.) Der Betriebsunternehmer, welcher seinen Betrieb nicht bereits[1]) nach Maßgabe des §. 11 angemeldet hat, ist verpflichtet,[2]) binnen einer Woche, nachdem er Mitglied[3]) einer Genossenschaft geworden ist (§. 34), der unteren Verwaltungsbehörde,[4]) in deren Bezirk der Betrieb belegen ist, eine Anzeige[5]) zu erstatten, welche

1. den Gegenstand und die Art[6]) des Betriebes,
2. die Zahl[7]) der versicherten[8]) Personen,
3. die Berufsgenossenschaft, welcher der Betrieb angehört,[9])
4. falls es sich um einen nach dem Inkrafttreten des Gesetzes neu begonnenen oder versicherungspflichtig gewordenen[10]) Betrieb handelt, den Tag[11]) der Eröffnung beziehungsweise des Beginns der Versicherungspflicht

angiebt. Die Anzeige ist in zwei Exemplaren einzureichen. Ueber dieselbe ist eine Empfangsbescheinigung zu ertheilen.

(Abs 2.) Wird die Anzeige nicht rechtzeitig erstattet, so findet die Vorschrift des §. 11 Absatz 3 Anwendung.

---

vertreten zu lassen; Miteigenthümer müssen sich darüber, wer von ihnen das Stimmrecht ausüben soll, einigen. Beim Mangel einer abweichenden Bestimmung steht den selbständigen Frauen, (alleinstehenden Frauen, Handelsfrauen), welche als Betriebsunternehmerinnen Mitglieder der Genossenschaft sind, das Erscheinen in der Generalversammlung zu, während andere Frauen von ihren Ehemännern als ihren gesetzlichen Vertretern sich vertreten lassen müssen. Abstimmung durch Bevollmächtigte ist zulässig, wenn die letzteren stimmberechtigte Mitglieder oder bevollmächtigte Leiter von Betrieben des Auftraggebers sind, §. 16 Abs. 4. Ueber den Umfang des Stimmrechts entscheidet das Statut, §. 17 Nr. 4.

[9]) bürgerliche Ehrenrechte Personen, welche nicht im Besitz derselben sind, können sich also auch „in der Ausübung eines Rechts, welches sie nicht besitzen, durch Andere nicht vertreten lassen" (Motive).

Zu §. 35.

[1]) nicht bereits. „Die im §. 35 konstituirte Anzeigepflicht entspricht derjenigen des §. 11. Dieselbe gilt einmal für alle Betriebsunternehmer, welche aus irgend welchen Gründen dem §. 11 nicht nachgekommen sind, sodann für diejenigen Unternehmer, welche erst später ihre Betriebe eröffnet haben, oder deren bisher freie Betriebe erst später versicherungspflichtig werden. Der §. 35

hat also eine auf die Dauer des Gesetzes berechnete Bedeutung, während der §. 11 den Charakter einer vorübergehenden Bestimmung trägt" (Mot. S. 58).

[2]) verpflichtet. Bei nicht rechtzeitiger Anzeige, ohne Rücksicht auf den Grund der Unterlassung oder Verspätung, also auch bei Fahrlässigkeit, unterliegt der Unternehmer folgenden Nachtheilen:

a) er muß der unteren Verwaltungsbehörde auf deren Erfordern das Material für die nunmehr von ihr zu machende Anzeige liefern, widrigenfalls er sich Strafen bis zu 100 Mark, welche dieselbe festsetzen kann, aussetzt, §. 35 Abs. 2, §. 11 Abs. 3.

b) er muß sich, wenn die Androhung und Einziehung der Geldstrafe den gewünschten Erfolg nicht gehabt hat, gefallen lassen, daß die untere Verwaltungsbehörde die Angaben nach ihrer Kenntniß der Verhältnisse selbst macht, §. 36 Abs. 3, §. 11 Abs. 2;

c) er kann nachträglich mit einer Ordnungsstrafe bis zu 300 Mark durch den Genossenschaftsvorstand belegt werden, §. 104. „Der Vorstand wird hierbei nach Lage der Verhältnisse zu entscheiden haben, ob etwa die Anmeldung in gutem Glauben unterlassen worden war, oder ob die Umstände eine Bestrafung erheischen" (Mot. S. 59).

[3]) Mitglied, d. h. nachdem sein Betrieb versicherungspflichtig geworden ist, §. 34.

[4]) unteren Verwaltungsbehörde, §. 109. „Die Anzeige soll an die untere Verwaltungsbehörde gerichtet werden, damit diese einen vollständigen Ueberblick über die in ihrem Bezirke vorhandenen versicherungspflichtigen Betriebe erhalte, wie denn auch alle Mitgliedscheine und alle die Mitgliedschaft ablehnenden Bescheide durch ihre Hände gehen. Sie ist somit fortlaufend im Vollbesitz des Materials über die für die Unfallversicherung maßgebenden Verhältnisse der in ihrem Bezirke vorhandenen Betriebe. Es ist nothwendig, daß in dieser Weise jeder Betrieb durch eine mit öffentlicher Autorität ausgerüstete Instanz in Bezug auf seine Zugehörigkeit zu einer Genossenschaft fortlaufend kontrolirt werde" (Mot. S. 59).

[5]) Anzeige zu erstatten, damit das Genossenschaftskataster (§. 37), welches die rechtliche Grundlage für den Bestand der Genossenschaft bildet, nach Maßgabe der eintretenden Veränderungen ergänzt oder berichtigt werden kann.

[6]) Art des Betriebes, cf. Anm. 4 zu §. 78.

[7]) Zahl, wegen des Stimmrechts. Auch hier handelt es sich, wie im §. 11, nur um die Durchschnittszahl.

Unrichtige Angaben hierüber unterliegen der Bestimmung des §. 103 Nr. 1.

[8]) Versicherten, nicht zu Versichernden, „weil die Versicherung unabhängig von der Betriebsanmeldung eintritt" (Mot. S. 58). cf. Anm. 3 zu §. 34. In anderen Fällen (z. B. §. 11) spricht das Gesetz von „versicherungspflichtigen" Personen in der gleichen Bedeutung.

[9]) angehört, „um dem Unternehmer Gelegenheit zu geben, sich darüber zu erklären, welcher Genossenschaft er nach seiner Meinung zuzuweisen sein

§. 36.

(Abs. 1.) Die untere Verwaltungsbehörde[1]) hat jeden in ihrem Bezirke belegenen Betrieb, über welchen die Anzeige (§. 35) erstattet ist, binnen einer Woche[2]) nach dem Eingange der letzteren durch Einsendung eines Exemplars derselben dem Vorstande der in der Anzeige bezeichneten Genossenschaft zu überweisen.

(Abs. 2.) Gehört der Betrieb nach Ansicht der unteren Verwaltungsbehörde einer anderen als der in der Anzeige bezeichneten Genossenschaft an, so ist dem Vorstande dieser Genossenschaft, unter gleichzeitiger Benachrichtigung des Vorstandes der in der Anzeige bezeichneten Genossenschaft und des Betriebsunternehmers, eine Abschrift[3]) der Anzeige zuzustellen.

(Abs. 3.) Für Betriebe, über welche eine Anzeige nicht erstattet ist, hat die untere Verwaltungsbehörde die Ueberweisung[4]) binnen einer Woche nach Ablauf der von ihr in Gemäßheit des §. 35 Absatz 2 bestimmten Frist dadurch zu bewirken, daß sie die in §. 35 Ziffer 1 bis 4 bezeichneten Angaben selbst macht.

---

wird". „Diese Erklärung des Unternehmers hat die Bedeutung, daß die untere Verwaltungsbehörde, der die Weiterleitung der Anzeigen an die Genossenschaftsvorstände im §. 36 übertragen wird, gebunden ist, die Anzeige an den in derselben bezeichneten Vorstand gelangen zu lassen. Dies ist für den Unternehmer namentlich in denjenigen Fällen von Werth, in denen es zweifelhaft sein kann, welcher Genossenschaft ein Betrieb seinem Gegenstande und seiner Art nach angehört" (Mot. S. 59); namentlich also, wenn der Fall des §. 9 Abs. 3 vorliegt.

Die von dem Unternehmer benannte Genossenschaft kommt dann, wenn der Betrieb nach Ansicht der unteren Verwaltungsbehörde einer anderen Genossenschaft überwiesen werden mußte, zuerst in die Lage, sich darüber schlüssig zu machen, ob sie dem Antrag des Unternehmers beitreten und denselben aufnehmen will.

[10]) versicherungspflichtig geworden, cf. Anm. 7 zu §. 34.

[11]) Tag der Eröffnung ꝛc. Unrichtige Angabe unterliegt der Strafbestimmung des §. 103 Ziffer 2.

Zu §. 36.

[1]) untere Verwaltungsbehörde, §. 109.

[2]) binnen einer Woche, damit die Zugehörigkeit der einzelnen Betriebe möglichst bald festgestellt werden kann.

[3]) Abschrift der Anzeige zuzustellen, während die Anzeige selbst der in derselben genannten Genossenschaft zugeht, §. 36 Abs. 1.

Genossenschaftskataster.

§. 37.

Die Genossenschaftsvorstände haben auf Grund der von dem Reichs-Versicherungsamt ihnen mitzutheilenden Verzeichnisse[1]) der versicherungspflichtigen Betriebe (§. 11) und der später erfolgenden Ueberweisungen (§. 36) Genossenschaftskataster[2]) zu führen. (Abs. 1.)

Die Aufnahme der einzelnen Genossen in das Kataster erfolgt nach vorgängiger Prüfung ihrer Zugehörigkeit zur Genossenschaft. (Abs. 2.)

Den in das Kataster aufgenommenen Genossen werden vom Genossenschaftsvorstande durch Vermittelung der unteren Verwaltungsbehörde[3]) Mitgliedscheine[4]) zugestellt.[5]) Ist die Genossenschaft in Sektionen[6]) eingetheilt, so muß der Mitgliedschein die Sektion, welcher der Unternehmer angehört, bezeichnen. Wird die Aufnahme in das Kataster abgelehnt, so ist hierüber ein mit Gründen versehener Bescheid dem Betriebsunternehmer durch Vermittelung der unteren Verwaltungsbehörde[3]) zuzustellen. (Abs. 3.)

„Auf diese Weise werden die beiden Genossenschaftsvorstände und der Betriebsunternehmer in den Stand gesetzt, sich über die Frage zu verständigen, eventuell den Streit zur Entscheidung des Reichs-Versicherungsamts vorzubereiten" (§. 37). (Mot. S. 59.). cf. Anm. 10 zu §. 37.

[4]) die Ueberweisung ist später nachzuholen, wenn sie aus Versehen unterblieben sein sollte, cf. Anm. 3 zu §. 34, sowie §. 59 Abs. 3.

Zu §. 37.

[1]) mitzutheilende Verzeichnisse, soweit sie dieselben nach vorgängiger Prüfung für zutreffend ansehen, §. 37 Abs. 2; soweit dies nicht geschieht, haben sie die Unternehmer der nicht aufgenommenen Betriebe zu benachrichtigen, §. 37 Abs. 4.

„Die vom Reichs-Versicherungsamt erfolgte Einreihung eines Betriebes, welche in der Einladung zur ersten Generalversammlung (§. 14) zum Ausdruck gekommen ist, kann einer selbstverwaltenden Korporation gegenüber um so weniger entscheidend sein, als jener ersten Klassifizirung naturgemäß eine völlig erschöpfende Prüfung jedes einzelnen Falles nicht immer wird vorangehen können. Ueberdies handelt es sich um wichtige vermögensrechtliche Interessen der Genossenschaften und der einzelnen Berufsgenossen (bei 1000 Mark Jahresverdienst hat ein zur Invalidität führender Unfall eines Arbeiters einen Belastungswerth von $7875{,}_0$ Mark, ein tödtlicher Unfall von $2713{,}_5$ Mark)." (Mot. S. 58). cf. Anm. 1 zu §. 5.

[2]) Genossenschaftskataster, cf. Anm. 3 zu §. 34. Das Genossen-

(Abs. 4.) Gegen die Aufnahme in das Kataster, sowie gegen die Ablehnung derselben steht dem Unternehmer binnen einer Frist von zwei Wochen nach erfolgter Zustellung des Mitgliedscheins beziehungsweise des ablehnenden Bescheides die Beschwerde an das Reichs-Versicherungsamt [7]) zu. Dieselbe ist bei der unteren Verwaltungsbehörde [3]) einzulegen. Stellt sich bei der Verhandlung der Beschwerde heraus, daß der Betrieb keiner der vorhandenen Genossenschaften zugehört, so ist derselbe durch das Reichs-Versicherungsamt [7]) derjenigen Genossenschaft zuzuweisen, der er seiner Natur nach am nächsten steht. [8])

(Abs. 5.) Wird gegen einen ablehnenden Bescheid von dem Betriebsunternehmer innerhalb der angegebenen Frist Beschwerde nicht erhoben, so hat [9]) die untere Verwaltungsbehörde [3]) den Fall dem Reichs-Versicherungsamt [7]) zur Entscheidung vorzulegen.

(Abs. 6.) Wird in dem Falle des §. 36 Absatz 2 [10]) die Mitgliedschaft des Unternehmers von dem Vorstande der in der Anzeige bezeichneten Genossenschaft anerkannt, so liegt diesem die Verpflichtung

---

schaftskataster bildet die rechtliche Grundlage für den Bestand der Genossenschaft und muß daher fortlaufend richtig erhalten werden.

[3]) untere Verwaltungsbehörde, §. 109, cf. Anm. 4 zu §. 35.

[4]) Mitgliedschein. cf. Anm. 3 zu §. 34. Die Mitgliedscheine „sind Beurkundungen des unter den Betheiligten bestehenden Einverständnisses oder der im Streitfalle vom Reichsversicherungsamt getroffenen Entscheidung über die Zugehörigkeit eines bestimmten Betriebes zu einer bestimmten Genossenschaft." (Motive S. 58.). Das Gesetz geht davon aus, daß der Mitgliedschein auf die Person bezw den Namen (Firma) des Unternehmers, nicht auf die Betriebe als solche ausgestellt wird.

Tritt in der Person des Unternehmers eine Veränderung ein, so muß der Mitgliedschein, wie sich aus §. 37 Abs. 8 ergiebt, berichtigt werden. Ausscheidende Mitglieder werden die Mitgliedscheine zurückzugeben haben. Die nähere Regelung bleibt dem Statut überlassen

[5]) zugestellt, nach §. 110, weil die Zustellung den Lauf einer Frist (Abs. 4). bedingt.

[6]) Sektionen, §. 19.

[7]) Reichsversicherungsamt eventuell Landesversicherungsamt, §. 92. Die Entscheidungen sind endgültig, §. 88.

„Die sämmtlichen Entscheidungen des Reichsversicherungsamts . . . . wirken ex tunc, da die Betriebsunternehmer kraft des Gesetzes Mitglieder der für sie bestimmten Genossenschaft werden, und es nur darauf ankommt,

ob, hiervon dem Vorstande der anderen Genossenschaft Mittheilung zu machen.[11]) Letzterer ist berechtigt, innerhalb zwei Wochen nach dem Empfange der Mittheilung gegen die Anerkennung der Mitgliedschaft beim Reichs-Versicherungsamt[7]) die Beschwerde zu erheben.[12])

Den Sektionsvorständen sind Auszüge aus dem Kataster in Betreff der zu ihren Sektionen gehörenden Unternehmer mitzutheilen. (Abs. 7.)

Jeder Wechsel[13]) in der Person desjenigen, für dessen Rechnung der Betrieb erfolgt, ist von dem Unternehmer binnen einer durch das Statut festzusetzenden Frist dem Genossenschaftsvorstande behufs Berichtigung des Katasters[14]) anzuzeigen. Ist die Anzeige von dem Wechsel nicht erfolgt, so werden die auf die Genossenschaftsmitglieder umzulegenden Beiträge von dem in das Kataster eingetragenen Unternehmer bis für dasjenige Rechnungsjahr einschließlich forterhoben, in welchem die Anzeige geschieht, ohne daß dadurch der neue Unternehmer von der auch ihm gesetzlich[15]) obliegenden Verhaftung für die Beiträge entbunden ist. (Abs 8.)

---

daß konstatirt werde, welcher Genossenschaft sie beim Inkrafttreten des Gesetzes bezw. beim Beginn der Versicherungspflicht angehörten." (Mot. S. 60.) Auf diesen Zeitpunkt wird also die Entscheidung zurückbezogen.

[8]) am nächsten steht, nämlich in wirthschaftlicher Beziehung.

[9]) hat, also obligatorisch.

„Für den Fall, daß der Unternehmer einen ablehnenden Bescheid erhält und bei demselben sich beruhigt, muß die von der unteren Verwaltungsbehörde bejahte Frage, ob der Betrieb nach §. 1 versicherungspflichtig ist, und im Falle der Anerkennung dieser Versicherungspflicht die Frage, welcher Genossenschaft der in Frage stehende Betrieb zuzuweisen ist, anderweit erörtert werden, weil sonst versicherungspflichtige Betriebe außerhalb der Gesammtorganisation verbleiben könnten." (Mot. S. 60). Dasselbe gilt (cf. Anm. 1) aus gleichen Gründen für die Ablehnung derjenigen Betriebe, deren Versicherungspflicht das Reichsversicherungsamt auf Grund der vorläufigen Ermittelungen (§. 11) einstweilen angenommen und mittels des Verzeichnisses der Genossenschaft überwiesen hat, §. 37 Abs. 1, 2.

[10]) in dem Falle des §. 36 Abs. 2.

„Endlich bedarf noch der Fall der Regelung, in welchem der Betriebsunternehmer einer bestimmten Genossenschaft überwiesen sein will, während die untere Verwaltungsbehörde den Betrieb als zu einer andern Genossenschaft gehörig erachtet und deshalb dem Vorstande der letzteren eine Abschrift der Anzeige mitgetheilt hat. Sind in diesem Falle die Genossenschaftsvorstände einig, daß der Betrieb einer der Genossenschaften angehört, so erfolgt dessen Auf-

Betriebsveränderungen.

§. 38.

(Abs. 1.) Jeder Betriebsunternehmer ist verpflichtet,[1]) Aenderungen seines Betriebes, welche für die Zugehörigkeit zu einer Genossenschaft von Bedeutung sind,[2]) dem Genossenschaftsvorstande binnen einer durch

---

nahme in das Kataster der betreffenden Genossenschaft, und es steht nur dem Betriebsunternehmer das Recht zu, sich beschwerend an das Reichsversicherungsamt zu wenden. Sind die Vorstände darin einig, daß der Betrieb keiner der beiden Genossenschaften angehört, so ertheilen sie ablehnende Bescheide, und der Betriebsunternehmer oder, falls dieser sich bei dem ablehnenden Bescheide beruhigt, die untere Verwaltungsbehörde ruft die Entscheidung des Reichsversicherungsamts an. Beansprucht dagegen jeder der beiden Vorstände den Betrieb für seine Genossenschaft, so hat der Vorstand der in der Anzeige genannten Genossenschaft die Mitgliedschaft des Betriebes für seine Genossenschaft auszusprechen, dem anderen Vorstande hiervon Mittheilung zu machen, und der letztere kann danach die Entscheidung des Reichsversicherungsamts anrufen. . . . . .

„Sollte das Reichsversicherungsamt bei der Prüfung eines Falles zu der Ueberzeugung gelangen, daß der Betrieb keiner der bisher in Frage gekommenen Genossenschaften, sondern einer dritten angehöre, so wird dies in den Entscheidungsgründen auszusprechen und die untere Verwaltungsbehörde zu ersuchen sein (§. 98), daß sie, falls der Unternehmer sich bei dieser dritten Genossenschaft in Folge der Entscheidung nicht freiwillig zur Aufnahme meldet, ihrerseits die Anmeldung bewirke. Das darauf folgende Verfahren wird mit der Ueberweisung des Betriebes an eine bestimmte Genossenschaft abschließen." (Mot. S. 60).

11) Mittheilung zu machen, cf. Anm. 5.

12) Beschwerde erheben. Außerdem hat auch der Unternehmer das Beschwerderecht, wenn er mit der Entscheidung der Sache nicht einverstanden ist, vgl. Anm. 10.

13) Wechsel, durch Erbgang, Kauf, Pacht ꝛc.

14) Kataster. Wegen des Mitgliedscheins vgl. Anm. 4.

15) gesetzlich, weil er nach §. 34 Mitglied der Genossenschaft ist. Das hier zum Ausdruck gebrachte System der doppelten Verhaftung ist dem preußischen Gebäudesteuergesetz entlehnt. Selbstverständlich ist der Beitrag für den Betrieb nur einmal zu entrichten. Ist die Anzeige rechtzeitig erfolgt, so hat der Vorstand mangels besonderer Bestimmung des Statuts (§. 17 Nr. 6) den Jahresbeitrag pro rata temporis zu vertheilen; ist die Anzeige nicht rechtzeitig erfolgt, so erscheinen der frühere und der jetzige Unternehmer als Correalschuldner. Ist der Wechsel durch Ableben des früheren Unternehmers eingetreten, so haften neben demjenigen, der den Betrieb angetreten hat, die Miterben nach den Bestimmungen des Erbrechts.

das Statut festzusetzenden Frist anzuzeigen. Erachtet letzterer in Folge dieser Anzeige, oder ohne den Empfang einer solchen von Amtswegen[3]) die Ueberweisung des Betriebes an eine andere Genossenschaft für geboten,[4]) so theilt er dies unter Angabe der Gründe dem Betriebsunternehmer durch Vermittelung der unteren Verwaltungsbehörde[5]) und dem betheiligten Genossenschaftsvorstande mit.[6]) Sowohl der letztere, als auch der Betriebsunternehmer können innerhalb zwei Wochen gegen die Ueberweisung bei dem überweisenden Genossenschaftsvorstande Widerspruch[7]) erheben.

Wird innerhalb dieser Frist kein Widerspruch erhoben, so erfolgt die Ab- beziehungsweise Zuschreibung[8]) des Betriebes in den Genossenschaftskatastern, sowie die Ausstellung eines anderweiten Mitgliedscheins für den Betriebsunternehmer. (Abs. 2.)

Zu §. 38.

[1]) verpflichtet, Strafbestimmung in §. 104. Ueber die Bestrafung wird der Vorstand derjenigen Genossenschaften zu befinden haben, welchem der säumige Unternehmer bis zu der Aenderung des Betriebes thatsächlich angehört hat, cf. Anm. 2 zu §. 103.

[2]) Aenderungen, welche . . . von Bedeutung sind. „Welche Veränderungen hierher gehören, wird der Unternehmer nach den für die Bildung der Genossenschaften zu erlassenden Bekanntmachungen" (cf. §. 15) „selbst beurtheilen können" (Motive S. 60). Hierher gehört auch der Fall, wenn ein Betrieb, der bisher Nebensache war, zum Hauptbetrieb wird; ebenso der Fall, wenn ein Betrieb Aenderungen erleidet, die seine Versicherungspflicht ausausschließen, z. B. wenn aus einem Betriebe, der mit weniger als 10 Personen arbeitet, eine bisher dauernd verwendende Kraftmaschine entfernt, und nur noch vorübergehend in dem Betriebe verwendet werden soll, wenn eine Anlage derart eingeschränkt wird, daß sie nicht mehr als Fabrik anzusehen ist, 2c.

[3]) von Amtswegen, „wenn der Betriebsunternehmer, trotz erfolgter wesentlicher Aenderungen seines Betriebes, aus seiner bisherigen Genossenschaft nicht ausscheiden will, während der Vorstand der letzteren ihn einer anderen Genossenschaft zu überweisen beabsichtigt". (Motive.) Von diesen Veränderungen des Betriebes werden die Vorstände auf Grund des §. 82 Kenntniß erlangen.

[4]) geboten. Auf die Anzeige der Betriebsänderung muß der Unternehmer eine Benachrichtigung auch in dem Falle erhalten, wenn eine Ueberweisung von dem Vorstand nicht beabsichtigt wird, damit er event. im Wege der Beschwerde eine solche durch Vermittelung des R.-V.-A. herbeiführen kann.

[5]) unteren Verwaltungsbehörde, §. 109; cf. Anm. 4 zu §. 35.

[6]) theilt mit, nach §. 110.

[7]) Widerspruch. Der Widerspruch kann sich sowohl darauf, daß ein

(Abs. 3.) Wird gegen die Ueberweisung Widerspruch erhoben, oder beansprucht der Vorstand einer dritten Genossenschaft unter dem Widerspruch des Betriebsunternehmers oder des Vorstandes der Genossenschaft, welcher der Betrieb bisher angehörte, die Ueberweisung des letzteren, so hat[9]) der Vorstand der Genossenschaft, welcher der Betrieb bisher angehört hat, die Entscheidung des Reichs-Versicherungsamts[10]) zu beantragen. Dasselbe entscheidet nach Anhörung des betheiligten Betriebsunternehmers, sowie der Vorstände der betheiligten Genossenschaften.

(Abs. 4) Wird dem Ueberweisungsantrage stattgegeben, so tritt die Aenderung in der Zugehörigkeit zur Genossenschaft von dem Tage ab in Wirksamkeit,[11]) an welchem der Antrag dem betheiligten Genossenschaftsvorstande zugestellt ist.

Anlaß zur Ueberweisung überhaupt nicht vorliegt, als auch darauf gründen, daß eine dritte Genossenschaft betheiligt sei. In letzterem Fall muß diese dritte Genossenschaft von dem Reichsversicherungsamt ebenfalls gehört werden. cf. Abs. 3 a. E.

[8]) Ab- und Zuschreibung. Vermögensüberweisungen haben nicht stattzufinden. Der Fall entspricht nicht dem §. 32, sondern ist ähnlich wie eine Betriebseinstellung zu behandeln, cf. §. 17 Anm. 9. Der Uebertritt in die neue Genossenschaft erfolgt ohne Mitnahme von Rechten oder Lasten; in die neue Genossenschaft tritt der Betrieb in alle Rechte und Pflichten derselben ein.

[9]) hat zu beantragen, falls nicht der Widerspruch oder der Anspruch der dritten Genossenschaft zu allseitiger Zufriedenheit erledigt wird. cf. Motive S. 61: „Will der betheiligte Vorstand des erhobenen Widerspruchs ungeachtet die Ueberweisung des Betriebes an die andere Genossenschaft durchführen, so muß derselbe die Entscheidung des Reichs-Versicherungsamts beantragen."

[10]) Reichsversicherungsamt event. Landesversicherungsamt, §. 92. Vergl. auch Anm. 7 zu §. 37.

[11]) in Wirksamkeit. „Durch die Bestimmung, daß der Tag der Zustellung des Ueberweisungsantrages für die Aenderung in der Zugehörigkeit zur Genossenschaft maßgebend sein soll — mag dem gestellten Antrage (bezw. dem von einer anderen Genossenschaft erhobenen Ueberweisungsanspruche) ohne weiteres entsprochen, oder mag durch das Reichs-Versicherungsamt zu Gunsten des Antrags entschieden werden — soll jeder Zweifel darüber beseitigt werden, mit welchem Zeitpunkt der Wechsel in der Mitgliedschaft mit ihren Folgen eintritt." (Mot. S. 61.) Ohne eine solche Bestimmung würde der Moment maßgebend sein, mit welchem die Veränderung in dem Betrieb eingetreten ist; dieser Moment aber ist nachträglich nur mit Mühe festzustellen. — Tritt ein Wechsel ein, so ist sofort die Einschätzung in die Gefahrenklasse herbeizuführen.

§. 39.

In Betreff der Anmeldung von Aenderungen[1]) in dem Betriebe, welche für dessen Einschätzung in den Gefahrentarif (§. 28) von Bedeutung sind, sowie in Betreff des weiteren Verfahrens hat das Genossenschaftsstatut[2]) Bestimmung zu treffen. Gegen den auf die Anmeldung der Aenderung oder von Amtswegen erfolgenden Bescheid[3]) des Genossenschaftsvorstandes oder des Ausschusses (§. 28) steht dem Betriebsunternehmer binnen einer Frist von zwei Wochen[5]) die Beschwerde an das Reichs-Versicherungsamt[5]) zu. (Abs. 1.)

§. 40.

Binnen vier Wochen nach Ablauf des Rechnungsjahres[1]) hat der Genossenschaftsvorstand ein Verzeichniß der beim Schlusse des (Abs. 1.)

Zu §. 39.

[1]) Aenderungen. Vergleiche §. 38 Anm. 2. Unterlassene Anmeldung macht strafbar, §. 104. Bei der Frage, ob und in welchem Umfange eine Strafe auferlegt werden soll, wird zu berücksichtigen sein, ob der Unternehmer nach den Umständen (z. B. dann, wenn er die Grundsätze für die Einschätzung in den Gefahrentarif kannte, oder wenn der Tarif die Klassen dergestalt scharf abgrenzt, daß ihre Merkmale leicht erkennbar sind) wissen mußte, daß die Aenderungen für die Einschätzung in den Gefahrentarif von Bedeutung sind.

Wird die Anzeige unterlassen, so werden die Vorstände bei den Revisionen der Betriebe, die ihnen nach §. 82 zustehen, die erforderliche Kenntniß von den Anderungen gewinnen und dann von Amtswegen einschreiten können.

[2]) Genossenschaftsstatut, „weil das hierbei einzuschlagende Verfahren den Verhältnissen der einzelnen Berufsgenossenschaften angepaßt werden muß.

So ist namentlich daran zu erinnern, daß nicht selten bei gewissen Industriezweigen (chemischen und Farbenfabriken) einzelne Versuchsapparate vorübergehend in Betrieb gesetzt werden; das Statut wird zu bestimmen haben, ob und inwiefern solche, die Gefährlichkeit des Betriebes beeinflussende Versuchseinrichtungen eine Anmeldepflicht begründen. In anderen Betrieben ändert sich die Betriebsart im Laufe des Jahres; es wird z. B. im Winter mit Wasserkraft, im Sommer mit Dampfkraft gearbeitet; Centrifugen werden zeitweise eingestellt u. s. w.; auch für solche Fälle wird das Statut Vorkehrung zu treffen haben" (Motive S. 61).

[3]) Bescheid, wegen dessen Zustellung vergl. §. 110.

[4]) Die Beschwerde „hat naturgemäß die aufschiebende Wirkung, so daß erst mit dem Tage der Entscheidung die von dem Reichs-Versicherungsamt etwa beschlossene Aenderung der Gefahrenklasse in Kraft tritt." (Motive S. 62).

[5]) Reichsversicherungsamt, event. Landesversicherungsamt, §. 92. cf. Anm. 7 zu §. 37, Anm. 11 zu §. 38.

Rechnungsjahres zur Genossenschaft gehörenden Mitglieder dem Reichs-Versicherungsamt[2]) nach einem von diesem vorzuschreibenden Formular einzureichen. Ein gleiches Verzeichniß ist binnen derselben Frist der höheren Verwaltungsbehörde,[3]) sowie jedem Mitgliede der Genossenschaft mitzutheilen.

(Abs. 2.) Das Reichs-Versicherungsamt[2]) kann den Vorstand von diesen Verpflichtungen ganz oder theilweise entbinden.[4])

IV. Vertretung der Arbeiter.

Vertretung der Arbeiter.

§. 41.

(Abs. 1.) Zum[1]) Zweck der Wahl von Beisitzern[2]) zum Schiedsgericht (§. 46), der Begutachtung der zur Verhütung von Unfällen zu erlassenden Vorschriften (§§. 78, 81) und[3]) der Theilnahme an der Wahl zweier nichtständiger Mitglieder[2]) des Reichs-Versicherungsamts (§. 87) werden für jede[4]) Genossenschaftssektion und, sofern

---

Zu §. 40.

[1]) Rechnungsjahr, §. 77.

[2]) Reichsversicherungsamt, event. Landesversicherungsamt, §. 92.

[3]) Der höheren Verwaltungsbehörde, §. 109, „in deren Bezirke Betriebe der Genossenschaftsmitglieder belegen sind." . . „Weitergehende Mittheilungen über die im Laufe des Jahres hinsichtlich des Bestandes der Mitglieder vorkommenden Aenderungen sind nicht erforderlich. Die untere Verwaltungsbehörde befindet sich fortlaufend im Besitz des Materials; eventuell kann von dieser oder von dem Genossenschaftsvorstande jederzeit Auskunft erlangt werden". (Motive S. 62).

[4]) entbinden, wenn „bei einzelnen Genossenschaften, z. B bei solchen mit einer großen Zahl von Betrieben, die alljährliche Einreichung bezw Mittheilung eines Verzeichnisses der einzelnen Betriebe sich nicht als erforderlich herausstellen sollte." (Motive a. a. O.)

Zu §. 41.

[1]) cf. Anm. 4 zu §. 5. „Den Arbeitern sind wesentliche Funktionen in der Verwaltung der Unfallversicherung eingeräumt. Sie sind berufen, durch erwählte Vertreter

a) die Hälfte der Beisitzer und Stellvertreter zu den Schiedsgerichten zu wählen (§§. 41, 46), dadurch auf die Festsetzung der zu gewährenden Entschädigungen einen wesentlichen Einfluß zu üben (§. 62), und hierin die Interessen der Versicherten und ihrer Hinterbliebenen zu wahren;

die Genossenschaft nicht in Sektionen getheilt ist, für die Genossenschaft Vertreter der Arbeiter gewählt.

Die Zahl der Vertreter muß der Zahl der von den Betriebsunternehmern in den Vorstand der Sektion beziehungsweise der Genossenschaft gewählten Mitglieder[5]) gleich[6]) sein. (Abs. 2.)

---

b) in demselben Umfang wie die Unternehmer (§. 41 Abs. 2, §. 87 Abs. 3, §. 93 Abs. 2) an der Zusammensetzung des Reichs- (Landes-) Versicherungsamts durch Wahl zweier, nicht ständiger Mitglieder desselben (nebst Stellvertretern) Theil zu nehmen und dadurch bei Handhabung der Aufsicht über die Berufsgenossenschaften in letzter Instanz thätig einzugreifen (§§. 88, 89);

c) in gleichem Umfang wie die Vorstände der Sektionen und Genossenschaften (§. 41 Abs. 2, §. 79) an der Berathung und Beschlußfassung bzw. an der Begutachtung der Unfallverhütungsvorschriften Theil zu nehmen, sowohl bezüglich derjenigen, welche die Genossenschaften für ihren Bezirk oder Theile desselben beabsichtigen (§§. 78, 79), wie bezüglich derjenigen, welche die Landesbehörde erlassen wollen (§. 81), obwohl die letzteren bisher an ähnliche Beschränkungen nicht gebunden waren;

d) an den Unfalluntersuchungen (§§. 45, 53) Theil zu nehmen und dadurch auf die vollständige und richtige Feststellung der Entstehungsursache und der Bedeutung des Unfalls sowie auf die Ermittelung der Entschädigungsberechtigten eine Einwirkung zu üben.

Diese äußerst wichtigen Befugnisse haben die Arbeiter durch Vertreter auszuüben, welche aus der Wahl der Vorstände von Krankenkassen hervorgehen, während die Bestimmung der Vorlage, nach welcher diese Vertretung eine festorganisirte, unter eigenen aus ihrer Mitte gewählten Vorsitzenden beschließende Körperschaft (Arbeiterausschuß) bilden sollte, durch den Reichstag trotz des Widerspruchs der Regierungsvertreter beseitigt ist. Man hielt eine derartige Organisation der Arbeiter in festen Körperschaften für bedenklich, weil die Gefahr bestehe, daß derartige Organisationen neben der Berufsgenossenschaft zu Organisationen gegen die Berufsgenossenschaften werden möchten, und weil man dadurch statt die Klassengegensätze zu versöhnen, dieselben vielmehr künstlich befestigen könnte. Vorstandsmitglieder haben Arbeiter nicht werden können, weil sie nicht Mitglieder der Genossenschaften sind, und die Ausübung der autonomen Befugnisse, welche den Genossenschaften übertragen sind, durch einen zur Hälfte aus Nichtmitgliedern dieser Genossenschaft bestehenden Vorstand ein in sich widerspruchsvolles Verhältniß sein würde. (Vgl. Komm.-Ber. S. 37 fg.)

Die Wahl dieser „Vertreter der Arbeiter", und zwar für die Funktionen ad a bis c für jede Genossenschaftssektion in gleicher Anzahl, wie die von den Unternehmern gewählten Mitglieder rc., für die

Funktion ad d in Bevollmächtigten jeder wahlberechtigten Krankenkasse nebst je zwei Ersatzmännern erfolgt nach Maßgabe eines Regulativs (§. 43) unter Vorsitz eines Kommissars der Behörde (§. 44) durch die Vorstände von Krankenkassen (unter Ausschluß der in den Krankenkassenvorständen vertretenen Arbeitgeber). Wahlberechtigt sind für die drei ersteren Funktionen die im Bezirk der Sektion domizilirten Orts-, Betriebs- (Fabriks-), Innungs- und Knappschaftskassen, falls denselben mindestens 10 in der Sektion versicherte Personen angehören, für die vierte Funktion sämmtliche Krankenkassen, welchen mindestens 10 in der Genossenschaft versicherte Personen angehören.

Die für die ersteren Funktionen gewählten Vertreter der Arbeiter treten zur Wahl der Beisitzer des Schiedsgerichts (cf. oben ad a) nach Maßgabe des Regulativs (§§. 43, 47 Abs. 2), zur Wahl der Mitglieder des Reichsversicherungsamts (cf. oben ad b) unter Leitung des letzteren (§. 87) nach Maßgabe der von denselben zu treffenden Bestimmungen, als Wahlkörper zusammen; zur Berathung und Beschlußfassung bzw. zur Begutachtung der Unfallverhütungsvorschriften (cf. oben ad c) vereinigen sie sich mit den Genossenschaftsvorständen zu gemeinsamer Thätigkeit (§. 87 Abs. 3, §§. 79, 81); zu den Unfalluntersuchungen (cf. oben ad d) wird der erwählte Bevollmächtigte geladen (§. 54).

Vgl. aus den Motiven S. 63: „In diesen Vertretern finden die Versicherten eine berufsmäßige Vertretung, welche ihre in den Rahmen des vorliegenden Gesetzes fallenden Interessen zu wahren geeignet ist. Bei der Verhütung und Untersuchung der Unfälle, bei der Festsetzung der Entschädigungen und sogar bei der Handhabung der Aufsicht in letzter Instanz greifen diese Vertreter theils direkt, theils durch die von ihnen gewählten Personen mitthätig ein. Auf diese Weise ist auch den Arbeitern eine zur positiven Mitarbeit an gemeinnützigen Aufgaben erziehende Selbstverwaltungsthätigkeit eröffnet worden."

In Knappschafts-Berufsgenossenschaften können durch das Statut den Knappschaftsältesten die Funktionen der Vertreter der Arbeiter übertragen werden, §. 94.

²) Beisitzern . . Mitglieder, einschließlich der Stellvertreter derselben.

³) und. Ueber die vierte, den Vertretern der Arbeiter eingeräumte Funktion, die Theilnahme an den Unfalluntersuchungsverhandlungen, verbreitet sich §. 45. Für die Wahl der Vertreter zu dieser Funktion gelten zum Theil abweichende Vorschriften, vgl. Anm. 1 zu §. 45.

⁴) jede. „Dieser enge Anschluß an die Organisation der Genossenschaft, welcher ebenso bei der Errichtung der Schiedsgerichte wiederkehrt, so daß also die Bezirke der Sektion, der Vertreter der Arbeiter und des Schiedsgerichts sich decken, entspricht der Natur der Sache." (Mot. S. 63.)

⁵) Mitglieder einschließlich des Vorsitzenden.

⁶) gleich sein, damit bei den Berathungen über die Maßregeln zur Unfallverhütung die Interessen der Arbeitnehmer nicht zu Gunsten der Interessen der Arbeitgeber benachtheiligt werden.

§. 42.

Die Wahl erfolgt durch die Vorstände derjenigen Orts-, Betriebs-(Fabrik-)und Innungs-Krankenkassen,[1]) sowie derjenigen Knappschaftskassen,[2]) welche im Bezirke der Sektion beziehungsweise der Genossenschaft ihren Sitz haben und welchen mindestens zehn[3]) in den Betrieben der Genossenschaftsmitglieder beschäftigte versicherte Personen angehören, unter Ausschluß der Vertreter der Arbeitgeber.[4]) Wählbar sind nur männliche, großjährige,[5]) auf Grund dieses Gesetzes versicherungspflichtige[6]) Kassenmitglieder,[7]) welche in Betrieben der Genossenschaftsmitglieder und im Bezirke[8]) der Sektion beziehungsweise der Genossenschaft beschäftigt sind, sich im Besitze der bürgerlichen Ehrenrechte befinden und nicht durch richterliche Anordnung in der Verfügung über ihr Vermögen beschränkt sind. (Abs. 1.)

Zu §. 42.

[1]) Krankenkassen. „Das Gesetz über die Krankenversicherung der Arbeiter vom 15. Juni 1883 bietet in der durch dasselbe geschaffenen organischen Gliederung der Arbeiter eine geeignete Grundlage für die Zusammensetzung der ... Arbeitervertretung ... Die aus freier Wahl der Arbeiter hervorgegangenen Vorstandsmitglieder derjenigen Orts- und Betriebs- (Fabrik-) Krankenkassen sowie derjenigen Knappschaftskassen, welchen die in den Betrieben der Genossenschaftsmitglieder beschäftigten versicherten Personen angehören, werden in dem Entwurf dazu ausersehen", die Vertreter der Arbeiter zu wählen (Mot. S. 63). Mit Rücksicht auf die Einbeziehung der Baugewerbe sind demnächst die Innungskassen hinzugetreten.

Da die berechtigten Kassen hier ausdrücklich genannt sind, so ist die Gemeindekrankenversicherung, welche sonst im Sinne dieses Gesetzes den Krankenkassen gleichsteht (cf. Anm. 8 zu §. 80), hier um so weniger betheiligt worden, als dieselbe einen „Vorstand" und „Kassenmitglieder" überhaupt nicht hat. Ebensowenig, wie die Gemeindekrankenversicherung, sind die eingeschriebenen oder auf Grund landesrechtlicher Vorschriften errichteten Hülfskassen ohne Beitrittszwang (§. 75 K.-G. v. 15./6. 83) berechtigt, an der Wahl sich zu betheiligen. Die Motive sagen hierüber (S. 64): „An der Wahl auch die Vorstände der eingeschriebenen freien Hülfskassen zu betheiligen, erscheint unthunlich. Der Bestand der letzteren ist, weil auf der Freiwilligkeit der Mitglieder beruhend, unsicher; die Größe der Kassenbezirke, die Unterschiede in der Organisation, sowie die Verschiedenartigkeit in der Berufsstellung der Kassenmitglieder schließen die Hineinziehung dieser Kassen als solche in die für die Unfallversicherung vorgesehene Organisation aus. Es kommt hinzu, daß die Durchführung der Wahlen zu den Vertretern der Arbeiter bei der Betheiligung der freien Kassen in manchen Fällen unverhältnißmäßig erschwert werden würde. Während bei der Beschränkung der Wahl auf die Orts-, Betriebs- (Fabrik-) und Knappschaftskassen die Anzahl der den einzelnen Kassen angehörenden Mitglieder, welche in Betrieben der betreffenden Genossenschaft beschäftigt sind, aus den Büchern des Kassenvorstandes direkt festgestellt wird, bedürfte es bei der Hineinziehung der freien Kassen einer Befragung der einzelnen Betriebsunternehmer oder der einzelnen Betriebsarbeiter, ob die letzteren freien Kassen angehören und wo deren Vorstände ihren Sitz haben. Kurz, es würden unabsehbare Weiterungen erforderlich werden, welche nicht einmal die Gewähr zu bieten vermöchten, zu einem befriedigenden Ergebnisse zu kommen. Ueberdies liegt kein ausreichender Grund vor, die eingeschriebenen freien Kassen an der Wahl zu betheiligen. Denn die Mitglieder der letzteren haben auf die Theilnahme an den gesetzlich geordneten Kassen verzichtet und den Zusammenhang mit ihren Arbeitgebern selbst um den Preis, die Kassenbeiträge allein zu bezahlen, aufgegeben. Es beruht die Einrichtung (der Vertreter der Arbeiter) auf Gedanken, welchen die freien Kassen widerstreben.

Nichtsdestoweniger werden die Interessen der Mitglieder der eingeschriebenen freien Kassen, soweit dieselben durch die Vorlage berührt werden, durch (die Vertreter der Arbeiter) mitgewahrt. Die letzteren vertreten gleichmäßig alle innerhalb der Berufsgenossenschaft beschäftigten Arbeiter und sind dazu kraft des Gesetzes legitimirt."

Sie vertreten also auch die Interessen derjenigen Versicherten, welche Mitglieder der Gemeindekrankenversicherung und sonstiger nicht wahlberechtigter Kassen sind (z. B. solcher Kassen, denen weniger als 10 Versicherte angehören).

Reisekosten 2c. dürfen den Vorstandsmitgliedern aus Anlaß der Wahl nicht gewährt werden. Das Gesetz gewährt solche Entschädigung nur den gewählten Vertretern (§. 44); und aus dem Vermögen der Krankenkassen dürfen derartige Ausgaben nicht gemacht werden, §§. 29, 64 R.-G. v. 15./6. 83, da sie nicht zu den Verwaltungskosten der Krankenkassen gerechnet werden können. Es wird sich daher die Bildung kleiner Wahlbezirke (cf. Anm. 1 zu §. 43) oder ein thunlichst umfangreicher Gebrauch der Schriftlichkeit bei der Abstimmung empfehlen; cf. Anm. 2 zu §. 44; Anm. 1 zu §. 55.

²) Die Knappschaftskassen hat man um deswillen noch besonders aufgeführt, weil dieselben nicht ausschließlich Krankenkassen sind.

³) mindestens zehn. „Durch die Beschränkung der Wahlberechtigung auf diejenigen Orts- 2c. Kassen, welchen mindestens zehn in den Betrieben der Genossenschaftsmitglieder beschäftigte versicherte Personen angehören, sollen im Interesse der Vereinfachung des Wahlgeschäfts diejenigen Ortskassen ausgeschlossen werden, denen nur vereinzelte Arbeiter aus der betreffenden Berufsgenossenschaft angehören; bei Betriebs- (Fabrik-) und Knappschaftskassen dürfte jene Beschränkung kaum jemals praktisch werden." (Mot. S. 64.)

⁴) Vertreter der Arbeitgeber, §§. 38, 64, 72 R.-G. v. 15./6. 83.

⁵) großjährige. In Preußen wird die Großjährigkeit mit der Vollendung des 21. Lebensjahres erreicht, Ges. v. 9./9. 69 (G.-S. S. 1177); Minderjährige, welche 18 Jahre sind, können für großjährig erklärt werden, §. 61 d. Vormundschaftsordnung v. 5. 7. 75 (G.-S. S. 431).

§. 43.

Die Vertheilung [1]) der Vertreter der Arbeiter auf örtlich abzugrenzende Theile der Genossenschaft wird mittelst eines Regulativs [2]) bestimmt, welches durch das Reichs-Versicherungsamt oder, sofern es sich um eine Genossenschaft oder Sektion [3]) handelt, welche über die Grenzen eines Landes nicht hinausgeht, durch die Landes-Zentralbehörde oder die von derselben zu bestimmende höhere Verwaltungsbehörde [4]) zu erlassen ist. [5]) (Abs. 1.)

---

[6]) versicherungspflichtige, auch nach §. 2 Abs. 1; denn auch die auf Grund der gesetzlichen Bestimmungen angeordnete statutarische Versicherungspflicht ist eine Versicherungspflicht auf Grund dieses Gesetzes, da sie in dem letzteren ihren Ursprung hat. Bloße Versicherungsberechtigung aber (§ 2 Abs. 2) macht nicht wahlfähig.

[7]) Kassenmitglieder, also auch Betriebsbeamte. Aus der Mitte der wählenden Kassenvorstände brauchen die Vertreter nicht genommen zu werden.

[8]) im Bezirke. Auf Grund einer Erklärung der Regierungsvertreter konstatirt der Kommissionsbericht (S. 41), „daß ein auf Grund des §. 41 gewählter Vertreter der Arbeiter diese seine Qualität verliert, sobald er den Bezirk der Sektion bezw. Genossenschaft verläßt, für welche er gewählt war." Dasselbe muß gelten, wenn die sonstigen Voraussetzungen der Wählbarkeit fortfallen, namentlich wenn ein gewählter Vertreter aus den wahlberechtigten Kassen ausscheidet (z. B. zu einer eingeschriebenen Hülfskasse ohne Beitrittszwang übertritt), die Versicherungspflicht einbüßt (z. B. indem er selbst Unternehmer wird), die bürgerlichen Ehrenrechte verliert, zum Verschwender erklärt wird ꝛc. Vgl. Anm. 3 zu §. 47.

Zu §. 43.

[1]) Vertheilung. Das Gesetz schreibt die Bildung von Wahlbezirken vor, auf welche die zu wählenden Vertreter der Arbeiter zu vertheilen sind. Die Vertheilung „wird unter Berücksichtigung der Zahl der in Betracht kommenden, bei den einzelnen Kassen versicherten Arbeiter erfolgen, und wird darauf Bedacht zu nehmen sein, daß die Gewählten möglichst über den ganzen (Sektions-) Bezirk vertheilt, und daß danach die Wahlbezirke eingetheilt werden." (Mot. S. 64.)

[2]) Regulativ. Dasselbe hat Bestimmung zu treffen, wie die Zahl der zu wählenden Vertreter auf die einzelnen wahlberechtigten Kassen (nach örtlichen Bezirken) zu vertheilen ist (§. 43), wie bei der Wahl der Vertreter zu verfahren ist (§. 44), und wie die gewählten Vertreter die ihnen obliegende Wahl der Beisitzer zum Schiedsgericht (und deren Stellvertreter) zu vollziehen haben (§. 47 Abs. 4). cf. auch Anm. 4 zu §. 44.

[3]) Sektion. Ist also eine Genossenschaft in Sektionen eingetheilt, welche einzeln über den Bezirk eines Bundesstaats nicht hinausgehen, so sind für den Bezirk einer solchen Genossenschaft mehrere Regulative, und zwar je eins für jede solche

§. 44.

(Abs. 1.) Die Wahl [1]) der Vertreter der Arbeiter erfolgt [2]) nach näherer Bestimmung des Regulativs unter der Leitung eines Beauftragten [3]) derjenigen Behörde, von welcher das Regulativ erlassen worden ist.

(Abs. 2.) Für jeden Vertreter sind ein erster und ein zweiter Ersatzmann zu wählen, welche denselben in Behinderungsfällen [4]) zu ersetzen und im Falle des Ausscheidens [5]) für den Rest der Wahlperiode in der Reihenfolge ihrer Wahl einzutreten haben.

(Abs. 3.) Die Wahl erfolgt auf vier Jahre. Alle zwei Jahre scheidet die Hälfte der Vertreter und Ersatzmänner aus. Die erstmalig Ausscheidenden werden durch das Loos bestimmt, demnächst entscheidet das Dienstalter. Die Ausscheidenden können wiedergewählt werden.

(Abs. 4.) Die Vertreter erhalten aus der Genossenschaftskasse [6]) auf Anweisung des Genossenschaftsvorstandes [7]) nach den durch das Genossenschaftsstatut zu bestimmenden Sätzen Ersatz für nothwendige baare Auslagen [8]) und entgangenen Arbeitsverdienst. Gegen die Anweisung ist die Beschwerde an diejenige Behörde, welche das Regulativ erlassen hat (§. 43), zulässig. Dieselbe entscheidet endgültig.

Sektion, von der bez. den Landesbehörden aufzustellen. Nur für solche Sektionen, deren Bezirke über die Grenzen eines Bundesstaats hinausgehen, wird das Regulativ von dem Reichsversicherungsamt erlassen. Dasselbe gilt für Genossenschaften, welche nicht in Sektionen eingetheilt sind.

[4]) höhere Verwaltungsbehörde §. 109. Man hat den Landesbehörden, denen die Verhältnisse bekannt sind, die Ordnung dieser überlassen wollen.

[5]) zu erlassen ist. „Sollte es sich herausstellen, daß die getroffenen Anordnungen sich nicht bewähren, oder daß deren Abänderung in Folge eintretenden Wechsels der Verhältnisse (Betriebseröffnungen und Betriebseinstellungen) nothwendig ist, so kann einem solchen Bedürfnisse durch Abänderung des Regulativs Abhülfe verschafft werden." (Mot. S. 65).

Zu §. 44.

[1]) Wahl. Eine Nöthigung zur Annahme der Funktionen als Arbeitervertreter kennt das Gesetz nicht. Wegen der Annahme des Amtes als Schiedsrichter vgl. dagegen §. 49.

[2]) erfolgt. „Ueber die Durchführung der Wahlen, welche unter der Leitung eines Vertreters derjenigen Behörde, welche das Regulativ erlassen hat, stattzufinden haben, soll das letztere (§. 43) ebenfalls nähere Bestimmungen enthalten. Dies gilt namentlich von der Regelung der Frage, ob die Wahl auf schriftlichem oder mündlichem Wege erfolgen soll" (Mot. S. 65). cf. Anm. 1 zu §. 42.

§. 45.

Die Vorstände[1]) der Krankenkassen und der Knappschaftskassen, welchen mindestens zehn in den Betrieben der Genossenschaftsmitglieder beschäftigte versicherte Personen angehören, wählen[2]) alle zwei Jahre aus der Zahl der Kassenmitglieder zum Zweck der Theilnahme an den Unfalluntersuchungen (§. 54) für den Bezirk einer oder mehrerer[3]) Ortspolizeibehörden[4]) je einen Bevollmächtigten und zwei Ersatzmänner[5]), deren Name und Wohnort den betheiligten Ortspolizeibehörden mitzutheilen ist. (Abs. 1.)

Die dem Vorstande der Kasse angehörenden Vertreter der Arbeitgeber nehmen an der Wahl nicht theil. (Abs. 2.)

---

[3]) Beauftragte. „Die Behörden werden in der Auswahl der Kommissarien zur Abhaltung der Wahlen nicht auf ihre eigenen Mitglieder beschränkt sein, sondern auch andere Personen, insbesondere staatliche und kommunale Lokalbeamte mit ihrer Vertretung betrauen können" (Mot. S. 65).

[4]) Behinderungsfällen. Ob in solchen Fällen der behinderte Vertreter der Arbeiter selbst seinen Ersatzmann zu benachrichtigen hat, oder wie dabei sonst zu verfahren ist, wird das Regulativ regeln müssen.

[5]) Ausscheiden. Wegen des Erlöschens des Mandats vgl. Anm. 8 zu §. 42.

[6]) Genossenschaftskasse, weil die Vertreter der Arbeiter „zur Theilnahme an der Erfüllung von Aufgaben der Genossenschaften berufen sind" (Mot. S. 65).

[7]) Genossenschaftsvorstandes. Da es sich hier nicht um eine Anweisung auf die Post handelt, und der in den Motiven angegebene Grund, aus welchem nur dem Genossenschaftsvorstand, nicht auch den sonstigen Organen der Genossenschaft die Ausstellung der Zahlungsanweisungen auf die Post übertragen ist (cf. Anm. 5 zu §. 69), hier nicht zutrifft, so wird auch den sonstigen Organen der Genossenschaften (Sektionsvorständen, Vertrauensmännern) die Anweisung dieser Beträge auf ihre Kassen durch das Statut übertragen werden können. Dies empfiehlt sich im Interesse der beschleunigten Auszahlung, da die Arbeiter auf ihren Arbeitsverdienst in der Regel angewiesen sind.

[8]) baare Auslagen, cf. Anm. 11 zu §. 17. Die Festsetzung (vergl. Anm. 3 zu §. 49) wird im Fall des §. 47 Abs. 4 dem die Wahlhandlung leitenden Beamten, im Fall des §. 79 den Vorständen zustehen, vgl. Anm. 3 zu §. 49. Wegen der Beschwerde gegen die Anweisung und die Feststellung, vgl. Anm. 3 zu §. 55.

Zu §. 45.

[1]) Auch zur Theilnahme an den Unfall-Untersuchungsverhandlungen (§. 54) sind Vertreter der Arbeiter berufen, cf. Anm. 1 zu §. 41. Es sind aber nicht dieselben Vertreter, welche die in den §§. 46, 78, 87 erwähnten Funktionen

wahrzunehmen haben, und welche in der in den §§. 41 bis 44 erörterten Weise gewählt werden; zur Theilnahme an den Unfall-Untersuchungsverhandlungen werden vielmehr besondere Vertreter gewählt, deren Wahl in mehrfacher Beziehung von der Wahl der für die sonstigen Funktionen gewählten Vertreter abweicht. Die Abweichungen haben insbesondere in dem Bestreben ihren Grund, an den Unfall-Untersuchungsverhandlungen, an welchen der Verletzte sowie seine Hinterbliebenen, außerdem aber auch die für die ersten dreizehn Wochen zur Fürsorge berufene Krankenkasse ein besonderes Interesse haben, solche Vertreter der Arbeiter zu betheiligen, welche die Verhältnisse, unter denen der Unfall sich ereignet hat, sowie die Lage der von dem Unfall betroffenen Personen aus eigener Erfahrung kennen und womöglich mit dem Verunglückten Genossen einer und derselben Krankenkasse waren.

Die Abweichungen bestehen insbesondere in Folgendem:

a) Wahlberechtigt sind hier (§. 45) die Vorstände aller Kategorien von Krankenkassen — einschl. der Hülfskassen ohne Beitrittszwang —, dort (§. 41) nur die Vorstände von Orts-, Betriebs- (Fabrik-), Innungskranken- und von Knappschaftskassen;

b) wählbar sind hier auch Mitglieder von Hülfskassen, dort nicht;

c) die Wahlperiode beträgt hier zwei, dort vier Jahre;

d) die Wahl erfolgt hier für den Bezirk einer oder mehrerer Ortspolizeibehörden, dort für den Bezirk einer Genossenschaft oder Genossenschaftssektion; der Bezirk, für den der Vertreter der Arbeiter hier gewählt ist, deckt sich nicht, wie in jenem Falle, mit der Organisation der Genossenschaft;

e) die Gewählten erhalten, wenn sie in Thätigkeit treten, hier nur Ersatz für den entgangenen Arbeitsverdienst nach den von dem Genossenschaftsstatut bestimmten Sätzen (§. 55, cf. Anm. 1 zu demselben), dort außerdem (nach den von dem Genossenschaftsstatut aufgestellten Sätzen) Reisekosten sowie Ersatz für sonstige baare Auslagen, §. 44, cf. Anm. 11 zu §. 17.

[2]) wählen. Die Wahl geschieht für jede Genossenschaft, in deren Betrieben mindestens zehn Kassenmitglieder beschäftigt sind, wenn diese auch über verschiedene Orte vertheilt sind.

Die Kasse wählt für jede Genossenschaft einen Bevollmächtigten nebst zwei Ersatzmännern, und zwar innerhalb der Genossenschaft für den Bezirk einer oder mehrerer Ortspolizeibehörden.

Ist die Kasse für mehrere Genossenschaften wahlberechtigt, so kann sie für alle oder für einzelne Genossenschaften dieselben Personen zu Bevollmächtigten oder Ersatzmännern bestellen.

[3]) aus der Zahl der Kassenmitglieder. Nach der oben (Anm. 1) dargelegten Tendenz des Gesetzes, daß die Gewählten den Verletzten thunlichst nahe stehen sollen, muß angenommen werden, daß sie — wie die Vertreter der Arbeiter nach §. 42 — versicherungspflichtig sein müssen. Auch werden die Gewählten die übrigen Erfordernisse des §. 42 haben, also im Besitz der

V. Schiedsgerichte.

Schiedsgerichte.

§. 46.

[1]) Für jeden [2]) Bezirk einer Berufsgenossenschaft oder, sofern dieselbe in Sektionen getheilt ist, einer Sektion, wird ein Schiedsgericht [3]) errichtet. (Abs. 1.)

Der Bundesrath kann anordnen, daß statt eines Schiedsgerichts deren mehrere nach Bezirken gebildet werden. (Abs. 2.)

Der Sitz [4]) des Schiedsgerichts wird von der Zentralbehörde des Bundesstaates, zu welchem der Bezirk desselben gehört, oder, sofern der Bezirk über die Grenzen eines Bundesstaates hinausgeht, im Einvernehmen mit den betheiligten Zentralbehörden von dem Reichs-Versicherungsamt bestimmt. (Abs. 3.)

Ehrenrechte sein müssen und in der Verfügung über ihr Vermögen nicht beschränkt sein dürfen, da die Entstehungsgeschichte dieses Paragraphen Abweichungen von der Vorschrift des §. 42 nicht zuzulassen scheint.

Nach der Regierungsvorlage gehörte die Theilnahme an den Unfall-Untersuchungsverhandlungen zu den Funktionen des Arbeiterausschusses, dessen sonstige Funktionen dieselben waren, wie die im §. 41 aufgezählten. Die Vorschriften über die Wählbarkeit zum Arbeiterausschuß sind, soweit sie hier in Frage kommen, aus dem §. 42 der Regierungsvorlage in den §. 42 des Gesetzes übernommen, und aus den Verhandlungen, die über die Beseitigung der Arbeiterausschüsse und deren Ersetzung durch Vertreter der Arbeiter geführt worden sind, ist nichts zu entnehmen, was auf die Absicht schließen lassen könnte, daß man zu den Funktionen des §. 45 weniger zuverlässige Leute hat wählen lassen wollen, wie zu den Funktionen nach §. 41.

[4]) einer oder mehrerer, nach Wahl der Kassenvorstände.

[5]) Ortspolizeibehörde, cf. Anm. 6 zu §. 51.

[6]) und zwei Ersatzmänner. Die Reihenfolge, in welcher diese Personen zur Thätigkeit berufen sind, wird hier nicht bestimmt, anders wie in §. 44. Es wird also auch eine Vertheilung der Funktionen unter die Vertreter und seine Ersatzmänner mit gegenseitiger Substitution zulässig sein.

Zu §. 46.

[1]) Die Bildung der Schiedsgerichte steht „in Uebereinstimmung mit dem Entwurf von 1882, und in Gegensatz zu dem Entwurf von 1881. Nach letzterem sollte die erste Feststellung der Entschädigungsansprüche durch die Reichsversicherungsanstalt erfolgen, während sie gegenwärtig den Organen der versicherungspflichtigen Unternehmer obliegt.

§. 47.

(Abs. 1.) Jedes Schiedsgericht besteht aus einem ständigen Vorsitzenden und aus vier Beisitzern.[1])

„Der Natur der Sache nach konnte aber gegen die Entscheidung einer dem Streit der Privatinteressen entrückten und die Bürgschaft voller Unbefangenheit in sich tragenden Reichsbehörde, der Arbeitnehmer unbedenklicher auf den kostspieligen, zeitraubenden und schwierigen Rechtsweg verwiesen werden, als gegenwärtig, wo die erste Feststellung durch die Vertreter der zahlungspflichtigen Interessenten erfolgt. Innerhalb des Systems und auf dem Boden des gegenwärtigen Entwurfs würde die Verweisung der streitigen Entschädigungsansprüche der Arbeitnehmer auf den Rechtsweg den Grundgedanken der Vorlage nicht entsprechen." (Motive zum Gesetzentwurf von 1882).

[2]) jeden. Die Bezirke des Schiedsgerichts decken sich mit den Bezirken der Genossenschaftssektionen und den Bezirken, für welche Vertreter der Arbeiter gewählt werden, schließen sich also enge an die Organisation der Genossenschaft selbst an, jedoch mit der Maßgabe, daß der Bundesrath die Vermehrung der Schiedsgerichte soweit anordnen kann, als das Bedürfniß (der leichtern Erreichbarkeit der Schiedsgerichte) erfordert;

„namentlich bei den von den Genossenschaftsorganen gar nicht oder nur theilweise anerkannten Invaliditätsfällen werden die Arbeiter das größte Gewicht darauf legen, vor dem Schiedsgerichte ihre Sache persönlich zu vertreten und sich den Schiedsrichtern vorzustellen." (Mot. S. 66.)

[3]) Schiedsgericht. Die Funktionen der Schiedsgerichte ergeben sich aus §. 62: sie bilden die erste und mit Rücksicht auf die Untersuchung der thatsächlichen Verhältnisse besonders wichtige Berufungsinstanz bei Feststellung der Entschädigungen aus Anlaß eines Unfalls, sowohl, was deren Höhe, als was den Entschädigungsanspruch im Princip (letzteres mit der Ausnahme des §. 63 Abs. 2) anbetrifft, haben also ganz besondere Bedeutung „für die verunglückten Arbeiter oder deren Hinterbliebene, um zu ihrem Recht zu gelangen, wenn sie mit den Feststellungen der Genossenschaftsorgane nicht zufrieden sind." (Motive S. 66.)

Das Schiedsgericht hat den Charakter eines dauernd fungirenden Spezialgerichtshofs, nicht die Bedeutung eines auf Grund eines Schiedsvertrags für einen einzelnen Fall gebildeten Schiedsgerichts im Sinn der §§. 851 fg. der Civilprozeßordnung. Anders die Entscheidung vermögensrechtlicher Streitigkeiten bei Abänderung des Bestandes der Genossenschaften, §. 32.

[4]) Der Sitz ist an einen Ort zu legen, „an welchem ein zur Uebernahme des Vorsitzes geeigneter Staats- oder Kommunalbeamter vorhanden ist." (Motive S. 66.)

Zu §. 47.

[1]) vier Beisitzern, und zwar nach der Zweckbestimmung und Natur des Schiedsgerichts, insbesondere um die Unparteilichkeit seiner Entscheidung zu sichern, aus einer gleichen Anzahl von Arbeitgebern und Arbeitnehmern.

Der Vorsitzende wird aus der Zahl der öffentlichen[2]) Beamten, (Abs. 2.) mit Ausschluß der Beamten derjenigen Betriebe, welche unter dieses Gesetz fallen, von der Zentralbehörde des Landes, in welchem der Sitz des Schiedsgerichts belegen ist, ernannt. Für den Vorsitzenden ist in gleicher Weise ein Stellvertreter zu ernennen, welcher ihn in Behinderungsfällen vertritt.

Zwei Beisitzer werden von der Genossenschaft oder, sofern die (Abs. 3.) Genossenschaft in Sektionen getheilt ist, von der betheiligten Sektion gewählt.[3]) Wählbar sind die stimmberechtigten Genossenschaftsmitglieder sowie die von denselben bevollmächtigten Leiter[4]) ihrer Betriebe, sofern sie weder[5]) dem Vorstande der Genossenschaft, noch dem Vorstande der Sektion, noch den Vertrauensmännern angehören und nicht durch richterliche Anordnung in der Verfügung über ihr Vermögen beschränkt sind.

Die beiden anderen Beisitzer werden nach näherer Bestimmung[6]) (Abs. 4.) des Regulativs (§. 43) von den im §. 41 bezeichneten Vertretern der Arbeiter aus der Zahl der in den Betrieben der Genossenschaft beschäftigten, dem Arbeiterstande angehörenden[7]) versicherten Personen, welche den im §. 42 genannten Kassen angehören, gewählt.

Für jeden Beisitzer sind ein erster und ein zweiter Stellver- (Abs. 5.) treter zu wählen, welche ihn in Behinderungsfällen zu vertreten haben.

Die Beisitzer und Stellvertreter werden auf vier Jahre gewählt. (Abs. 6.) Alle zwei Jahre scheidet die Hälfte der Beisitzer und ihrer Stellvertreter aus. Die erstmalig Ausscheidenden werden durch das Loos bestimmt, demnächst entscheidet das Dienstalter. Scheidet ein Beisitzer während der Wahlperiode aus, so treten für den Rest derselben die Stellvertreter in der Reihenfolge ihrer Wahl für ihn ein. Ausscheidende Beisitzer und Stellvertreter sind wieder wählbar.[8])[9])

„Im Wege der Ausführungsbestimmungen wird dafür zu sorgen sein, daß Namen und Wohnort der gewählten Beisitzer und Stellvertreter zur Kenntniß der Zentralbehörde, welche den Vorsitzenden ernennt, gelangen, damit diese die im §. 48 vorgesehene Bekanntmachung zu erlassen und den Vorsitzenden mit den nöthigen Mittheilungen zu versehen in der Lage ist." (Mot. S. 67.)

[2]) öffentlichen, Staats- oder Kommunal-Beamten, cf. Anm. 4 zu §. 46. Die Leitung des Schiedsgerichts durch einen öffentlichen Beamten ist eine „Verstärkung der Bürgschaften für die Unparteilichkeit und Selbständigkeit des

§. 48.

Abs. 1.) Der Name und Wohnort des Vorsitzenden, sowie der Mitglieder des Schiedsgerichts und der Stellvertreter derselben ist von der Landes-Zentralbehörde (§. 47 Absatz 2) in dem zu deren amtlichen Veröffentlichungen bestimmten Blatte öffentlich bekannt zu machen.

Schiedsgerichts" (Motive), die um so mehr wiegt, als der Vorsitzende von der Genossenschaft eine Vergütung nicht erhalten darf, cf. Anm. 7 zu §. 50.

³) gewählt. „Kommt bei einem Beisitzer eine der Voraussetzungen seiner Wählbarkeit in Wegfall, übernimmt z. B. ein von der Genossenschaft gewählter Beisitzer eines der im §. 47 Abs. 3 erwähnten Genossenschaftsämter, oder hört ein von den Vertretern der Arbeiter gewählter Beisitzer auf, zu der Zahl der Versicherten zu gehören, so erlischt das Mandat und die Stellvertreter rücken in der Reihenfolge ihrer Wahl in die Stelle des Ausscheidenden ein." cf. Anm. 8 zu §. 42.

„In welcher Weise die Genossenschaft, oder sofern die Genossenschaft in Sektionen getheilt ist, die Sektion die Wahl der Beisitzer vollziehen soll, wird durch das Statut zu regeln sein." (Mot. S. 66.)

Wegen Annahme der Wahl, welche durch Geldstrafe erzwungen werden kann, vgl. §. 49.

⁴) Leiter ihrer Betriebe. Ihre Wahlfähigkeit hängt in diesem Falle nicht davon ab, ob das Statut ihre Wählbarkeit zu Mitgliedern des Vorstandes ausgesprochen hat, §. 24 Abs. 4. cf. im übrigen Anm. 6, 7 zu §. 14.

⁵) weder rc, weil die Genossenschaftsorgane mit der ersten Feststellung der Entschädigungsansprüche betraut sind (§§. 57 fg.), und „jede aus der Betheiligung an den Verhandlungen möglicherweise sich ergebende Voreingenommenheit oder Einwirkung fern zu halten" ist. (Motive S. 66.)

⁶) nach näherer Bestimmung. Das Regulativ wird also auch weitere Beschränkungen der passiven Wählbarkeit aufstellen und insbesondere im Geiste dieses Gesetzes vorschreiben können, daß die Beisitzer analog §§. 42, 47 Abs. 3 im Besitz der bürgerlichen Ehrenrechte und in der Verfügung über ihr Vermögen durch richterliche Anordnung nicht beschränkt sein sollen.

⁷) dem Arbeiterstande angehörende. Betriebsbeamte (Obersteiger rc.) sind also nicht wählbar. Diese Bestimmung ist durch den Reichstag eingefügt (cf. Rede des Abg. Stötzel, Sten. Ber. S. 922).

⁸) wieder wählbar, um die Kontinuität der Entscheidungen zu wahren.

⁹) Ueber die Ablehnung der Wahl und Wiederwahl, sowie darüber, daß es sich um ein Ehrenamt handelt, für dessen Wahrnehmung Entschädigungen nur beschränkt zulässig sind, vgl. §. 24 Abs. 2 und §. 25, welche nach §. 49 Abs. 2 auf die Beisitzer des Schiedsgerichtes Anwendung finden, sowie §. 49 Abs. 2 selbst.

§. 49.

Der Vorsitzende und dessen Stellvertreter, die Beisitzer und deren Stellvertreter sind mit Beziehung auf ihr Amt zu beeidigen.[1]) (Abs. 1.)

Auf das Amt der Beisitzer des Schiedsgerichts finden die Bestimmungen der §§. 24 Absatz 2 und 25 Anwendung. Die von den Versicherten gewählten Beisitzer erhalten[2]) nach den durch das Genossenschaftsstatut zu bestimmenden Sätzen Ersatz für den ihnen in Folge ihrer Theilnahme an den Verhandlungen entgangenen Arbeitsverdienst. Die Festsetzung[3]) des Ersatzes, sowie der baaren Auslagen erfolgt durch den Vorsitzenden.

Die Behörde, welche das im §. 43 vorgesehene Regulativ erlassen hat, ist berechtigt,[4]) die Uebernahme und die Wahrnehmung der Obliegenheiten des Amts eines Beisitzers oder Stellvertreters durch Geldstrafen bis zu fünfhundert Mark gegen die ohne gesetzlichen Grund[5]) sich Weigernden zu erzwingen. Die Geldstrafen fließen zur Genossenschaftskasse.[6]) (Abs. 2.)

Verweigern die Gewählten gleichwohl ihre Dienstleistung, oder kommt eine Wahl nicht zu Stande, so hat, solange und so weit dies der Fall ist, die untere Verwaltungsbehörde,[7]) in deren Bezirk der Sitz des Schiedsgerichts belegen ist, die Beisitzer aus der Zahl der Arbeitgeber und Arbeitnehmer zu ernennen.[8]) (Abs. 3.)

Zu §. 49.

[1]) **beeidigen.** Das Nähere hierüber wird durch Kais. Verordnung (§. 50) geregelt werden.

[2]) **erhalten.** Beide Kategorien von Beisitzern erhalten also kraft des Gesetzes Ersatz für baare Auslagen (Reisekosten, Zehrgelder). Die Beisitzer aus dem Stande der Versicherten erhalten außerdem kraft Gesetzes Ersatz für den entgangenen Arbeitsverdienst; die Beisitzer aus dem Stande der Unternehmer können eine Entschädigung für den entgangenen Zeitverlust nur dann erhalten, wenn das Statut dies vorsieht. Die Höhe der den Beisitzern aus dem Stande der Versicherten zustehenden Bezüge bestimmt das Statut; die Höhe der den Beisitzern aus dem Stande der Arbeitgeber gebührenden Sätze bestimmt die Genossenschaftsversammlung durch einfachen der Abänderung unterworfenen Beschluß, cf. Anm. 11 zu §. 17. Es erscheint zulässig, den Ersatz für baare Auslagen und entgangenen Arbeitsverdienst, bez. für baare Auslagen und Zeitverlust in ungetrennter Summe oder doch derart festzusetzen, daß neben einer pauschalisirten Entschädigung nur noch Reisekosten (nach Maßgabe der Entfernungen) gewährt werden.

[3]) **Festsetzung,** d. h. die Anwendung der festgestellten Sätze auf den einzelnen Fall (Feststellung der Entfernungen und der Reise- und Verhand-

Verfahren vor dem Schiedsgericht.

§. 50.

(Abs. 1.) Der Vorsitzende beruft das Schiedsgericht und leitet die Verhandlungen desselben. Das Schiedsgericht ist befugt, denjenigen Theil des Betriebes, in welchem der Unfall vorgekommen ist, in Augenschein zu nehmen,¹) sowie Zeugen und Sachverständige — auch eidlich²) — zu vernehmen.

(Abs. 2.) Das Schiedsgericht ist nur beschlußfähig,³) wenn außer dem Vorsitzenden eine gleiche⁴) Anzahl von Arbeitgebern und Arbeitnehmern und zwar mindestens je einer als Beisitzer mitwirken.

(Abs. 3.) Die Entscheidungen⁵) des Schiedsgerichts erfolgen nach Stimmenmehrheit.

(Abs. 4.) Im übrigen wird das Verfahren vor dem Schiedsgericht durch Kaiserliche Verordnung⁶) mit Zustimmung des Bundesraths geregelt.

(Abs. 5.) Die Kosten des Schiedsgerichts, sowie die Kosten des Verfahrens vor demselben trägt die Genossenschaft.

(Abs. 6.) Dem Vorsitzenden des Schiedsgerichts und dessen Stellvertreter darf eine Vergütung⁷) von der Genossenschaft nicht gewährt werden.

---

lungstage.) Der Vorsitzende setzt also die von den Empfangsberechtigten aufgestellte Liquidation fest. Wegen Anweisung des festgesetzten Betrages vgl. Anm. 7 zu §. 44. Wegen der Beschwerde vgl. Anm. 3 zu §. 55.

⁴) berechtigt, nicht verpflichtet.

⁵) ohne gesetzlichen Grund, cf. Anm. 2, 3 zu §. 24.

⁶) zur Genossenschaftskasse, weil die „Genossenschaft die ganzen Kosten des Schiedsgerichts, mit Ausnahme der etwaigen Remuneration des Vorsitzenden trägt" (Mot. S. 66).

⁷) untere Verwaltungsbehörde, §. 109.

⁸) zu ernennen, damit trotz der Renitenz im Interesse der Entschädigungsberechtigten eine schiedsgerichtliche Entscheidung ermöglicht werde.

Zu §. 50.

¹) in Augenschein zu nehmen. Die Ermächtigung, Zeugen und Sachverständige eidlich zu vernehmen, „erscheint namentlich für diejenigen Fälle unentbehrlich, in denen über die Frage gestritten wird, ob eine Verletzung die Folge eines bei dem Betriebe vorgekommenen Unfalls ist oder nicht" (Mot. S. 67).

Das Schiedsgericht hat auch Requisitionsbefugniß, §. 101.

²) auch eidlich, wegen der Bedeutung der zur Entscheidung stehenden Streitfälle.

³) beschlußfähig. „Durch die hinsichtlich der Beschlußfähigkeit getroffene Bestimmung soll verhütet werden, daß eine schiedsrichterliche Entscheidung

VI. Feststellung und Auszahlung der Entschädigungen.

Anzeige und Untersuchung der Unfälle.

§. 51.

[1])Von jedem[2]) in einem versicherten Betriebe vorkommenden Unfall, durch welchen eine in demselben beschäftigte Person[3]) getödtet wird oder eine Körperverletzung erleidet, welche eine Arbeitsunfähigkeit von mehr als drei Tagen[4]) oder den Tod zur Folge hat,[5]) ist von dem Betriebsunternehmer bei der Ortspolizeibehörde[6]) schriftliche Anzeige zu erstatten. (Abs. 1.)

Dieselbe muß binnen zwei Tagen nach dem Tage erfolgen, an welchem der Betriebsunternehmer von dem Unfall Kenntniß erlangt hat. (Abs. 2.)

---

anders als unter gleichmäßiger Theilnahme der den Arbeitgebern und Arbeitern entnommenen Beisitzer ergehen kann" (Mot. S. 67).

[4]) gleiche Anzahl. Sollte eine ungleiche Anzahl von Arbeitgebern und Arbeitnehmern erscheinen, so hat eine Stimmenthaltung stattzufinden; die Kais. Verordnung wird hierüber das Nähere regeln.

[5]) Entscheidungen, Rekurs an das Reichs- (Landes-) Versicherungsamt, vgl. §. 63, „dessen Zusammensetzung (§§. 87, 90) für eine unparteiische Entscheidung die erforderliche Gewähr bietet" (Motive). Die Verhandlungen, Urkunden und Entscheidungen sind gebühren- und stempelfrei, § 102.

[6]) Kais. Verordnung, weil die Einzelbestimmungen über das Verfahren lediglich Ausführungsbestimmungen sind.

[7]) Vergütung; hierdurch „wird die Möglichkeit ausgeschlossen, dem Vorsitzenden des Schiedsgerichts und dessen Stellvertreter irgend welche Vergütung aus Genossenschaftsmitteln zu gewähren. Dies erschien nothwendig, um ihre Unabhängigkeit zu wahren" (Mot. S. 67).

Hiernach dürfen dem Vorsitzenden und seinem Stellvertreter auch keine Reise- und Zehrkosten aus Genossenschaftsmitteln vergütet werden.

Aus Staats- oder Kommunalmitteln dürfen ihnen aber Remunerationen &c. gezahlt werden, vgl. Anm. 6 zu §. 49.

Zu §. 51.

[1]) Die §§. 51, 52 regeln das Unfallmeldewesen, die §§. 53 bis 56 die polizeiliche Untersuchung der Unfälle.

„Für die einfache und sichere Feststellung der den Betheiligten aus der Unfallversicherung erwachsenden Entschädigungsansprüche ist es wichtig, daß die einzelnen Unfälle, welche einen Entschädigungsanspruch zur Folge haben, nicht erst durch die Erhebung des letzteren, sondern sobald als thunlich zur Kenntniß der Organe der Genossenschaft gelangen. Das Unfallmeldewesen hat außerdem

(Abs. 3.) Für den Betriebsunternehmer kann derjenige,[7]) welcher zur Zeit des Unfalls den Betrieb oder den Betriebstheil, in welchem sich der Unfall ereignete, zu leiten hatte, die Anzeige erstatten; im Falle der Abwesenheit oder Behinderung des Betriebsunternehmers ist er dazu verpflichtet.

(Abs. 4.) Das Formular[8]) für die Anzeige wird vom Reichs-Versicherungsamt festgestellt.

(Abs. 5.) Die Vorstände der unter Reichs- oder Staatsverwaltung stehenden Betriebe haben die in Absatz 1 vorgeschriebene Anzeige der vorgesetzten Dienstbehörde[9]) nach näherer Anweisung derselben zu erstatten.

---

nicht nur das statistische Material zu schaffen, welches für die fortschreitende Vervollkommnung der Eintheilung der Betriebe in Gefahrenklassen von Werth ist, sondern auch den Genossenschaftsvorständen und den Gewerbeaufsichtsbehörden die Kenntniß der Unfallursachen zu vermitteln, deren sie für ihre auf Verminderung der Unfälle gerichtete Thätigkeit bedürfen" (Mot. S. 67).

[2]) von jedem, „ohne Rücksicht darauf, ob die Entschädigung voraussichtlich von den Krankenkassen (der Gemeinde-Krankenversicherung) zu leisten oder nach diesem Gesetz zu behandeln sein wird" (Mot. S. 67).

[3]) eine in demselben beschäftigte Person, ohne Rücksicht auf deren Versicherung (cf. auch Anm. 1). Die Anzeige ist also auch zu erstatten, wenn von dem Unfall nicht versicherte Betriebsbeamte mit einem Jahreseinkommen von mehr als 2000 Mark betroffen worden sind.

[4]) von mehr als 3 Tagen. Die ganz geringfügigen Unfälle, — und als solche betrachtet das Gesetz diejenigen, welche gar keine Arbeitsunfähigkeit oder nur eine solche bis zu drei Tagen zur Folge haben — würden im Verhältniß zu ihrer geringen Bedeutung zu viel Schreibwesen verursachen. Selbstverständlich bleiben die Ansprüche der Beschädigten aus dem Krankenversicherungsgesetz unberührt, es fällt nur die Anzeige von dem Unfall und die polizeiliche Untersuchung desselben fort.

[5]) zur Folge hat. Mit voller Sicherheit lassen sich die voraussichtlichen Folgen auch geringfügiger Unfälle nicht vorher übersehen; in ihrer praktischen Anwendung aber wird diese Bestimmung zu Schwierigkeiten kaum führen, da der Unternehmer oder dessen Vertreter den Unfall, welcher gegen die ursprüngliche Annahme ernstere Folgen gehabt hat, nachträglich anzumelden haben wird, sobald er erfährt, daß die Arbeitsunfähigkeit länger währt. Die Anzeigefrist läuft in solchem Fall erst vor dem letzteren Zeitpunkt ab. Es ergiebt sich dies aus den Motiven (S. 68), welche ausführen, daß die Frist so kurz wie möglich habe bemessen werden müssen, und deshalb auf zwei Tage von dem Tage an festgestellt worden sei, „an welchem der Verpflichtete von dem Eintritt der die Verpflichtung bedingenden Thatsache Kenntniß erhält;" die Verpflichtung wird aber nach Abs. 1 bedingt durch die Thatsache, daß die Arbeitsunfähigkeit länger als 3 Tage dauert.

§. 52.

Die Ortspolizeibehörden, im Falle des §. 51 Absatz 5 die Betriebsvorstände, haben über die zur Anzeige gelangenden Unfälle ein Unfallverzeichniß zu führen. (Abs. 1)

Verspätete Anzeige ist straffällig, §. 104 Abs. 2. Bei Verhängung der Strafe wird der Vorstand zu erörtern haben, ob die Verhältnisse eine sofortige Anzeige des Unfalls verlangt haben oder ob der Verpflichtete nach der Sachlage annehmen konnte, daß eine Anzeige nicht erforderlich sein werde.

6) Ortspolizeibehörde, zum Zweck der thatsächlichen Feststellung und zu Zwecken der Unfallstatistik.

„Welche Behörden in den einzelnen Bundesstaaten die den Ortspolizeibehörden in diesem Gesetze zugewiesenen Funktionen zu übernehmen haben, bestimmen die zuständigen Centralbehörden, ohne hierbei auf diejenigen Behörden beschränkt zu sein, welche nach der Behördenorganisation des Landes als die Ortspolizeibehörden anzusehen sind." (Mot. S. 68.) cf. §. 109.

7) kann derjenige. „Da die Anzeige oft am zweckmäßigsten nicht von dem Unternehmer selbst, welcher zur Zeit des Unfalls den Betrieb oder den betreffenden Theil desselben zu leiten hatte, erstattet wird, und da Vorsorge getroffen werden muß, daß die Anzeige auch dann nicht unterbleibt, wenn der Betriebsunternehmer durch Abwesenheit oder aus anderen Gründen an der Erstattung derselben verhindert ist, so soll der bezeichnete Betriebsleiter die Anzeige für den Unternehmer erstatten können und dazu verpflichtet sein, wenn der Unternehmer behindert oder abwesend ist." (Mot. S. 68.)

Wer als Leiter des Betriebes oder Betriebstheiles anzusehen ist, und ob der Fall der Abwesenheit oder Behinderung des Betriebsunternehmers vorliegt, ist thatsächliche Frage. cf. Anm. 6 zu §. 14.

8) Formular, da Form und Inhalt der Anzeige nach den Bedürfnissen der Unfallversicherung und der Gewerbe-Aufsichtsbehörden eingerichtet werden müssen.

9) vorgesetzten Dienstbehörde „Auch von den Unfällen, welche sich in den unter Verwaltung von Reichs- und Staatsbehörden stehenden Betrieben ereignen, soll von den Vorständen Anzeige an die vorgesetzte Dienstbehörde erstattet werden. Es erscheint aber gerathen, den letzteren nähere Bestimmungen über die Erstattung der Anzeige vorzubehalten." (Mot. S. 68.)

Zu §. 52.

1) Ortspolizeibehörden, vgl. Anm. 6 zu §. 51.

2) Unfallverzeichniß „Die Vorschrift des §. 52 soll Sicherheit dafür gewähren, daß das die Betriebsunfälle betreffende statistische Material stets vollständig und bereit gehalten wird" (Mot. S. 68.)

Der Begriff des Unfallverzeichnisses im Gegensatz zu bloßen Anzeigelisten bedingt die Eintragung des weiteren Verlaufs der Sache (Tod, Dauer der Arbeitsunfähigkeit). Die Ortspolizeibehörden haben zum Zweck dieser Eintragungen die Sache weiter zu verfolgen. Vgl. auch Anm. 3 zu §. 53

§. 53.

(Abs. 1.) Jeder zur Anzeige gelangte[1]) Unfall, durch welchen eine versicherte Person getödtet ist oder eine Körperverletzung erlitten hat, die voraussichtlich den Tod oder eine Erwerbsunfähigkeit[2]) von mehr als dreizehn Wochen zur Folge haben wird,[3]) ist von der Ortspolizeibehörde[4]) sobald wie möglich[5]) einer Untersuchung zu unterziehen, durch welche festzustellen sind[6]):

1. die Veranlassung und Art des Unfalls,
2. die getödteten oder verletzten Personen,
3. die Art der vorgekommenen Verletzungen,
4. der Verbleib der verletzten Personen,
5. die Hinterbliebenen der durch den Unfall getödteten Personen, welche nach §. 6 dieses Gesetzes einen Entschädigungsanspruch erheben können.

Zu §. 53.

[1]) zur Anzeige gelangte. Die Behörde ist aber nicht an die Anzeige gebunden, sondern kann kraft ihrer amtlichen Stellung auch bei den auf andere Weise zu ihrer Kenntniß gelangten Unfällen ex officio einschreiten.

[2]) Erwerbsunfähigkeit im Sinne der §§. 5, 6, also ohne Rücksicht darauf, ob dieselbe vorübergehend ist, oder ob sie in völliger oder theilweiser Invalidität besteht.

[3]) zur Folge haben wird; für andere geringere Unfälle erfordert dies Gesetz die polizeiliche Untersuchung nicht, da die Unfallversicherung bei geringfügigeren Verletzungen nicht betheiligt ist. Um aber ein Urtheil darüber zu gewinnen, ob der Unfall voraussichtlich den Tod oder eine Erwerbsunfähigkeit von mehr als 13 Wochen zur Folge haben wird, ist der Verlauf der Sache, auf welchen die Anzeige des Unternehmers sich nicht zu erstrecken hat, von der Ortspolizeibehörde von Amtswegen und selbständig zu verfolgen. Vgl. auch Anm. 2 zu §. 52.

[4]) Ortspolizeibehörde, cf. Anm. 6 zu §. 51.

„Für die Untersuchung der Unfälle (§§. 53, 54), welche voraussichtlich einen Entschädigungsanspruch auf Grund dieses Gesetzes zur Folge haben werden, bedarf es einer außerhalb der Parteien stehenden Instanz. Da die Genossenschaft selbst Partei ist, so liegt es am nächsten, die Feststellung des Unfalls der Ortspolizeibehörde zu übertragen. Sie hat die Autorität des öffentlichen Amts für sich, ist dem Ort des Unfalls nahe, in der Regel mit den Personen und Betrieben bekannt und zu schleunigem Eingreifen jederzeit in der Lage" (Mot. S. 68).

Bei Reichs- oder Staatsbetrieben tritt die Polizeibehörde nicht ohne Weiteres ein, §. 56.

§. 54.

An den Untersuchungsverhandlungen können theilnehmen:[1]) Vertreter der Genossenschaft,[2]) der von dem Vorstande der Krankenkasse, welcher der Getödtete oder Verletzte zur Zeit des Unfalls angehört hat, gewählte Bevollmächtigte[3]) (§. 45), sowie der Betriebsunternehmer, letzterer entweder in Person oder durch einen Vertreter.[4]) Zu diesem Zweck ist dem Genossenschaftsvorstande, dem Bevollmächtigten der Krankenkasse und dem Betriebsunternehmer von der Einleitung[5]) der Untersuchung rechtzeitig Kenntniß zu geben. Ist die Genossenschaft in Sektionen getheilt, oder sind von der Genossenschaft Vertrauensmänner bestellt, so ist die Mittheilung von der Einleitung der Untersuchung an den Sektionsvorstand[6]) beziehungsweise an den Vertrauensmann zu richten. (Abs. 1.)

Außerdem sind, soweit thunlich, die sonstigen Betheiligten und auf Antrag und Kosten der Genossenschaft Sachverständige zuzuziehen. (Abs. 2.)

---

[5]) so bald wie möglich, also, falls die Bedeutung des Unfalls von vorn herein feststeht, alsbald nach der Anzeige; falls aber die längere Dauer der Erwerbsunfähigkeit (über 13 Wochen hinaus) erst später wahrscheinlich oder gewiß wird, spätestens alsdann, wenn die Ueberzeugung hiervon gewonnen worden ist.

[6]) festzustellen sind. „Die Untersuchung soll nicht nur diejenigen Thatsachen feststellen, welche zur Vervollständigung des statistischen Materials dienen oder für die Thätigkeit der Aufsichtsbehörden eine Bedeutung haben, sondern hauptsächlich auch diejenigen Verhältnisse thunlichst klarlegen, welche für die demnächstige Feststellung der Entschädigungsansprüche in Betracht kommen" (Mot. S. 68).

Wegen einer Ergänzung dieser Feststellungen, welche zur Festsetzung der Entschädigungen etwa nöthig erscheinen sollte, vgl. Anm. 1 zu §. 57.

Zu §. 54.

[1]) können theilnehmen. „Um allen hierbei in Frage kommenden Interessen gerecht zu werden, soll den Betheiligten, d. i. der Genossenschaft und den Entschädigungsberechtigten, Gelegenheit gegeben werden, sich bei den Untersuchungsverhandlungen vertreten zu lassen und von dem Ergebniß derselben Kenntniß zu nehmen" (Mot. S. 69).

„Ein Mitglied der Kommission vermißte eine ausdrückliche Bestimmung darüber, daß bei Untersuchungsverhandlungen auch ein Vertreter des Beschädigten beizuziehen sei. Regierungsseitig wurde letzteres unter Hinweis auf die Motive sowie die §§. 53 und 54 Abs. 2 als selbstverständlich bezeichnet. Man einigte sich dahin, zu Protokoll zu nehmen, daß nach der Auffassung der ver-

§. 55.

(Abs. 1.) Dem Bevollmächtigten der Krankenkasse, welcher an der Untersuchung des Unfalls theilgenommen hat, wird nach den durch das Genossenschaftsstatut zu bestimmenden Sätzen für den entgangenen Arbeitsverdienst[1]) Ersatz[2]) geleistet. Die Festsetzung[3]) erfolgt durch die Ortspolizeibehörde.[4])

(Abs. 2.) Von dem über die Untersuchung aufgenommenen Protokolle, sowie von den sonstigen Untersuchungsverhandlungen ist den Betheiligten auf ihren Antrag Einsicht und gegen Erstattung der Schreibgebühren Abschrift zu ertheilen.

---

bündeten Regierungen der Beschädigte oder dessen Vertreter regelmäßig zu den Verhandlungen beigezogen werden sollte" (Komm.-Ber. S. 43). Es genügt also die Einladung. Ob derselben Folge geleistet wird oder werden kann, ist ohne Bedeutung.

²) der Genossenschaft, welche wegen ihrer Vertretung andere Genossenschaften sich requiriren kann. Vgl. §. 101.

³) Bevollmächtigte, im Interesse des Verletzten oder seiner Hinterbliebenen; außerdem aber auch im Interesse der Arbeitervertretung selbst. „Indem den Vertretern der Arbeiter auf diese Weise eine fortlaufende Mitwirkung bei der Untersuchung der Unfälle eingeräumt wird, werden dieselben gleichzeitig für die Begutachtung der Unfallverhütungsvorschriften (§§. 79 u. 81) geschult" (Mot. S. 69).

⁴) Vertreter, welcher sich event. zu legitimiren hat.

⁵) Einleitung. Die Untersuchung wird in einem zu diesem Zwecke von der Polizeibehörde anzuberaumenden Termin geführt. Von diesem ist den Betheiligten rechtzeitig Kenntniß zu geben.

⁶) an den Sektionsvorstand ꝛc., also immer nur an ein, und zwar an dasjenige Genossenschaftsorgan, welches der Behörde am nächsten ist. „Diese Bestimmung hat lediglich praktische Gründe. Glaubt der Vertrauensmann bezw. der Sektionsvorstand bei schwierigeren und wichtigeren Fällen, z. B. Massenunfällen, daß der Genossenschaftsvorstand zur Untersuchung hinzuzuziehen sei, so bleibt es ihm überlassen, denselben zu benachrichtigen. Welche Folge die benachrichtigte Stelle der ihr von Seiten der Ortspolizeibehörde zugehenden Mittheilung zu geben hat, wird sie nach der inneren Verfassung der Genossenschaft zu ermessen haben. Auch in diesem Stadium der Verhandlung wird mithin den Knappschaftskassenvorständen seitens der Genossenschaften die Betheiligung an der Untersuchung der Unfälle eingeräumt werden können" (Mot. S. 69).

Zu §. 55.

¹) für den entgangenen Arbeitsverdienst, nicht aber auch für die baaren Auslagen (Zehrgelder und Reisekosten). Der Grund für diese einschränkende Bestimmung liegt darin, daß die Krankenkassen genöthigt werden sollen, solche Personen zu Bevollmächtigten zu bestellen, die am Ort des Unfalls oder in

§. 56.

Bei den im §. 51 Absatz 5 bezeichneten Betrieben bestimmt die vorgesetzte Dienstbehörde[1]) diejenige Behörde,[2]) welche die Untersuchung nach den Bestimmungen der §§. 53 bis 55 vorzunehmen und die Vergütung für den Bevollmächtigten der Krankenkasse (§. 45) festzusetzen[3]) hat. (Abs. 1.)

Entscheidung der Vorstände.

§. 57.

Die Feststellung[1]) der Entschädigungen[2]) für die durch Unfall verletzten Versicherten[3]) und für die Hinterbliebenen der durch Unfall getödteten Versicherten erfolgt (Abs. 1.)

---

möglichster Nähe desselben ihren Wohnsitz haben, und denen demgemäß die persönlichen Verhältnisse des Verletzten und seiner Hinterbliebenen, sowie die technischen Einrichtungen desjenigen Betriebes, in welchem der Unfall sich ereignet hat, bekannt sind. Außerdem aber soll auch ein gewerbsmäßiges Umherreisen vermieden werden, cf. Komm.-Ber. S. 44. Ein Vorschlag, die Wählbarkeit zum Beauftragten der Krankenkasse vom Beschäftigungsort abhängig zu machen, ist abgelehnt worden.

²) Ersatz. Dem Vertreter der Genossenschaft ist nach §. 25 Ersatz für baare Auslagen, sowie, falls das Statut dies zuläßt, Vergütung für die Zeitversäumniß zu gewähren, falls er zu den Vorständen oder zu den Vertrauensmännern gehört. Ist dies nicht der Fall, so werden die Organe der Genossenschaft nach Anm. 6 zu §. 10 entsprechenden Ersatz bewilligen dürfen.

³) Festsetzung. Cf. Anm. 3 zu §. 49. „Gegen die Festsetzung ist die im §. 44 generell vorgesehene Beschwerde zulässig" (Mot. S. 69), welche hier an die der Ortspolizeibehörde vorgesetzte Dienstbehörde zu richten ist. Dieselbe entscheidet endgiltig.

⁴) Ortspolizeibehörde, cf. Anm. 6 zu §. 51. Bei Unfällen, die sich in Reichs- oder Staatsbetrieben ereignen, tritt an die Stelle der Polizeibehörde die von der vorgesetzten Dienstbehörde der ersteren bestimmte Behörde, cf. §. 56.

Zu §. 56.

¹) vorgesetzte Dienstbehörde, auf Anzeige des Betriebsvorstandes, §. 51 Abs. 5. „Aus Gründen der Disziplin und der Ressortverhältnisse" ist diese Bestimmung getroffen (Mot. S. 68).

²) diejenige Behörde. Die vorgesetzte Dienstbehörde „kann also auch die Ortspolizeibehörde mit der Untersuchung betrauen" (Mot. S. 68).

³) festzusetzen, cf. Anm. 3 zu §. 55. Die Beschwerde geht an die beauftragende Staatsbehörde 2c.

Zu §. 57.

¹) Feststellung. „Die Feststellung der Entschädigungen soll ohne weiteren Antrag der Berechtigten durch die dazu berufenen Organe der Ge-

1. sofern die Genossenschaft in Sektionen eingetheilt ist, durch den Vorstand der[4]) Sektion, wenn es sich handelt
   a) um den Ersatz der Kosten des Heilverfahrens,[5])
   b) um die für die Dauer einer voraussichtlich vorübergehenden[6]) Erwerbsunfähigkeit zu gewährende Rente,
   c) um den Ersatz der Beerdigungskosten,[7])
2. in allen übrigen[8]) Fällen durch den Vorstand der[4]) Genossenschaft.

(Abs. 1.) Das Genossenschaftsstatut kann bestimmen, daß die Feststellung der Entschädigungen in den Fällen der Ziffer 1 und 2 durch einen Ausschuß des Sektionsvorstandes oder durch eine besondere Kommission[9]) oder durch örtliche Beauftragte (Vertrauensmänner) und in den Fällen der Ziffer 2 auch durch den Sektionsvorstand oder durch einen Ausschuß des Genossenschaftsvorstandes zu bewirken ist.

(Abs. 2.) Vor der Feststellung der Entschädigung ist dem Entschädigungsberechtigten durch Mittheilung der Unterlagen,[10]) auf Grund deren dieselbe zu bemessen ist, Gelegenheit zu geben,[11]) sich binnen einer Frist[12]) von einer Woche zu äußern.[13])

---

nossenschaften von Amtswegen eingeleitet werden, und zwar unverzüglich, sobald die Thatsachen, welche die Art und den Umfang des Entschädigungsanspruchs bedingen, feststehen (§. 58). In den meisten Fällen wird für diese Feststellung bereits durch die nach §§. 53 und 54 vorgenommene Untersuchung die erforderliche Grundlage gewonnen sein; soweit dieselbe der Ergänzung bedarf, können die Organe anderer Genossenschaften oder die Polizeibehörden wegen Vornahme der erforderlichen Ermittelungen in Anspruch genommen werden (§. 98).

Der §. 57 weist die Feststellung der Entschädigung in den weniger wichtigen und eiligeren Fällen den Sektionsvorständen, in den übrigen Fällen den Genossenschaftsvorständen zu. Dies entspricht dem Aufbau der Organisation auch für den Fall, wenn durch das Statut ein Theil der Last den Sektionen übertragen wird (§. 29).

Dabei ist indessen vorgesehen, daß es der Genossenschaft unbenommen bleibt, durch das Statut die Feststellung der Entschädigungen je nach den besonderen Verhältnissen der Genossenschaft auch anderweitig zu regeln. Soweit bei dieser Regelung die Interessen der Genossenschaft in Frage kommen, ist es ihre Sache, dieselben zu wahren; soweit die Interessen der Arbeiter dabei betheiligt sind, enthält der §. 58 die gegen etwaige Verzögerungen gebotenen Kautelen. Uebrigens bietet die Nothwendigkeit der Genehmigung des Statuts und die Aufsicht des Reichs-Versicherungsamts die Gewähr, daß die Interessen der Arbeiter durch die Bestellung der mit der Feststellung der Entschädigungen betrauten Organe und deren Geschäftsführung nicht gekränkt werden. In materieller Hinsicht aber haben die Arbeiter und deren versorgungsberechtigte Hinterbliebene das Rechtsmittel der Berufung an das Schiedsgericht.

Die den Genossenschaften in Betreff der Auswahl ihrer Organe gelassene Freiheit kann unter Umständen auch für die Arbeiter von wesentlichem Nutzen sein. Vermöge derselben können z. B. die Knappschaftskassenvorstände und deren Organe mit der Festsetzung der Entschädigungen betraut werden, was den Bergarbeitern nur erwünscht sein dürfte" (Mot. S. 69).

²) Entschädigungen. Die Existenz eines Entschädigungsanspruchs ist lediglich davon abhängig, daß der Unfall „bei dem Betriebe" eines unter den §. 1 fallenden Unternehmens vorgekommen ist, daß der Verletzte zu den „in" dem Betriebe beschäftigten versicherungspflichtigen (§§. 1, 2) Personen gehört, und daß eine Beschädigung vorliegt, für welche nach §§. 5, 6 Ersatz zu leisten ist; der Anspruch fällt bei dem Vorhandensein dieser Erfordernisse nur dann fort, wenn der Verletzte den Unfall vorsätzlich herbeigeführt hat, §. 5 Abs. 8.

³) verletzten Versicherten, soweit dieselben von den Berufsgenossenschaften Entschädigung zu beziehen haben, also soweit die Folgen der Verletzung über 13 Wochen hinaus währen.

Man beachte: die Feststellung des Unfalls, welcher das Eintreten der Berufsgenossenschaft zur Folge hat, die Feststellung seiner Ursachen sowie die Ermittelung der entschädigungsberechtigten Personen erfolgt nach §. 53 duchr die Behörden gleich nach Eintritt des Unfalls. Die Feststellung der von der Berufsgenossenschaft zu leistenden Entschädigung erfolgt dagegen nach §§. 57, 58 im Anschluß an jene Untersuchungen durch die Organe der Genossenschaft „sobald als möglich," wenn auch zunächst nur vorläufig.

⁴) der Sektion, der Genossenschaft, d. h. derjenigen Sektion, welche zur Leistung der Entschädigung verpflichtet ist, auch wenn sich dieselbe bei dem Ermittelungsverfahren durch andere Genossenschaften 2c. hat vertreten lassen, vgl. §. 105.

⁵) Heilverfahren. Die Ausübung der den Genossenschaften in §. 5 Abs. 8 eingeräumten Befugniß steht, sofern es sich um voraussichtlich vorübergehende Erwerbsunfähigkeit handelt, den Sektionsvorständen zu. Denselben kann diese Befugniß durch das Statut auch für andere Fälle übertragen werden, cf. Anm. 1.

⁶) voraussichtlich vorübergehend ist eine Erwerbsunfähigkeit dann, wenn sie in absehbarer, nicht zu langer Zeit (längstens binnen einigen Monaten), beseitigt sein wird. Nur für solche kleineren Fälle durfte, wie geschehen, der Rekurs gegen die Entscheidungen der Schiedsgerichte versagt werden, §. 63. Darüber, ob eine Erwerbsunfähigkeit in diesem Sinne voraussichtlich vorübergehend sein wird, kann im Streitfall nach §. 62 Abs. 2, §. 63 Abs. 2 die Entscheidung des Schiedsgerichts oder des Reichs- (Landes-) Versicherungsamts herbeigeführt werden.

„Sollte ein und derselbe Unfall zunächst dem Sektionsvorstande (Vertrauensmann) und demnächst dem Genossenschaftsvorstande Veranlassung zur Feststellung einer Entschädigung geben, z. B. wenn sich herausstellt, daß ein Verletzter nach beendigtem Heilverfahren dauernd invalide geworden ist, so

§. 58.

(Abs. 1.) [1])Sind versicherte Personen in Folge des Unfalls getödtet, so haben die im §. 57 bezeichneten Genossenschaftsorgane sofort[2]) nach Abschluß der Untersuchung (§. 53 bis 56) oder, falls der Tod erst später eintritt, sobald[2]) sie von demselben Kenntniß erlangt haben, die Feststellung[3]) der Entschädigung vorzunehmen.

(Abs. 2.) Sind versicherte Personen in Folge des Unfalls körperlich verletzt,[4]) so ist sobald als möglich[5]) die ihnen zu gewährende Entschädigung festzustellen.

(Abs. 3.) Für diejenigen verletzten Personen, für welche noch nach Ab-

---

wird der Genossenschaftsvorstand weder zu Gunsten, noch zu Ungunsten des Verletzten an die Unterlagen, z. B. die Lohnhöhe, gebunden sein, auf welche der Sektionsvorstand ꝛc. seine Entscheidung gegründet hat." (Mot. S. 70).

[7]) Ersatz der Beerdigungskosten. Der Ersatz hat nach den Bestimmungen des §. 8 in der Regel an die Krankenkasse zu dem von ihr geleisteten Betrage und zur Höhe des geschuldeten Ueberschusses an die Hinterbliebenen des Verletzten selbst zu erfolgen, soweit nicht in besonderen Fällen zwischen den Organen der Unfallversicherung und den Vorständen der Krankenkassen eine anderweite Vereinbarung stattfindet.

[8]) in allen übrigen, d. h. den schwereren Fällen, Festsetzung der Rente bei voraussichtlich nicht vorübergehender Erwerbsunfähigkeit (cf. Anm. 6), sowie der Renten der Hinterbliebenen.

[9]) besondere Kommission. Die Bestimmung ist wichtig für die Knappschaftskassen. Es können auch mehrere Kommissionen eingesetzt werden.

[10]) die Unterlagen, welche der Entschädigung zu Grunde gelegt werden sollen, sind (nach den Motiven S. 70) insbesondere die in Ansatz gebrachte Lohnhöhe (cf. §. 60), der anerkannte Grad der Invalidität, die Anzahl der Hinterbliebenen.

[11]) Gelegenheit zu geben. Die betreffende Mittheilung ist nach §. 110 zuzustellen.

[12]) Frist. Die Normirung einer nur kurzen Frist erscheint geboten, um die Festsetzung der Entschädigung nicht ungebührlich zu verzögern. Eine solche Verzögerung würde die Interessen des Verletzten schwerer schädigen, als die gegenwärtig vorliegende Möglichkeit, daß die letzteren (z. B. durch Krankheit) behindert sein können, in der vorgeschriebenen Frist ihre Erklärung abzugeben. Uebrigens kann die Behörde die Frist erstrecken.

[13]) sich .. zu äußern, „um durch vorgängige Verhandlungen unter den Betheiligten die Sachlage klar zu stellen und unnöthigen Verhandlungen vor den Schiedsgerichten vorzubeugen" (Mot. S. 70).

Zu §. 58.

[1]) cf. Anm. 1 zu §. 57.

[2]) sofort ... sobald, cf. Anm. 3 zu §. 22.

lauf von dreizehn Wochen eine weitere ärztliche Behandlung behufs Heilung der erlittenen Verletzungen nothwendig ist, hat sich die Feststellung zunächst mindestens auf die bis zur Beendigung des Heilverfahrens zu leistenden Entschädigungen zu erstrecken.[6]) Die weitere Entschädigung ist, sofern deren Feststellung früher nicht möglich ist, nach Beendigung des Heilverfahrens unverzüglich zu bewirken.

In den Fällen des Absatzes 2 und 3 ist bis zur definitiven[7]) Feststellung der Entschädigung noch vor Beendigung des Heilverfahrens vorläufig eine Entschädigung zuzubilligen. (Abs. 4.)

§. 59.

Entschädigungsberechtigte, für welche die Entschädigung nicht von Amtswegen[1]) festgestellt ist, haben ihren Entschädigungsanspruch bei Vermeidung des Ausschlusses vor Ablauf von zwei Jahren[2]) nach dem Eintritt des Unfalls[3]) bei dem zuständigen Vorstande anzumelden. (Abs. 1.)

---

[3]) Feststellung. Darüber ist den Empfangsberechtigten ein schriftlicher, nach §. 110 zuzustellender Bescheid zu ertheilen, §. 62.

[4]) verletzt, d. h. derart, daß sie nach §§. 5, 6 Ansprüche an die Berufsgenossenschaften geltend zu machen haben.

[5]) sobald als möglich, d. h. spätestens sofort nach beendigter Untersuchung, eventuell vorläufig, cf. Abs. 4.

[6]) zu erstrecken. Falls die Genossenschaft von der Befugniß (§. 5 Abs. 8) Gebrauch macht, die fernere Fürsorge für den Verletzten bis zur Beendigung des Heilverfahrens der Krankenkasse zu übertragen, so hat sich die Festsetzung auf dasjenige zu erstrecken, was den Verletzten außer den Bezügen aus der Krankenkasse noch von der Berufsgenossenschaft zu leisten ist, cf. Anm. 30 zu §. 5. Der Zusatz beruht auf Beschlüssen der Reichstagskommission und ist bestimmt, die Möglichkeit eines Vakuums auszuschließen.

[7]) bis zur definitiven. Wenn solche rechtzeitig möglich ist, so bedarf es selbstverständlich einer vorläufigen Festsetzung nicht.

Zu §. 59.

[1]) nicht von Amtswegen, cf. Anm. 1 zu §. 57. Dies kann vorkommen:

a) wenn ein in einem versicherungspflichtigen Betriebe vorgekommener Unfall nicht angemeldet und auch nicht auf andere Weise zur amtlichen Kenntniß gelangt ist,

b) wenn ein solcher Unfall zwar angemeldet, die Feststellung der Entschädigung aber unterblieben ist, z. B. um deswillen, weil eine mehr

(Abs. 2.) Nach Ablauf dieser Frist ist der Anmeldung nur dann[4]) Folge zu geben, wenn zugleich glaubhaft bescheinigt[5]) wird, daß die Folgen des Unfalls erst später bemerkbar geworden sind oder daß der Entschädigungsberechtigte von der Verfolgung seines Anspruches durch außerhalb seines Willens liegende Verhältnisse abgehalten worden ist.

(Abs. 3.) Wird der angemeldete Entschädigungsanspruch anerkannt, so ist die Höhe der Entschädigung sofort festzustellen;[6]) andernfalls ist der Entschädigungsanspruch durch schriftlichen Bescheid abzulehnen.[7])

(Abs. 4.) Ereignete sich der Unfall, in Folge dessen der Entschädigungsanspruch erhoben wird, in einem Betriebe, für welchen ein Mitgliedschein von einer Genossenschaft nicht ertheilt war,[8]) so hat die Anmeldung des Entschädigungsanspruchs bei der unteren Verwaltungsbehörde[9]) zu erfolgen, in deren Bezirk der Betrieb belegen ist. Dieselbe hat den Entschädigungsanspruch mittelst Bescheides zurückzuweisen,[7]) wenn sie den Betrieb, in welchem der Unfall sich ereignet hat, für nicht unter den §. 1 fallend[10]) erachtet; anderenfalls hat sie die Feststellung der Genossenschaft, welcher der Betrieb angehört, nach Maßgabe der §§. 34 bis 37 herbeizuführen, und, nachdem diese Feststellung erfolgt ist, den angemeldeten Entschädigungsanspruch dem zuständigen Vorstande zur weiteren Veranlassung zu überweisen, auch dem Entschädigungsberechtigten hiervon schriftlich Nachricht zu geben.

---

als 13 wöchentliche Arbeitsunfähigkeit (§. 53) nicht hat vorausgesehen werden können, und bei Ablauf von 13 Wochen die Heilung anscheinend thatsächlich eingetreten war;

c) wenn bei dem Feststellungsverfahren Entschädigungsberechtigte nicht ermittelt oder unberücksichtigt geblieben sind, indem etwa ein den Anspruch begründendes Verwandtschaftsverhältniß nicht anerkannt wurde;

d) wenn ein Unfall in einem Betriebe vorgekommen ist, der einer Berufsgenossenschaft überhaupt nicht zugewiesen worden ist.

[3]) vor Ablauf von zwei Jahren. Die Vorlage hatte nur ein Jahr in Aussicht genommen. Es handelt sich hier um eine Präklusivfrist für die Geltendmachung aller nicht von Amtswegen festgestellten Ansprüche. Die Frist beginnt, wie nach §. 8 des Haftpflichtgesetzes und Art. 908 d. H.-G.-B., mit dem Eintritt des Ereignisses (Verletzung, §. 59; demnächstiger Tod, §. 65) ohne Rücksicht auf die Kenntniß des Berechtigten von seinem Anspruch; sie beginnt mit diesem Zeitpunkt also auch für denjenigen Verletzten, welcher

anscheinend keine Nachtheile für seine Gesundheit erlitten oder doch keinen Anspruch gegen die Berufsgenossenschaft (wegen der Carenzzeit von 13 Wochen) erhalten hat, und bei dem sich dauernde Nachtheile aus der Verletzung erst später herausstellen.

Diese Folgen sind insofern gemildert worden, als nach den Beschlüssen der Reichstagskommission auch nach Ablauf jener Präklusivfrist die Anmeldung unter gewissen Umständen zulässig sein soll. Nach Ablauf von zwei Jahren aber hat der Verletzte bereits bei der Anmeldung seines Anspruchs glaubhafte Bescheinigungen beizubringen (d. h. durch schriftliche Urkunden wahrscheinlich zu machen), und zwar entweder darüber, daß die Verletzung und deren Folgen mit einem Betriebsunfall zusammenhängen und erst später, d. h. nach Ablauf der zwei Jahre, bemerkbar geworden sind oder darüber, daß er von der Verfolgung seines Anspruchs durch außerhalb seines Willens liegende Verhältnisse (z. B. längere Abwesenheit) abgehalten worden ist.

Während also das Haftpflichtgesetz die Verfolgung eines Entschädigungsanspruchs nach Ablauf von zwei Jahren ausschließt, wird dieselbe nach dem Unfallversicherungsgesetz nur erschwert. Hierin liegt eine gewichtige Konzession an die Empfangsberechtigten. Andererseits konnte aber von der Festsetzung einer Frist für die Anmeldung im Interesse der Genossenschaften nicht Abstand genommen werden, weil der Zusammenhang zwischen dem Unfall und den angeblich später auftretenden Folgen desselben um so schwerer zu erkennen sein wird, je später hierüber Erhebungen angestellt werden, und weil die Berufsgenossenschaften ein erhebliches Interesse daran haben, daß nicht erst nach Ablauf längerer Zeit Nachforderungen für längst vergangene Fälle gegen sie erhoben werden. Die Berufsgenossenschaft muß gegen frivole Ansprüche, welche ja kostenlos erhoben werden können, geschützt werden (Komm.-Ber. S. 44).

Nach den Bestimmungen des §. 59 in Verbindung mit §. 200 der Civilprozeßordnung endigt die Frist mit dem Ablauf desjenigen Tages, welcher durch seine Benennung oder Zahl dem Tage, an welchem sich der Unfall ereignete, entspricht; fehlt dieser Tag in dem letzten Monate (wenn also der Unfall am 29. Februar eines Schaltjahres eingetreten ist), so endet die Frist mit dem letzten Tage dieses Monats (also mit dem 28. Februar). Fällt das Ende einer Frist auf einen Sonntag oder allgemeinen Feiertag, so endet die Frist mit Ablauf des nächsten Werktages. Mit diesem Zeitpunkt muß die Anmeldung bei der zuständigen Instanz eingegangen sein. Ein Ruhen der Frist während derjenigen Zeit, in welcher das Schriftstück, das einer unzuständigen Behörde eingereicht ist, an die zuständige Behörde abgegeben ist, kennt das Gesetz nicht.

[3]) nach dem Eintritt des Unfalls. War der Tod erst später eingetreten, so läuft die Präklusivfrist für die Geltendmachung aller nicht von

§. 60.

(Abs. 1). Die Mitglieder der Genossenschaften sind verpflichtet, auf Erfordern der Behörden und Vorstände (Vertrauensmänner) (§. 57) binnen einer Woche diejenigen Lohn- und Gehaltsnachweisungen zu liefern, welche zur Feststellung der Entschädigung erforderlich sind.

Amtswegen geprüfter Entschädigungsansprüche von Hinterbliebenen erst von dem Tode des Verletzten an, §. 65.

[4]) nur dann, cf. Anm. 3.

[5]) bescheinigt, cf. Anm. 3.

[6]) festzustellen, nach Maßgabe der §§. 57, 58. Gleichzeitig wird der Vorstand eventuell über die Bestrafung des mit der Anzeige säumigen Unternehmers (§. 104 Abs. 2) zu befinden und der Ortspolizeibehörde zur Berichtigung des Unfallverzeichnisses (§. 52) Mittheilung zu machen haben. Wegen Zustellung des Feststellungsbescheides vgl. Anm. 2 zu §. 58.

[7]) festzustellen ... abzulehnen ... zurückzuweisen; wegen der in dem Bescheide aufzunehmenden Belehrungen und wegen der Zustellung vgl. §§. 62, 110.

[8]) nicht ertheilt war. „Ebenso kann der Fall vorkommen, daß Entschädigungsansprüche aus Anlaß eines Unfalls erhoben werden, welcher sich in einem einer Genossenschaft nicht zugewiesenen Betriebe ereignete. Wird ein solcher Anspruch innerhalb der für alle nicht von Amtswegen geprüften (bezw. festgestellten) Ansprüche geltenden Präklusivfrist von (.... zwei Jahren ....) erhoben, so wird die untere Verwaltungsbehörde zunächst festzustellen haben, ob der Betrieb, in dem der Unfall sich ereignet hat, unter den §. 1 fällt oder nicht. Im letzteren Falle muß der Anspruch abgewiesen, im ersteren Falle die Zuweisung des Betriebes zu einer Genossenschaft nachträglich bewirkt und demnächst das ordentliche Entschädigungsverfahren eingeleitet werden. Diese Zuweisung erfolgt nach Maßgabe der §§. 34 bis 37, so daß, wenn eine Genossenschaft die von der unteren Verwaltungsbehörde angenommene Zugehörigkeit des Betriebes zu ihr bestreitet, schließlich das Reichs-Versicherungsamt die Frage auf Betreiben der unteren Verwaltungsbehörde zu entscheiden hat. Weist die untere Verwaltungsbehörde den Verletzten oder dessen Hinterbliebene um deswillen ab, weil sie den Betrieb für nicht versicherungspflichtig erachtet, so kann dem Verletzten oder seinen Hinterblieben die Beschwerde an das Reichs-Versicherungsamt nicht verschränkt werden (§. 62)" (Mot. S. 70).

[9]) untere Verwaltungsbehörde, §. 109.

[10]) nicht unter §. 1 fallend. In diesem Falle findet die Beschwerde an das Reichs-Versicherungsamt statt, §. 62 Abs. 1.

Zu §. 60.

Lohn- und Gehaltsnachweisungen, einschl. der Tantièmen und Naturalbezüge, §. 3 Abs. 1.

„Die Höhe des Arbeitsverdienstes des Getödteten oder Verletzten, nach

§. 61.

Ueber die Feststellung der Entschädigung hat der Vorstand (Ausschuß, Vertrauensmann), welcher dieselbe vorgenommen hat, dem Entschädigungsberechtigten einen schriftlichen Bescheid zu ertheilen, aus welchem die Höhe der Entschädigung und die Art ihrer Berechnung zu ersehen ist. Bei Entschädigungen für erwerbsunfähig gewordene Verletzte ist namentlich anzugeben, in welchem Maße die Erwerbsunfähigkeit angenommen worden ist. (Abs. 1.)

Berufung gegen die Entscheidung der Behörden und Genossenschaftsorgane.

§. 62.

Gegen den Bescheid der unteren Verwaltungsbehörde[1]), durch welchen der Entschädigungsanspruch aus dem Grunde abgelehnt (Abs. 1.)

---

welcher die Entschädigung zu berechnen ist, kann nur auf Grund einer Nachweisung über die in dem Betriebe, in welchem der Unfall sich ereignet hat, während des letzten Jahres an den Verletzten gezahlten anrechnungsfähigen Löhne oder Gehälter festgestellt werden.

War der Verletzte noch nicht ein Jahr in dem Betriebe beschäftigt, so ist derjenige Betrag zu Grunde zu legen, welchen während dieses Zeitraums Arbeiter derselben Art in demselben Betriebe oder in benachbarten gleichartigen Betrieben durchschnittlich bezogen haben (§. 5 Abs. 4).

Die Unternehmer sollen daher verpflichtet sein, auf Erfordern innerhalb der durch die nothwendige Beschleunigung des Verfahrens gebotenen Frist von einer Woche die erforderlichen Lohnnachweisungen zu liefern" (Motive S. 71).

Ungehorsam ist strafbar nach §. 104 Abs. 1; unrichtige Angaben sind straffällig nach §. 103 Nr. 1. Ueber die Befugnisse der Vorstände zur Kontrole der Angaben vgl. §. 82.

Zu §. 61.

„Als Abschluß der Verhandlungen ist dem Entschädigungsberechtigten ein schriftlicher Bescheid zu ertheilen, welcher alle für die Berechnung der Höhe der Entschädigung maßgebend gewesenen Faktoren angiebt.

Auf Grund dieses Bescheides ist der Entschädigungsberechtigte in der Lage, zu prüfen, ob er bei der Festsetzung der Höhe der Entschädigung sich beruhigen, oder die schiedsgerichtliche Entscheidung anrufen will.

Außer diesem Bescheide empfängt der Entschädigungsberechtigte seitens der Genossenschaft eine Bescheinigung über die ihm zustehenden Bezüge unter Angabe der mit der Auszahlung beauftragten Postanstalt und der Zahlungstermine (§. 64). Auf Grund dieses Berechtigungsausweises kann er unbeschadet einer etwaigen Berufung an das Schiedsgericht die festgestellten Beträge erheben" (Mot. S. 71), da die Berufung keine aufschiebende Wirkung hat, §. 62 Abs. 4. Wegen etwaiger Wiedereinziehung gezahlter Beträge in Folge der späteren Entscheidungen vgl Anm. 3 zu §. 64.

wird, weil der Betrieb, in welchem der Unfall sich ereignet hat, für nicht unter den §. 1 fallend erachtet wird (§. 59 Abs. 4), steht dem Verletzten und seinen Hinterbliebenen die Beschwerde an das Reichs-Versicherungsamt[2]) zu. Dieselbe ist binnen vier Wochen nach der Zustellung des ablehnenden Bescheides bei[3]) der unteren Verwaltungsbehörde einzulegen.

(Abs. 2.) Gegen den Bescheid, durch welchen der Entschädigungsanspruch aus einem anderen als dem vorbezeichneten Grunde abgelehnt wird (§. 59 Abs. 3), sowie gegen den Bescheid, durch welchen die Entschädigung festgestellt wird (§. 61), findet die Berufung auf schiedsrichterliche Entscheidung statt.

(Abs. 3.) Die Berufung ist bei Vermeidung des Ausschlusses binnen vier Wochen nach der Zustellung des Bescheides bei dem Vorsitzenden desjenigen Schiedsgerichts (§. 47) zu erheben, in dessen Bezirk der Betrieb, in welchem der Unfall sich ereignet hat, belegen ist.

(Abs. 4.) Der Bescheid muß[4]) die Bezeichnung der für die Berufung zuständigen Stelle beziehungsweise des Vorsitzenden des Schiedsgerichts,[5]) sowie die Belehrung über die einzuhaltenden Fristen enthalten.

(Abs. 5.) Die Berufung hat keine[6]) aufschiebende Wirkung.

Zu §. 62.

[1]) untere Verwaltungsbehörde, §. 109.

[2]) Reichsversicherungsamt, event. Landesversicherungsamt, §. 92.

[3]) bei. Wird die Berufung bei einer unzuständigen Stelle eingelegt, so wird der Lauf der Frist dadurch nicht unterbrochen. cf. Anm. 2 zu §. 59.

[4]) muß. Die Bestimmung wurde auf Beschluß der Reichstagskommission im Interesse der Arbeiter in das Gesetz aufgenommen. Derartige Belehrungen hatte auch §. 29 des früheren Preuß. Kompetenzgesetzes v. 26./7. 1876 sowohl für die Verwaltungsbehörden wie für die Verwaltungsgerichte vorgeschrieben, während sie in den späteren Organisationsgesetzen v. 26. 7. 1880 und v. 30./7. 1883 wieder in Fortfall gekommen sind.

Es fragt sich:

a) welche Folgen hat eine Unterlassung der Belehrung? Wir möchten dafür halten, daß hierdurch der Bescheid selbst nicht nichtig wird, einmal, weil das Gesetz selbst dies nicht vorsieht, sodann, weil die Belehrung für die Betheiligten nur eine Erleichterung darstellt, während sie auch ohne dieselbe schon aus den gesetzlichen Bestimmungen (deren Unkenntniß nach allgemeiner Rechtsregel nicht entschuldigt) über die Berufungsfrist ꝛc. unterrichtet sein müßten. Aehnlich für das frühere Preußische Verwaltungsrecht von Brauchitsch, Organisationsgesetze. I. Aufl., S. 225 (Anm. 4 zu §. 29 Komp.-Ges.).

Entscheidung des Schiedsgerichts. Rekurs an das Reichs-Versicherungsamt.

§. 63.

(Abs. 1.) Die Entscheidung des Schiedsgerichts ist dem Berufenden und demjenigen Genossenschaftsorgane, welches den angefochtenen Bescheid erlassen hat, zuzustellen.[1]) Gegen die Entscheidung steht in den Fällen des §. 57 Ziffer 2[2]) dem Verletzten oder dessen Hinterbliebenen, sowie dem Genossenschaftsvorstande binnen einer Frist von vier Wochen nach der Zustellung der Entscheidung der Rekurs an das Reichs-Versicherungsamt[3]) zu. Derselbe hat keine aufschiebende Wirkung.[4])

(Abs. 2.) Bildet in dem Falle des §. 6 Ziffer 2 die Anerkennung oder Nichtanerkennung des Rechtsverhältnisses zwischen dem Getödteten und dem die Entschädigung Beanspruchenden die Voraussetzung des Entschädigungsanspruchs, so kann das Schiedsgericht[5]) den Betheiligten aufgeben,[6]) zuvörderst die Feststellung des betreffenden Rechtsverhältnisses im ordentlichen Rechtswege[7]) herbeizuführen. In diesem Falle ist die Klage bei Vermeidung des Ausschlusses des

---

b) welche Folgen hat eine irrige Belehrung? Die Antwort dürfte aus ähnlichen Gründen dahin lauten müssen, daß an den gesetzlichen Bestimmungen durch irrige Belehrungen nichts geändert wird. Zum Schutz der Betheiligten gegen derartige Irreführungen gab §. 29 Preuß. Komp.-Ges. den angerufenen Behörden die Befugniß, die Frist für gewahrt zu erklären, sobald die in der Belehrung irrig angegebene Frist gewahrt sei. Eine derartige Bestimmung kennt das vorliegende Reichsgesetz zwar nicht, jedoch wird man dieselbe vielleicht analog anwenden können. Uebrigens dürfte bei der Einfachheit der hier in Frage kommenden Fristen und Instanzen ein Irrthum in der Belehrung kaum vorkommen.

5) Vorsitzenden des Schiedsgerichts, §. 48.

6) keine, „damit der Verletzte oder seine Hinterbliebenen wenigstens den von den Vorständen (Vertrauensmännern ꝛc.) nach §. 61 festgesetzten Betrag alsbald erheben können. Dies ist unbedenklich, weil die verpflichtete Genossenschaft ihrerseits sich bereit erklärt hat, diesen Betrag zu leisten. Daß die Zahlungsanweisung (§. 69) rechtzeitig ertheilt wird, kann nöthigenfalls durch das Reichs-Versicherungsamt im Aufsichtswege erzwungen werden." (Mot. S. 72).

Zu §. 63.

1) zuzustellen, §. 110.

2) in den Fällen des §. 57 Ziffer 2. Für die Entschädigungsberechtigten

Entschädigungsanspruchs binnen einer vom Schiedsgericht zu bestimmenden, mindestens auf vier Wochen[8]) zu bemessenden Frist nach der Zustellung des hierüber ertheilten Bescheides des Schiedsgerichts zu erheben.

(Abs. 3.) Nach erfolgter rechtskräftiger Entscheidung des Gerichts hat das Schiedsgericht[9]) auf erneuten Antrag[10]) über den Entschädigungsanspruch zu entscheiden.

---

ist also eine Berufung gegen die Entscheidungen des Schiedsgerichts nicht gegeben, wenn es sich um die Feststellung der Beerdigungskosten, um den Ersatzanspruch für die Kosten des Heilverfahrens nach Ablauf der ersten 13 Wochen, und um die Feststellung der Rente bei vorübergehender Erwerbsunfähigkeit (cf. Anm. 6 zu §. 57) nach Ablauf der ersten 13 Wochen handelt. Diese kleineren Fälle sollen bald endgültig erledigt werden, damit das Verfahren nicht etwa noch schwebt, wenn die Arbeitsfähigkeit schon wieder erlangt ist. Dagegen ist eine weitere Instanz gegeben:

a) den Verletzten gegen die Feststellung der Renten im Falle einer voraussichtlich nicht vorübergehenden (Anm. 6 zu §. 57), völligen oder theilweisen Erwerbsunfähigkeit (für die Zeit nach Ablauf der ersten 13 Wochen);

b) den Hinterbliebenen gegen die Feststellung ihrer Renten.

Die Genossenschaft hat in den ersteren Fällen gar keine, in den letzteren Fällen nur eine Beschwerde-Instanz. Ob ein Fall voraussichtlich vorübergehender oder nicht vorübergehender Erwerbsunfähigkeit vorliegt, die Sache also appellabel ist oder nicht, entscheidet im Streitfall das über seine Kompetenz selbst entscheidende Reichsversicherungsamt.

Im Uebrigen ist die Entscheidung über die voraussichtliche Dauer der Invalidität von geringer Bedeutung, weil die Rente nicht von der Dauer, sondern von dem Maaß der Invalidität abhängt, und nach §. 65 jede Aenderung in den Verhältnissen, welche für die Feststellung der Entschädigung maßgebend gewesen sind, eine anderweite Feststellung der letzteren zur Folge hat.

[3]) Reichsversicherungsamt, event. Landesversicherungsamt, §. 92, nicht der Richter, weil diese sachverständigen Administrativbehörden mit richterlichen Funktionen (analog dem Bundesamt für das Heimathswesen und dem Oberverwaltungsgericht) für die hier vorkommenden meist thatsächliche Fragen betreffenden Entscheidungen geeigneter sind wie die ordentlichen Gerichte, vor welchen das Verfahren außerdem vermuthlich kostspieliger sein würde. Auf dem Gebiet der Armenpflege hat man mit analogen Instituten günstige Erfahrungen gemacht. Vgl. Komm.-Ber. S. 45. Uebrigens wird das Reichsversicherungsamt in Streitfällen dieser Art um zwei richterliche Mitglieder verstärkt.

[4]) keine aufschiebende Wirkung. cf. Anm. 6 zu §. 62. Es wird also einstweilen die durch das Schiedsgericht festgestellte Entschädigung gezahlt.

[5]) das Schiedsgericht, wohl auch das Reichsversicherungsamt, falls

Berechtigungsausweis.

§. 64.

Nach[1]) erfolgter Feststellung der Entschädigung (§. 57) ist dem (Abs. 1.) Berechtigten von Seiten des Genossenschaftsvorstandes eine Bescheinigung[2]) über die ihm zustehenden Bezüge unter Angabe der

---

erst vor diesem die betr. Frage aufgeworfen wird, oder falls erst dieses die richterliche Entscheidung über das Rechtsverhältniß für wünschenswerth erachtet.

[6]) kann aufgeben, mittels Bescheides nach §. 110

„Nur in einem Falle mußte dem Schiedsgericht die Befugniß beigelegt werden, die Kläger auf den Rechtsweg zu verweisen, dann nämlich, wenn es sich um die Anerkennung oder Nichtanerkennung des die Voraussetzung eines Entschädigungsanspruchs bildenden Rechtsverhältnisses zwischen dem Getödteten und dem die Entschädigung Beanspruchenden (§. 6 Ziffer 2), also z. B. um die Rechtsgültigkeit einer Ehe handelt. Die Fälle, in welchen das Vorhandensein eines solchen Rechtsverhältnisses streitig ist, werden nur selten vorkommen. Liegt aber ein solcher Fall vor, so wird die Möglichkeit zu gewähren sein, über diese präjudizielle Rechtsfrage die Entscheidung der ordentlichen Gerichte herbeizuführen. Dagegen soll die nach Entscheidung der Rechtsfrage erforderliche Feststellung der Entschädigung auch in Fällen dieser Art dem Schiedsgericht vorbehalten bleiben." (Mot. S. 72).

[7]) im ordentlichen Rechtswege. §. 568 Civ.-Proceß-Ordnung: „Für die Rechtsstreitigkeiten, welche die Trennung, Ungültigkeit oder Nichtigkeit einer Ehe oder die Herstellung des ehelichen Lebens zum Gegenstand haben (Ehesachen), ist das Landgericht, bei welchen der Ehemann seinen allgemeinen Gerichtsstand hat, ausschließlich zuständig."

[8]) auf vier Wochen. „Die Präklusivfristbestimmung im Absatz 2 ist nothwendig, damit die Sache in absehbarer Zeit zum Abschluß gebracht wird. Dagegen erscheint es nicht erforderlich, auch noch für den Fall, wenn der Entschädigungsberechtigte mit seiner gerichtlichen Klage durchgedrungen ist, eine Präklusivfrist zu bestimmen, innerhalb welcher der Antrag auf Festsetzung der Entschädigung zu erheben ist" (Mot. S. 72), weil offenbar der durch den Spruch des Richters für entschädigungsberechtigt Erklärte nicht säumen wird, die Feststellung der Höhe der Entschädigung herbeizuführen.

[9]) auf erneuten Antrag. Das Gesetz sagt nicht, ob der Antrag auch von der Genossenschaft gestellt werden kann. Bei dem Interesse aber, welches die letztere an dem Abschluß des Verfahrens hat, dessen Kosten ihr zur Last fallen, wird ihr die Befugniß, den Antrag zu stellen, nicht versagt werden können.

[10]) Schiedsgericht, event. das Reichsversicherungsamt, cf. Anm. 5.

Zu §. 64.

[1]) Vgl. die Anm. zu §. 61.

[2]) Die Bescheinigung hat, ebenso wie die Zahlungsanweisung an die

mit der Zahlung beauftragten Postanstalt (§. 69) und der Zahlungstermine auszufertigen.

(Abs. 2.) Wird in Folge des schiedsgerichtlichen Verfahrens der Betrag der Entschädigung geändert,[3]) so ist dem Entschädigungsberechtigten ein anderweiter Berechtigungsausweis zu ertheilen.

Veränderung der Verhältnisse.

§. 65.

(Abs. 1.) Tritt in den Verhältnissen, welche für die Feststellung der Entschädigung[1]) maßgebend gewesen sind, eine wesentliche[2]) Veränderung ein, so kann eine anderweitige Feststellung[3]) derselben auf Antrag oder von Amtswegen erfolgen.

(Abs. 2.) Ist der Verletzte, für welchen eine Entschädigung auf Grund des §. 5 festgestellt war, in Folge der Verletzung gestorben, so muß der Antrag auf Gewährung einer Entschädigung für die Hinter-

---

Post, immer der Genossenschaftsvorstand zu ertheilen, wenn auch die Feststellung einem anderen Organ obgelegen hat (§. 57). Vgl. Anm. 5 zu §. 69.

[3]) geändert. „In dem Falle, wenn die erste Feststellung der Genossenschaftsorgane durch die schiedsgerichtliche Entscheidung abgeändert wird, bedarf es einer anderweiten Benachrichtigung der Post seitens der Genossenschaft, sowie der Ausstellung eines anderweiten Berechtigungsausweises für den Empfangsberechtigten. Dasselbe ist der Fall, wenn auf erhobenen Rekurs das Reichs-Versicherungsamt die Festsetzung des Schiedsgerichts ändert. In dem Falle, wenn der in einer früheren Instanz festgestellte und bereits zur Anweisung gelangte Entschädigungsbetrag später rechtsgültig ermäßigt wird, muß das Zuvielgezahlte wieder eingezogen werden. Die hieraus möglicherweise sich ergebende Inkonvenienz erscheint indessen gegenüber den Vortheilen des im Entwurf vorgeschlagenen Verfahrens äußerst gering." (Mot. S. 72.)

Zu §. 65.

[1]) für die Feststellung der Entschädigung, d. h. für die Entschädigungsberechtigung oder für die Höhe der festgesetztem Entschädigung.

[2]) wesentliche Veränderung. Die Feststellung, ob eine Veränderung wesentlich sei, ist Sache der Beurtheilung des Einzelfalls; es lassen sich für diese Beurtheilung nur allgemeine, keineswegs erschöpfende Anhaltepunkte geben. Die Motive erwähnen: (theilweise oder völlige) „Wiedergewinnung der Erwerbsfähigkeit, Eintritt völliger Erwerbsunfähigkeit bei einem nach scheinbarer Heilung der Verletzung für nur theilweis erwerbsunfähig Erachteten, nachträglicher Eintritt des Todes eines Verletzten u. s. w." Im Allgemeinen wird jede Veränderung als wesentlich anzusehen sein, welche auf das Maaß der Erwerbsfähigkeit und dadurch auf die Höhe der Rente von Einfluß ist.

bliebenen, falls deren Feststellung nicht von Amtswegen erfolgt ist, bei Vermeidung des Ausschlusses, vor Ablauf von zwei Jahren[4]) nach dem Tode des Verletzten bei dem zuständigen Vorstande angemeldet werden. Nach Ablauf dieser Frist ist der Anmeldung nur dann Folge zu geben, wenn zugleich glaubhaft bescheinigt wird, daß der Entschädigungsberechtigte von der Verfolgung seines Anspruchs durch außerhalb seines Willens liegende Verhältnisse abgehalten worden ist. Im übrigen finden auf das Verfahren die Vorschriften der §§. 57 bis 64 entsprechende Anwendung.

Eine Erhöhung[5]) der im §. 5 bestimmten Rente kann nur für die Zeit nach Anmeldung des höheren Anspruchs gefordert werden. (Abs. 3.)

Eine Minderung oder Aufhebung[5]) der Rente tritt von dem Tage ab in Wirksamkeit, an welchem der dieselbe aussprechende Bescheid (§. 61) den Entschädigungsberechtigten zugestellt ist. (Abs. 4.)

„Die Fälle des Heranwachsens der Kinder über das fünfzehnte Lebensjahr hinaus oder des vorzeitigen Todes derselben, desgleichen die Fälle der Wiederverheirathung der Wittwe werden ohne eigentliche Wiederaufnahme des Entschädigungsverfahrens im Wege der Berechnuug auf Grund der früher festgestellten Unterlagen und nach Maßgabe des §. 6 durch die Organe der Genossenschaft erledigt. Ein Streit wird in solchen Fällen kaum entstehen. Eventuell steht aber auch hier den Entschädigungsberechtigten die Berufung an das Schiedsgericht offen.“ (Mot. S. 73). cf. auch Anm. 5.

[3]) anderweitige Feststellung, also eine Wiederaufnahme des Entschädigungsverfahrens, welche sowohl dem Verpflichteten wie dem Berechtigten freisteht. Auch bei dem neuen Ermittelungsverfahren kann die Genossenschaft andere Genossenschaften oder Behörden um Vertretung requiriren.

[4]) vor Ablauf von zwei Jahren. cf. Anm. 2, 3 zu §. 59. Die Vorlage sah auch hier eine Präklusivfrist von nur einem Jahr vor.

[5]) Erhöhung — Minderung. Für die Erhöhung der Rente entscheidet also der Zeitpunkt der Anmeldung des höheren Anspruchs; für die Minderung oder Aufhebung entscheidet dagegen die Zustellung desjenigen Bescheides, welcher die Minderung 2c. ausspricht (§. 61). Wegen des Instanzenzuges finden die allgemeinen Bestimmungen Anwendung.

Die Festsetzung des Termins, mit welchem die Aenderung in Kraft treten soll, war zur Vermeidung von Streitigkeiten erforderlich. Bei einer Erhöhung der Rente sollen Nachforderungen ausgeschlossen werden, welche für die Zeit, von welcher ab die nachtheilige Veränderung eingetreten ist, bis zur Anmeldung dieser Veränderung etwa erhoben werden könnten; bei einer Ermäßigung oder Aufhebung der Rente muß der Rentenempfänger gegen Rückzahlungen geschützt werden, welche für die Zeit bis zum Erlaß des die Ermäßigung aussprechenden

Fälligkeitstermine.

§. 66.

(Abs. 1.) Die Kosten des Heilverfahrens (§. 5 Ziffer 1) und die Kosten der Beerdigung (§. 6 Ziffer 1) sind binnen acht Tagen[1]) nach ihrer Feststellung (§. 57) zu zahlen.

(Abs. 2.) Die Entschädigungsrenten der Verletzten und der Hinterbliebenen der Getödteten sind in monatlichen Raten im voraus[2]) zu zahlen. Dieselben werden auf volle fünf Pfennig für den Monat nach oben abgerundet.

Ausländische Entschädigungsberechtigte.

§. 67.

(Abs. 1.) Die Genossenschaft kann Ausländer,[1]) welche dauernd das Reichsgebiet verlassen, durch eine Kapitalzahlung[2]) für ihren Entschädigungsanspruch abfinden.[3])

Bescheides etwa verlangt werden könnten. Derartige Rückzahlungen würden den Rentenempfänger in der Regel höchst empfindlich treffen.

Darüber, ob Verhältnisse eintreten, welche eine Minderung oder Aufhebung der Rente bedingen, werden die Berufsgenossenschaften eine fortlaufende Kontrole einrichten. Sie sind nach §. 101 befugt, zu diesem Zweck sich der Mitwirkung aller Staats- und Kommunalbehörden, sowie der Organe anderer Berufsgenossenschaften zu bedienen.

Zu §. 66.

[1]) binnen acht Tagen, weil „die Zahlung dieser zur Bestreitung des dringlichsten Bedürfnisses erforderlichen Kosten thunlichst bald erfolgen, eine kleine Frist zwischen der Festsetzung und der Zahlung aber schon um deswillen liegen muß, weil erst die Anweisung an die Zahlstelle (§. 69) ausgestellt und bei der letzteren eingegangen sein muß.“ (Mot. S. 73).

[2]) in monatlichen Renten im voraus. „Die Vorauszahlung der Entschädigungsrenten entspricht der Alimentennatur der letzteren; die Zahlungsperioden waren im Interesse der Berechtigten kurz zu bemessen, jedoch durfte auch die durch allzuhäufige Zahlungen eintretende Geschäftsbelastung der Zahlstellen nicht unberücksichtigt bleiben.“ (Mot. S. 73).

Zu §. 67.

[1]) Ausländer (cf. Anm. 15 zu §. 6) können eventuell abgefunden werden, wenn die Genossenschaft von ihrer entsprechenden Befugniß Gebrauch macht und eine Vereinbarung über die Höhe der Abfindung zu Stande kommt. Nur der Genossenschaft steht das Wahlrecht zu.

Unpfändbarkeit der Entschädigungsforderungen.

§. 68.

[1]) Die den Entschädigungsberechtigten auf Grund dieses Gesetzes zustehenden Forderungen können mit rechtlicher Wirkung[2]) weder verpfändet, noch auf Dritte übertragen, noch für andere als die im §. 749 Absatz 4 der Civilprozeßordnung[3]) bezeichneten Forderungen der Ehefrau und ehelichen Kinder und die des ersatzberechtigten[4]) Armenverbandes gepfändet werden. (Abs. 1.)

Kehrt der Abgefundene demnächst gleichwohl zurück, so kann er, falls er wegen Bedürftigkeit die Armenpflege in Anspruch nehmen muß, ausgewiesen werden.

[2]) Kapitalzahlung. Die Bestimmung der Vorlage, daß, falls die Genossenschaft von ihrem Recht Gebrauch machen wolle, der dreifache Betrag der Jahresrente als Entschädigung zu zahlen sei, ist von der Reichstagskommision gestrichen worden.

[3]) sein. Die Vorlage wollte außerdem die Berechtigung zum Bezuge der Entschädigungen ruhen lassen, so lange der Berechtigte nicht im Inland wohne; die Kommission des Reichstags hat diese Bestimmung fallen lassen.

Zu §. 68.

[1]) „Die hier eingeräumten Rechtswohlthaten sollen verhindern, daß die Entschädigungen dem Berechtigten entzogen und zu Zwecken verwendet werden, für welche sie nicht bestimmt sind" (Mot. S. 73).

Die Vorschrift entspricht einer ähnlichen Bestimmung im Krankenversicherungsgesetz (§. 56), sowie im Hülfskassengesetz (§. 10). Aus den Motiven des letzteren ist zu erwähnen: „Die Unterstützung hat in der Hauptsache den Zweck, für die Zeit der Arbeitsunfähigkeit an die Stelle des durch eigene Arbeitskraft erworbenen Unterhalts zu treten. Wie das Gesetz, betr. die Beschlagnahme des Arbeits- oder Dienstlohns, vom 21. Juni 1869 diesen Unterhalt dem Erwerber ungeschmälert erhalten will, so ist folgerichtig auch jene Unterstützung vor einer Schmälerung zu bewahren".

[2]) mit rechtlicher Wirkung. Dergl. Handlungen und Rechtsgeschäfte sind also nichtig; die Kasse, welche auf Grund solcher Rechtsgeschäfte an einen Dritten zahlen sollte, wird durch die Zahlung von ihrer Verpflichtung, an den Versicherten zu zahlen, nicht befreit und muß event. noch einmal zahlen.

[3]) nach §. 749 Abs. 4 der Civilprozeßordnung „ist die Pfändung ohne Rücksicht auf den Betrag zulässig, wenn sie zur Befriedigung der Ehefrau und der ehelichen Kinder des Schuldners wegen solcher Alimente beantragt wird, welche für die Zeit nach Erhebung der Klage und für das diesem Zeitpunkt vorausgehende letzte Vierteljahr zu entrichten sind."

[4]) ersatzberechtigten Armenverbandes (cf. §. 8), wenn derselbe einen Arbeiter, der auf Grund eines Unfalls Entschädigungsrenten bezieht, im Fall der Bedürftigkeit unterstützt hat, und zur Höhe des Geleisteten die Unfallrente, welche der Unterstützte zu beanspruchen hat, mit Beschlag belegt.

Auszahlungen durch die Post.

§. 69.

(Abs. 1.) [1])Die Auszahlung[2]) der auf Grund dieses Gesetzes zu leistenden Entschädigungen wird auf Anweisung[3]) des Genossenschaftsvorstandes[4]) vorschußweise[5]) durch die Postverwaltungen[6]), und zwar in der Regel durch dasjenige Postamt, in dessen Bezirk der Entschädigungsberechtigte zur Zeit des Unfalls seinen Wohnsitz hatte, bewirkt.

(Abs. 2.) Verlegt der Entschädigungsberechtigte seinen Wohnsitz, so hat er die Ueberweisung der Auszahlung der ihm zustehenden Entschädigung an das Postamt seines neuen Wohnorts bei dem Vorstande, von welchem die Zahlungsanweisung erlassen worden ist, zu beantragen.

Auch Gemeinden, welche Hülfsbedürftige zu unterstützen haben, gelten im Sinne dieses Paragraphen als Armenverbände, voraussichtlich auch wohl die Betriebsunternehmer und Kassen, welche die den Armenverbänden obliegende Verpflichtung kraft gesetzlicher Vorschrift erfüllt haben (§. 8 Abs. 2).

Zu §. 69.

[1]) „Zur Vermeidung hoher Verwaltungskosten muß der Bedarf der Berufsgenossenschaften an besoldeten Beamten möglichst gering bemessen und die Abwickelung der Auszahlungsgeschäfte in einer den Bedürfnissen der Arbeiter möglichst entgegenkommenden Weise sichergestellt werden. Die Einrichtung von Zahlstellen der einzelnen Genossenschaften würde den Apparat derselben unverhältnißmäßig vergrößern und für die Rentenempfänger wegen der räumlichen Entfernungen manche Unzuträglichkeiten im Gefolge haben, während die Postverwaltungen das Zahlungsgeschäft in der für alle Betheiligten bequemsten Weise zu erledigen im Stande sind.

Die Zahlung der festgesetzten Entschädigungen soll demnach auf Anweisung der Genossenschaftsvorstände vorschußweise durch die Postverwaltung, in der Regel durch dasjenige Postamt, in dessen Bezirk der Entschädigungsberechtigte zur Zeit des Unfalls seinen Wohnsitz gehabt hat, bewirkt werden.

Die Verstärkung der Betriebsfonds, deren die Postverwaltungen zur Leistung der Vorschüsse etwa bedürfen werden, wird durch Ueberweisung der erforderlichen Summen aus Reichsmitteln zu bewirken sein. (cf. Anm. 7).

Eine Vergütung seitens der Genossenschaften für den entstehenden Zinsverlust ist ebensowenig in Aussicht genommen, wie eine von den ersteren zu leistende Entschädigung der Postverwaltungen für die Belastung derselben mit dem Auszahlungsgeschäfte" (Mot. S. 74).

Letzteres wird bei der großen Zahl der Postämter eine erhebliche Vermehrung der Arbeitslast derselben nicht verursachen, „nur bei den Centralstellen und Oberpostdirektionen werde allenfalls eine Mehrarbeit eintreten, welche eine Vermehrung der Beamten erheischen könne" (Komm.-Ber. S. 48).

Liquidationen der Post.

§. 70.

[1])Binnen acht Wochen nach Ablauf jedes Rechnungsjahres[2]) haben die Zentral-Postbehörden[3]) den einzelnen Genossenschaftsvorständen Nachweisungen der auf Anweisung der Vorstände geleisteten Zahlungen zuzustellen und gleichzeitig die Postkassen zu bezeichnen, an welche die zu erstattenden Beträge einzuzahlen sind.

Was aber die Erstattung des durch die Verauslagung der Entschädigungen den Postverwaltungen entstehenden Zinsverlustes anbelangt, so ist es der Reichs- und Staatsanstalten nicht würdig, mit den Berufsgenossenschaften in relativ geringfügige Zinsberechnungen einzutreten, wo es sich einzig darum handelt, den Interessen der Arbeiter auf die einfachste und bequemste Weise gerecht zu werden" (Komm.-Ber. S. 48).

[2]) Auszahlung. Wegen der Modalitäten derselben, insbesondere wegen der Legitimationsführung, dürfte eine Verständigung zwischen den Zentralpostbehörden und den Berufsgenossenschaften durch Vermittelung des Reichsversicherungsamts erfolgen.

[3]) Anweisung. Wegen Rechtzeitigkeit derselben vgl. Anm. 6 zu §. 62.

[4]) Genossenschaftsvorstandes. „Wenngleich die Feststellung der Entschädigungen nach §. 57 auch durch Sektionsvorstände, Ausschüsse oder Vertrauensmänner soll erfolgen können, so überträgt doch der Entwurf die Ausstellung der Anweisungen auf die Post im Interesse der Sicherheit und Uebersichtlichkeit nur den Genossenschaftsvorständen selbst" (Mot. S. 74).

[5]) vorschußweise. Die Erstattung erfolgt nach Maßgabe der §§. 70 fg. nach Ablauf des für alle Genossenschaften vom Bundesrath gleichmäßig festgesetzten Rechnungsjahres (§. 77) durch die Genossenschaftsvorstände.

[6]) Postverwaltungen, d. h. die Reichspostverwaltung, sowie die Postverwaltungen von Bayern und Württemberg, deren Betriebsfonds, soweit es sich um die Leistung der Vorschüsse handelt, event. aus Reichsmitteln verstärkt werden sollen, vgl. Anm. 1 und Komm.-Ber. S. 48.

Für Knappschafts-Berufsgenossenschaften kann das Statut vorschreiben, daß die Auszahlung der Entschädigungen durch die Knappschaftskassen bewirkt wird, vgl. §. 94.

Zu §. 70.

[1]) „Jede Genossenschaft wird bei den Zentral-Postverwaltungen ihr Vorschußkonto haben, welches im Wege direkter Korrespondenz jährlich abgewickelt wird. Der Vermittelung einer Reichs-Zentralstelle, wie sie in der jüngsten Vorlage vorgesehen war, bedarf es nicht mehr, denn die Genossenschaften werden allein die gesammte Last tragen, während nach der früheren Vorlage eine Vertheilung derselben auf das Reich, auf die Gefahrenklassen und auf die verschiedenen Genossenschaften und Verbände erforderlich war. Besteht eine Theilung des Risikos zwischen der Genossenschaft und der Sektion oder zwischen

Umlage- und Erhebungsverfahren.

§. 71.

(Abs. 1.) [1]) Die von den Zentral-Postverwaltungen zur Erstattung liquidirten Beträge [2]) sind von den Genossenschaftsvorständen gleichzeitig mit den Verwaltungskosten [3]) unter Berücksichtigung der auf Grund der §§. 29 und 30 etwa vorliegenden Verpflichtungen oder Berechtigungen nach dem festgestellten Vertheilungsmaßstab auf die Genossenschaftsmitglieder umzulegen [4]) und von denselben einzuziehen.

(Abs. 2.) Zu diesem Zweck hat jedes Mitglied der Genossenschaft binnen sechs Wochen nach Ablauf des Rechnungsjahres [5]) dem Genossenschaftsvorstande eine Nachweisung [6]) einzureichen, [7]) welche enthält: [8])

1. die während des abgelaufenen Rechnungsjahres im Betriebe beschäftigten [9]) versicherten Personen [11]) und die von denselben verdienten [12]) Löhne und Gehälter,
2. eine Berechnung [13]) der bei der Umlegung der Beiträge in Anrechnung zu bringenden Beträge der Löhne und Gehälter,
3. die Gefahrenklasse, in welche der Betrieb eingeschätzt worden ist (§. 28).

(Abs. 3.) Für Genossenschaftsmitglieder, welche mit der rechtzeitigen Einsendung der Nachweisung im Rückstande sind, erfolgt die Feststellung der letzteren durch den Genossenschafts- beziehungsweise Sektionsvorstand auf Vorschlag des etwa bestellten Vertrauensmannes.

---

mehreren Genossenschaften (§§. 29 und 30), so ist dies lediglich eine bei der Umlage des Jahresbedarfs auf die Mitglieder (§. 71) zum Austrag kommende innere Angelegenheit der Genossenschaft. Die Post hält sich an die Genossenschaft, von welcher sie die Zahlungsanweisungen in Händen hat. Damit ist nicht ausgeschlossen, daß ein Theil des Vorschußkontos dieser Genossenschaft durch eine andere Genossenschaft oder durch Sektionen, welche für Rechnung der zahlungspflichtigen Genossenschaft Einzahlungen machen, beglichen wird" (Mot. S. 74).

[2]) Rechnungsjahr, §. 77.

[3]) Zentral-Postbehörden, Anm. 6 zu §. 69.

Zu §. 71.

[1]) Das Abwickelungsgeschäft wird sich etwa in folgender Weise vollziehen:

Binnen sechs Wochen nach Ablauf des Rechnungsjahres (§. 71) müssen bei jedem Vorstande die Spezialnachweisungen der einzelnen Genossenschaften eingehen, aus welchen sich nach §§. 10, 28 der Maßstab ergiebt, nach dem ein jeder Genosse zu den Kosten des vergangenen Jahres beizutragen hat. Diese Spezialnachweisungen prüft der Genossenschaftsvorstand, läßt sie für die Säumigen nach §. 71 Abs. 3 ergänzen und ordnet sie nach den Gefahrenklassen.

Inzwischen (binnen acht Wochen nach dem Abschlusse des Rechnungsjahres) ist von den Central-Postbehörden die Anzeige eingelaufen, wie hoch der zu deckende Vorschuß sich beläuft (§. 70). Die Vorschüsse der Central-Postbehörden werden addirt, für den Reservefonds wird das nach §. 18 zu bemessende Vielfache der zu deckenden Entschädigungsbeträge hinzugerechnet, die im verflossenen Rechnungsjahre aufgelaufenen Verwaltungskosten, sowie etwa ein Vorschuß für die voraussichtlichen Verwaltungskosten des neuen Rechnungsjahres treten hinzu, und dann wird nach dem Verhältniß, in welchem die einzelnen Gefahrenklassen (nach dem Tarif) beizutragen haben, einerseits, und nach der Summe der von jedem Genossenschafter gezahlten anrechnungsfähigen Löhne und Gehälter andererseits (durch Reduktion auf Einheiten) berechnet, welchen Betrag jeder Genossenschafter beizutragen hat.*)

*) Beispiel. Von einer Genossenschaft, welche fünf Gefahrenklassen mit dem Verhältniß von 100 : 80 : 60 : 45 : 35 gebildet hat, sollen 5000 Mk. aufgebracht werden. Es sind an anrechnungsfähigen Löhnen und Gehältern gezahlt:

		auf Einheiten gebracht:
1. in der Gefahrenklasse 100:		
von dem Unternehmer A	12 000 M.;	100 × 12 000 = 1 200 000
von den übrigen Unternehmern zusammen	58 000 „	100 × 58 000 = 5 800 000
2. in der Gefahrenklasse 80:		
von dem Unternehmer B	20 000 „	80 × 20 000 = 1 600 000
von den übrigen Unternehmern zusammen	70 000 „	80 × 70 000 = 5 600 000
3. in der Gefahrenklasse 60:		
von dem Unternehmer C	10 000 „	60 × 10 000 = 600 000
von den übrigen Unternehmern zusammen	70 000 „	60 × 70 000 = 4 200 000
4. in der Gefahrenklasse 45:		
von dem Unternehmer D	25 000 „	45 × 25 000 = 1 125 000
von den übrigen Unternehmern zusammen	75 000 „	45 × 75 000 = 3 375 000
5. in der Gefahrenklasse 35:		
von dem Unternehmer E	12 000 „	35 × 12 000 = 420 000
von den übrigen Unternehmern zusammen	63 000 „	35 × 63 000 = 2 205 000
		Summa 26 125 000

Auf diese 26 125 000 Einheiten jene 5000 Mk. vertheilt, ergiebt auf 1000 Einheiten (26 125 000 : 1000 = 5000 : x) = 0,19139 Mark. Hiernach hat aufzubringen:

1. in Gefahrenklasse 100:			
Unternehmer A	1200 × 1000 Einheiten	= 1200 × 0,19139 =	229,668 M.
der Rest zusammen	5800 × 1000 „	= 5800 × 0,19139 =	1110,062 „
2. in der Gefahrenklasse 80:			
Unternehmer B	1600 × 1000 „	= 1600 × 0,19139 =	306,224 „
d. Uebrig. zusamm.	5600 × 1000 „	= 5600 × 0,19139 =	1071,784 „
3. in der Gefahrenklasse 60:			
Unternehmer C	600 × 1000 „	= 600 × 0,19139 =	114,834 „
d. Uebrig. zusamm.	4200 × 1000 „	= 4200 × 0,19139 =	803,838 „
4. in der Gefahrenklasse 45:			
Unternehmer D	1125 × 1000 „	= 1125 × 0,19139 =	215,314 „
d. Uebrig. zusamm.	3375 × 1000 „	= 3375 × 0,19139 =	645,141 „
5. in der Gefahrenklasse 35:			
Unternehmer E	420 × 1000 „	= 420 × 0,19139 =	80,383 „
d. Uebrig. zusamm.	2205 × 1000 „	= 2205 × 0,19139 =	421,914 „
			Summa 4999,962 M.

Bei jedem Unternehmer sind sodann die Beiträge auf volle Pfennige abzurunden.

In den Fällen der §§. 29, 30, 37 Abs. 4 wird sich die Berechnung kompliziren. Der auf jeden Unternehmer entfallende Betrag wird in eine Heberolle eingetragen, jedem Unternehmer ein Auszug aus derselben mitgetheilt (§. 72), der Betrag (ohne Rücksicht auf etwaige Widersprüche) von ihm eingezogen (§. 73), Rückstände, soweit möglich, beigetrieben (§. 74), und der Gesammtbetrag an die einzelnen, von den Zentral-Postverwaltungen bezeichneten Postkassen abgeführt. Dies soll binnen drei Monaten nach Empfang der Liquidationen (§. 75) durchgeführt sein; das ganze Abwickelungsgeschäft nimmt also, vorbehaltlich der Ausgleichung von Ausfällen (§. 73 Abs. 4 und §. 74 Abs. 2), etwa den Zeitraum von fünf Monaten ein. Die Aufstellung der Hebeliste wird beschleunigt werden müssen, wenn die vorgeschriebene Zeit innegehalten werden soll.

²) Beträge, sowie die hiernach zu bemessenden Rücklagen zum Reservefonds, §. 18.

³) Verwaltungskosten. Hierbei „kommt es darauf an, ob etwa nach dem Statut diejenigen der Sektionen lediglich auf die Mitglieder der letzteren umzulegen sind" (Mot. S. 74).

⁴) umzulegen, §. 10.

⁵) Rechnungsjahr, §. 77.

⁶) Nachweisung. Ueber die Kontrole dieser Nachweisungen vgl. §. 82. Für die Nachweisungen wird zweckmäßig (von dem Genossenschaftsvorstand) ein Formular vorzuschreiben sein.

⁷) hat einzureichen, ohne besondere Aufforderung. Versäumniß macht straffällig, §. 104; auch muß sich der Säumige den betr. Feststellungen des Vorstandes unterwerfen (§. 71 Abs. 3) und verliert gegen dessen Feststellungen das Beschwerderecht, soweit nicht lediglich Rechenfehler zu rügen sind (§. 73 Abs. 3).

⁸) welche enthält. Unrichtige thatsächliche Angaben sind strafbar, §. 103 Nr. 1.

⁹) beschäftigten, ohne Rücksicht auf die Dauer der Beschäftigung.

¹⁰) Personen. Die namentliche Aufführung jedes einzelnen Arbeiters schreibt das Gesetz nicht vor; sie wird jedoch bei denjenigen Personen, die nur zeitweise beschäftigt waren, und bei den Personen, deren Durchschnittslohn 4 Mark täglich übersteigt, nicht entbehrt werden können, weil andernfalls für die Genossenschaftsorgane die Kontrole nicht möglich ist. Die Genossenschaft ist berechtigt, hierüber Bestimmungen zu erlassen, cf. auch Anm. 6.

¹¹) verdienten, thatsächlich. Zu den Löhnen und Gehältern gehören auch Tantièmen und Naturalbezüge, §. 3 Abs. 1.

¹²) Berechnung, welche auf Grund der vorangestellten thatsächlichen Angaben und der Vorschriften in §. 10 für jeden einzelnen Versicherten, dessen Arbeitsverdienst den Betrag von durchschnittlich vier Mark für den Arbeitstag übersteigt, aufzustellen, und demnächst unter Hinzurechnung der unter vier Mark täglich bleibenden Löhne und des fingirten Arbeitsverdienstes der jugendlichen und noch nicht ausgebildeten Arbeiter (§. 3 Abs. 3) für den ganzen Betrieb zu summiren ist. Dabei ist z. B. ein noch nicht ausgebildeter Arbeiter,

§. 72.

Von dem Genossenschaftsvorstande wird auf Grund der ihm vorliegenden Nachweisungen (§. 71) eine summarische Gesammtnachweisung der im abgelaufenen Rechnungsjahre von den Mitgliedern der Genossenschaft beschäftigten versicherten Personen und der von denselben verdienten anrechnungsfähigen Gehälter und Löhne aufgestellt und demnächst für jedes Genossenschaftsmitglied der Beitrag berechnet, welcher auf dasselbe zur Deckung des Gesammtbedarfs (§. 71 Abs. 1) entfällt. (Abs. 1.)

Jedem Genossenschaftsmitgliede ist ein Auszug aus der zu diesem Zweck aufzustellenden Heberolle mit der Aufforderung zuzustellen,[1]) den festgesetzten Beitrag zur Vermeidung der zwangsweisen Beitreibung binnen zwei Wochen einzuzahlen. Der Auszug muß diejenigen Angaben[2]) enthalten, welche den Zahlungspflichtigen in den Stand setzen, die Richtigkeit der angestellten Beitragsberechnung zu prüfen. (Abs. 2.)

§. 73.

Die Mitglieder der Genossenschaften können gegen die Feststellung ihrer Beiträge binnen zwei Wochen nach Zustellung[1]) des (Abs. 1.)

---

welcher nur während sechs Monaten versichert war, nur mit dem 150fachen Betrag des ortsüblichen Tagelohns (§. 3 Abs. 3) in Rechnung zu stellen. Vgl. im Uebrigen Anm. 3 zu §. 10.

Auf diese Berechnung findet die Strafvorschrift des §. 103 Nr. 1 nur insoweit Anwendung, als die Berechnung thatsächliche, nicht schon in den vorerwähnten Zusammenstellungen der wirklich verdienten Löhne vorgebrachte Angaben enthält (z. B. über die Höhe des nach §. 3 Abs. 3 für die nicht ausgebildeten Arbeiter in Betracht kommenden ortsüblichen Tagelohns).

Die Berechnung unterliegt der Feststellung durch den Genossenschaftsvorstand, §. 73, Abs. 2.

Zu §. 72.

[1]) zuzustellen, §. 110.

[2]) diejenigen Angaben. Hierhin „gehören insbesondere auch die Position des Gefahrentarifs, welche auf den Betrieb angewandt ist, die Höhe der bei ihm in Anrechnung gebrachten Löhne und Gehälter und der umgelegte Gesammtbedarf. Das Statut wird in dieser Hinsicht weitere Ausführungsbestimmungen treffen können." (Mot. S. 75.) Auch die Höhe der etwa in Rechnung gebrachten Zuschläge oder Nachlässe ist zu berücksichtigen. (§§. 24, 28, 78.)

Zu §. 73.

[1]) Zustellung, §. 110.

Auszuges aus der Heberolle unbeschadet der Verpflichtung zur vorläufigen Zahlung Widerspruch[2]) bei dem Genossenschaftsvorstande erheben. Wird demselben entweder überhaupt nicht, oder nicht in dem beantragten Umfange Folge gegeben, so steht ihnen innerhalb zwei Wochen nach der Zustellung der Entscheidung des Genossenschaftsvorstandes die Beschwerde an das Reichs-Versicherungsamt[3]) zu.

(Abs. 2.) Die Beschwerde ist nur zulässig,[4]) wenn dieselbe sich entweder auf Rechenfehler, oder auf die unrichtige Feststellung des anrechnungsfähigen Betrages der Löhne und Gehälter, oder auf den irrthümlichen Ansatz einer anderen Gefahrenklasse, als wozu der Betrieb eingeschätzt ist, gründet.

(Abs. 3.) Aus den letzteren beiden Gründen ist die Beschwerde jedoch nicht zulässig, wenn die Feststellung in dem Falle der von dem Genossenschaftsmitgliede unterlassenen Einsendung der Nachweisung durch den Vorstand[5]) bewirkt worden war (§. 71 Abs. 3).

(Abs. 4.) Tritt in Folge des erhobenen Widerspruchs oder der erhobenen Beschwerde eine Herabminderung des Beitrages ein, so ist der Ausfall bei dem Umlageverfahren des nächsten Rechnungsjahres zu decken.

§. 74.

Rückständige[1]) Beiträge[2]), sowie die im Falle einer Betriebseinstellung etwa zu leistenden Kautionsbeträge (§. 17 Ziffer 7)

---

[2]) Widerspruch, nach Analogie des bei Steuereinschätzungen üblichen Verfahrens zunächst bei der Veranlagungsbehörde.

[3]) Reichsversicherungsamt, event. Landesversicherungsamt, §. 92.

[4]) nur zulässig, weil es sich in diesem Stadium immer nur um die Korrektur von Fehlern wesentlich kalkulatorischer Art handeln kann. (Mot. S. 75.)

[5]) durch den Vorstand. Durch seine Versäumniß hat der Betriebsunternehmer auf die Mitwirkung bei der Feststellung jener Unterlagen selbst verzichtet; es ist also nur konsequent, wenn man ihm dann auch eine nachträgliche Einwirkuug auf die Feststellung nicht mehr gestattet.

Zu §. 74.

[1]) Rückständige. „Das öffentliche Interesse an der Unfallversicherung und der Karakter der Unfallversicherungsgenossenschaften als öffentlicher Korporationen rechtfertigt es, für Rückstände an Beiträgen, Kautionsbeträgen und Strafzuschlägen die Zwangsbeitreibung im Verwaltungswege zuzulassen.

werden in derselben Weise beigetrieben, wie Gemeindeabgaben. Dasselbe gilt von den Strafzuschlägen in dem Falle der Ablehnung von Wahlen (§. 24 Abs. 3).

Uneinziehbare Beiträge fallen der Gesammtheit[3]) der Berufsgenossen zur Last. Sie sind vorschußweise aus dem Betriebsfonds oder erforderlichenfalls aus dem Reservefonds der Berufsgenossenschaft zu decken und bei dem Umlageverfahren des nächsten Rechnungsjahres zu berücksichtigen. (Abs. 4.)

Abführung der Beträge an die Postkassen.

§. 75.

Die Genossenschaftsvorstände haben die von den Zentral-Postbehörden liquidirten Beträge[1]) innerhalb drei Monaten nach Empfang der Liquidationen an die ihnen bezeichneten Postkassen abzuführen. (Abs. 1.)

Gegen Genossenschaften, welche mit der Erstattung der Beträge im Rückstande bleiben, ist auf Antrag der Zentral-Postbehörden von dem Reichs-Versicherungsamt,[2]) vorbehaltlich der Bestimmungen des §. 33, das Zwangsbeitreibungsverfahren[3]) einzuleiten. (Abs. 2.)

Das Reichs-Versicherungsamt ist befugt, zur Deckung der Ansprüche der Postverwaltungen zunächst über bereite Bestände der (Abs. 3.)

Gegen säumige Mitglieder haben die Genossenschaftsvorstände dieses Verfahren herbeizuführen (vgl. §. 98)". (Mot. S. 75.)

Die Beitreibung geschieht durch Requisition der zur Zwangsvollstreckung zuständigen Behörde. In gleicher Weise erfolgt die Beitreibung sämmtlicher nach Maßgabe dieses Gesetzes auferlegter Strafen, §. 109.

[2]) Beiträge. Dahin gehören auch die Zuschläge in den Fällen des §. 28 Abs. 5 und des §. 78 Nr. 1.

Alle diese Beiträge haben als Forderungen öffentlicher Verbände im Konkurse des Unternehmers das Vorzugsrecht nach §. 54 Nr. 3 der Konkursordnung. Dieses Vorzugsrecht besteht aber nur für die Abgaben und Leistungen aus dem letzten Jahr vor der Eröffnung des Konkursverfahrens.

[3]) der Gesammtheit, nach dem für die übrigen Genossenschaftslasten geltenden Vertheilungsmaßstab.

Zu §. 75.

[1]) Beträge, ohne Zinsen, vgl. Anm. 1 zu §. 69. Die Bestimmung des Entwurfs, nach welcher die Ausfälle in den Fällen des §. 73 Abs. 4 und des §. 74 Abs. 2 den Postverwaltungen erst bei der nächsten Abrechnung zu-

Genossenschaftskassen[4]) zu verfügen. Soweit diese nicht ausreichen, hat dasselbe das Beitreibungsverfahren gegen die Mitglieder der Genossenschaft einzuleiten und bis zur Deckung der Rückstände durchzuführen.

Rechnungsführung.

§. 76.

(Abs. 1.) Die Einnahmen und Ausgaben der Genossenschaften sind von allen den Zwecken der letzteren fremden Vereinnahmungen und Verausgabungen gesondert festzustellen und zu verrechnen; ebenso sind die Bestände gesondert zu verwahren. Verfügbare Gelder dürfen nur in öffentlichen[1]) Sparkassen oder wie Gelder bevormundeter Personen[2]) angelegt werden.

---

geführt werden sollten, ist im Interesse der Postverwaltungen von der Reichstagskommission gestrichen worden. Die Genossenschaften haben diese Ausfälle aus ihren sonstigen disponiblen Fonds (Betriebsfonds), eventuell aus dem Reservefonds auszugleichen. Der letztere muß dann wieder aufgefüllt werden.

[2]) Reichsversicherungsamt, event. Landesversicherungsamt, §. 92.

[3]) Zwangsbeitreibungsverfahren. „Soweit eine Genossenschaft mit der Abführung der Beträge an die Postverwaltung im Rückstande bleibt, unterliegt sie dem Zwangsbeitreibungsverfahren, welches auf Antrag der Postverwaltung durch das Reichsversicherungsamt in der Weise auszuführen ist, daß zunächst über die bei der Genossenschaftskasse etwa vorhandenen disponiblen Mittel (z. B. Kautionsbeträge von eingestellten Betrieben, Reservefonds) verfügt wird. Soweit solche nicht vorhanden oder zur Deckung des beizutreibenden Betrags nicht ausreichend sind, wird das Fehlende direkt ohne Vermittelung der Vorstände von den Mitgliedern beigetrieben.

Das Reichsversicherungsamt wird übrigens in einem solchen Falle eine Vertheilung des Rückstandes auf die Mitglieder nach dem bestehenden Vertheilungsmaßstabe eintreten lassen." (Mot. S. 75.)

[4]) Genossenschaftskassen. In dem Komm.-Ber. S. 48 wird konstatirt, „daß diese dem Reichs-Versicherungsamt eingeräumte Befugniß nicht dahin gehe, auch über bereite Bestände dritter Genossenschaften zu verfügen."

Zu §. 76.

[1]) öffentliche Sparkassen sind solche, welche unter staatlicher Autorität errichtet, also von der zuständigen Behörde genehmigt sind.

[2]) wie die Gelder bevormundeter Personen. Hierüber entscheidet das Landesrecht, und zwar (nach den Motiven S. 76) das Partikularrecht desjenigen Bundesstaates, „in welchem das über die Anlegung der Gelder verfügende Genossenschaftsorgan seinen Sitz hat."

§. 39 der Preuß. Vormundschaftsordnung vom 5./7. 1875 (G.-S. S. 431) lautet:

Sofern³) besondere gesetzliche Vorschriften über die Anlegung der Gelder Bevormundeter nicht bestehen, kann die Anlegung der verfügbaren Gelder in Schuldverschreibungen, welche von dem Deutschen Reich, von einem deutschen Bundesstaate oder dem Reichslande Elsaß-Lothringen mit gesetzlicher Ermächtigung ausgestellt sind, oder in Schuldverschreibungen, deren Verzinsung von dem Deutschen Reich, von einem deutschen Bundesstaate oder dem Reichslande Elsaß-Lothringen gesetzlich garantirt ist, oder in Schuldverschreibungen, welche von deutschen kommunalen Korporationen (Provinzen, Kreisen, Gemeinden 2c.) oder von deren Kreditanstalten ausgestellt und entweder seitens der Inhaber kündbar sind, oder einer regelmäßigen Amortisation unterliegen, erfolgen. Auch können die Gelder bei der Reichsbank verzinslich angelegt werden. (Abs. 2.)

„Gelder, welche zu laufenden oder zu anderen durch die Vermögensverwaltung begründeten Ausgaben nicht erforderlich sind, hat der Vormund im Einverständnisse mit dem Gegenvormund in Schuldverschreibungen, welche von dem Deutschen Reiche oder von einem Deutschen Bundesstaate mit gesetzlicher Ermächtigung ausgestellt sind, oder in Schuldverschreibungen, deren Verzinsung von dem Deutschen Reiche oder von einem Deutschen Bundesstaate gesetzlich garantirt ist, oder in Rentenbriefen der zur Vermittelung der Ablösung von Renten in Preußen bestehenden Rentenbanken, oder in Schuldverschreibungen, welche von Deutschen kommunalen Korporationen (Provinzen, Kreisen, Gemeinden 2c.), oder von deren Kreditanstalten ausgestellt und entweder seitens der Inhaber kündbar sind oder einer regelmäßigen Amortisation unterliegen, oder auf sichere Hypotheken oder Grundschulden, zinsbar anzulegen.

„Gelder, welche in dieser Weise nach den obwaltenden Umständen nicht angelegt werden können, sind bei der Reichsbank oder bei öffentlichen, obrigkeitlich bestätigten Sparkassen zinsbar zu belegen.

„Eine Hypothek oder Grundschuld ist für sicher zu erachten, wenn sie bei ländlichen Grundstücken innerhalb der ersten zwei Drittheile des durch ritterschaftliche, landschaftliche, gerichtliche oder Steuertaxe, bei städtischen innerhalb der ersten Hälfte des durch Taxe einer öffentlichen Feuerversicherungs-Gesellschaft oder durch gerichtliche Taxe zu ermittelnden Werthes, oder wenn sie innerhalb des fünfzehnfachen Betrages des Grundsteuerreinertrages der Liegenschaft zu stehen kommt.

„Sicheren Hypotheken stehen im Sinne dieser Vorschriften die mit staatlicher Genehmigung ausgegebenen Pfandbriefe und gleichartigen Schuldverschreibungen solcher Kreditinstitute gleich, welche durch Vereinigung von Grundbesitzern gebildet, mit Korporationsrechten

§. 77.

(Abs. 1.) Ueber die gesammten Rechnungsergebnisse eines Rechnungsjahres ist nach Abschluß desselben alljährlich dem Reichstag [1]) eine vom Reichs-Versicherungsamt [2]) aufzustellende Nachweisung vorzulegen.

(Abs. 2.) Beginn und Ende des Rechnungsjahres wird für alle Genossenschaften übereinstimmend [3]) durch Beschluß des Bundesraths festgestellt.

VII. Unfallverhütung. Ueberwachung der Betriebe durch die Genossenschaften.

Unfallverhütungsvorschriften.

§. 78.

(Abs. 1.) [1]) Die Genossenschaften sind befugt,[2]) für den Umfang des Genossenschaftsbezirkes oder [3]) für bestimmte Industriezweige oder

---

versehen sind und nach ihren Statuten die Beleihung von Grundstücken auf die im dritten Absatz angegebenen Theile des Werthes derselben zu beschränken haben."

Für Bayern kommen verschiedene Partikularrechte in Betracht; vgl. darüber Roth, bayrisches Civilrecht, Bd. I. §. 96.

[3]) Sofern. Dieser Absatz ist entsprechend dem §. 40 des Krankenversicherungsgesetzes hinzugefügt worden, weil in einzelnen Theilen des Deutschen Reiches, so in der Rheinpfalz, gesetzliche Bestimmungen über die Anlegung von Geldern Bevormundeter nicht bestehen. Die Bestimmung ist also höchst subsidiär; sie ist der Preußischen Vormundschaftsordnung (cf. Anm. 2) nachgebildet, aber mit Rücksicht auf die praktischen Bedürfnisse der betheiligten Länder gekürzt. Insbesondere ist die Anlegung in Rentenbriefen und Pfandbriefen, als in jenen Ländern unpraktisch, und die Anlegung in Hypotheken und Grundschuldbriefen um deswillen ausgeschlossen worden, weil für jene Gegenden eine reichsgesetzliche Fixirung der Grenze der pupillarischen Sicherheit von Hypotheken unausführbar ist. Vgl. den Komm.-Ber. zum Krankenversicherungsgesetz, R.-T.-Dr.-S. 1883, Nr. 211 S. 59.

Zu §. 77.

[1]) dem Reichstag, wegen des Interesses, welches der Reichstag an den finanziellen Ergebnissen der Unfallversicherung schon im Hinblick auf die durch §. 33 eingeführte eventuelle Reichsgarantie hat (Motive S. 76).

[2]) Reichs-Versicherungsamt, welches von den Landes-Versicherungsämtern das Betriebsergebniß der den letzteren unterstellten Genossenschaften wird extrahiren müssen.

Betriebsarten[4]) oder bestimmt abzugrenzende Bezirke Vorschriften zu erlassen:

1. über die von den Mitgliedern zur Verhütung von Unfällen in ihren Betrieben zu treffenden Einrichtungen[5]) unter Bedrohung der Zuwiderhandelnden mit der Einschätzung[6]) ihrer Betriebe in eine höhere Gefahrenklasse,[7]) oder falls sich die letzteren bereits in der höchsten Gefahrenklasse befinden, mit Zuschlägen[6]) bis zum doppelten Betrage ihrer Beiträge.

   Für die Herstellung der vorgeschriebenen Einrichtungen ist den Mitgliedern eine angemessene[8]) Frist zu bewilligen;
2. über das in den Betrieben von den Versicherten[9]) zur Verhütung von Unfällen zu beobachtende Verhalten unter Bedrohung der Zuwiderhandelnden mit Geldstrafen[10]) bis zu sechs Mark.

Diese Vorschriften bedürfen der Genehmigung[11]) des Reichs-Versicherungsamts.[12]) (Abs. 2.)

Dem Antrage auf Ertheilung der Genehmigung ist die gutachtliche Aeußerung der Vorstände[13]) derjenigen Sektionen, für welche[14]) die Vorschriften Gültigkeit haben sollen, oder, sofern die Genossenschaft in Sektionen nicht eingetheilt ist, des Genossenschaftsvorstandes beizufügen. (Abs. 3.)

[3]) übereinstimmend, weil die vorgesehene Organisation des Kassen- und Rechnungswesens in Verbindung mit der Postverwaltung sonst nicht durchführbar sein würde (Motive S. 76).

Zu §. 78.

[1]) Ueber die Unfallverhütung sagen die Motive (S. 76) außer den Ausführungen in dem allg. Theil (S. 30): „Bei der auf Gegenseitigkeit beruhenden Regelung der Unfallversicherung hat nicht nur jede Genossenschaft, sondern auch jedes einzelne Mitglied derselben ein Interesse daran, daß in den Betrieben der Genossenschaftsmitglieder möglichst wenig Unfälle vorkommen. Dieses Interesse ist gesetzlich zu schützen. Dasselbe bietet zugleich die geeignetste Grundlage für die der genossenschaftlichen Organisation anzupassende systematische Regelung der zur Verhütung von Unfällen zu ergreifenden Maßregeln. Von diesem Gesichtspunkte aus legt der Entwurf den Genossenschaften die Befugniß bei, für ihre Mitglieder Vorschriften über die von ihnen zur Verhütung von Unfällen zu treffenden Einrichtungen zu erlassen und an deren Nichterfüllung gewisse Nachtheile zu knüpfen.

Auf diese Weise wird voraussichtlich zugleich die gewerbliche Selbstverwaltung auf einem Gebiete fruchtbar gemacht, auf welchem die staatliche Verwaltung, wie sie in den §§. 120 und 139b der Gewerbeordnung geregelt ist, aus dem Grunde mit großen Schwierigkeiten zu kämpfen hat, weil die Frage, wie weit mit Vorschriften der hier in Rede stehenden Art und mit deren Durchführung gegangen werden kann, ohne in ungerechtfertigt störender Weise in die freie Bewegung der Industrie einzugreifen, in vielen Fällen zu erheblichen Zweifeln Veranlassung giebt.

Bei den Organen der Genossenschaften werden die den Mitgliedern derselben beiwohnende genaue Kenntniß der Verhältnisse und Bedürfnisse der von ihnen vertretenen Industriezweige auf der einen Seite und das Interesse an der Verhütung der Unfälle auf der anderen Seite voraussichtlich dahin führen, daß die zu erlassenden Schutzvorschriften die richtige Mitte zwischen zu großer Milde und zu großer Strenge innehalten. Dies läßt sich um so mehr erwarten, als es bei der Beschränkung der Verbindlichkeit der zu erlassendeu Vorschriften auf die Mitglieder der Genossenschaft möglich sein wird, bei der Abfassung derselben mit der erforderlichen Berücksichtigung der besonderen Verhältnisse jedes einzelnen Industriezweiges vorzugehen und den Fehler zu großer Allgemeinheit, welcher den auf gesetzlichem Wege erlassenen Vorschriften leicht anhaftet, zu vermeiden (vergl. Motive zur Vorlage vom Jahre 1882 S. 74)."

²) Die Genossenschaften sind befugt. Ueber die Ausübung dieser Befugnisse soll das Genossenschaftsstatut Bestimmungen enthalten, §. 17. Wegen Ueberwachung der Ausführung s. §. 82. Neben der Befugniß der Genossenschaften bleibt die Befugniß des Bundesraths zum Erlaß von Unfallverhütungsvorschriften (§. 120 der Gew.-Ordnung) bestehen, ebenso die gleichartige Befugniß der Landesbehörde, §. 81.

³) für den Umfang ... oder. Die Befugniß der Genossenschaften bezieht sich nicht auf individuelle Vorschriften für einzelne Betriebe, sondern auf generelle Verfügungen für einen Komplex gleichartiger Betriebe. (Komm.-Ber. S. 50). Ungenügende Einrichtungen in einzelnen Betrieben können nur zu einer Einschätzung in höhere Gefahrenklassen bezw. zur Anzeige bei den Polizeibehörden behufs Abstellung führen. cf. auch §. 28 Abs. 5.

⁴) Betriebsarten. Hierbei ist „an die Form und die Mittel, in und mit denen der Betrieb sich vollzieht, gedacht worden, also an Dampfbetrieb im Gegensatz zum Handbetrieb, an den Betrieb mit Centrifugen (Trockenschleudern), Treibriemen, Aufzügen u. s. w.: Betriebsarten, welche bei verschiedenen Industriezweigen vorkommen." (Mot. S. 76).

Der Ausdruck kommt an dieser Stelle im Gesetz zum ersten Male vor, während er im Krankenversicherungsgesetz fast immer, namentlich auch bei der Bildung von Krankenkassen, dem Ausdruck „Industriezweig" an die Seite gesetzt ist. cf. auch Anm. 2 zu §. 19.

⁵) zu treffenden Einrichtungen, cf. Anm. 1. Die Anordnungen sollen sich hiernach nur auf erprobte und bewährte Vorkehrungen richten.

⁶) Einschätzung — Zuschläge, durch den Genossenschaftsvorstand, §. 80.

[7]) in eine höhere Gefahrenklasse. Dies ist nach den Motiven „angemessener, als die Bedrohung mit Strafzuschlägen, da dem Betriebsunternehmer unter Umständen die Mittel fehlen können, den erlassenen Vorschriften alsbald zu entsprechen, während die unterlassene Befolgung der Schutzvorschriften die Gefährlichkeit des Betriebes steigert und somit Anlaß bietet, denselben in eine höhere Gefahrenklasse einzureihen.“ (Mot. S. 77).

Nur wo dies nicht mehr möglich ist, weil der Betrieb schon in der höchsten Gefahrenklasse steht, sieht das Gesetz die Möglichkeit von Zuschlägen vor. Dieselben haben aber nicht den Charakter einer Strafe, sondern sind eine Korrektur für die Eintheilung der Gefahrenklassen und decken die erhöhte Unfallgefahr, ähnlich wie die Zuschläge im Falle des §. 28 Abs. 5. Wegen Beitreibung der Zuschläge vgl. Anm. 1 zu §. 74.

[8]) angemessene. Nach den allgemeinen Motiven soll hierbei sowohl die Leistungsfähigkeit der einzelnen Betriebsunternehmer wie die Lage des ganzen Gewerbes berücksichtigt werden.

[9]) von den Versicherten. Eine solche Vorschrift ist unumgänglich, wenn die Thätigkeit der Genossenschaft auf dem Gebiete der Unfallverhütung ihr Ziel erreichen soll. In den Verhandlungen des Volkswirthschaftsraths ist insbesondere darauf hingewiesen worden, daß die Wirksamkeit der Anordnung zur Verhütung von Unfällen (ein hervorragendes Eisenwerk in Westphalen hat nicht weniger als 36 derartige Bestimmungen erlassen müssen) sehr häufig an der Gleichgültigkeit und der Indolenz der Arbeiter scheitert, welche die Gefahr nicht eher erkennen wollen, als bis sie dieselbe an ihrem Leibe erfahren haben, und in jeder Schutzmaßregel Erschwerungen ihrer Arbeitsthätigkeit zu erblicken geneigt sind, welche sie perhorresciren. Unfälle in Folge mangelhafter Benutzung der Schutzmaßregeln treffen aber, wie alle Unfälle, nicht nur den schuldigen Arbeiter, sondern auch unschuldige Mitarbeiter, und ebenso in ihrer pekuniären Wirkung die Genossenschaft, welche durch die Anordnung der Schutzmaßrgel ihrerseits der Gefahr nach Möglichkeit vorgebeugt hat. Dazu kommt, daß „den Versicherten die gesetzliche Entschädigung auch dann nicht entzogen werden soll, wenn sie den Unfall selbst verschuldet haben. Solche Vorschriften werden auch den Krankenkassen zu Gute kommen, da sie in besonderem Maße zur Verminderung der geringfügigeren, die Krankenkassen belastenden Unfälle beizutragen geeignet sind“ (Mot. S. 77), und weil außerdem die auf Grund dieser Vorschriften festgesetzten Strafen der Krankenkasse zufließen sollen, §. 80.

Den Betriebsunternehmern bleibt der Erlaß ähnlicher Unfallverhütungsvorschriften für ihre Betriebe unbenommen; sie können aber keine öffentlichrechtlichen Strafen, sondern nur Konventionalstrafen (Geldstrafen, Entlassung aus der Arbeit) für die Uebertretung androhen.

[10]) Geldstrafen. Die Festsetzung dieser Strafen ist den Vorständen der Betriebs- (Fabrik-) Krankenkassen, eventuell den Ortspolizeibehörden übertragen, §. 80.

[11]) Genehmigung. Dies beruht „auf der Bedeutung, welche die von

§. 79.

(Abs. 1.) Die im §. 41 bezeichneten Vertreter[1]) der Arbeiter sind zu der Berathung und Beschlußfassung der Genossenschafts- oder[1]) Sektionsvorstände über diese Vorschriften zuzuziehen. Dieselben haben dabei volles Stimmrecht. Das über die Verhandlungen aufzunehmende Protokoll, aus welchem die Abstimmung der Vertreter der Arbeiter ersichtlich[3]) sein muß, ist dem Reichs-Versicherungsamt[4]) vorzulegen.

(Abs. 2.) Die genehmigten Vorschriften sind den höheren Verwaltungsbehörden,[5]) auf deren Bezirke dieselben sich erstrecken, durch den Genossenschaftsvorstand mitzutheilen.

---

den Genossenschaften zu erlassenden Vorschriften für die Gewerbepolizei und die Weiterentwickelung des Gewerberechts haben, sowie auf der Erwägung, daß die Möglichkeit eines unzweckmäßigen oder unbilligen Gebrauches der Befugnisse zum Erlasse derartiger Vorschriften keineswegs ausgeschlossen ist" (Mot. S. 78).

[12]) Reichsversicherungsamt, event. Landesversicherungsamt, §. 92.

[13]) Vorstände unter Zuziehung der Vertreter der Versicherten, §. 79.

[14]) für welche, d. h. innerhalb welcher, da nach dem Eingang dieses Paragraphen für bestimmte Betriebsarten oder örtliche Theile der Sektionen derartige Vorschriften erlassen werden können.

Zu §. 79.

[1]) Vertreter der Arbeiter, vgl. Anm. 1 zu §. 41. Die Mitwirkung der Versicherten sieht das Gesetz nicht nur bei den Vorschriften über das Verhalten der Arbeiter gegenüber den Unfallverhütungsvorschriften vor — damit „bei dem Erlaß der fraglichen Vorschriften eine Sicherung gegen Willkür und Unbilligkeit gewonnen wird" (Mot. S. 77) — sondern auch bei den gegen die Betriebsunternehmer erlassenen Anordnungen zur Unfallverhütung, „welche sich, ohne die Arbeiter direkt zu berühren, auf die Betriebseinrichtungen beziehen." Die Mitwirkung der Arbeiter bei dem Erlaß dieser letzteren Vorschriften beruht darauf, daß „die Arbeiter ein unmittelbares Interesse nicht nur an der Verhütung der Unfälle, sondern auch daran haben, wie die projektirten Einrichtungen auf ihre Leistungsfähigkeit einwirken" (Mot. S. 77).

[2]) oder, d. h. die Genossenschaftsvorstände kommen nur dann in Betracht, wenn keine Sektionen gebildet sind.

[3]) ersichtlich sein. „Man wird sich hiernach der Hoffnung hingeben dürfen, daß die obere Instanz die Rechte der Arbeiter überall da wahren werde, wo die Geltendmachung derselben etwa auf den Egoismus oder die Kurzsichtigkeit der Arbeitgeber gestoßen sein sollte" (Komm.-Ber. S. 50).

[4]) Reichsversicherungsamt, eventuell Landesversicherungsamt (§. 92), falls dasselbe nach §. 78 die Genehmigung zu ertheilen hat.

[5]) höhere Verwaltungsbehörden, §. 109.

§. 80.

Die im §. 78 Ziffer 1 vorgesehene höhere Einschätzung des Betriebes, sowie die Festsetzung von Zuschlägen erfolgt durch den Vorstand der Genossenschaft, die Festsetzung der im §. 78 Ziffer 2 vorgesehenen Geldstrafen [1]) durch den Vorstand der Betriebs- (Fabrik-) Krankenkasse,[2]) oder wenn eine solche für den Betrieb nicht errichtet ist, durch die Ortspolizeibehörde.[3]) In beiden Fällen findet binnen zwei Wochen nach der Zustellung der bezüglichen Verfügung die Beschwerde statt. Ueber dieselbe entscheidet im ersten Falle[4]) das Reichs-Versicherungsamt,[5]) im zweiten Falle[6]) die der Ortspolizeibehörde unmittelbar vorgesetzte Aufsichtsbehörde.[7]) (Abs. 1.)

Die Geldstrafen (§. 78 Ziffer 2) fließen in die Krankenkasse,[8]) welcher der zu ihrer Zahlung Verpflichtete zur Zeit der Zuwiderhandlung angehört. (Abs. 2.)

Zu §. 80.

[1]) Geldstrafen. Den Genossenschaftsvorständen kann die Festsetzung der von den Arbeitern verwirkten Strafen nicht übertragen werden, weil die Versicherten in den Genossenschaftsvorständen nicht vertreten sind. Die Vorschriften des Gesetzes beruhen zunächst auf einem Vorschlag des Preuß. Volkswirthschaftsraths. Durch dieselben wird sowohl das Interesse der Genossenschaften, wie das der Arbeiter in angemessener Weise gewahrt (Mot. S. 77).

[2]) Vorstand der Betriebs-(Fabrik-)Krankenkasse. Weil die Strafen in diejenige Krankenkasse (Anm. 8) fließen sollen, welcher der Kontravenient zur Zeit der Zuwiderhandlung angehörte, „ist die Besorgniß ausgeschlossen, daß der Vorstand der Fabrikkrankenkasse, welcher die Strafen festsetzt, Mitglieder anderer Krankenkassen zu Gunsten der Fabrikkrankenkasse strenger beurtheilen möchte . . . . "

„Neben dem Vorstande der für den Betrieb bestehenden Krankenkasse die Vorstände anderer Krankenkassen, zu denen etwa Arbeiter des Betriebes gehören, mit der Festsetzung der zu verhängenden Strafen zu betrauen, erscheint nicht angängig. Die Handhabung der Disziplin über die Arbeiter eines Betriebes kann wohl der Ortspolizeibehörde oder dem Vorstande der Betriebskrankenkasse übertragen werden, nicht aber dem Vorstand einer anderen zu dem Betriebe nicht in näherer Beziehung stehenden Kasse. Schon die räumliche Entfernung zwischen dem Sitz einer solchen Kasse und dem Ort des Betriebes könnte zu unübersteiglichen Schwierigkeiten führen. Ueberdies würde dadurch die Gefahr entstehen, daß eine ganz verschiedene Beurtheilung gleicher in ein und demselben Betrieb vorkommender Fälle durch die verschiedenen Kassenvorstände, die zur Entscheidung berufen würden, eintreten könnte" (Mot. S. 78).

[3]) Ortspolizeibehörde, vgl. Anm. 6 zu §. 51.

§. 81.

(Abs. 1.) Die von den Landesbehörden[1]) für bestimmte Industriezweige oder Betriebsarten[2]) zur Verhütung von Unfällen zu erlassenden Anordnungen sollen, sofern nicht Gefahr im Verzuge ist, den betheiligten Genossenschaftsvorständen[3]) oder[4]) Sektionsvorständen zur Begutachtung nach Maßgabe des §. 78 vorher mitgetheilt werden. Dabei findet der §. 79 entsprechende Anwendung.

---

[4]) im ersten Fall, d. h. in den beiden Fällen des §. 78 Nr. 1 (höhere Einschätzung des Betriebes, event. Festsetzung von Zuschlägen).

[5]) Reichsversicherungsamt, event. Landesversicherungsamt, §. 92.

[6]) im zweiten Fall, d. h. wenn es sich um die Festsetzung der im §. 78 Nr. 2 vorgesehenen Geldstrafen handelt.

[7]) Aufsichtsbehörde. „Bei derselben laufen also alle Beschwerden dieser Art zusammen, auch diejenigen, welche sich gegen die Verfügungen der Betriebs-(Fabrik-)Krankenkassenvorstände richten." Die Aufsichtsbehörde kann sich bei der Entscheidung über die Beschwerden „des Gutachtens der auf diesem Gebiet vorzugsweise sachverständigen staatlichen Aufsichtsbeamten (§. 139 b der Gewerbe-Ordnung," — der Gewerberäthe und Fabrikinspektoren —, „bedienen". (Mot. S. 78.)

[8]) Krankenkasse. „Unter Krankenkasse im Sinne dieses Gesetzes — vergl. auch §. 93 (jetzt §. 96) — sind auch die Gemeinde-Krankenversicherung und die Knappschaftskassen zu verstehen" (Mot. S. 78).

Auf die Strafgelder hat jede Kasseneinrichtung Anspruch, welcher der Kontravenient zur Zeit der Zuwiderhandlung angehörte, also auch eingeschriebene Hülfskassen, Innungskrankenkassen, Baukrankenkassen, sowie die Gemeindekrankenversicherung. Gehört der Kontravenient mehreren Krankenkassen gleichzeitig an, so ist diejenige Krankenkasse im Vorzug, welcher er auf Grund seiner Beschäftigung angehört, bezw. auf deren Leistungen er ohne Kürzung Anspruch hat (vgl. §. 26 Abs. 3 des Krankenversicherungsgesetzes, sowie v. Woedtke, Komm. zu demselben Anm. 6 zu §. 19 und die im Register desselben unter „Verhältniß" angeführten sonstigen Ausführungen). Eine Theilung der Strafe unter mehrere Kassen liegt nicht im Sinne des Gesetzes.

Zu §. 81.

[1]) Landesbehörden, wenn auch, wie die Motive ausführen, in Zukunft nur noch selten derartige staatliche Anordnungen werden erforderlich werden. Solche werden insbesondere dann noch zu erlassen sein, wenn die Genossenschaften einem dringenden Bedürfniß zum Erlaß derartiger Anordnungen nicht entsprechen. Der Bundesrath, welcher auf Grund des §. 120 der Gew.-Ordnung Unfallverhütungsvorschriften erlassen darf, ist an die Begutachtung der Vorstände und Arbeitervertreter nicht gebunden; „der Bundesrath habe nur solche Vorschriften zu erlassen, deren Tragweite über die Grenzen eines einzelnen Bundes-

Ueberwachung der Betriebe.

§. 82.

Die Genossenschaften sind befugt, durch Beauftragte[1]) die Befolgung der zur Verhütung von Unfällen erlassenen Vorschriften zu überwachen,[2]) von den Einrichtungen der Betriebe, soweit[3]) sie für die Zugehörigkeit zur Genossenschaft oder für die Einschätzung in den Gefahrentarif von Bedeutung sind, Kenntniß zu nehmen und behufs Prüfung der von den Betriebsunternehmern auf Grund gesetzlicher oder statutarischer Bestimmungen eingereichten Arbeiter- und Lohnnachweisungen diejenigen[3]) Geschäftsbücher und Listen einzusehen, aus welchen die Zahl der beschäftigten Arbeiter und Beamten und die Beträge der verdienten Löhne und Gehälter ersichtlich werden. Abs. 1)

Die einer Genossenschaft angehörenden Betriebsunternehmer sind verpflichtet, den als solchen legitimirten[4]) Beauftragten der betheiligten Genossenschaft auf Erfordern den Zutritt zu ihren Betriebsstätten während der Betriebszeit zu gestatten und die bezeichneten Bücher und Listen an Ort und Stelle zur Einsicht vorzulegen. Sie können hierzu, vorbehaltlich der Bestimmungen des §. 83, auf Antrag der Beauftragten von der unteren Verwaltungsbehörde[5]) durch Geldstrafen[6]) im Betrage bis zu Dreihundert Mark angehalten werden. (Abs. 2.)

---

staates hinausreiche, und seine Thätigkeit würde im höchsten Maße erschwert werden, wenn man ihn durch Annahme des gestellten Antrages nöthige, die sämmtlichen Genossenschafts- und Sektionsvorstände zu hören" (Komm.-Ber. S. 51).

²) für Industriezweige oder Betriebsarten, also nur bei generellen Vorschriften, nicht schon dann, wenn polizeiliche Anordnungen zur Verhütung von Unfällen für einen oder für einzelne spezielle Betriebe erlassen werden sollen, in welchen gefahrdrohende Zustände bestehen. In letzteren Fällen ist, wie die Motive (S. 79) ausdrücklich hervorheben, die vorherige Anhörung der Genossenschaften und der Vertreter der Arbeiter nicht erforderlich.

³) den betheiligten Genossenschaftsvorständen. „Dabei geht der Entwurf von dem Gesichtspunkte aus, daß den Genossenschaften ein möglichst weiter Einfluß auf die Regelung der sie berührenden Angelegenheiten einzuräumen ist, und daß die Vertreter der Arbeiter überall da zu einer Mitwirkung heranzuziehen sind, wo es sich um Maßnahmen handelt, welche die Arbeiter betreffen" (Mot. S. 79).

⁴) oder, vgl. Anm. 2 zu §. 79.

Zu §. 82.

¹) Beauftragte. Die Funktionen als Beauftragter (§. 82) und als Vertrauensmann (§. 19) werden häufig in einer Hand zu vereinigen sein; vor-

§. 83.

(Abs. 1.) [1]) Befürchtet der Betriebsunternehmer die Verletzung eines Fabrikgeheimnisses oder die Schädigung seiner Geschäftsinteressen in Folge der Besichtigung des Betriebes durch den Beauftragten der Genossenschaft, so kann derselbe die Besichtigung durch andere Sachverständige beanspruchen.[2]) In diesem Falle hat er dem Genossenschaftsvorstande, sobald er den Namen des Beauftragten erfährt, eine entsprechende Mittheilung zu machen und einige[3]) geeignete Personen zu bezeichnen, welche auf seine Kosten[4]) die erforderliche Einsicht in den Betrieb zu nehmen und dem Vorstande

---

geschrieben aber ist solche Vereinigung nicht. Ebensowenig besteht eine gesetzliche Nöthigung, die Stellung eines Beauftragten als Ehrenamt zu vergeben oder anzunehmen.

Wenn auch die Ernennung besonderer Beauftragter für spezielle Fälle nicht ausgeschlossen erscheint, so behandelt doch das Gesetz diese Organe mehr als eine ständige Einrichtung; sie sollen auf Verschwiegenheit vereidigt (§. 84), ihr Name und ihr Wohnsitz sollen der Staatsbehörde mitgetheilt werden (§. 85).

„In der Kommission und bei den Vertretern der verbündeten Regierungen herrschte Einverständniß darüber, daß die Berufsgenossenschaften befugt seien, ein ständiges Organ zu kreiren, welches, soweit es nicht im einzelnen Falle ausgeschlossen wird, ein für allemal die in §. 82 vorgesehenen Funktionen ausübt." (Komm.-Ber. S. 51).

[2]) überwachen, auf Kosten der Genossenschaft, vorbehaltlich eventueller theilweiser Regreßnahme gegen die Unternehmer, § 86.

[3]) soweit ... diejenigen. Die Revisionsbefugniß der Beauftragten erstreckt sich nur soweit, als die Interessen der Genossenschaft in Frage kommen. Das Recht, sämmtliche Betriebsanlagen und Geschäftsbücher in Augenschein zu nehmen, steht ihnen nicht zu. Sollten im Einzelfall über den Umfang der Revisionsbefugniß Zweifel entstehen, so entscheiden darüber zunächst die Organe der Genossenschaft, eventuell das Reichs- (Landes-) Versicherungsamt, §§. 89, 92. In dieser einschränkenden Bestimmung liegt neben den schweren Strafbestimmungen der §§. 107, 108 ein ausreichender Schutz der Industrie gegen unberechtigtes Eindringen in Betriebsverhältnisse.

[4]) legitimirten. Wie die Legitimation zu führen sei, wird der Genossenschaftsvorstand zu bestimmen haben.

[5]) untere Verwaltungsbehörde, §. 109.

[6]) Geldstrafen; wohin dieselben fließen, bestimmen die Zentralbehörden, §. 109.

Zu §. 83.

[1]) Bei der Beaufsichtigung der Betriebe durch Beauftragte der Genossenschaft „verlangt, wie von dem preußischen Volkswirthschaftsrath mit Recht her-

die für die Zwecke der Genossenschaft nothwendige Auskunft über die Betriebseinrichtungen zu geben bereit sind. In Ermangelung einer Verständigung zwischen dem Betriebsunternehmer und dem Vorstande entscheidet auf Anrufen des letzteren das Reichs-Versicherungsamt.[5])

---

vorgehoben worden ist, der Fall eine besondere Behandlung, wenn ein Betriebsunternehmer im Interesse der Wahrung von Fabrikgeheimnissen oder aus Konkurrenzrücksichten den Eintritt eines Beauftragten der Genossenschaft in seinen Betrieb zu gestatten sich weigert. In solchem Falle soll der Betriebsunternehmer seinen Widerspruch gegen die Persönlichkeit des Beauftragten bei dem Vorstande der Genossenschaft geltend machen, daneben aber dem Vorstande einige andere geeignete Personen bezeichnen, welche auf seine Kosten die erforderliche Einsicht in den Betrieb zu nehmen und dem Vorstande die für die Zwecke der Genossenschaft nothwendige Auskunft über die Betriebseinrichtungen zu geben bereit sind." (Mot. S. 79.) Diese „geeigneten Personen" müssen Sachverständige, brauchen aber nicht Mitglieder der Genossenschaft (Konkurrenten) zu sein. „Dem Wunsch, durch das Gesetz die Kontrole direkt den Fabrikinspektoren bezw. Gewerberäthen zu übertragen, gegen deren Diskretion ebenso wenig Zweifel bestände wie gegen ihre Sachkenntniß, . . . stehen erhebliche, staatsrechtliche Bedenken entgegen. Man könne nicht durch Reichsgesetz vorschreiben, daß Staatsbeamte in den Dienst der Berufsgenossenschaften treten sollten, abgesehen davon, daß die Fabrikinspektoren zur Zeit völlig außer Stande sein würden, diese Verpflichtungen zu übernehmen." (Komm.-Ber. S. 51.)

Wenn hiernach die Fabrikinspektoren auch nicht generell die Kontrolbeamten der Genossenschaft sein werden, so wird doch nichts entgegenstehen, daß sie in einzelnen besonderen Fällen auf Wunsch eines Unternehmers die Funktionen des Sachverständigen übernehmen.

[2]) kann beanspruchen. Er braucht also dem Vorstande nicht etwa den Nachweis zu führen, daß bei der Zulassung des designirten Beauftragten Fabrikgeheimnisse verletzt oder Konkurrenten gefördert werden könnten; der Ausdruck einer desfalsigen Befürchtung genügt, und der Vorstand ist verpflichtet, auf eine solche Befürchtung in jedem Falle Rücksicht zu nehmen. Dagegen ist der Vorstand nicht verpflichtet, die von dem Unternehmer bezeichneten Personen mit der Revision zu beauftragen, falls er die Qualifikation oder Vertrauenswürdigkeit derselben glaubt anzweifeln zu sollen; es ist vielmehr in solchem Fall die Sache dem Reichs- (Landes-) Versicherungsamt vorzutragen und dessen Entscheidung anzurufen, falls eine Verständigung über die Revisoren nicht zu erzielen sein sollte.

Erachtet das Reichs- (Landes-) Versicherungsamt die Bedenken des Genossenschaftsvorstandes gegen die von den Unternehmern vorgeschlagenen Sachverständigen für begründet, so wird es seinerseits eine geeignete Persönlichkeit als Sachverständigen ernennen, welcher dann die Besichtigung auf Kosten des Unternehmers vorzunehmen hat.

Die Ablehnungsbefugniß des Unternehmers bezieht sich nur auf die

§. 84.

(Abs. 1) Die Mitglieder der Vorstände der Genossenschaften, so wie deren Beauftragte (§§. 82, 83) und die nach §. 83 ernannten Sachverständigen haben über die Thatsachen, welche durch die Ueberwachung und Kontrole der Betriebe zu ihrer Kenntniß kommen, Verschwiegenheit[1]) zu beobachten und sich der Nachahmung[2]) der von den Betriebsunternehmern geheim gehaltenen, zu ihrer Kenntniß gelangten Betriebseinrichtungen und Betriebsweisen, so lange als diese Betriebsgeheimnisse sind, zu enthalten. Die Beauftragten der Genossenschaften und Sachverständigen sind hierauf von der unteren Verwaltungsbehörde[3]) ihres Wohnortes zu beeidigen.

§. 85.

(Abs. 1.) Namen und Wohnsitz der Beauftragten sind von dem Genossenschaftsvorstande den höheren Verwaltungsbehörden,[1]) auf deren Bezirke sich ihre Thätigkeit erstreckt, anzuzeigen.

Die Beauftragten sind verpflichtet, den nach Maßgabe des

Besichtigung des Betriebes, nicht auf die Einsicht der Geschäftsbücher und Listen, da es sich nach §. 82 bei den Geschäftsbüchern und Listen nur um die Zahl der beschäftigten Personen und die Beträge der verdienten Löhne handelt und jeder Unternehmer es in der Hand hat, andere Notizen, die er nicht offen legen will, in diese Bücher nicht einzutragen. Eine billige Rücksichtnahme auf Wünsche der Unternehmer ist aber auch hierbei nicht ausgeschlossen.

Die von dem Unternehmer angebotenen Mittelspersonen stehen, wenn sie von dem Vorstand zugelassen worden sind, den Beauftragten im Sinne des §. 82 gleich, und sind wie diese auf Verschwiegenheit zu beeidigen.

[3]) einige, unter denen dem Vorstand die Wahl zusteht.

[4]) auf seine Kosten, „weil für die Heranziehung dieser Vertrauenspersonen lediglich das Interesse und der Wille des Unternehmers entscheidend ist." (Mot. S. 79.) Diese Bestimmung dürfte eine zu ausgiebige Ausnutzung jener Ablehnungsbefugniß verhindern.

[5]) Reichsversicherungsamt, event. Landesversicherungsamt, §. 92.

Zu §. 84.

[1]) Verschwiegenheit. Strafandrohung vgl. §§. 107, 108.

[2]) Nachahmung, Strafandrohung §. 108.

[3]) untere Verwaltungsbehörde, §. 109.

Zu §. 85.

[1]) höhere Verwaltungsbehörde, §. 109.

§. 139b der Gewerbeordnung bestellten staatlichen Aufsichtsbeamten auf Erfordern über ihre Ueberwachungsthätigkeit und deren Ergebnisse Mittheilung zu machen, und können dazu von dem Reichs-Versicherungsamt²) durch Geldstrafen³) bis zu Einhundert Mark angehalten werden.

§. 86.

Die durch die Ueberwachung und Kontrole der Betriebe entstehenden Kosten gehören zu den Verwaltungskosten der Genossenschaft. Soweit dieselben in baaren Auslagen bestehen, können sie durch den Vorstand der Genossenschaft dem Betriebsunternehmer auferlegt werden, wenn derselbe durch Nichterfüllung der ihm obliegenden Verpflichtungen zu ihrer Aufwendung Anlaß gegeben hat. Gegen die Auferlegung der Kosten findet binnen zwei Wochen nach Zustellung des Beschlusses die Beschwerde an das Reichs-Versicherungsamt statt. Die Beitreibung derselben erfolgt in derselben Weise, wie die der Gemeindeabgaben. (Abs. 1.)

VIII. Das Reichs-Versicherungsamt.

Organisation.

§. 87.

Die Genossenschaften unterliegen in Bezug auf die Befolgung dieses Gesetzes der Beaufsichtigung des Reichs-Versicherungsamts.¹) (Abs. 1.)

Das Reichs-Versicherungsamt hat seinen Sitz in Berlin. Es besteht aus mindestens drei ständigen Mitgliedern, einschließlich des Vorsitzenden, und aus acht nichtständigen Mitgliedern. (Abs. 2.)

---

²) Reichsversicherungsamt, event. Landesversicherungsamt, §. 92.

³) Geldstrafen. Wohin dieselben fließen, bestimmen die Centralbehörden, §. 109.

Zu §. 86.

Reichsversicherungsamt, event. Landesversicherungsamt, §. 92.

Zu §. 87.

¹) „Das Reichsversicherungsamt ist eine mit selbstständigen Entscheidungs- und Zwangsbefugnissen ausgerüstete Reichsbehörde, welche unbeschadet gewisser dem Bundesrath übertragener Funktionen die Durchführung des Gesetzes in organisatorischer, administrativer, verwaltungsgerichtlicher und disziplinarischer Beziehung in letzter Instanz in der Hand hat. Eine oberste Reichsbehörde wie das Reichsamt des Innern, das Reichsjustizamt und das

(Abs. 2.) Der Vorsitzende und die übrigen ständigen Mitglieder werden auf Vorschlag des Bundesraths vom Kaiser auf Lebenszeit ernannt. Von den nichtständigen Mitgliedern werden vier vom Bundesrath aus seiner Mitte, und je zwei mittelst schriftlicher Abstimmung von den Genossenschaftsvorständen und von den Vertretern der versicherten Arbeiter (§. 41) aus ihrer Mitte[2]) in getrennter Wahlhandlung unter Leitung des Reichs-Versicherungsamts gewählt.[3]) Die Wahl erfolgt nach relativer Stimmenmehrheit; bei Stimmengleichheit entscheidet das Loos. Die Amtsdauer der nichtständigen Mitglieder währt vier Jahre. Das Stimmenverhältniß der einzelnen Wahlkörper bei der Wahl der nichtständigen Mitglieder bestimmt der Bundesrath unter Berücksichtigung der Zahl der versicherten Personen.

(Abs. 3.) Für jedes durch die Genossenschaftsvorstände sowie durch die Vertreter der Arbeiter gewählte Mitglied sind ein erster und ein zweiter Stellvertreter zu wählen, welche dasselbe in Behinderungsfällen zu vertreten haben. Scheidet[4]) ein solches Mitglied während der Wahlperiode aus, so haben für den Rest derselben die Stellvertreter in der Reihenfolge ihrer Wahl als Mitglied einzutreten.

(Abs. 4.) Die übrigen Beamten des Reichs-Versicherungsamts werden vom Reichskanzler ernannt.[5])

Reichsschatzamt ist das Reichsversicherungsamt indessen nicht. Aehnlich wie die „Reichskommission“ und „das Bundesamt für das Heimathwesen“ gehört das Reichsversicherungsamt zum Ressort des Reichsamts des Innern, dessen geschäftlicher Aufsicht es untersteht.

Das Gesetz gewährt Niemandem und namentlich auch der erwähnten Aufsichtsbehörde nicht die Befugniß, in die Instanzentscheidungen des Reichsversicherungsamts einzugreifen, oder statt seiner selbst zu entscheiden.

Das Reichsversicherungsamt ist berufen, die vom Bundesrath in Ausführung des Gesetzes zu fassenden Beschlüsse vorzubereiten (§. 90 Lit. a.).“ (Komm.-Ber. S. 52.)

Ueber die rechtliche Stellung des Reichsversicherungsamts und die Frage, welcher Beaufsichtigung dasselbe bei Ausübung seiner Befugnisse unterliegt, sind folgende Ausführungen aus den Verhandlungen des Reichstags von Bedeutung (Sten. Ber. S. 937/8).

Ein Abgeordneter führte aus:

„Was die rechtliche Stellung des Reichsversicherungsamtes weiter betrifft, so ist dieses Amt das erste, bei welchem wir eine solche Vermischung der verschiedenen Funktionen finden: einerseits richterliche Funktionen, andrerseits verwaltungsrichterliche und endlich rein administrative Funktionen. Ein solches Amt haben wir bis jetzt noch nicht. Das Gesetz läßt nicht klar ersehen, wie die Stellung dieses Amtes eigentlich sein soll, inwieweit es unterstellt sein soll der Verantwortung und Leitung des Reichskanzlers, inwieweit es unabhängig dasteht. Allerdings ist uns in der Kommission erklärt worden, daß bezüglich der Instanzentscheidung das Amt unabhängig dastehe; ich würde aber dem Herrn Vertreter der verbündeten Regierungen verpflichtet sein, wenn er hier feststellen wollte, was unter Instanzentscheidung eigentlich hat verstanden sein sollen. Ich fürchte allerdings, es wird doch immer eine Zweifelhaftigkeit bleiben; wir werden immer nicht recht wissen, wann das Amt eigentlich als administratives Amt anzusehen, wann es als rechtsprechendes Amt zu betrachten ist. Das ist um so bedenklicher, weil heute schon wiederholentlich gesagt ist — und das ist auch in der Kommission bereits ausgesprochen worden —, daß das Amt mit dieser Funktion demnächst noch andere verbinden wird, nämlich die Aufsicht über das ganze Versicherungswesen. Es wird ferner, wenn die Unfallversicherung auf weitere Kreise ausgedehnt wird, auch mit diesen noch zu thun haben. Endlich wird ihm auch die Invalidenversorgung demnächst zu Theil werden. Das Amt wird also von großer Bedeutung werden, und darum ist es von besonderer Wichtigkeit, daß wir hier seine Kompetenz klarstellen.

Hierauf entgegnete der Regierungskommissar, Ministerialdirektor Bosse: „Ich habe es nur damit zu thun, Ihnen eine Antwort zu geben auf die Frage, was unter Instanzentscheidungen zu verstehen ist und in welcher Weise die Aufsicht über das demnächstige Reichsversicherungsamt geregelt werden soll. Es ist von dem Herrn Abgeordneten das Reichsversicherungsamt ganz richtig als eine gemischte Behörde bezeichnet worden. Es ist eine Behörde, die theils administrative, theils aber auch Aufgaben der Rechtsprechung hat. Entsprechend dieser Vereinigung verschiedener Funktionen, wie wir sie auch bei anderen Selbstverwaltungsbehörden finden, die ebenfalls verwaltungsgerichtliche Aufgaben neben administrativen haben, wird sich auch demnächst die Aufsicht verschieden gestalten, und wird die Aufsicht über das Reichsversicherungsamt einen verschiedenen Inhalt haben, einen positiven nach der Seite der administrativen Aufgaben und einen negativen nach der Seite der Aufgaben der Rechtsprechung. Diese negative Aufgabe der Aufsichtsinstanz des Herrn Reichskanzlers oder des Reichsamtes des Innern wird darauf gerichtet sein, daß in Bezug auf die Rechtsprechung und auf die verwaltungsgerichtlichen Entscheidungen des Reichsversicherungsamtes die Aufsichtsinstanz dahin zu wirken hat, daß das Versicherungsamt seine Rechtsprechung in verfassungsmäßiger Unabhängigkeit auszuüben in der Lage und im Stande sein wird. Eine materielle Einwirkung auf die Art, wie die Rechtsprechung und die verwaltungsgerichtliche Thätigkeit des Reichsversicherungsamtes geübt wird, wird Niemandem zustehen. Nun muß ich aber doch bemerken, daß die Rechtsprechung, die Judikatur des Reichsversicherungsamtes keineswegs allein in der Entscheidung auf Rekurse gegen die Entscheidungen der Schiedsgerichte besteht, wie vorher der Herr Abgeordnete Eberty anzunehmen schien, sondern es ist eine ganze Reihe derartiger verwaltungsgerichtlicher Funktionen, die, in deu einzelnen Paragraphen zerstreut, dem Reichsversicherungsamte übertragen werden. So hat es zu entscheiden über die Beschwerden in Betreff der Zugehörigkeit eines Betriebes zu einer bestimmten Genossenschaft und die Streitigkeiten, die sich daran knüpfen können; so hat es zu entscheiden über Beschwerden wegen Einschiebung der Betriebe in die Gefahrentarife; ferner über Beschwerden der Arbeiter wegen der ihnen zugebilligten Entschädigungen und der Betriebsunternehmer wegen der Höhe der ihnen von der Genossenschaft auferlegten Jahresbeiträge, ferner über Beschwerden gegen Entscheidungen der unteren Verwaltungsbehörden, durch welche die Entschädigungen für Unfälle, welche sich in nicht katastrirten Betrieben ereignen, abgeschätzt werden, endlich über Beschwerden in Betreff der Person der Betriebsrevisoren, sowie über Beschwerden über die Auflegung von Kosten im Falle selbstverschuldeter Revisionen. Kurz, es ist eine ganze Reihe von gerichtlichen Entscheidungen, die dem Reichsversicherungsamt obliegen werden, und in dieser Beziehung wird Niemand das Recht haben, in die Thätigkeit und Befugnisse des Reichsversicherungsamtes einzugreifen." Das Reichs-Versicherungsamt charakterisirt sich hiernach als eine Behörde höchster Instanz.

Im einzelnen besteht der Geschäftskreis des Reichs-Versicherungsamts in folgenden Obliegenheiten:

I. In organisatorischer Beziehung.

1. Erlaß der öffentlichen Aufforderung an die Unternehmer versicherungpflichtiger Betriebe zur Anmeldung der letzteren (§. 11 des Gesetzentwurfs).
2. Entgegennahme der Anträge auf freiwillige Bildung der Berufsgenossenschaften;

   Einholung der Entscheidung des Bundesraths, wenn das Amt die projektirte Genossenschaft für nicht leistungsfähig erachtet;

   Einberufung der Generalversammlung, wenn das Amt die geplante Genossenschaft für leistungsfähig hält, oder der Bundesrath die bezweifelte Leistungsfähigkeit als vorhanden anerkennt;

   Beiladung von Betriebsunternehmern, welche in dem Antrage auf Bildung der Genossenschaft bei Seite gelassen sind (§. 13);
3. Eröffnung der mittelst Individualeinladungsschreiben berufenen Generalversammlung und vorläufige Leitung der letzteren durch einen Vertreter des Reichs-Versicherungsamts (§. 14);

   Bekanntmachung der vom Bundesrath abgegrenzten Berufsgenossenschaften (§. 15);
4. Einladung zu der zur Feststellung des Genossenschaftsstatuts zu berufenden Genossenschafts-Versammlung und vorläufige Leitung derselben (§. 16);
5. Entwerfung eines Normal-Statuts für die Genossenschaften;
6. Genehmigung der Statuten der Genossenschaften und der Abände-

rungen der Statuten, vorbehaltlich der Beschwerde an den Bundesrath wegen versagter Genehmigung;

eventuelle Octroyirung des Statuts, gegen welche eine Beschwerde nicht statthaft ist (§. 20);

7. Feststellung einer Frist zur Aufstellung des Gefahrentarifs, Genehmigung desselben und der Beschlüsse über Abänderungen desselben (ohne Beschwerde wegen Versagung der Genehmigung) eventuell Octroyirung des Tarifs (§. 28);
8. Genehmigung der Bildung von Rückversicherungsverbänden (§. 30);
9. Erlaß von Ausführungsbestimmungen wegen Erhöhung des Krankengeldes durch die Betriebsunternehmer, §. 5 Abs. 9;
10. Aufstellung eines Formulars für das Verzeichniß der Genossenschaftsmitglieder und alljährliche Entgegennahme eines solchen Verzeichnisses, mit der Befugniß, den Genossenschaftsvorstand von der Einreichung des Verzeichnisses ganz oder theilweise zu dispensiren (§. 40);
11. Erlaß des Regulativs betreffend Vertheilung und Wahl der Vertreter der Arbeiter, sofern nicht wegen engerer Begrenzung der Genossenschaften oder Sektionen die Landeszentralbehörden hierzu kompetent sind, eventuell Leitung der Wahl durch Beauftragte (§§. 43 fg.);
12. Bestimmung des Sitzes des Schiedsgerichts, wenn dessen Bezirk über die Grenzen eines Bundesstaates hinausgeht, im Einvernehmen mit den betheiligten Zentralbehörden, und Vorbereitung der Beschlüsse des Bundesraths über die Vermehrung der Schiedsgerichte (§§. 46, 90);
13. Feststellung des Formulars für die Unfallanzeigen (§. 51);
14. Leitung der Wahl von vier nichtständigen Mitgliedern des Reichs-Versicherungsamts (§. 87) und nähere Bestimmung über diese Wahl (cf. Anm. 1 zu §. 41);
15. Vorbereitung der Beschlüsse des Bundesraths über die Genehmigung von Abänderungen des Bestandes der Genossenschaften (§§. 31, 90);
16. Stellung des Antrags beim Bundesrath auf Auflösung leistungsunfähiger Berufsgenossenschaften (§. 33).

Endlich dürfte dem Reichs-Versicherungsamt obliegen

17. Die Entwerfung der Kaiserlichen Verordnung über das Verfahren vor dem Schiedsgericht (§. 50), desgleichen
18. der Kaiserlichen Verordnung über die Formen des Verfahrens und den Geschäftsgang des Reichs-Versicherungsamts (§. 90).

II. In administrativer Hinsicht kommt in Betracht:

1. die Entscheidung etwaiger Zweifel darüber, welche Betriebe außer den im §. 1 Abs. 3, 4 bezeichneten als Fabriken anzusehen und als solche versicherungspflichtig sind (§. 1 Abs. 5);
2. die Vorbereitung der Beschlüsse des Bundesraths über Erstreckung der Versicherungspflicht auf andere als die in §. 1 Abs. 2 genannten Baubetriebe (§. 1 Abs. 8);

3. die Genehmigung extraordinärer Verfügung über den Reservefonds und dessen Zinsen sowie von Erhöhungen des Reservefonds (§. 18);
4. die Wahrnehmung der Geschäfte renitenter rc. Genossenschaftsorgane auf Kosten der Genossenschaft (§. 27);
5. die Durchführung des Zwangsbeitreibungsverfahrens gegen säumige Genossenschaften gemäß §. 75;
6. die Entgegennahme des Verzeichnisses der vorgekommenen Unfälle (§. 28); die alljährliche Aufstellung der Rechnungsergebnisse für den Reichstag (§. 77) und im Zusammenhange hiermit die Führung einer umfassenden Unfallstatistik;
7. die Genehmigung der Unfallverhütungsvorschriften (§. 78);
8. die Beaufsichtigung des gesammten Geschäftsbetriebes der Genossenschaften, welche dem Reichsversicherungsamt ihre Bücher offen legen müssen rc. (§. 88).

III. Auf verwaltungsgerichtlichem Gebiete hat das Reichs-Versicherungsamt endgültig zu entscheiden:
1. Beschwerden wegen der Einschätzung der Betriebe in den Gefahrentarif (§. 28) und wegen höherer Einschätzung der Betriebe in Folge Zuwiderhandelns gegen Unfallverhütungsvorschriften (§. 80);
2. vermögensrechtliche Streitigkeiten der Genossenschaften im Falle von Bestandsveränderungen (§. 32 in fine);
3. Beschwerden in Betreff der Zugehörigkeit eines Betriebes zu einer bestimmten Genossenschaft, bezw. zu einer Genossenschaft überhaupt (§. 37), in Betreff des Ueberganges in eine andere Genossenschaft wegen Betriebsänderungen (§. 38) und in Betreff des Ueberganges in eine andere Gefahrentarifposition aus dem gleichen Grunde (§. 39);
4. Beschwerden der Vertreter der Arbeiter wegen der ihnen zugebilligten Entschädigungen (§§. 44, 49, 55) und der Betriebsunternehmer wegen der Höhe der Jahresbeiträge (§. 73).
5. Beschwerden gegen die Entscheidungen der unteren Verwaltungsbehörden, durch welche die Entschädigungen für Unfälle, die sich in nicht katastrirten Betrieben ereignen, abgelehnt werden (§. 62);
6. Rekurse gegen die Entscheidungen der Schiedsgerichte (§. 63);
7. Rekusationsbeschwerden in Betreff der Person der Betriebsrevisoren (§. 83), sowie Beschwerden gegen die Auferlegung von Kosten im Falle selbstverschuldeter Revisionen (§. 86);
8. Streitigkeiten in Betreff der Gültigkeit der Wahlen, in Betreff der Rechte und Pflichten der Inhaber der Genossenschaftsämter und der Auslegung der Statuten (§. 89).

IV. Die Exekutiv- bezw. Disziplinarstrafgewalt des Reichsversicherungsamts zeigt sich in der Befugniß desselben,
1. gegen renitente Schiedsgerichtsbeisitzer Geldstrafen bis zu 500 Mark auszusprechen (§. 49);

2. die Beauftragten der Genossenschaft (Betriebsrevisoren) zur Erfüllung der im §. 85 ihnen auferlegten Verpflichtung gegenüber den staatlichen Fabrikaufsichtsbeamten durch Geldstrafen bis zu 100 Mark anzuhalten (§. 85);
3. die Vorstandsmitglieder, Vertrauensmänner und Beamten der Genossenschaften zur Vorlegung der Bücher ꝛc., sowie zur Befolgung der gesetzlichen und statutarischen Vorschriften durch Geldstrafen bis zu 1000 Mark anzuhalten (§§. 88, 89);
4. auf Beschwerden gegen die Strafverfügungen der Genossenschaftsvorstände zu entscheiden (§. 103).

Das Reichsversicherungsamt tritt bezüglich der ihm überwiesenen Funktionen an die Stelle der sonst zuständigen Landesbehörden. Freilich wird es „die Mitwirkung der Landesbehörden nicht entbehren können und darauf angewiesen sein, mit diesen Hand in Hand die dem Wohle der arbeitenden Klassen dienenden Zwecke des Gesetzes zu fördern. Der Entwurf beruht auf der Annahme eines harmonischen Zusammenwirkens der Landesbehörden mit dem Reichsversicherungsamt.

Bei der Zusammensetzung des Reichs-Versicherungsamts ist lediglich die Rücksicht maßgebend gewesen, die Behörde unabhängig und vertrauenswürdig zu gestalten. Dasselbe soll in der Weise gebildet werden, daß es ein verwaltungsgerichtliches Gepräge trägt. Deshalb soll neben den Mitgliedern, welche die unmittelbar betheiligten Körperschaften zu wählen haben, auch aus der Mitte des Bundesraths eine Anzahl von Mitgliedern des Reichs-Versicherungsamts gewählt werden. Der Bundesrath enthält dadurch unmittelbare Fühlung mit den Verhältnissen, auf deren Gestaltung und Regelung ihm ein maßgebender Einfluß zusteht.“ (Auch sollen nach den Beschlüssen des Reichstags dritter Lesung bei der Entscheidung über die besonders wichtigen vermögensrechtlichen Streitigkeiten in den Fällen der §§. 32, 63 zwei richterliche Beamte hinzutreten.)

„Gegenüber den gewählten Mitgliedern des Reichs-Versicherungsamts ist das Element der Berufsbeamten in demselben in der Minorität. Die Ernennung der letzteren soll nach Analogie der Ernennung der ständigen Mitglieder des Patentamts (§. 13 des Patentgesetzes vom 25. Mai 1877, Reichs-Gesetzbl. S. 501) auf Vorschlag des Bundesraths durch den Kaiser auf Lebenszeit erfolgen“ (Mot. S. 80).

Dadurch, daß die ständigen Mitglieder auch dann, wenn sie ein Reichs- oder Staatsamt bekleiden, nicht auf die Dauer der letzteren, sondern immer auf Lebenszeit zu ernennen sind, durch den Eintritt von Mitgliedern des Bundesraths, sowie von Vertretern der Genossenschaften und der Versicherten unterscheidet sich die Organisation des Reichsversicherungsamts von der des Patentamts.

Neben dem Reichsversicherungsamt sind für diejenigen Berufsgenossenschaften, welche sich nicht über das Gebiet eines Bundesstaats hinaus erstrecken, Landesversicherungsämter durch den Reichstag zugelassen worden, welche für die ihnen unterstellten Genossenschaften unter Aufsicht der Landesregierung

Zuständigkeit.

§. 88.

(Abs. 1.) Die Aufsicht[1]) des Reichs-Versicherungsamts[2]) über den Geschäftsbetrieb der Genossenschaften hat sich auf die Beobachtung der gesetzlichen und statutarischen Vorschriften zu erstrecken. Alle Entscheidungen desselben sind endgültig, soweit in diesem Gesetze nicht ein Anderes[3]) bestimmt ist.

---

wesentliche, aber nicht sämmtliche (cf. Anm. 2 zu §. 92) Funktionen des Reichsversicherungsamts wahrzunehmen haben, hierbei aber in sachlicher Uebereinstimmung mit dem Reichsversicherungsamt bleiben sollen (cf. Anm. 1 zu §. 92). Die gesetzlichen Funktionen der Landesversicherungsämter beginnen erst, wenn sich, den Wünschen der Industrie entsprechend, Berufsgenossenschaften gebildet haben, welche über die Grenze eines Bundesstaats nicht hinausreichen; aber die Vorbereitung der Beschlüsse des Bundesraths über die Bildung der Berufsgenossenschaften, und damit über die Entscheidung der Frage, welche Genossenschaften innerhalb der Grenzen einzelner Bundesstaaten zugelassen werden können, steht dem Reichsversicherungsamt allein zu.

[2]) aus ihrer Mitte. Die Vertreter der Genossenschaft im Reichsversicherungsamt müssen hiernach Vorstandsmitglieder von Genossenschaften, also nach §. 24 stimmberechtigte (§. 34 Abs. 2) Mitglieder einer Genossenschaft bezw. deren gesetzliche Vertreter, oder von den Unternehmern bevollmächtigte Leiter ihrer Betriebe sein.

Die Vertreter der Arbeiter im Reichsversicherungsamt müssen nach §. 42 männliche, großjährige, auf Grund dieses Gesetzes versicherungspflichtige Mitglieder von Orts-, Betriebs- (Fabrik-) Innungs- oder Knappschaftskassen sein, welche sich im Besitz der bürgerlichen Ehrenrechte befinden, nicht durch richterliche Anordnung in der Verfügung über ihr Vermögen beschränkt sind und zu denjenigen Vertretern der Arbeiter gehören, welche für die im §. 41 aufgeführten Befugnisse gewählt sind.

[3]) gewählt. „Die Wahl der aus den Genossenschaftsvorständen und ... den Arbeitern ... hervorgehenden Mitglieder und Stellvertreter wird erst möglich, wenn die Genossenschaftsvorstände . . . konstituirt . . . und die Vertreter der Abeiter gewählt sein werden. Bis dahin besteht die alsbald nach Erlaß des Gesetzes zu konstituirende Behörde nur aus den vom Kaiser ernannten ständigen und den vom Bundesrath erwählten vier nichtständigen Mitgliedern (vgl. §. 90 Abs. 2)" (Mot. S. 80).

[4]) scheidet . . . aus, vgl. Anm. 8 zu §. 42.

[5]) ernennt, wie bei den übrigen Reichsbehörden.

Zu §. 88.

[1]) Aufsicht. Hieraus folgt, daß wegen Verletzung der gesetzlichen und statutarischen Vorschriften über die Organe der Genossenschaften bei dem Reichsversicherungsamt Beschwerde geführt werden kann. Regierungsseitig ist

Das Reichs-Versicherungsamt[2]) ist befugt, jederzeit eine Prüfung der Geschäftsführung der Genossenschaften vorzunehmen. (Abs. 2.)

Die Vorstandsmitglieder, Vertrauensmänner und Beamten der Genossenschaften sind auf Erfordern des Reichs-Versicherungsamts zur Vorlegung ihrer Bücher, Beläge und ihrer auf den Inhalt der Bücher bezüglichen Korrespondenzen, sowie der auf die Festsetzung der Entschädigungen und Jahresbeiträge bezüglichen Schriftstücke an die Beauftragten des Reichs-Versicherungsamts oder an das letztere selbst verpflichtet. Dieselben können hierzu durch Geldstrafen[4]) bis zu eintausend Mark angehalten werden. (Abs. 3.)

§. 89.

Das Reichs-Versicherungsamt[1]) entscheidet, unbeschadet der Rechte Dritter, über Streitigkeiten, welche sich auf die Rechte und Pflichten der Inhaber der Genossenschaftsämter,[2]) auf die Auslegung (Abs. 1.)

---

konstatirt worden, „daß unter den „gesetzlichen Vorschriften" die Summe der durch das neue Gesetz gegebenen Funktionen zu verstehen sei. Es könne also beispielsweise das Reichsversicherungsamt nicht die Wahlen beinflussen, sondern nur die Gültigkeit der auf Grund dieses Gesetzes vorgenommenen Wahlen prüfen." (Komm.-Ber. S. 53).

[2]) Reichsversicherungsamt, event. Landesversicherungsamt. §. 92.

[3]) nicht ein Anderes bestimmt ist, wie im §. 20. Diese Bestimmung „erscheint nothwendig, um einen weiteren Instanzenzug an den Bundesrath oder an den Reichskanzler, dessen Aufsicht die Behörde verfassungsmäßig unterliegt, von vornherein auszuschließen." (Mot. S. 81).

[4]) Geldstrafen. Dieselben tragen den Charakter von Exekutivstrafen, können also bis zur Erzielung des gewünschten Erfolges wiederholt werden. Wohin dieselben fließen und wie sie beigetrieben werden sollen, sagt daß Gesetz nicht. Es kann aber keinem Zweifel unterliegen, daß sie in die Reichskasse (zumal das Reich die Kosten des Reichsversicherungsamts tilgt), und soweit die Strafen von Landesversicherungsämtern ausgesprochen sind, in die Landeskassen fließen und wie Gemeindeabgaben beizutreiben sind. Letzteres ergiebt sich auch aus den Motiven zu §. 109 (Mot. S. 86), welche ausführen, es sei „ausdrücklich vorgesehen, daß die in demselben vorgesehenen Exekutivstrafen im Verwaltungswege zwangsweise beizutreiben seien."

Zu §. 89.

[1]) Reichsversicherungsamt, event. Landesversicherungsamt, §. 92.

[2]) Genossenschaftsämter, einschließlich der Ehrenämter, insbesondere des Amts als Vorstandsmitglied oder Vertrauensmann; auch das Amt der Beauftragten gehört hierher.

der Statuten und die Gültigkeit der vollzogenen Wahlen[3]) beziehen. Dasselbe kann die Inhaber der Genossenschaftsämter zur Befolgung der gesetzlichen und statutarischen Vorschriften durch Geldstrafen[4]) bis zu Eintausend Mark anhalten.

Geschäftsgang.

§. 90.

(Abs. 1.) Die Beschlußfassung[1]) des Reichs-Versicherungsamts ist durch die Anwesenheit von mindestens fünf Mitgliedern (einschließlich des Vorsitzenden), unter denen sich je ein Vertreter der Genossenschaftsvorstände und der Arbeiter befinden müssen, bedingt, wenn es sich handelt

a) um die Vorbereitung der Beschlußfassung des Bundesraths bei der Bestimmung, welche Betriebe mit einer Unfallgefahr nicht verbunden und deshalb nicht versicherungspflichtig sind (§. 1), bei der Genehmigung von Veränderungen des Bestandes der Genossenschaften (§. 31), bei der Auflösung einer leistungsunfähigen Genossenschaft (§. 33), bei der Bildung von Schiedsgerichten (§. 46);
b) um die Entscheidung vermögensrechtlicher Streitigkeiten bei Veränderungen des Bestandes der Genossenschaften (§. 32),
c) um die Entscheidung auf Rekurse gegen die Entscheidungen der Schiedsgerichte (§. 63);
d) um die Genehmigung von Vorschriften zur Verhütung von Unfällen (§. 78);
e) um die Entscheidung auf Beschwerden gegen Strafverfügungen der Genossenschaftsvorstände (§. 106).

---

[3]) Wahlen, also sämmtlicher nach diesem Gesetz vorzunehmender Wahlen, einschließlich der Wahlen zur Arbeitervertretung (§§. 42, 45), zu Beisitzern des Schiedsgerichts (§. 47) und zu Mitgliedern des Reichsversicherungsamts (§. 87). Vgl. auch Anm. 1 zu §. 88.

[4]) Geldstrafen, d. h. Exekutivstrafen, vgl. Anm 4 zu §. 88. Wegen Verletzung des Gebots der Verschwiegenheit vgl. §§. 107, 108. Wegen Beitreibung der vom Reichs- (Landes-) Versicherungsamt auferlegten Strafen und darüber, wohin dieselben fließen sollen, gilt das in Anm. 4 zu §. 88 Gesagte.

Zu §. 90.

[1]) Beschlußfassung. Nur für die wichtigeren Entscheidungen giebt das Gesetz selbst Vorschriften über die Voraussetzungen der Beschlußfassung des

So lange die Wahl der Vertreter der Genossenschaftsvorstände und der Arbeiter nicht zu Stande gekommen ist, genügt die Anwesenheit von fünf anderen Mitgliedern (einschließlich des Vorsitzenden). (Abs 2)

In den Fällen zu b und c erfolgt die Beschlußfassung unter Zuziehung von zwei richterlichen Beamten. (Abs. 3.)

Im übrigen werden die Formen des Verfahrens und der Geschäftsgang des Reichs-Versicherungsamts durch Kaiserliche Verordnung[2]) unter Zustimmung des Bundesraths geregelt. (Abs 4.)

Kosten.

§. 91.

Die Kosten des Reichs-Versicherungsamts und seiner Verwaltung trägt das Reich. (Abs. 1.)

Die nichtständigen Mitglieder erhalten für die Theilnahme an den Arbeiten und Sitzungen des Reichs-Versicherungsamts eine nach dem Jahresbetrage festzusetzende Vergütung[1]), und diejenigen, welche außerhalb Berlin wohnen, außerdem Ersatz der Kosten der Hin- und Rückreise[2]) nach den für die vortragenden Räthe der obersten Reichsbehörden geltenden Sätzen (Verordnung vom 21. Juni 1875, Reichs-Gesetzblatt Seite 249). Die Bestimmungen im §. 16 des Gesetzes, betreffend die Rechtsverhältnisse der Reichsbeamten, vom 31. März 1873 (Reichs-Gesetzblatt Seite 61) finden auf sie keine Anwendung.[3]) (Abs. 2.)

Reichsversicherungsamts; im Uebrigen wird das Verfahren und der Geschäftsgang vor denselben durch Kaiserliche Verordnung geregelt.

[2]) Kaiserliche Verordnung, analog §. 17 des Patentgesetzes vom 25./5. 77.

Zu §. 91.

[1]) Vergütung. Dieselbe beträgt nach dem Nachtragsetat (G. v. 7./7. 84, R.-G.-B. S. 112) je 1500 Mark.

[2]) Kosten der Hin- und Rückreise, also bei Reisen auf Eisenbahnen oder Dampfschiffen 13 Pf. für den Kilometer, sowie 3 Mark für jeden Zu- und Abgang, bei Reisen auf Landwegen 2c. 60 Pf. für den Kilometer. Tagegelder, welche die Verordnung vom 21./6. 75 (§§. 1, 4, 6) von den Fuhrkosten getrennt behandelt, werden nicht gewährt: die fixirte Vergütung deckt dieselben.

[3]) keine Anwendung. Diese Bestimmung ist zur Vermeidung von Mißverständnissen (Mot. S. 81) aufgenommen, damit die nichtständigen Mitglieder des Reichsversicherungsamts nicht etwa durch diese ihre Stellung hin-

Landes-Versicherungsämter.

§. 92.

(Abs. 1.) In den einzelnen Bundesstaaten können für das Gebiet und auf Kosten derselben Landes-Versicherungsämter von den Landesregierungen errichtet werden.

(Abs. 2.) Der Beaufsichtigung des Landes-Versicherungsamtes unterstehen diejenigen Berufsgenossenschaften, welche sich nicht über das Gebiet des betreffenden Bundesstaates hinaus erstrecken. In den Angelegenheiten dieser Berufsgenossenschaften gehen die in den §§. 16, 18, 20, 27, 28, 30, 32, 33, 37, 38, 39, 40, 62, 63, 73, 75, 78, 80, 83, 85, 86, 88, 89, 106 dem Reichs-Versicherungsamt übertragenen Zuständigkeiten auf das Landes-Versicherungsamt über.

(Abs. 3.) Soweit jedoch in den Fällen der §§. 30, 32, 37 und 38 eine der Aufsicht des Reichs-Versicherungsamts unterstellte Berufsgenossenschaft mitbetheiligt ist, entscheidet das Reichs-Versicherungsamt.

(Abs. 4.) Treten für eine der in Absatz 2 genannten, der Aufsicht eines Landes-Versicherungsamts unterstellten Berufsgenossenschaften die Voraussetzungen des §. 33 ein, so gehen die Rechtsansprüche und Verpflichtungen auf den den betreffenden Bundesstaat über.

§. 93.

(Abs. 1.) Das Landes-Versicherungsamt besteht aus mindestens drei ständigen Mitgliedern, einschließlich des Vorsitzenden, und aus vier nichtständigen Mitgliedern.

---

sichtlich ihres Gewerbebetriebes 2c. Beschränkungen erleiden. Die Bestimmung entspricht dem §. 13 des Patentgesetzes vom 25./5. 77. Der §. 16 des Ges. vom 31./3. 73, dessen Vorschriften hiernach auf die nichtständigen Mitglieder keine Anwendung finden, lautet:

„Kein Reichsbeamter darf ohne vorgängige Genehmigung der obersten Reichsbehörde ein Nebenamt oder eine Nebenbeschäftigung, mit welcher eine fortlaufende Remuneration verbunden ist, übernehmen oder ein Gewerbe betreiben. Dieselbe Genehmigung ist zu dem Eintritt eines Reichsbeamten in den Vorstand, Verwaltungs- oder Aufsichtsrath einer jeden auf Erwerb gerichteten Gesellschaft erforderlich. Sie darf jedoch nicht ertheilt werden, sofern die Stelle mittelbar oder unmittelbar mit einer Remuneration verbunden ist.

Die ertheilte Genehmigung ist jederzeit widerruflich ...."

Zu §. 92, 93.

[1]) Wegen der Landesversicherungsämter vgl. Anm. 1 zu §. 87. Dieselben sind im Allgemeinen dem Reichsversicherungsamt nachgebildet.

Die ständigen Mitglieder werden von dem Landesherrn des (Abs. 2.) betreffenden Bundesstaats auf Lebenszeit ernannt; die nichtständigen Mitglieder werden von den Genossenschaftsvorständen derjenigen Genossenschaften, welche sich nicht über das Gebiet des betreffenden Bundesstaates hinaus erstrecken, und von den Vertretern der versicherten Arbeiter (§. 41) aus ihrer Mitte mittelst schriftlicher Abstimmung unter Leitung des Landes-Versicherungsamts gewählt. Das Stimmenverhältniß der einzelnen Wahlkörper bestimmt die Landesregierung unter Berücksichtigung der Zahl der in den betreffenden Genossenschaften versicherten Personen. Im übrigen finden die Bestimmungen des §. 87 über die Wahl, die Amtsdauer und die Stellvertretung dieser nichtständigen Mitglieder gleichmäßig Anwendung. Solange eine Wahl der Vertreter der Genossenschaftsvorstände und der Arbeiter nicht zu Stande kommt, werden Vertreter der Betriebsunternehmer und der Versicherten von der Landes-Zentralbehörde ernannt.

Die Beschlußfassung des Landes-Versicherungsamts in den (Abs. 3.) im §. 90 unter b bis e bezeichneten Angelegenheiten ist durch die Anwesenheit von drei ständigen und zwei nichtständigen Mitgliedern bedingt, zu welchen in den Fällen zu b und c außerdem zwei richterliche Beamte zuzuziehen sind.

Die Formen des Verfahrens und der Geschäftsgang bei dem (Abs. 4.) Landes-Versicherungsamt, sowie die den nichtständigen Mitgliedern zu gewährende Vergütung werden durch die Landesregierung geregelt.

Die Frage, ob Landesversicherungsämter zugelassen werden sollen, war nach praktischen, nicht nach politischen Rücksichten zu beantworten; man hat sie zugelassen, weil sonst das Zustandekommen des Gesetzes gefährdet erschien. Für die Errichtung ist (nach dem Komm.-Ber. S. 54) geltend gemacht worden, daß eine Centralisirung der obersten Instanz in Sachen der Unfallversicherung eine Erweiterung der Reichskompetenz enthalten würde; „zwar würden den Einzelstaaten keine Kompetenzen genommen, die sie bisher besessen hätten, denn die ganze Materie werde erst jetzt gesetzlich geregelt, wohl aber würden Kompetenzen auf das Reich übertragen, welche nach der Natur der Sache den Einzelstaaten zufallen müßten." Auch sprächen Zweckmäßigkeitsgründe für die Landesversicherungsämter, denn das Reichsversicherungsamt sei ohnehin überlastet und es sei besser, diejenigen dem Reichsversicherungsamt zugedachten Funktionen, welche dasselbe ohne Vermittelung der Landesbehörden gar nicht ausüben könne, von vorn herein einer Behörde zu übertragen, welche auf

Grund eigener Kenntniß entscheiden könne. Dies gelte namentlich für die Genehmigung der Statuten der Genossenschaften, weil denselben nothwendigerweise thatsächliche Erhebungen vorausgehen müßten, und von der Beaufsichtigung der Genossenschaften, welche zweckmäßig von einer den örtlichen Verhältnissen näher stehenden Behörde geführt würde. „Dabei würden den Landesversicherungsämtern die erforderlichen Renseignements vom Reichsversicherungsamt zugehen können, und die ersteren würden ohne Weiteres bereit sein, sich danach zu richten.“ Hierdurch ist der Wille des Gesetzgebers dahin ausgesprochen, daß die generellen Gesichtspunkte für die Ausführung der Unfallversicherung nach wie vor von dem Reichsversicherungsamt als centraler Reichsbehörde aufzustellen sind; wenn dasselbe auch keine Anweisungen zu ertheilen hat, da ihm die Landesversicherungsämter nicht subordinirt sind, so werden die letzteren doch die ihnen von dort aus zugehenden Ausführungen beachten müssen und nicht eine Praxis üben dürfen, welche der des Reichs-Versicherungsamts zuwiderläuft. Hierdurch scheint die für alle wichtigen Fragen der Unfallversicherung erforderliche Einheit der höchstinstanzlichen Entscheidungen nach wie vor gewahrt.

Die Landesversicherungsämter unterstehen der geschäftlichen Aufsicht der Landesregierungen und werden auf Kosten des betr. Bundesstaates errichtet. Wird eine dem Landesversicherungsamt unterstellte Berufsgenossenschaft leistungsunfähig, so tritt an die Stelle der Reichsgarantie die Garantie des betreffenden Bundesstaates.

[z]) dem Reichsversicherungsamt verbleiben hiernach auch bezüglich derjenigen Genossenschaften, welche an sich einem Landesversicherungsamt unterstehen, abgesehen von den in Abs. 3 genannten Fällen (bei denen der Aufsicht des Reichsversicherungsamts unterstellte Genossenschaften mitbetheiligt sind,) folgende Funktionen:

a) die Entscheidung von Zweifeln darüber, welche Betriebe außer den schon durch das Gesetz geregelten Fällen (§. 1 Abs. 3, 4) als Fabriken anzusehen und deshalb versicherungspflichtig sind (§. 1 Abs. 5), sowie die Vorbereitung der Beschlüsse des Bundesraths darüber, für welche Betriebe die Versicherungspflicht auszuschließen ist (§. 1 Abs. 7) und auf welche nicht bereits nach dem Gesetz versicherungspflichtigen Baubetriebe die Versicherungspflicht zu erstrecken ist (§. 1 Abs. 8);
b) die Arbeiten zur Bildung der Berufsgenossenschaften (§§. 11 bis 15, 94), sowie die Vorbereitung der Beschlüsse des Bundesraths über die Abänderung des Bestandes der Berufsgenossenschaften nach Abschluß der ersten Organisation (§§. 31, 90);
c) die Vorbereitung der Kaiserlichen Verordnung über das Verfahren vor dem Schiedsgericht (§. 50) und die Vorbereitung der Beschlüsse des Bundesraths über die Vermehrung von Schiedsgerichten (§§. 46, 90);
d) die Feststellung des Formulars für die Unfallmeldungen (§. 51);
e) die Aufstellung der Nachweisung über die gesammten Rechnungs-

IX. Schluß- und Strafbestimmungen.

Knappschafts-Berufsgenossenschaften.

§. 94.

[1]) Unternehmer von Betrieben, welche landesgesetzlich bestehenden Knappschaftsverbänden angehören, können auf Antrag der Vorstände[2]) der letzteren nach Maßgabe der §§. 12 ff. vom Bundesrath zu Knappschafts-Berufsgenossenschaften vereinigt werden. (Abs. 1.)

Die Knappschafts-Berufsgenossenschaften können durch Statut bestimmen: (Abs. 2.)

a) daß die Entschädigungsbeträge auch über fünfzig Prozent hinaus (§. 29) von denjenigen Sektionen zu tragen sind, in deren Bezirken die Unfälle eingetreten sind;

b) daß den Knappschaftsältesten[3]) die Funktionen der im §. 41 bezeichneten Vertreter der Arbeiter übertragen werden;

c) daß Knappschaftsälteste[3]) stimmberechtigte Mitglieder des Genossenschaftsvorstandes oder, sofern die Knappschafts-Berufsgenossenschaft in Sektionen getheilt ist, der Sektionsvorstände sind;

d) daß die Auszahlung der Entschädigungen durch die Knappschaftskassen[4]) bewirkt wird (§. 69).

---

ergebnisse eines Rechnungsjahres (§. 77) und damit die Führung umfassender Unfallstatistik;

f) die Leitung der Wahlen zum Reichsversicherungsamt (§. 87).

In den übrigen Fällen, welche auf die Landesversicherungsämter übergehen, sollen die letzteren mit dem Reichsversicherungsamt enge Fühlung halten, cf Anm. 1.

Zu §. 94.

[1]) Durch das Krankenversicherungsgesetz vom 15. Juni 1883 sind die Knappschaftskassen derart unberührt geblieben, daß die Mitglieder derselben durch die Betheiligung an diesen Kassen ihrer gesetzlichen Versicherungspflicht genügen können und nicht genöthigt sind, der Gemeindekrankenversicherung oder einer nach Maßgabe der Vorschriften jenes Gesetzes errichteteten Krankenkasse anzugehören (§. 74 a. a. O.). Für die Unfallversicherung waren gleichartige Bestimmungen insbesondere um deswillen nicht angängig, weil nicht alle bestehenden Knappschaftskassen einen so großen Umfang haben, daß sie für die durch die Unfallversicherung zu übernehmenden, umfangreichen Leistungen unbedingte Garantie bieten, wobei insbesondere die in der Montanindustrie besonders erhebliche Gefahr von Massenunfällen zu berücksichtigen ist. Um nun den Wünschen der Betheiligten wegen Aufrechterhaltung jener althergebrachten und mit der Berg-

werksindustrie enge verwachsenen Kasseneinrichtungen nach Möglichkeit zu entsprechen, ist auf Grund der Vorschläge des Reichstags der vorliegende Paragraph eingeschoben worden, durch welchen der Bundesrath ermächtigt wird, diejenigen Betriebe, welche landesgesetzlich bestehenden Knappschaftskassen angehören, nach Maßgabe der §§. 12 fg. zu Knappschafts-Berufsgenossenschaften, welche gewisse Besonderheiten aufweisen, (für den Umfang des Reichs oder für enger begrenzte Wirthschaftsgebiete) zu vereinigen, wenn der von den Antragstellern gewünschte Umfang dieser Genossenschaften die unbedingt erforderliche Garantie ihrer Leistungsfähigkeit bietet und nicht etwa Betriebe übrig bleiben, welche ihrerseits zu leistungsfähigen Genossenschaften nicht vereinigt oder zu anderen Genossenschaften nicht hinzugelegt werden können. Die hierbei zulässigen Modifikationen sollen den Fortbestand der einzelnen Knappschaftskassen und derjenigen Einrichtungen in denselben ermöglichen, welche mit diesem Gesetz vereinbar sind. Durch die Vereinigung selbst aber werden in der Knappschafts-Berufsgenossenschaft diejenigen breiten Schultern gewonnen, welche die Last der Unfallfürsorge dauernd und zuverlässig übernehmen können, während die einzelnen Knappschaftskassen als Sektionen fortbestehen und als solche vorbehaltlich der Rückdeckung bei der Knappschaftsberufsgenossenschaft die gesammte Unfallast weiter tragen können.

Die Besonderheiten, welche die Knappschafts-Berufsgenossenschaften aufweisen werden, bestehen wesentlich in Folgendem:

a) bei ihnen fällt das Erforderniß, daß Berufsgenossenschaften innerhalb ihres Bezirks alle Betriebe derjenigen Industriezweige umfassen müssen, für welche sie errichtet sind, fort. So ist im Siegerlande die nach der früheren Gesetzgebung bestandene Knappschaftspflichtigkeit der Eisenhütten später aufgehoben worden; die in neuerer Zeit dort errichteten Eisenhütten gehören also Knappschaftskassen nicht an. Dieselben würden deshalb auch künftig den Knappschafts-Berufsgenossenschaften nicht angehören, obwohl sie in demselben Wirthschaftsgebiet, wie die letzteren, belegen sind und die gleichen Interessen verfolgen wie jene. Neu entstehende knappschaftspflichtige Betriebe treten in die Knappschafts-Berufsgenossenschaften ein;

b) bei den Knappschafts-Berufsgenossenschaften kann die gesammte Unfallast den Sektionen, also den einzelnen Knappschaftskassen, wenn dieselben als Sektionen fortbestehen, übertragen werden, so daß die ersteren nur als Garantieverbände sich darstellen. Diese Uebertragung muß durch Statut erfolgen und bedarf dadurch der Genehmigung des Reichs-(Landes-)Versicherungsamts.

c) den Knappschaftsältesten, welche aus der Belegschaft gewählt werden und dadurch schon als berufene Vertreter der Arbeiter sich darstellen, können die Befugnisse der Vertreter der Arbeiter (§. 41), für welche hiernach ein Bedürfniß nicht mehr besteht, übertragen werden, auch können sie ihrer bisherigen Stellung entsprechend stimmberechtigte Mitglieder der Vorstände sein, cf. Anm. 3.

d) die Entschädigungen brauchen nicht durch die Post, sondern können durch die Knappschaftskassen ausgezahlt werden. Die letzteren sind den Bedürfnissen entsprechend organisirt und den Empfangsberechtigten örtlich nahe; die Benutzung dieser Kassen entspricht den Gewohnheiten und den Interessen der in der Montanindustrie verunglückten Personen. Eine Betheiligung der Postverwaltungen erscheint hiernach entbehrlich.

Im Uebrigen finden die Bestimmungen des Gesetzes über die Bildung, Organisation und Verwaltung der Berufsgenossenschaften auch auf die Knappschafts-Berufsgenossenschaften Anwendung. Die Betriebsunternehmer von Bergwerken rc sind also verpflichtet, ihre Betriebe nach §§. 11, 35 anzumelden; die Bildung der Genossenschaften erfolgt auf dem in den §§. 12 fg. angegebenen Wege; es müssen Vertreter der Arbeiter gebildet werden, sofern nicht Knappschaftsälteste die nach diesem Paragraph zulässigen Funktionen übernehmen sollten; es müssen Schiedsgerichte errichtet, Unfälle gemeldet und untersucht werden, obligatorisch ein nach §. 18 zu dotirender Reservefonds sowie Gefahrenklassen gebildet, der Jahresbedarf nach §. 28, also ohne Heranziehung der Arbeiter, umgelegt werden rc.

Wenn Knappschaftsverbände als Sektionen der Knappschafts-Berufsgenossenschaften fortbestehen, so müssen sie doch für die ihnen sonst übertragenen Aufgaben — Krankenversicherung, Invalidenversorgung rc. — getrennte Rechnung einrichten (vgl. §. 76).

²) auf Antrag der Vorstände. An die Stelle der zum Antrag nach §. 13 berechtigten Unternehmer treten hier also die Vorstände als anerkannte Vertretung einzelner Unternehmer oder einer Mehrheit von Unternehmern. Auch die Vorstände sind an die viermonatliche Frist (§. 13) gebunden; ihr Antrag ist zu berücksichtigen, wenn die von ihnen vertretenen Unternehmer bzw. Knappschaftskassen den 20. Theil der Unternehmer in denjenigen Knappschaften bilden, für welche die Knappschafts-Berufsgenossenschaft beantragt wird, oder den 10. Theil der in dem beabsichtigten Bezirk in Knappschaften vorhandenen Arbeiter beschäftigen.

Nur bei der Stellung des Antrags vertreten die Vorstände die einzelnen Unternehmer; zu den Generalversammlungen werden die letzteren geladen; das Stimmverhältniß wird für jeden Unternehmer nach der Zahl der von ihm beschäftigten Personen geregelt; in der Abstimmung darüber, ob dem Antrag entsprechend eine Knappschafts-Berufsgenossenschaft gebildet werden soll, hat jeder Unternehmer die ihm zugefallene Anzahl von Stimmen abzugeben rc.

Neben dem Antrag der Vorstände wegen Bildung einer Knappschafts-Berufsgenossenschaft können einzelne, in denselben Knappschaften stehende Unternehmer nach §. 12 Anträge auf Bildung anderweiter Berufsgenossenschaften, d. h. auf Anwendung der gesetzlichen Regel stellen — denn die einzelnen Unternehmer sind vielleicht von der Absicht der Vorstände nicht unterrichtet oder billigen diese Absicht nicht. Ueber derartige Anträge wird dann der Regel nach in derselben Generalversammlung zu verhandeln sein,

Haftpflicht der Betriebsunternehmer und Betriebsbeamten.

§. 95.

(Abs. 1.) [1]) Die nach Maßgabe dieses Gesetzes versicherten Personen und deren Hinterbliebene können einen Anspruch auf Ersatz des in Folge eines Unfalls [2]) erlittenen Schadens [3]) nur gegen diejenigen Betriebsunternehmer, Bevollmächtigten [4]) oder Repräsentanten, Betriebs- oder Arbeiteraufseher geltend machen, gegen welche [5]) durch strafgerichtliches [6]) Urtheil festgestellt worden ist, daß sie den Unfall vorsätzlich [7]) herbeigeführt haben.[8])

(Abs. 2.) In diesem Falle beschränkt sich der Anspruch auf den Betrag, um welchen die den Berechtigten nach den bestehenden gesetzlichen Vorschriften gebührende Entschädigung diejenige übersteigt, auf welche sie nach diesem Gesetze Anspruch haben.

---

welche für den Antrag auf Bildung der Knappschafts-Berufsgenossenschaft berufen worden ist, vgl. Anm. 11 zu §. 14.

[3]) Knappschaftsältesten. Die Anwendung der Bestimmung unter c hat zur Voraussetzung, daß auch die unter b vorgesehene Ausnahmebestimmung in dem betreffenden Statut Aufnahme gefunden hat. Denn andernfalls würde den Arbeitern, wenn dieselben durch ihre Knappschaftsältesten in den Vorständen vertreten sind und wenn sie außerdem eine Vertretung der Arbeiter nach §. 41 wählen, bei den Berathungen über die Unfallverhütungsvorschriften eine doppelte Vertretung und eine starke Majorität über die Betriebsunternehmer zufallen. Dies ist offenbar nicht beabsichtigt und den für die Bestimmung maßgebend gewesenen Gründen nicht entsprechend.

Das Verhältniß von Nr. b) und c) ist also folgendes: den Knappschaftsältesten können die Funktionen der Arbeitervertretung entweder allein, oder in Verbindung mit der Mitgliedschaft in den Vorständen, aber nicht diese Mitgliedschaft ohne die Funktionen der Arbeitervertretung übertragen werden.

Wenn Knappschaftsälteste Vorstandsmitglieder sind, so haben sie als Arbeitervertreter nicht etwa noch eine besondere Simme.

[4]) durch die Knappschaftskassen. In diesem Falle muß die Anweisung an die Kasse, wenn nicht der Kassenverband als Sektion die Last allein trägt (litt. a), durch Vermittelung des Genossenschaftsvorstandes erfolgen.

Zu §. 95.

[1]) Die Vorschriften des §§. 95 bis 98, welche die Haftbarkeit Dritter für die durch Unfall hervorgerufenen Nachtheile behandeln, lassen sich kurz dahin zusammenfassen:

Der Unternehmer oder dessen Betriebsbeamter ꝛc. ist dem verletzten Versicherten oder seinen Hinterbliebenen nur dann noch regreßpflichtig (und zwar auf die Differenz gegen die Entschädigung aus der Unfallfürsorge), wenn er den Unfall durch Vorsatz im strafrechtlichen Sinne, also durch ein dolose verübtes Verbrechen oder Vergehen herbeigeführt hat (§. 95); den Krankenkassen und Unfallversicherungsgenossenschaften dagegen nicht nur in diesem Fall, sondern immer dann, wenn er kriminell wegen Vorsatzes oder Fahrlässigkeit für denselben verantwortlich ist §. 96. Im Fall des Vorsatzes haftet also der Unternehmer für das Ganze, und zwar zur Höhe der nach diesem Gesetz und dem Gesetz v. 15./6. 1883 gewährten Kranken- und Unfallentschädigung den Krankenkassen und Berufsgenossenschaften, zur Höhe des Restes dem Verletzten und dessen Hinterbliebenen. Die Regreßpflicht im Prinzip, d. h. die Frage, ob dolus oder (im letzteren Fall) vertretbares Versehen vorliegt, muß durch den Strafrichter festgestellt werden, falls nicht die strafrechtliche Verfolgung aus Gründen, die in der Person des Haftpflichtigen liegen, unmöglich ist, §. 97; der Civilanspruch betrifft nur noch die Höhe des Regresses.

Es haftet immer nur derjenige (Unternehmer oder Beauftragte ꝛc.), dem der Vorsatz oder das kriminell zu vertretende Verfahren selbst zur Last fällt; es haftet also jeder nur für die Folgen seiner eigenen Handlungen. Die Haftbarkeit des Unternehmers für die Nachlässigkeit ꝛc. seiner Bevollmächtigten ꝛc. fällt fort.

Dritte Personen bleiben für Vorsatz und Versehen nach den bisherigen Gesetzen verantwortlich und sind (ebenso wie die Unternehmer bei dolus) theils den Krankenkassen und Genossenschaften, theils den Verletzten und dessen Hinterbliebenen regreßpflichtig, §. 98.

Die Motive (S. 81) sagen hierüber:

„Neben der Sicherung der Arbeiter gegen die wirthschaftlichen Folgen der Unfälle verfolgt der Entwurf das Ziel, alle Streitigkeiten zwischen Arbeitgebern und Arbeitern über Entschädigungsansprüche, welche den letzteren aus Unfällen erwachsen, zu beseitigen, und zu dem Ende alle Entschädigungsansprüche, welche in Veranlassung eines Unfalls gegen den Arbeitgeber nach bisherigem Rechte (Gemeines Recht, Haftpflichtgesetz vom 7. Juni 1871, Code civil u. s. w.) erhoben werden konnten, aufzuheben. Die Berechtigung hierzu liegt in dem Ersatz, welchen die Arbeiter für die ihnen nach dem bisher geltenden Rechte zustehenden, in ihrer Realisirung höchst unsicheren Entschädigungsansprüche dadurch erhalten sollen, daß ihnen für jeden aus einem Unfall entstehenden Schaden selbst in dem Falle eigenen Verschuldens eine zwar begrenzte, aber vollkommen sichere Entschädigung gewährt wird. Zur Erreichung des gedachten Zieles ist es unerläßlich, auch für die ersten dreizehn Wochen der in Folge eines Unfalls eingetretenen Erwerbsunfahigkeit, für welche nicht eine Entschädigung nach Maßgabe dieses Gesetzes, sondern Krankenunterstützung, und zwar in der Regel unter Mitheranziehung der Arbeitgeber gewährt werden soll, einen Entschädigungsanspruch gegen den Arbeitgeber nicht mehr zuzulassen, da andernfalls nicht nur die Unfälle, welche nur eine Erwerbsunfähigkeit bis zu dreizehn Wochen zur Folge haben, sondern rücksichtlich der ersten dreizehn Wochen der Erwerbsunfähigkeit auch alle übrigen Unfälle nach wie vor zu einer Quelle von Streitigkeiten werden würden. Es soll mithin den Krankenkassen nicht die Möglichkeit verbleiben, auf Grund des Haftpflichtgesetzes u. s. w. wegen der Fürsorge für die ersten 13 Wochen von dem Betriebsunternehmer Deckung zu verlangen. Die §§. 57 Abs. 4, 65 Abs. 5 und 73 Abs. 1 des Krankenkassengesetzes werden somit in ihrer Anwendbarkeit beschränkt.

Von diesen Grundprinzipien macht der Entwurf eine doppelte Ausnahme: einmal im §. 92 (jetzt §. 95) zu Gunsten der Beschädigten und seiner Hinterbliebenen für den Fall, daß der Betriebsunternehmer laut strafgerichtlichen Urtheils den Unfall vorsätzlich herbeigeführt hat. In diesem Falle sollen die Entschädigungsberechtigten in ihren Ansprüchen nicht beschränkt werden. Sie erhalten zwar auch dann die nach §§. 5 und 6 bemessene Entschädigung, sie sollen aber außerdem die Differenz zwischen der letzteren und der nach den bestehenden gesetzlichen Vorschriften zu leistenden Entschädigung von dem Betriebsunternehmer zu fordern berechtigt sein.

Die zweite Ausnahme von der Regel wird durch §. 93 (jetzt §. 96) statuirt. Hiernach soll der Betriebsunternehmer gegenüber den Genossenschaften und Krankenkassen, zu denen auch die Gemeindekrankenversicherung gehört (vergl. oben zu §§. 78 bis 81), für alle Aufwendungen, welche sie in Folge eines Unfalls zu machen verpflichtet waren, regreßpflichtig sein, wenn durch strafgerichtliches Urtheil festgestellt worden ist, daß er den Unfall vorsätzlich oder durch Fahrlässigkeit mit Außerachtlassung derjenigen Aufmerksamkeit, zu welcher er vermöge seines Amtes, Berufes oder Gewerbes besonders verpflichtet ist (vgl. §§. 222 und 230 des Strafgesetzbuchs), herbeigeführt hat. Liegt ein solches strafgerichtliches Urtheil vor, so ist damit ein erkennbares Kriterium für die Regreßpflicht des Betriebsunternehmers gegeben. Das „grobe Verschulden“, welches nach der früheren Vorlage diese Regreßpflicht begründen sollte, ist ein unsicherer Rechtsbegriff; das Vorhandensein des groben Verschuldens würde im Wege des Prozesses jedesmal erst dargethan werden müssen. Nach den Bestimmungen des Entwurfs dagegen werden die Civilprozesse über die Regreßpflicht als solche abgeschnitten, indem die Entscheidung der Regreßfrage, vorbehaltlich eines nachfolgenden Civilprozesses über die Höhe des Schadenersatzes, durch die Feststellungen des Strafgerichts unmittelbar getroffen wird.

Außer dem Betriebsunternehmer kommen aber in gleicher Weise die Bevollmächtigten und Repräsentanten desselben, die Betriebs- und Arbeitsaufseher in Betracht. In den Berathungen des preußischen Volkswirthschaftsraths wurde mit Recht hervorgehoben, daß diese einerseits nicht schlechter gestellt werden dürften, als der Betriebsunternehmer, und daß der Unternehmer andererseits keine persönliche, wenn auch nur moralische Verantwortlichkeit für deren Handlungen weiter übernehmen könne, als daß er mit seinen Berufsgenossen seine Arbeiter gegen alle Unfälle versichere. Der Entwurf behandelt daher die Unternehmer und deren Bevollmächtigte ꝛc., zu denen namentlich auch die Betriebsbeamten in staatlichen und anderen Werken gehören, völlig auf gleichem Fuße, er läßt ferner alle diese Personen nur für ihre eigenen Handlungen haften, indem jegliche Haftpflicht des Betriebsunternehmers für seine Bevollmächtigten beseitigt wird. Letzteres rechtfertigt sich mit Rücksicht auf die durchgreifende, auf Kosten der Unternehmer erfolgende Versicherung der Arbeiter. Jene weitergehende Haftpflicht der Betriebsunternehmer für ihre Bevollmächtigten wurde als ein Nothbehelf zu einer Zeit ausgesprochen, in welcher es eine Versicherung auf Kosten der Betriebsunternehmer noch nicht gab. Auf dem Boden der Vorlage bedarf es dieses Nothbehelfs nicht mehr."

Diejenigen Personen, welche der Segnungen der Unfallversicherung theilhaft werden und bei einem Betriebsunfall eine jederzeit sichere Entschädigung in der durch das Gesetz fixirten Höhe erhalten, haben als Aequivalent ihre unsicheren, vielleicht aber weitergehenden Ansprüche aus dem Haftpflichtgesetz Preis zu geben, damit dessen Anwendbarkeit und die durch die Anwendung desselben hervorgerufenen Nachtheile auf ein Minimum reduzirt werden. Dies gilt beim Eintritt eines Betriebsunfalls nicht nur dann, wenn dessen Folgen von den Berufsgenossenschaften zu tragen sind (also nicht blos in den schwereren Fällen), sondern auch dann, wenn der Verletzte weniger als 13 Wochen erwerbsunfähig gewesen ist und deshalb auf die Krankenkasse oder auf den Betriebsunternehmer (§. 5 Abs. 7) angewiesen war.

Hiernach bemißt sich die fernere Geltung des Haftpflichtgesetzes (Gesetz, betr. die Verbindlichkeit zum Schadenersatz für die bei dem Betriebe von Eisenbahnen, Bergwerken u. s. w. herbeigeführten Tödtungen und Körperverletzungen vom 7. Juni 1871, R.-G.-B. S. 207) und des sonstigen bisherigen Rechts (cf. oben Motive). 1. Dasselbe bleibt unverändert in Kraft a) für den bei dem Betrieb einer Eisenbahn (mit Ausnahme der mit derselben verbundenen Fabriken ꝛc., z. B. Werkstätten, Gasanstalten) durch Tödtungen oder Körperverletzungen entstandenen Schaden, §. 1 a. a. O., soweit es sich nicht um eine Eisenbahn handelt, welche ein wesentlicher Bestandtheil eines im §. 1 des Unfallversich.-Ges. aufgeführten Betriebes ist. Dasselbe gilt b) für diejenigen Verletzungen ꝛc., welche die nicht gegen Unfall versicherten Personen (die gegen Gehalt und Pensionsberechtigung angestellten Staatsbeamten ꝛc. [§. 4]; Betriebsbeamte mit mehr als 2000 Mark Jahresverdienst, wenn auf dieselben die Versicherungspflicht nicht erstreckt ist [§. 2 Anm. 3]; Arbeiter und Beamte in eximirten Betrieben [§. 1 Abs. 7, Anmerk. 32 zu §. 1]) bei dem Betriebe der unter das Haftpflichtgesetz fallenden Anlagen erleiden. 2. Im Uebrigen gilt das bisherige Recht nur noch für die eigene Ersatzverbindlichkeit dessen, der als Unternehmer oder Betriebsbeamter (§. 95) den Unfall durch Vorsatz oder kriminell vertretbare Fahrlässigkeit verschuldet hat und dafür strafrechtlich zur Verantwortung gezogen ist, und zwar in dem am Anfang dieser Anmerkung näher dargelegten Umfang.

²) in Folge eines Unfalls, d. h. wenn derselbe nach Eintritt der Wirksamkeit dieses Gesetzes sich ereignet hat. Vgl. Anm. 2 zu §. 111.

³) Schadens, d. h. des vollen, nach den Vorschriften des geltenden Civilrechts zu bemessenden Schadens, auf welchen dann dasjenige, was aus der Unfallversicherung erlangt ist, angerechnet wird.

Nach §. 231 Str.-G.-B. „kann in allen Fällen der Körperverletzung auf Verlangen des Verletzten neben der Strafe auf eine an denselben zu erlegende Buße bis zum Betrage von 6000 Mark erkannt werden. Eine erkannte Buße schließt die Geltendmachung eines weiteren Entschädigungsanspruchs aus." Das Recht auf Unfallfürsorge als einer aus öffentlich-rechtlichen Gründen von Genossenschaften, nicht von dem schuldigen Unternehmer 2c., gewährten Versorgung, kann nicht als Entschädigungsanspruch im Sinne des Strafgesetzbuches gelten, da der letztere nur gegen denjenigen gewährt sein kann, der für den Unfall verantwortlich ist, und da die Buße nur ein pauschales Aequivalent für diesen Entschädigungsanspruch ist, um die schwierige Begründung desselben entbehrlich zu machen. Die Unfallentschädigung als solche wird also dadurch nicht verwirkt, daß ein Verletzter von demjenigen, der für den Unfall kriminell haftbar gemacht ist, eine Buße beansprucht und zugesprochen erhält. Wohl aber wird durch letzteres derjenige Schadensanspruch verwirkt, den ein Verletzter auf Grund des §. 95 noch gegen den schuldigen Unternehmer auf das Mehr erheben kann. Es kann also außer der Unfallrente 2c. nur entweder die Buße nach §. 231 Str.-G.-B. oder die höhere Entschädigung nach §. 95 Abs. 2 dieses Gesetzes bezogen und dem Unternehmer 2c. auferlegt werden.

⁴) Bevollmächtigten, zu denen namentlich auch die Betriebsbeamten in staatlichen und anderen Betrieben gehören, cf. Anm. 1. „Die Frage, ob ein regreßpflichtig gewordener Bevollmächtigter 2c. in der Lage ist, gegen den Betriebsunternehmer seinerseits wiederum Regreß zu nehmen, namentlich wenn er in dessen direktem Auftrage gehandelt hat, als er den Unfall herbeiführte, ist außerhalb des Rahmens dieses Gesetzes nach dem geltenden allgemeinen Rechte zu entscheiden" (Mot. S. 82).

⁵) gegen welche. Der Anspruch richtet sich also nur gegen denjenigen, welcher strafrechtlich verfolgt ist; die Haftbarkeit des Unternehmers für die Handlungen seiner Beamten ist fortgefallen, cf. Anm. 1.

⁶) strafgerichtlich, cf. Anm. 1 und §. 97.

⁷) vorsätzlich. Ueber den Begriff der Vorsätzlichkeit in strafrechtlicher Beziehung vgl. Oppenhoff, Str.-G.-B. Anm. 1—4 zu §. 59. Danach bedeutet Vorsatz den Willen, eine Handlung zu begehen, und zwar muß der Wille sich darauf richten, das in's Auge gefaßte konkrete Objekt zu treffen, oder der Thäter muß bei der gewollten Handlung sich wenigstens dessen bewußt gewesen sein, daß seine Handlung das konkrete Objekt treffen werde. Vgl. auch Anm. 26 zu §. 5.

⁸) auf den Betrag. „In welcher Weise in den Fällen des §. 92 (jetzt §. 95) die den Beschädigten zustehende Entschädigung festgestellt werden soll, ob als Rente oder als Kapitalzahlung, hängt von dem Klagantrage und dem richterlichen Ermessen ab" (Mot. S. 83, cf. §. 96).

§. 96.

[1]) Diejenigen Betriebsunternehmer, Bevollmächtigten oder Repräsentanten, Betriebs- oder Arbeiteraufseher, gegen welche durch strafgerichtliches Urtheil festgestellt worden ist, daß sie den Unfall vorsätzlich oder durch Fahrlässigkeit[2]) mit Außerachtlassung derjenigen Aufmerksamkeit, zu der sie vermöge ihres Amtes, Berufes oder Gewerbes besonders verpflichtet sind,[3]) herbeigeführt haben, haften für alle Aufwendungen, welche in Folge des Unfalls auf Grund dieses Gesetzes oder des Gesetzes, betreffend die Krankenversicherung der Arbeiter, vom 15. Juni 1883 (Reichs-Gesetzbl. Seite 73) von den Genossenschaften oder Krankenkassen[4]) gemacht worden sind. (Abs. 1.)

In gleicher Weise haftet als Betriebsunternehmer[5]) eine Aktiengesellschaft, eine Innung oder eingetragene Genossenschaft für die durch ein Mitglied ihres Vorstandes, sowie eine Handelsgesellschaft, eine Innung oder eingetragene Genossenschaft für die durch einen der Liquidatoren herbeigeführten Unfälle. (Abs. 2.)

Als Ersatz für die Rente kann in diesen Fällen deren Kapitalwerth[6]) gefordert werden. (Abs. 3.)

Der Anspruch verjährt in achtzehn Monaten von dem Tage, an welchem das strafrechtliche Urtheil rechtskräftig geworden ist. (Abs. 4.)

Zu §. 96.

[1]) cf. die Anm. zu §. 95.

[2]) Fahrlässigkeit. Ueber den strafrechtlichen Begriff der Fahrlässigkeit vgl. Oppenhoff, Str.-G.-B. Anm. 22—26 zu §. 59. Hiernach kommt es auf die demnächst eingetretene für den Thatbestand wesentliche Folge, insbesondere darauf an, ob nach dem Maß von Aufmerksamkeit, welches der Unternehmer &c. kraft seines Amts, Berufs oder Gewerbes anzuwenden verpflichtet war, die Möglichkeit der demnächst eingetretenen Folge eine so nahe liegende war, daß er sie hätte berücksichtigen und demgemäß sein Thun und Lassen hätte einrichten müssen. Nach der in den Kommissionsverhandlungen hervorgetretenen Meinung wird eine strafrechtliche Verfolgung bez. Verurtheilung auf Grund der in §. 96 bezeichneten Voraussetzungen weit seltener eintreten, als eine civilrechtliche Inanspruchnahme wegen „groben Verschuldens". Die Unternehmer sind also jetzt günstiger gestellt, als wenn man sie für das civilrechtliche grobe Verschulden haftbar machen wollte (Komm.-Ber. S. 58). Immerhin involvirt die Bestimmung einen wesentlichen Antrieb zur Verhütung von Unfällen und ergänzt die anderen hierauf abzielenden Vorschriften des Gesetzes in zweckentsprechender Weise.

[3]) besonders verpflichtet sind. Der Begriff ist den §§. 222, 230 Str.-G.-B. entnommen.

[4]) Krankenkassen, einschließlich der Gemeindekrankenversicherung.

§. 97.

(Abs. 1.) Die in den §§. 95, 96 bezeichneten Ansprüche können, auch ohne daß die daselbst vorgesehene Feststellung durch strafgerichtliches Urtheil stattgefunden hat, geltend gemacht werden, falls diese Feststellung wegen des Todes oder der Abwesenheit des Betreffenden oder aus einem anderen in der Person desselben liegenden Grunde nicht erfolgen kann.

Haftung Dritter.

§. 98.

(Abs. 1.) Die Haftung dritter, in den §§. 95 und 96 nicht bezeichneter Personen, welche den Unfall vorsätzlich herbeigeführt oder durch Verschulden[1]) verursacht haben, bestimmt sich nach den bestehenden gesetzlichen Vorschriften. Jedoch geht die Forderung der Entschädigungsberechtigten an den Dritten auf die Genossenschaft insoweit über,[2]) als die Verpflichtung der letzteren zur Entschädigung durch dieses Gesetz begründet ist.

---

[5]) als Betriebsunternehmer. „Wenn der §. 93 (jetzt § 96) ferner vorschreibt, daß eine Aktiengesellschaft ꝛc. für die durch ein Mitglied des Vorstandes, und eine Handelsgesellschaft ꝛc. für die durch einen der Liquidatoren herbeigeführten Unfälle als Betriebsunternehmer ꝛc. der Genossenschaft gegenüber haftet, so hat diese Bestimmung neben der Vorschrift, daß auch die Bevollmächtigten, Repräsentanten ꝛc., zu denen jene Vorstandsmitglieder und Liquidatoren gleichfalls gehören, persönlich haftbar sind, noch die besondere Bedeutung, daß die Genossenschaften oder Krankenkassen sich wegen der durch die genannten Vorstandsmitglieder ꝛc. herbeigeführten Unfälle" (sc. sobald die kriminelle Verantwortlichkeit der Vorstandsmitglieder ꝛc. festgestellt ist) „auch direkt an die Aktiengesellschaft ꝛc. halten können und nicht erst die Vorstandsmitglieder und Liquidatoren persönlich" (sc. auf die Höhe des im Prinzip bereits anerkannten Schadensersatzes) „zu belangen brauchen. Ob die in dieser Weise in Anspruch genommene Aktiengesellschaft ꝛc. gegen das Vorstandsmitglied ꝛc. Regreß nehmen kann, richtet sich nach dem geltenden allgemeinen Rechte" (Mot. S. 83).

[6]) Kapitalwerth. Vgl. Anm. 8 zu §. 95. Hier „schreibt der Entwurf ausdrücklich vor, daß die Erlegung des Kapitalwerths an Stelle der Rente gefordert werden könne, damit die Erfüllung der Verpflichtung sich nicht durch eine längere Reihe von Jahren hindurchzieht" (Mot. S. 83).

Zu §. 98.

[1]) Verschulden, im civilrechtlichen Sinne.

[2]) geht über. Die Berufsgenossenschaft erhält also denselben Regreßanspruch, den die Krankenkassen und die Gemeindekrankenversicherung

Verbot vertragsmäßiger Beschränkungen.

§. 99.

Den Berufsgenossenschaften sowie den Betriebsunternehmern (Abs. 1.) ist untersagt,[1]) die Anwendung der Bestimmungen dieses Gesetzes zum Nachtheil der Versicherten durch Verträge (mittelst Reglements oder besonderer Uebereinkunft) auszuschließen[2]) oder zu beschränken. Vertragsbestimmungen, welche diesem Verbote zuwiderlaufen, haben keine rechtliche Wirkung.[3])

Aeltere Versicherungsverträge.

§. 100.

[1])Die Rechte und Pflichten aus Versicherungsverträgen, welche (Abs. 1.) von Unternehmern der unter §. 1 fallenden Betriebe oder von den

nach §. 57 Abs. 4 Ges. v. 15./6. 1883 haben, und für die Verletzten wird ein mehrfacher Bezug derjenigen Entschädigungen, die sie bereits aus der Unfallversicherung erhalten, ausgeschlossen.

Zu §. 99.

[1]) ist untersagt. „Die hier gegebene Vorschrift verhütet, daß die Genossenschaften oder die Betriebsunternehmer die ihnen durch das Gesetz auferlegten Verpflichtungen den Versicherten aufbürden" (Mot. S. 83). Die Vorschriften des Gesetzes haben mithin nicht einen dispositiven, der Abänderung durch den Willen der Betheiligten fähigen, sondern einen absoluten prohibitiven Charakter derart, daß jedes Paktiren gegen die wesentlichen Bestimmungen des Gesetzes rechtlich wirkungslos ist. Der Grund für diese Bestimmung liegt in der Nothwendigkeit, Fürsorge zu treffen, daß das Gesetz auch wirklich seinen Zweck, den Arbeitern auskömmliche Entschädigung im Fall von Betriebsunfällen zu gewähren, erreicht. Gleiche Bestimmungen enthält Art. 423 H.-G.-B., Pr. G. v. 3./5. 1869 (G.-S. S. 665), §. 5 des Haftpflichtgesetzes v. 7./6. 1871 (R.-G.-B. S. 207), §. 80 des Krankenversicherungsgesetzes v. 15./6. 1883 (R.-G.-B. S. 73).

[2]) auszuschließen, nicht nur im Voraus, sondern auch nachträglich, etwa durch Vergleich über die Höhe der Entschädigung.

[3]) keine rechtliche Wirkung. Die im §. 82 des G. v. 15./6. 1883 für ähnliche Fälle vorgesehene Straffälligkeit ist hier nicht aufgenommen.

Die hier aufgeführten Vertragsbestimmungen sind also „nichtig", existiren juristisch nicht, und zwar von Anfang an; es kann auf dieselben keine Klage gestützt, keine Einrede aus denselben hergeleitet, kein Nebengeschäft (Bürgschaft, Pfand) auf dieselben basirt werden. Die Nichtigkeit kann nicht geheilt werden; wird ein derart nichtiges Geschäft erfüllt, so ergiebt das nur einen faktischen Zustand ohne rechtliche Bedeutung, ein Geben und Empfangen ohne Rechtsgrund; was auf Grund solcher Geschäfte gegeben ist, kann (mittels Vindikation oder Kondiktion) zurückgefordert werden (Förster a. a. O. S. 188).

in denselben beschäftigten versicherten Personen gegen die Folgen der in diesem Gesetze bezeichneten Unfälle mit Versicherungsanstalten abgeschlossen sind, gehen nach dem Inkrafttreten dieses Gesetzes auf die Berufsgenossenschaft, welcher der Betrieb angehört, über, wenn die Versicherungsnehmer dieses bei dem Vorstande der Genossenschaft beantragen.[2]) Die der Genossenschaft hieraus erwachsenden Zahlungsverbindlichkeiten werden durch Umlage auf die Mitglieder derselben (§§. 10, 28) gedeckt.

Zu §. 100.

[1]) „Um nicht Betriebsunternehmer, welche ihre Arbeiter bei bestehenden Unfallversicherungsanstalten versichert haben, zu nöthigen, nach Inkrafttreten dieses Gesetzes doppelte Versicherungsbeiträge zu zahlen, und um nicht Arbeiter, ... welche sich bereits vor Erlaß dieses Gesetzes gegen Unfälle versichert haben, nach dem Inslebentreten der berufsgenossenschaftlichen Versicherung zu zwingen, ihre Beiträge noch länger fortzuzahlen, muß den Unternehmern wie den Arbeitern die Möglichkeit geboten werden, sich ihrer Verpflichtungen aus den Versicherungsverträgen zu entledigen, falls sie es nicht vorziehen, neben der Zwangsversicherung noch die bisherige Privatversicherung aufrecht zu erhalten. Da eine einfache Aufhebung dieser Verträge eine unbillige Schädigung der Versicherungsanstalten enthalten würde, sollen die ersteren zwar auch nach Inkrafttreten des Gesetzes aufrecht erhalten bleiben; es soll aber den Versicherungsnehmern die Möglichkeit geboten werden, durch eine an den Vorstand ihrer Genossenschaft zu richtende Erklärung den Uebergang ihrer Rechte und Pflichten aus dem Versicherungsvertrage auf die Genossenschaft herbeizuführen" (Mot. S. 83).

Auf eine Anfrage „wurde regierungsseitig erwidert, die zu Recht bestehenden Verträge blieben voll aufrecht erhalten, die Genossenschaften träten als Successoren der Unternehmer in dieselben ein. Rechte der Arbeiter, welche auf den Verträgen beruhten, würden nicht geschmälert, eventuell verbliebe der Genossenschaft das Recht, den Vertrag zu kündigen, wenn die Verträge das Kündigungsrecht enthielten" (Komm.-Ber. S. 58).

Eine Beschränkung der Doppelversicherung, welche aus dem Nebeneinanderbestehen der Zwangsversicherung mit den nicht auf Genossenschaften übertragenen Privatversicherungsverträgen sich ergeben kann, kennt das Gesetz nicht. Solche Doppelversicherung wird übrigens in irgend wie erheblichem Umfange nur in einer kurzen Uebergangsperiode vorkommen.

Den Genossenschaften steht das Recht, die Uebernahme des Versicherungsvertrages abzulehnen, ebensowenig zu, wie den Privatversicherungsgenossenschaften die Möglichkeit gegeben ist, einem derartigen Wechsel zu widersprechen. Die Genossenschaften zahlen an die Privatgesellschaften die von ihrem Rechtsvorgänger gezahlten Beiträge und legen dieselben auf ihre Mitglieder um; sie erheben, falls ein Arbeiter verunglückt, die Versicherungssumme und verwenden

Rechtshülfe.

§. 101.

Die öffentlichen Behörden sind verpflichtet,[1]) den im Vollzuge dieses Gesetzes an sie ergehenden Ersuchen des Reichs-Versicherungsamts,[2]) anderer öffentlicher Behörden, sowie der Genossenschafts- und Sektionsvorstände und der Schiedsgerichte[3]) zu entsprechen und den bezeichneten Vorständen auch unaufgefordert alle Mittheilungen zukommen zu lassen, welche für den Geschäftsbetrieb der Genossenschaften von Wichtigkeit sind. Die gleiche Verpflichtung liegt den Organen der Genossenschaften unter einander ob. (Abs 1.)

Die durch die Erfüllung dieser Verpflichtungen entstehenden Kosten sind von den Genossenschaften als eigene Verwaltungskosten (§. 10) insoweit zu erstatten, als sie in Tagegeldern und Reisekosten von Beamten oder Genossenschaftsorganen, sowie in Gebühren für Zeugen und Sachverständige oder in sonstigen baaren Auslagen bestehen. (Abs. 2)

---

dieselbe in der Höhe, in welcher auf Grund dieses Gesetzes Entschädigung zu zahlen ist, als Deckung für dieselbe, während selbständig berechtigten Versicherten dasjenige, was ihnen aus dem Vertrage etwa mehr zusteht, nicht vorenthalten werden darf. Der Umstand, daß nach diesem Gesetz Rente, nach dem Vertrage etwa ein Abfindungskapital gezahlt wird, ist als Benachtheiligung des versicherten Arbeiters nicht anzusehen; ihm würde also von einem Kapital nur dasjenige zukommen, was den Kapitalwerth seiner Unfallrente, nach technischen Grundsätzen berechnet, übersteigt, sofern er eben einen selbständigen Anspruch aus dem Vertrage hat.

[2]) Da nach diesen Bestimmungen die bestehenden Verträge — soweit nicht ein Kündigungsrecht besteht und von demselben Gebrauch gemacht wird — erhalten bleiben und nur der eine Kontrahent sich ändern kann, so werden die Privatgesellschaften zunächst eine erhebliche Geschäftsverminderung kaum erfahren, cf. im übrigen Anm. 1 zu §. 9.

Eine Abänderung der gegenwärtigen Bestimmungen dieses Paragraphen dahin, daß die Verträge, auch wenn sie keine Kündigungsklausel enthalten, von beiden Theilen sollten gekündigt werden dürfen, ist bei der dritten Lesung vom Reichstage abgelehnt worden.

Zu §. 101.

[1]) verpflichtet. „Wie die Postbehörden den Zwecken der Genossenschaften unentgeltlich zu dienen verpflichtet werden, so sollen auch die übrigen öffentlichen Behörden dazu mitwirken, daß die Genossenschaften die ihnen gestellte Aufgabe in möglichst befriedigender Weise lösen. Namentlich werden die Fabrikaufsichtsbeamten und die Polizeibehörden den Genossenschaften auch

Gebühren- und Stempelfreiheit.

§. 102.

(Abs. 1.) Alle zur Begründung und Abwickelung der Rechtsverhältnisse zwischen den Berufsgenossenschaften einerseits und den Versicherten andererseits erforderlichen schiedsgerichtlichen und außergerichtlichen Verhandlungen und Urkunden sind gebühren- und stempelfrei.[1]) Dasselbe gilt für die behufs Vertretung von Berufsgenossen ausgestellten privatschriftlichen Vollmachten.[2])

---

unaufgefordert manche Mittheilungen zu machen in der Lage sein, welche für dieselben von wesentlichem Interesse sind. Die Bedeutung der hier gegebenen Vorschriften wird sich namentlich bei der Untersuchung von Unfällen geltend machen. Vermag eine Genossenschaft (Sektion) für einzelne entlegene Betriebe ihre Mitwirkung bei der Untersuchung eines Unfalls nicht ohne erheblichen Zeitverlust oder unverhältnißmäßige Kosten eintreten zu lassen, so kann sie gemäß §. 98 (jetzt §. 101) die betreffenden Organe einer anderen Genossenschaft (Sektion) oder die Polizeibehörde, in deren Bezirk sich der Unfall ereignete, ersuchen, sie bei der Untersuchung zu vertreten.

Dasselbe gilt bei der Ermittelung der Verhältnisse eines Entschädigungsberechtigten, welcher in eine Gegend verzogen ist, wo die Genossenschaft nicht vertreten ist, wenn er behauptet, daß diese Verhältnisse sich geändert haben.

Wenn in diesen Fällen sich die betheiligte Genossenschaft auch bei dem Untersuchungs- bezw. Ermittelungsverfahren durch die Organe einer anderen Genossenschaft bezw. durch Behörden vertreten läßt, so muß die Feststellung der Entschädigungen gemäß §. 57 doch durch die Organe der betheiligten Genossenschaft selbst erfolgen, gegen welche eventuell auch das schiedsgerichtliche Verfahren zur Durchführung zu gelangen hat." (Mot. S. 84.)

²) Reichsversicherungsamt. „Von der allergrößten Bedeutung ist der Paragraph für das Reichs-Versicherungsamt selbst. Ohne die weitestgehende Unterstützung von Seiten der Landesbehörden kann das Reichs-Versicherungsamt, welchem eigene Organe nicht zur Verfügung stehen, seine Aufgabe nicht erfüllen." (Mot. S. 84.) Auch den Landesversicherungsämtern wird die Requisitionsbefugniß zustehen, soweit es sich um die von ihnen vertretenen Interessen handelt.

³) Vorstände und Schiedsgerichte.

„Den etwa bestellten Vertrauensmännern ist das Requisitionsrecht den Behörden gegenüber nicht beigelegt. In der Regel werden die Behörden gewiß keinen Anstand nehmen, auch dem Ersuchen der Vertrauensmänner zu entsprechen; sollte dies nicht geschehen, so werden die Vertrauensmänner die Vermittelung ihrer Vorstände nachzusuchen haben." (Mot. S. 84.)

Zu §. 102.

¹) Gebühren und stempelfrei, wegen des gemeinnützigen Charakters

Strafbestimmungen.

§. 103.

[1]) Die Genossenschaftsvorstände[2]) sind befugt, gegen Betriebsunternehmer[3]) Ordnungsstrafen[4]) bis zu Fünfhundert Mark zu verhängen[5]): (Abs. 1.)

1. wenn die von denselben auf Grund gesetzlicher oder statutarischer Bestimmung eingereichten Arbeiter- und Lohnnachweisungen unrichtige thatsächliche Angaben enthalten;
2. wenn in der von ihnen gemäß §. 35 erstatteten Anzeige als Zeitpunkt der Eröffnung oder des Beginnes der Versicherungspflicht des Betriebes ein späterer Tag angegeben ist als der, an welchem dieselbe stattgefunden hat.

---

der Unfallversicherung, und um die auf die Versicherung bezüglichen Geschäfte nicht mit unverhältnißmäßigen Kosten zu belasten.

[2]) Vollmachten. Dies „bezieht sich selbstverständlich nur auf solche Vollmachten, welche in dem Rahmen des vorliegenden Gesetzes ausgestellt werden, also namentlich auf die Vollmachten behufs Vertretung auf den General- und Genossenschafts- ꝛc. Versammlungen." (Mot. S. 85).

Zu §. 103.

[1]) „Die Strafbestimmungen sollen theils solche zur Schädigung der Versicherungspflichten gereichende Handlungen, welche unter Umständen den Thatbestand des Betruges enthalten können, verhüten (§. 103), theils die Erfüllung derjenigen Verpflichtungen sichern, welche den Unternehmern auferlegt sind, um der Verwaltung die rasche und sichere Kenntniß der für ihren Geschäftsbetrieb in Betracht kommenden Thatsachen zu vermitteln (§. 104)." (Mot. S. 85).

Ueber die Beitreibung der Strafen vgl. §. 109; über die Kasse, in welche sie fließen und über die Beschwerde vgl. §. 106.

[2]) die Genossenschaftsvorstände, nicht die Gerichte, weil (nach den Motiven)

1. die Verhältnisse, um welche es sich handelt, und die Verpflichtungen, deren Erfüllung sichergestellt werden soll, in erster Reihe die Genossenschaft angehen,
2. manche Fälle, namentlich bei der unterlassenen Anmeldung oder Abmeldung eines versicherungspflichtigen Betriebes oder einer Betriebsveränderung, nicht selten technische Kenntnisse erfordern, und auf dem Boden des Strafrechts für alle Betheiligte, in erster Linie für den Richter selbst, schwierig zu entscheiden sind,
3. eine Strafgewalt das Ansehen der Genossenschaftvorstände erhöht und zur Konsolidirung der berufsgenossenschaftlichen Selbstverwaltung beiträgt,

4. die Strafgewalt eine wesentliche Ergänzung der den Genossenschaften gewährten Autonomie ist.

Die Bestimmung ist vom preußischen Volkswirthschaftsrath vorgeschlagen worden.

[3]) gegen Betriebsunternehmer, cf. §. 105.

[4]) Ordnungsstrafen, außer den etwa verwirkten gerichtlichen Strafen wegen Betruges, Fälschung zc., wie die Motive ausdrücklich hervorheben (S. 85).

[5]) Es erscheint zweckmäßig, eine Zusammenstellung der in dem Gesetz enthaltenen Strafbestimmungen zu geben.

Es können festgesetzt werden:

A. als Ordnungsstrafen:

1. von den Genossenschaftsvorständen (außer Strafzuschlägen zu den Beiträgen im Fall des §. 24) gegen Betriebsunternehmer oder deren gesetzliche Vertreter zc. (§. 105):
   a) nach §§. 11, 35, 104 Strafen bis zu 300 M. wegen verspäteter Anmeldung des Betriebes;
   b) nach §§. 17 Ziff. 7, 104 " " " 300 M. wegen Nichterfüllung der statutarischen Vorschriften bei Betriebseinstellungen;
   c) nach §§. 35, 103 " " " 500 M. wegen unrichtiger Angaben über den Tag der Betriebseröffnung (cf. auch ad a);
   d) nach §§. 38, 104 " " " 300 M. wegen verspäteter Anmeldung von Betriebsveränderungen, welche für die Zugehörigkeit zur Genossenschaft Bedeutung haben;
   e) nach §§. 39, 104 " " " 300 M. wegen verspäteter Anmeldung von Betriebsveränderungen, welche für die Einschätzung des Betriebes Bedeutung haben;
   f) nach §§. 51, 104 " " " 300 M. wegen verspäteter Anzeige eines Unfalls (auch gegen die Vertreter abwesender oder behinderter Betriebsunternehmer);

g) nach §§. 60, 103 Strafen bis zu 500 M. wegen unrichtiger Angaben in den zur Feststellung der Entschädigungen verlangten Lohnnachweisungen;

h) nach §§. 60, 104 „ „ „ 300 M. wegen verspäteter Einreichung dieser Lohnnachweisungen;

i) nach §§. 71, 103 „ „ „ 500 M. wegen unrichtiger Lohnnachweisungen bei der Umlegung des Bedarfs;

k) nach §§. 71, 104 „ „ „ 300 M. wegen verspäteter Einreichung dieser Lohnnachweisungen.

Alle diese Strafen fließen in die Genossenschaftskasse; auf die Beschwerde entscheidet das Reichsversicherungsamt (§. 106).

2. von den Vorständen der Betriebs- (Fabrik-) Krankenkassen oder den unteren Verwaltungsbehörden gegen versicherte Arbeiter 2c.:

nach §§. 78, 80 bis zu 6 Mark wegen Uebertretung der Unfallverhütungsvorschriften.

Die Strafen fließen in die Krankenkassen; auf die Beschwerde entscheidet die der Ortspolizeibehörde vorgesetzte Aufsichtsbehörde, §. 80.

B. als Exekutivstrafe:

1. Von den unteren Verwaltungsbehörden gegen Betriebsunternehmer (vgl. §. 105).

a) nach §§. 11, 35 bis zu 100 M. wegen Erledigung der Anfragen bei Anmeldung des Betriebes.

b) nach §. 82 „ „ 300 M. wegen Zulassung des Beauftragten in die Betriebsstätten und wegen Vorlegung der Geschäftsbücher an dieselben.

Ueber die Beschwerde entscheidet das Landesrecht; wohin die Strafen fließen, bestimmen die Centralbehörden, §. 109.

2. von dem Reichs- (Landes-) Versicherungsamt, den Centralbehörden oder den höheren Verwaltungsbehörden (§. 43) gegen Betriebsunternehmer (cf. §. 105) und Arbeiter:

nach §. 49 bis zu 500 M. wegen Nichtübernahme oder Nichtwahrnehmung des Amts als Beisitzer des Schiedsgerichts oder als Stellvertreter.

Die Anordnung des Reichsversicherungsamts ist endgültig (§. 88), ebenso die der Zentralbehörde. Ueber die Beschwerde

§. 104.

(Abs. 1.) Betriebsunternehmer, welche den ihnen obliegenden Verpflichtungen in Betreff der Anmeldung der Betriebe und Betriebsänderungen (§§. 11, 35, 38 und 39), in Betreff der Einreichung der Arbeiter- und Lohnnachweisungen (§§. 60 und 71) oder in Betreff der Erfüllung der für Betriebseinstellungen gegebenen statutarischen Vorschriften (§. 17 Ziffer 7) nicht rechtzeitig nachkommen, können von dem Genossenschaftsvorstande mit einer Ordnungsstrafe bis zu dreihundert Mark belegt werden.

(Abs. 2.) Die gleiche Strafe kann, wenn die Anzeige eines Unfalls in Gemäßheit des §. 51 nicht rechtzeitig erfolgt ist, gegen denjenigen verhängt werden, welcher zu der Anzeige verpflichtet war.

---

gegen Anordnungen der höheren Verwaltungsbehörde entscheidet das Landesrecht. Die Strafen fließen in die Genossenschaftskasse, §. 49.

3. von dem Reichs-(Landes-)Versicherungsamt:

a) gegen Beauftragte: nach §. 85 bis zu 100 Mark zur Erzwingung von Mittheilungen an die Gewerberäthe.

Die Anordnung ist endgültig, §. 88; wohin die Strafen fließen, bestimmen die Zentralbehörden, §. 109.

b) gegen die Organe und Beamten der Genossenschaft nach §. 88 bis zu 1000 Mark wegen Vorlegung ihrer Bücher ꝛc., und

c) gegen dieselben nach §. 89 bis zu 1000 Mark wegen Befolgung der gesetzlichen und statutarischen Vorschriften.

Die Anordnungen sind endgültig. Die Strafen fließen in die Reichs- event. Landeskasse, cf. Anm. 4 zu §. 88.

C. als Kriminalstrafe durch den Strafrichter:

a) nach §. 26 gegen die Mitglieder der Vorstände und die Vertrauensmänner wegen Untreue (§. 266 Str.-G.-B.),

b) nach §. 107 gegen die Mitglieder der Vorstände, die Beauftragten und Sachverständigen wegen unbefugter Offenbarung von Betriebsgeheimnissen,

mit Geldstrafe bis zu 1500 Mark eventuell Gefängniß bis zu 3 Monaten;

c) nach §. 108 gegen dieselben wegen absichtlich zum Nachtheil des Unternehmers erfolgter Offenbarung oder Nachahmung von Betriebsgeheimnissen mit Gefängniß, neben welchen auf Verlust der Ehrenrechte und eventuell auch auf Geldstrafe bis 3000 Mark erkannt werden kann, (wie bei Untreue nach §. 266 Str.-G.-B.).

Zu §. 104.

Vgl. die Anmerkungen zu §. 103.

§. 105.

Die Strafvorschriften der §§. 103 und 104 finden auch gegen die gesetzlichen Vertreter handlungsunfähiger Betriebsunternehmer, desgleichen gegen die Mitglieder des Vorstandes einer Aktiengesellschaft, Innung oder eingetragenen Genossenschaft, sowie gegen die Liquidatoren einer Handelsgesellschaft, Innung oder eingetragenen Genossenschaft Anwendung. (Abs. 1)

§. 106.

Zum Erlaß der in den §§. 103 bis 105 bezeichneten Strafverfügungen ist der Vorstand derjenigen Genossenschaft zuständig, zu welcher der Betriebsunternehmer gemäß §. 34 gehört. (Abs. 1.)

Gegen die Strafverfügung des Genossenschaftsvorstandes steht den Betheiligten binnen zwei Wochen, von deren Zustellung[1]) an, die Beschwerde[2]) an das Reichs-Versicherungsamt[3]) zu. (Abs. 2.)

Die Strafen fließen in die Genossenschaftskasse. (Abs. 3.)

§. 107.

Die Mitglieder der Vorstände der Genossenschaften, deren Beauftragte (§§. 82 und 83) und die nach §. 83 ernannten Sachverständigen werden, wenn sie unbefugt Betriebsgeheimnisse offenbaren, welche kraft ihres Amtes oder Auftrages zu ihrer Kenntniß gelangt sind, mit Geldstrafe bis zu eintausendfünfhundert Mark oder mit Gefängniß bis zu drei Monaten bestraft. (Abs. 1.)

Zu §. 105.

Anwendung. „Bei der großen Zahl von Betrieben, welche für Rechnung strafrechtlich nicht verantwortlicher Rechtssubjekte verwaltet werden, müssen die Strafvorschriften und ebenso die zulässigen Zwangsmaßregeln auch auf die gesetzlichen Vertreter solcher Unternehmer Anwendung finden." (Mot. S. 85).

Zu §. 106.

[1]) Zustellung, §. 110.

[2]) Beschwerde. „Das Reichs-Versicherungsamt würde eventuell auch über den Einwand zu entscheiden haben, ob die Strafverfügung von dem zuständigen Vorstande erlassen worden, sofern dieser Einwand angesichts der Kompetenzbestimmung im Eingang des Paragraphen noch möglich sein sollte." (Mot. S. 85.) cf. Anm. 1 zu §. 38.

[3]) Reichsversicherungsamt, eventuell Landesversicherungsamt, §. 92.

(Abs. 2.) Die Verfolgung tritt nur auf Antrag des Betriebsunternehmers ein.

§. 108.

(Abs. 1.) Die Mitglieder der Vorstände der Genossenschaften, die Beauftragten derselben (§§. 82 und 83) und die nach §. 83 ernannten Sachverständigen werden mit Gefängniß, neben welchem auf Verlust der bürgerlichen Ehrenrechte erkannt werden kann, bestraft, wenn sie absichtlich zum Nachtheile der Betriebsunternehmer Betriebsgeheimnisse, welche kraft ihres Amtes oder Auftrages zu ihrer Kenntniß gelangt sind, offenbaren, oder geheim gehaltene Betriebseinrichtungen oder Betriebsweisen, welche kraft ihres Amtes oder Auftrages zu ihrer Kenntniß gelangt sind, so lange als diese Betriebsgeheimnisse sind, nachahmen.

(Abs. 2.) Thun sie dies, um sich oder einem Anderen einen Vermögensvortheil zu verschaffen, so kann neben der Gefängnißstrafe auf Geldstrafe bis zu dreitausend Mark erkannt werden.

Zuständige Landesbehörden. Verwaltungsexekution.

§. 109.

(Abs. 1.) Die Zentralbehörden der Bundesstaaten bestimmen, von welchen Staats- oder Gemeindebehörden die in diesem Gesetze den höheren Verwaltungsbehörden, den unteren Verwaltungsbehörden und den Ortspolizeibehörden [1]) zugewiesenen Verrichtungen wahrzunehmen sind und zu welchen Kassen die in §§. 11 Absatz 3, 35 Absatz 2, 82 Absatz 2 und 85 Absatz 2 bezeichneten Strafen [2]) fließen. Diese, sowie die auf Grund der §§. 49 Absatz 3, 103 bis 105 erkannten Strafen, desgleichen die von den Vorständen der Betriebs- (Fabrik-) Krankenkassen verhängten Strafen (§. 80 Abs. 1) werden in derselben Weise beigetrieben, wie Gemeindeabgaben.

(Abs. 2.) Die von den Zentralbehörden der Bundesstaaten in Gemäßheit vorstehender Vorschrift erlassenen Bestimmungen sind durch den Deutschen Reichsanzeiger bekannt zu machen.

Zu §. 109.

[1]) Ortspolizeibehörden, cf. Anm. 6 zu §. 51.

[2]) Strafen, cf. Anm. 5 zu §. 103.

Zustellungen.

§. 110.

Zustellungen,[1]) welche den Lauf von Fristen[2]) bedingen, erfolgen durch die Post mittelst eingeschriebenen Briefes gegen Empfangsschein. (Abs. 1.)

Gesetzeskraft.

§. 111.

[1])Die Bestimmungen der Abschnitte II, III, IV, V und VIII, die auf diese Abschnitte bezüglichen Strafbestimmungen, sowie diejenigen Vorschriften, welche zur Durchführung der in diesen Abschnitten getroffenen Anordnungen dienen, treten mit dem Tage der Verkündung dieses Gesetzes in Kraft. (Abs. 1.)

Im übrigen wird der Zeitpunkt, mit welchem das Gesetz in (Abs. 2.)

Zu §. 110.

[1]) Zustellungen. Dieser Paragraph besagt nur, daß für Zustellungen weitergehende Formalien (Zustellungsurkunde rc.) nicht erforderlich sind; er verbietet letztere aber ebenso wenig, wie er andere Formen, durch welche der Empfang eines Bescheides zuverlässig festgestellt werden kann (Eröffnung zu Protokoll, Ueberbringung durch Boten gegen Quittung rc.) ausschließt.

[2]) Lauf von Fristen. Bei Fristen kommen nur ganze Kalendertage in Rechnung. Ist die Frist nach Tagen bestimmt, so wird der Tag des Ereignisses, wodurch die Frist in Lauf gebracht wird, insbesondere der Tag der Zustellung, nicht mitgerechnet. Ist die Frist nach Wochen, Monaten oder Jahren bestimmt, so endigt sie mit dem Ablauf desjenigen Tages der letzten Woche rc., der durch seine Benennung dem Tage des bezeichneten Ereignisses entspricht. Fehlt dieser Tag in dem letzten Monat, so endet die Frist mit dem Ablauf des letzten Tages in dem betreffenden Monat. Ist der letzte Tag der Frist ein Sonntag oder allgemeiner Feiertag, so endet die Frist mit dem Ablauf des nächstfolgenden Werktages. §§. 199, 200 Civ.-Proceß-Ordnung; Fitting, Reichscivilproceß §. 31.

Zu §. 111.

[1]) „Aehnlich, wie es bei dem Krankenkassengesetz vom 15. Juni 1883 geschehen ist, wird auch hier derjenige Theil des Gesetzes, welcher sich auf die Bildung der Berufsgenossenschaften und die zur Durchführung des Gesetzes erforderlichen Organe bezieht, früher in Kraft treten müssen, als diejenigen Bestimmungen, welche die Versicherung selbst betreffen." (Mot. S. 86).

[2]) Rückwirkende Kraft hat das Gesetz nicht. Unfälle, welche vor demjenigen Termin sich ereignet haben, mit welchem nach Allerh. Kab.-Ordre der materielle Theil des Gesetzes in Kraft tritt, sind also nach dem bisherigen Recht (Haftpflicht-Gesetz rc.) zu beurtheilen.

Kraft tritt, mit Zustimmung des Bundesraths durch Kaiserliche Verordnung bestimmt [2]).

(Abs. 3.) Urkundlich unter Unserer Höchsteigenhändigen Unterschrift und beigedrucktem Kaiserlichen Insiegel.

Gegeben Koblenz, den 6. Juli 1884.

(L. S.) **Wilhelm.**

Fürst von Bismarck.

Anlage A.

Nachweisung

der

Gruppen, Klassen und Ordnungen

der

Reichs-Berufs- (Gewerbe-) Statistik.

(Vom Reichsversicherungsamt den Behörden mitgetheilt.)

Die römischen Zahlen bezeichnen die Gruppe, die lateinischen Buchstaben bezeichnen die Klasse, die arabischen Ziffern bezeichnen die Ordnung. — B. f. bedeutet „Betriebsstätte für“.

III.*) Bergbau, Hütten- und Salinenwesen, Torfgräberei.

a. Erzgewinnung, auch Aufbereitung von Erzen.

1. Bergwerke auf Erze, ausgenommen Eisenerze.

Aufbereitungsanstalten für Erze.
Bergwerke für Metalle (ausgenommen Eisen).
Bleibergwerke.
Braunsteingruben.
Erzgruben (ausgen. Eisenerzgruben).
Kobaltgruben.
Kupferbergwerke.
Pochwerke.
Silbererzbergwerke.
Zinkerzgruben.
Zinnbergwerke.

III. a. 2. Eisenerzgruben.

Eisenbergwerke.
Eisenerzgruben.
Eisensteingruben.

III. b. Hüttenbetrieb, auch Frisch- und Streckwerke.

1. Silber-, Blei-, Kupfer-, Zink- und Zinnhütten.

Affiniranstalten.
Bleihütten.
Goldscheider.
Gold- und Silberhütten.
Gold- und Silberraffineure.
Goldwäscher.
Kupferhütten.
Kupferwaaren, grobe, B. f.
Kupferwalzwerke.
Kupferwerke.
Quecksilberhütten.
Scheideanstalten für Gold und Silber.
Silberhütten.
Silberraffineure.
Silberscheideanstalten.
Walzwerke für Kupfer.
Zinkhütten.
Zinkweiß- und Zinkgraufabrikanten.
Zinnhütten.

III. b. 2. Nickel-, Kobalt-, Antimon-, Wismuth- und Arsenikhütten.

Antimonhütten.
Arsenikalienfabrikanten.
Kobalthütten.
Nickelfabrikanten.
Nickelhütten.
Wismuthhütten.

III. b. 3. Hochöfen und Stahlhütten, Eisen- und Stahl-, Frisch- und Streckwerke.

Drahtfabrikanten.
Eisendrahtspinner, -zieher.
Eisenfrischer.
Eisenhammerwerke.
Eisenhochofenwerke.
Eisenwalzwerke.
Eisenwerke.
Gußstahlwerke.
Hammerwerke.
Hochöfen.
Scheibenzieher.
Stahlfabrikanten.
Stahlwerke.
Streckwerke f. Eisen u. Stahl.
Telegraphendraht a. Eisen und Stahl, B. f.
Walzwerke für Eisen.
Zainhammerwerke.

III. c. Salzgewinnung.

1. Salzbergwerke.

Salzbergwerke.

III. c. 2. Salinen.

Salinen.
Salzsiedereien.

III. d. Stein- und Braunkohlen-, Graphit-, Asphalt-, Erdöl- und Bernsteingewinnung; Briquettefabrikation.

1. Steinkohlenbergwerke.

Kohlengruben.
Steinkohlengruben.

---

*) Gruppe I betrifft die Kunst- und Handelsgärtnerei, Gruppe II betrifft Thierzucht und Fischerei, beide Gruppen kommen hier nicht in Betracht.

III. d. 2. Verkokungsanstalten.

Koaksöfen (Koksöfen).
Verkokungsanstalten.

III. d. 3. Braunkohlenbergwerke und Braunkohlen-Briquettefabrikation.

Braunkohlengruben.
Briquettefabrikanten.
Kohlenziegelfabrikanten.
Preßkohlenfabrikanten.

III. d. 4. Gewinnung von Graphit, Asphalt, Erdöl und Bernstein.

Asphaltgewinnung.
Bergtheergewinnung.
Bernsteingewinnung.
Erdölgewinnung.
Graphitgewinnung.
Petroleumgewinnung.

III. e. Torfgräberei und Torfbereitung.

Fehenmeister.
Lohkuchenverfertiger.
Lohtreter.
Preßtorffabrikanten.
Torfbereitungsanstalten.
Torfgruben und Torfstiche.
Torfstecher.
Torfstreufabrikanten.

IV. Industrie der Steine und Erden.

a. Steine und Schiefer.

1. Marmorbrüche, Marmorsägerei und -schleiferei.

Märbelmühlen.
Marmorbrüche.
Marmorsäger.
Marmorschleifer.

IV. a. 2. Schieferbrüche und Verfertigung grober Schieferwaaren.

Griffelmacher.
Schieferbrüche.
Schiefertafelmacher.
Schieferwaaren, grobe, V. f.
Schreibtafelfabrikanten.
Thonschieferbrüche.

IV. a. 3. Andere Steinbrüche und Verfertigung grober Steinwaaren.

Feldsteinmacher (Steinschläger).
Marksteinmacher.
Mühlsteinfabrikanten.
Schleifsteinfabrikanten.
Steinbrecher und Steinbrüche.
Steinfischer.
Steinklopfer.
Steinplattenmacher.
Steinsäger.
Steinsprenger.
Steinwaaren, grobe, V. f.
Steinzurichter.

IV. a. 4. Steinmetzen und Steinhauer.

Steinhauer.
Steinmetzen.

IV. a. 5. Verfertigung feiner Steinwaaren.

Achatbohrer.
Achatschleifer.
Alabasterwaarenverfertiger.
Bimssandsteinfabrikanten.
Edelsteinschleifer.
Grabmalverfertiger.
Granatbohrer, -schleifer.
Granitwaarenverfertiger.
Gypswaarenfabrikanten.
Halbedelsteinwaaren, V. f.
Korallenschmuckfabrikanten.
Kunststeinwaaren, V. f.
Marmorarbeiter.
Marmor, künstlichen, V. f.
Marmorwaarenfabrikanten.
Porphyrwaarenverfertiger.
Sandsteindrechsler.
Sandsteinwaaren, feine, V. f.
Schieferwaaren, feine, V. f.
Schwemmsteinfabrikanten.
Serpentinwaarenfabrikanten.
Specksteinwaarenfabrikanten.
Steinbohrer für feine Steinwaaren.
Steine, künstliche (mit Ausschluß der Edelsteinimitation), V. f.
Steinschleifer.
Steinwaaren, feine, V. f.
Syenitwaarenfabrikanten.

IV. b. Kies und Sand, Kalk, Cement, Traß, Gyps und Schwerspath.

1. Gewinnung von Kies und Sand.

Baggerei von Kies und Sand.
Kiesgruben.
Sandgruben.
Sandschöpfer.

IV. b. 2. Kalkbruch und Kalkbrennerei, Mörtelfabrikation.

Kalkbrenner.
Kalkbrüche.
Kreidebrüche.
Kunstkornfabrikanten.
Mörtelfabrikanten.
Sandsteinstampfer.
Schlemmkreidefabrikanten.
Schmirgelfabrikanten.
Ziegelmehlfabrikanten.

IV. b. 3. Traßgräberei, Cement- und Traßfabrikation.

Cementarbeiter.
Cementfabrikanten.
Cementgräber.
Cementgußfabrikanten.
Cementsteinwaaren-fabrikanten.
Terrazzowaarenfabrikanten.
Traßfabrikanten.
Traßgruben.
Traßmüller.

IV. b. 4. Gewinnung von Gyps und Schwerspath, Gyps- und Schwerspathmühlen.

Annalinfabrikanten.
Farberde, B. f.
Gypsbrenner.
Gypsbrüche.
Gypsfabrikanten.
Gypsmüller.
Infusorienerde, B. f.
Magnesit, B. f.
Ockergruben.
Ockerschlämmereien.
Phosphorit, B. f.
Schwerspathgruben.
Schwerspathmühlen.
Strontianit, B. f.

IV. c. Lehm- und Thongräberei, Kaolingräberei und -Schlämmerei, auch Massemühlen, Quarz- und Glasurmühlen.

1. Lehm- und Thongräberei.

Kleigräber.
Lehmgräber u. Lehmgruben.
Lenzinfabrikanten.
Thongruben.
Thonschlämmereien.
Thonzurichtereien.

IV. c. 2. Massebereitung für glasirte und verglaste Thonwaaren.

Massebereiter für glasirte und verglaste Thonwaaren.

IV. c. 3. Kaolingräberei und -schlämmerei, auch Massemühlen.

Feldspathbrüche.
Kaolingruben.
Kaolinschlämmereien.
Massemühlen.
Porzellanerdegräber.

IV. c. 4. Quarz- und Glasurmühlen.

Glasurmühlen.
Quarzmüller.
Wackenmüller.

IV. d. Lehm- und Thonwaaren.

1. Ziegelei und Thonröhrenfabrikation.

Backsteinbrenner.
Backsteinziegeleien.
Barnsteinfabrikanten.
Bausteinfabrikanten.
Chamottesteinfabrikanten.
Dachziegelmacher.
Drainröhrenfabrikanten.
Emaillirwerke für Thonwaaren.
Feldbackstein- (Ziegel-) Brenner.
Hainbäcker.
Lehmziegelverfertiger.
Mauerziegelfabrikanten.
Pfannenbäcker (Pannenbäcker).
Russenfeldbrenner.
Thonröhrenfabrikanten.
Trottoirsteinfabrikanten.
Ziegelbrenner.
Ziegeleien.
Ziegelfabrikanten.
Ziegler.

IV. d. 2. Töpferei, Verfertigung von feinen Thonwaaren, Steinzeug. Terralith- und Siderolithwaaren.

Bauornamenteverfertiger.
Graphitschmelztiegel-fabrikanten.
Hafner (Häfner).
Kaminmacher.
Kannenbäcker.
Krugbäcker.
Kunstthonwaaren, B. f.
Lehmformer.
Muffelmacher.
Ofenfabrikanten.
Pfeifenbäcker.
Schmelztiegelfabrikanten.
Schwarzhafner.
Siderolithwaaren-fabrikanten.
Steinkrugbrenner.
Steinröhrenfabrikanten.
Steinzeugfabrikanten.
Terrakottenfabrikanten.
Terralithfabrikanten.
Thonpfeifenfabrikanten.
Thonwaarenfabrikanten.
Töpfer.

IV. d. 3. Fayencefabrikation und -veredelung.

Fayencefabrikanten.
Majolikafabrikanten.
Majolikamaler.
Steingutdreher.
Steingutfabrikanten.
Steingutmaler.

IV. d. 4. Porzellanfabrikation und -veredelung.

Kitt- und Brennanstalten.
Porzellanbrenner.
Porzellandreher.
Porzellanfabrikanten.
Porzellankitter.
Porzellanknopfmacher.
Porzellanmaler.
Puppenköpfe aus Porzellan B. f.

IV. e. Glas.

1. Glasfabrikation und -veredelung.

Edelsteinimitation.
Glasätzer.
Glasbieger.
Glaseinbinder.
Glasfabrikanten.
Glashütten.
Glaskitter.
Glaskünstler.
Glasmacher.
Glasmaler.
Glasperlen- und -knopffabrikanten.
Glasschleifer.
Glasschneider.
Glasspinner.
Glasvergolder.
Hafenmacher.
Hohlglasfabrikanten.
Külbenmacher.
Kunstglasmacher.
Lustresteinfabrikanten.
Paterlmacher (Glaskugelmacher für Rosenkränze).
Perlenmacher.
Retortenmacher.
Steinbinder.
Tafelglasfabrikanten.
Uhrglasfabrikanten.

IV. e. 2. Glasbläserei vor der Lampe.

Glasbläser von der Lampe.

IV. e. 3. Spiegelglas- und Spiegelfabrikation.

Glasbeleger.
Spiegelbeleger.
Spiegelfabrikanten.
Spiegelglasfabrikanten.
Spiegelmontirer.
Spiegelschleifer.

V. Metall-Verarbeitung.

a. Edle Metalle.

1. Verfertigung von Gold-, Silber- und Bijouteriewaaren.

Bijouteriewaarenfabrikanten.
Gekräzmacher.
Gekrätzschmelzer.
Goldarbeiter.
Goldfärber.
Goldpolirer.
Goldpresser.
Goldprobirer.
Gold- und Silberarbeiter.
Gold- und Silberschmiede.
Goldwaarenverfertiger.
Juweliere.
Krätzeschmelzer.
Krätzmühlen.
Silberarbeiter.
Silberpolirer.
Silberwaarenfabrikanten.
Steinfasser.
Tafelgeräthefabrikanten.

V. a. 2. Gold- und Silberschlägerei.

Büchleinverfertiger.
Feingoldschläger.
Flinzerlnschläger.
Flitterschläger.
Goldbüchermacher.
Goldschläger.
Metallschläger für edle Metalle.
Plettleinschläger.
Silberschläger.

V. a. 3. Gold- und Silberdrahtzieherei und Verfertigung leonischer Waaren.

Agraffenfabrikanten.
Brocatwaarenfabrikanten.
Goldbortenmacher für gewirkte Waaren.
Golddrahtfabrikanten.
Golddrahtspinner, -zieher.
Golddrahtwaarenfabrikanten.
Goldstickerinnen.
Gold- und Silberdrahtzieher.
Gold- und Silberspinner.
Gold- und Silberstricker.
Goldwirker.
Leonische Waaren, B. f.
Silberdrahtspinner, -zieher.
Treffenfabrikanten.

V. a. 4. Münzstätten.

Metallprägeanstalten (mit Ausschluß der Zinkprägeanstalten).
Münzpräger.
Münzstätten.

V. b. Unedle Metalle.

1. Kupferschmiede.

Kupferhämmer.
Kupferschläger.
Kupferschmiede.
Rothschmiede.

V. b. 2. Schrot- und Bleikugelfabrikation.

Bleigeschoßverfertiger.
Kugelfabrikanten.
Kugelpresser.
Schrotfabrikanten.

V. b. 3. Verfertigung feiner Blei- und Zinnwaaren sowie von Metallspielwaaren.

Blechspielwaaren-fabrikanten.
Bleidrahtverfertiger.
Bleifolienfabrikanten.
Blei- und Zinnrohr-fabrikanten.
Bleiwaarenfabrikanten.
Bleizieher.
Glanzrohrfabrikanten.
Kannengießer.
Löffelgießer.
Rechenpfennigfabrikanten.
Spielwaaren aus Metall, V. f.
Staniolschläger.
Verzinner.
Zinndrahtverfertiger.
Zinndrechsler
Zinnfigurenfabrikanten.
Zinnfolienfabrikanten.
Zinngießer.
Zinnlackirer.
Zinnschläger.
Zinnspielwaaren-fabrikanten.

V. b. 4. Zinkgießerei und -prägerei.

Verzinker.
Zinkdrahtverfertiger.
Zinkgießer.
Zinkprägeanstalten.
Zinkringelfabrikanten für Knopfhäkelei.
Zinkwaarenfabrikanten.

V. b. 5. Erzeugung und Verarbeitung von Metalllegirungen aller Art.

Alfenidfabrikanten.
Aluminiumfabrikanten.
Argentanfabrikanten.
Blattmetallfabrikanten.
Britanniametallwaaren-fabrikanten.
Bronzearbeiter.
Bronzegalanteriewaaren-fabrikanten.
Bronzegießer.
Bronzemassefabrikanten.
Bronzewaarenfabrikanten.
Chinalsilberfabrikanten.
Erzgießer.
Flitterfabrikanten.
Galvanoplastische Anstalten.
Galvanoplastischer Waaren, Verfertiger.
Gelbgießer.
Geschmeidemacher.
Gewichtefabrikanten.
Glanzgoldmacher.
Glockengießer.
Goldplattirer.
Gürtler.
Knopfgießer.
Kompositionsarbeiten, V. f.
Kupferdrahtspinner, -zieher.
Kurzwaaren aus Metalllegirungen, V. f.
Lackirer für Metalle.
Medaillenfabrikanten.
Medaillenpräger.
Messingdrahtspinner, -zieher.
Messingfabrikanten.
Messinggeschmeidemacher.
Messinggießer.
Messinglinienfabrikanten.
Messingwerke.
Metallarbeiter.
Metallbuchstaben-fabrikanten.
Metalldosenfabrikanten.
Metalldrahtverfertiger.
Metalldreher.
Metalldruckkapsel-verfertiger.
Metalldrücker.
Metallgießer.
Metallhammerwerke.
Metallknopfmacher.
Metallplastiker.
Metallpolirer.
Metallschablonen-fabrikanten.
Metallschneider.
Neugoldwaaren-fabrikanten.
Neusilberwaaren-fabrikanten.
Neusilberwalzwerke.
Pfeifenbeschlagfabrikanten.
Pfeifendeckelmacher.
Plaquéwaarenfabrikanten.
Plattirer.
Plattirwaarenfabrikanten.
Rothgießer.
Rothschmieddrechsler.
Schellenmacher.
Silberimitationswaaren-fabrikanten.
Silberplattirer.
Sporer.
Thür- und Fenstergriffe von Metall, V. f.
Vernickelungsanstalten.
Walzwerke für Messing.

V. c. Eisen und Stahl.

1. Eisengießerei und Eisenemaillirung.

Eisenemaillirer.
Eisenemaillirwerke.
Eisengießer.
Eisenkunstgießer.
Emaillirwerke.
Former.
Geschosse, eiserne, B. f.
Kochgeschirre, gußeiserne, B. f.
Kunstguß aus Eisen, B. f.

V. c. 2. Schwarz- und Weißblechfabrikation.

Blechwalzer.
Schwarzblechwerke.
Weißblechfabrikanten.
Wellblechfabrikanten.

V. c. 3. Klempnerei.

Bechler.
Flaschner.
Klempner.
Löther.
Spengler.

V. c. 4. Blechwaarenfabrikation.

Asphaltöfenfabrikanten.
Blecharbeiter.
Blechemballagefabrikanten.
Blechkochgeschirr-fabrikanten.
Blechlackirer.
Blechlocher.
Blechmaler.
Blechschmiede.
Blechwaarenfabrikanten.
Eisenblechwaaren-fabrikanten.
Faßblechfabrikanten.
Kaffeemaschinen-fabrikanten.
Kartätschenfabrikanten.
Kokardenfabrikanten.
Konservenbüchsen-fabrikanten.
Löffelschmiede.
Metallwaarenfabrikanten.
Perforiranstalten (Blechlocher).
Pinselkapselmacher.
Sargbeschlägefabrikanten.
Sargfabriken für Metallsärge.
Schwarzblechwaaren-fabrikanten.
Striegelfabrikanten.
Theemaschinenfabrikanten.

V. c. 5. Verfertigung von Stiften und Nägeln, Schrauben, Nieten, Ketten, Drahtseilen 2c.

Drahtseilfabrikanten.
Drahtstiftfabrikanten.
Kettenfabrikanten.
Metallschrauben-fabrikanten.
Nägler.
Nagelfabrikanten.
Nagelschmiede.
Nietenfabrikanten.
Schraubenfabrikanten.
Stiftmacher.

V. c. 6. Grob- und Hufschmiede.

Achsen, eiserne, B. f.
Ankerschmiede.
Grobschmiede.
Handschmiede.
Hufeisenverfertiger.
Hufschmiede.
Reifschmiede.
Schmiede.

V. c. 7. Schlosserei, Verfertigung von feuerfesten Geldschränken.

Bauschlosser.
Eisendreher.
Eiserne Bettstellen, Möbel und Rolljalousien, B. f.
Façonschmiede.
Feuerfeste Geldschränke, B. f.
Gartenmöbel, eiserne, B. f.
Geldschrankfabrikanten.
Grude- und Sparherd-fabrikanten.
Herdfabriken (sofern nicht Eisengießerei; s. V. c. 1).
Herdschlosser.
Kassenschrankfabrikanten.
Kochherdfabriken (sofern nicht Eisengießerei; s. V. c. 1).
Kunstschlosser.
Ornamentenschlosser.
Ornamente, schmiede-eiserne, B. f.
Schlosser.

V. c. 8. Zeug-, Sensen- und Messerschmiede, Verfertigung von eisernen Kurzwaaren.

Ahlenschmiede.
Ambosschmiede.
Blankschmiede.
Blitzableiterverfertiger.
Bohrschmiede.
Eisen- und Stahlkurz-waarenfabrikanten.
Eisenwaarenfabrikanten.
Feilenfabrikanten.
Feilenhauer.
Feilenschleifer.
Fitschenfabrikanten.

Gehängeschmiede.
Goldperlenfabrikanten.
Hammerschmiede (Zeugschmiede).
Kaffeemühlenschmiede.
Kleineisenzeugfabrikanten.
Kluppenschmiede.
Laubsägefabrikanten.
Messerfabrikanten.
Messerreider.
Messerschleifer.
Messerschmiede.
Pfannenflicker.
Pfannenschmiede.
Sägenfabrikanten.
Sägenfeiler.
Sägenschärfer.
Scheerenfabrikanten.
Scheerenschleifer.
Schleifer f. Messer, Scheeren Werkzeuge u. dergl.
Schleifmüller für Messer, Scheeren, Werkzeuge u. dergl.
Schuhmacherwerkzeugverfertiger.
Schwertfeger.
Sensenschmiede.
Sichelschmiede.
Stahlperlenfabrikanten.
Stahlwaarenfabrikanten.
Uhrmacherwerkzeugverfertiger.
Waffenfabrikanten.
Waffenschmiede.
Wappenschmiede.
Werkschmiede.
Werkzeugfabrikanten. (sofern nicht zu VI gehörig).
Zeugschmiede.
Zirkelschmiede.

V. c. 9. Stahlfederfabrikation.

Stahlfederfabrikanten.

V. c. 10. Nähnadelfabrikation.

Nähnadelfabrikanten.

V. c. 11. Verfertigung von Nadler- und Drahtwaaren, einschl. Drahtgeweben.

Angelzeugmacher.
Drahtbinder.
Drahtflechter.
Drahtgalanteriewaarenfabrikanten.
Drahtgitterfabrikanten.
Drahtgitterstricker.
Drahtkettenverfertiger.
Drahtmatratzenfabrikanten.
Drahtwaarenfabrikanten.
Drahtweber.
Fischereigeräthschaftenverfertiger.
Flaschenhalterfabrikanten f. Halter von Drahtgeflecht.
Haarnadelfabrikanten.
Haftner.
Haken- u. Oesenfabrikanten.
Maulkorbfabrikanten.
Metalltuchfabrikanten.
Nadel- und Haftenfabrikanten.
Nadler.
Oesenfabrikanten.
Papierformenmacher.
Ring- und Kettenmacher.
Sprungfedernfabrikanten.
Stecknadelfabrikanten.
Topfbinder.
Topfstricker.
Uhrkettenfabrikanten (für Uhrwerke).
Vogelbauerfabrikanten.

VI. Maschinen, Werkzeuge, Instrumente, Apparate.

a. Maschinen, Werkzeuge, Apparate (eingetheilt nach Hauptartikeln).

1. Fabrikation von Dampfmaschinen, Lokomotiven, Lokomobilen.

Dampfmaschinenfabrikanten.
Lokomobilenfabrikanten.
Lokomotivenfabrikanten.

VI. a. 2. Fabrikation von landwirthschaftlichen Maschinen und Geräthen.

Dreschmaschinenfabrikanten.
Flachsbrechenmacher.
Forkenmacher.
Heugabelmacher.
Landwirthschaftliche Maschinen und Geräthe, B. f.
Pflugfabrikanten.
Sensenstreichenmacher.
Trieurfabrikanten.

VI. a. 3. Fabrikation von Spinnerei- und Webereimaschinen und -Utensilien.

Blättersetzer.
Blattmacher.
Cylinderverfertiger für Spinnereien.
Häftleinmacher.
Hechelnmacher.
Jacquardmaschinenfabrikanten.
Kammbeschläger.
Kammfabrikanten für Spinnereien.
Kammsetzer.
Kammstricker.
Kratzenfabrikanten.
Maillonfabrikanten für Webereiartikel.
Peckersfabrikanten.
Platinenfabrikanten.
Plattbänderfabrikanten, -verfertiger.
Posamentenmaschinenbauer.
Riethmacher.
Schützenmacher.
Spillendrechsler.
Spindel- und Spulenfabrikanten.

Spinnereigerätheverfertiger.
Spulenfabrikanten.
Strickmaschinenfabrikanten.
Strumpfstuhlbauer.
Strumpfwirkernadelmacher.
Webeblattfabrikanten.
Webekammverfertiger.
Webereigeschirrfabrikanten.
Weberringeverfertiger.
Webschützenmacher.
Webstuhlbauer für hölzerne Webstühle.
Webstuhlsetzer.
Zwirnmaschinenfabrikanten.

VI. a. 4. Nähmaschinenfabrikation.

Nähmaschinenfabrikanten.
Nähmaschinenreparaturwerkstätten.
Nähmaschinenschiffchenfabrikanten.
Steppmaschinenfabrikanten.
Stickmaschinenfabrikanten.

VI. a. 5. Mühlenbau.

Getreideputzmühlenmacher.
Mühlenärzte.
Mühlenbauer.
Mühlenbescheider.
Mühlenflicker.
Mühlenrichter.
Mühlenschreiner.
Mühlenzeugarbeiter.
Schneidemühlenbauer.
Zeugarbeiter für Mühlen.

VI. a. 6. Verfertigung von eisernen Baukonstruktionen.

Baukonstruktionen, eiserne, V. f.
Brückenkonstruktionen, eiserne, V. f.
Eisenbaufabrikanten.
Gewächshäuser, eiserne, V. f.

VI. a. 7. Herstellung von Zentralheizanlagen.

Centralheizanlagen, V. f.
Dampfheizanlagen, V. f.
Dampfheizungsfabrikanten.
Heizanlagenverfertiger.
Luftheizanlagenverfertiger.
Luftheizungsfabrikanten.
Wasserheizanlagen, V. f.

VI. a. 8. Verfertigung von Maschinen, Werkzeugen und Apparaten anderer Art, soweit nicht zu den folgenden Klassen dieser Gruppe gehörig.

Appreturmaschinenfabrikanten.
Arbeitsmaschinenfabrikanten.
Armaturen, V. f.
Bälgemacher.
Bierdruckapparate, V. f.
Bierdruckapparatreiniger.
Blasebalgmacher.
Brauereimaschinenfabrikanten.
Brennereimaschinenfabrikanten.
Brückenwaagenfabrikanten.
Buchbindereimaschinenfabrikanten.
Cigarrenwickelformenfabrikanten.
Closets- und Bidetsfabrikanten.
Copirpressenfabrikanten.
Cylindergebläseverfertiger.
Dampfkesselarmaturen, V. f.
Dampfkesselschmiede.
Dampfkrahnfabrikanten.
Dampfpumpenfabrikanten.
Dampframmenfabrikanten.
Dampfspritzenfabrikanten.
Drehrollenfabrikanten.
Druckereimaschinenfabrikanten.
Druckwalzenfabrikanten.
Eisenbahnwerkstätten (ohne nähere Angabe).
Färbereimaschinenfabrikanten.
Fahrstuhlfabrikanten.
Fangapparate, V. f.
Feuerlöschgeräthfabrikanten.
Feuerspritzenmacher.
Flanschen, schmiedeeiserne, V. f.
Flaschenverschlußfabrikanten.
Gaskoch- u. Gasheizungsapparate, V. f.
Gasleitungsfabrikanten.
Gasmesserfabrikanten.
Gas- und Wasserleitungsgegenstände, V. f.
Gebläsfabrikanten.
Geschirrbauer.
Glasformen, eiserne, V. f.
Handschuhschneidemaschinen, V. f.
Holzbearbeitungsmaschinenfabrikanten.
Holzstoffmaschinenfabrikanten.
Kapselmacher für Metallkapseln.
Kesselarmaturen, V. f.
Kesselflicker.
Kesselschmiede.
Kohlenwäschenfabrikanten.
Kühlschifffabrikanten.
Lichtgießmaschinenfabrikanten.
Löschmaschinenfabrikanten.
Maschinenbauer.
Maschinenfabrikanten.
Maschineningenieure.
Maschinenreparaturwerkstätten.
Maschinentechniker.
} Sofern nicht näher zu ermitteln.

Maschinen zum Instrumentenbau, B. f.
Metallbearbeitungsmaschinen, B. f.
Numerirschlägelfabrikanten.
Pressenfabrikanten.
Pressionenmacher.
Pulsometerfabrikanten.
Pumpenfabrikanten.
Schaufelmacher für Eisen.
Schirrmacher.
Schneidebankmacher.
Schnellpressenfabrikanten.
Spritzenfabrikanten.
Technische Bureaus für Maschinenbau.
Waagenfabrikanten für Brückenwaagen.
Wagenfedernfabrikanten.
Wasserleitungen, B. f.
Wassermesserfabrikanten.
Werkzeugmaschinenfabrikanten.
Windenmacher.
Windfeienmacher.
Wollwäschereimaschinenfabrikanten.
Wurstfüllmaschinenfabrikanten.
Ziegelpreßmaschinenfabrikanten.

VI. b. Transportmittel mit Ausschluß von Lokomotiven.

1. Stellmacherei und Wagnerei.

Karrenmacher.
Radmacher.
Schlittenmacher.
Stellmacher.
Wagner.

VI. b. 2. Wagenbauanstalten (auch die den Eisenbahnen und Postverwaltungen unterstehenden).

Caroussellmacher.
Chaisenfabrikanten.
Eisenbahnwagenfabrikanten.
Eisenbahnwerkstätten für Wagenbau u. Reparatur.
Kinderwagenfabrikanten.
Velocipedfabrikanten.
Wagenbauer.
Wagenfabrikanten.
Wagenlackirer.

VI. b. 3. Schiffsbau.

Bootmacher.
Kitzenmacher.
Schiffbauer.
Schiffsschopper.
Schiffszimmerleute.
Schopper.

VI. c. Schußwaffen.

1. Geschützgießereien und Kanonenbohrwerke.

Geschützbohrer.
Geschützgießer.
Kanonenbohrer.
Kanonengießer.

VI. c. 2. Büchsenmacherei, Gewehrfabrikation.

Büchsenmacher.
Büchsenschäfter.
Büchsenschmiede.
Gewehrfabrikanten.
Jagdgewehrfabrikanten.

VI. d. Zeitmeßinstrumente (Uhrmacherei).

Chronometerfabrikanten.
Großuhrmacher.
Regulatorenfabrikanten.
Schwarzwälderuhrenfabrikanten.
Stutzuhrenfabrikanten.
Taschenuhrenfabrikanten.
Thurmuhrenfabrikanten.
Uhrenfabrikanten.
Uhrfederfabrikanten.
Uhrflicker.
Uhrfourniturenverfertiger.
Uhrgehäuseverfertiger.
Uhrgestellverfertiger.
Uhrglasschildmaler.
Uhrkastenverfertiger.
Uhrmacher.
Uhrräderverfertiger.
Uhrschilderverfertiger.
Uhrschildmaler.
Uhrschlüsselverfertiger.
Uhranzeigerverfertiger.
Uhrzifferblattverfertiger.
Wanduhrenschildmaler.
Zifferblattmacher.

VI. e. Musikinstrumente.

1. Pianofortefabrikation.

Klaviaturfabrikanten.
Klaviaturmacher.
Klaviermacher.
Klavierstimmer.
Mechanikfabriken f. Pianoforte.
Pianofortefabrikanten.
Pianofortestimmer.

VI. e. 2. Verfertigung anderer Musikinstrumente.

Accordionfabrikanten.
Automatische Musikinstrumente, B. f.
Beckenverfertiger.
Blaseinstrumentenmacher.
Blechinstrumentenfabrikant.
Concertinenverfertiger.
Darmsaitenmacher.
Drehorgelbauer.

Flötenfabrikanten.
Geigenfabrikanten.
Griffbrettmacher.
Guitarrenmacher.
Harmonikaflötenbauer.
Harmonikamacher.
Harmonikastimmer.
Harmoniumfabrikanten.
Holzblaseinstrumentenverfertiger.
Instrumente, musikalische, V. f.
Instrumentenmacher, sofern nicht näher zu ermitteln.
Instrumentenreparateure.
Instrumentensaitenfabrikanten.
Instrumentenstimmer.
Klappenmacher.
Metallblaseinstrumente, V. f.
Mundharmonikafabrikanten.
Musikinstrumentenmacher.
Musikuhrenfabrikanten.
Orchestrionfabrikanten.
Orgelbauer.
Orgelstimmer.
Paukenmacher.
Saiteninstrumente, V. f.
Schallstückfabrikanten.
Spieldosenfabrikanten.
Spieluhrenfabrikanten.
Stimmer von musikalischen Instrumenten.
Stimmfraiser.
Streichinstrumentenmacher.
Tasteninstrumentenfabrikanten.
Trommelfabrikanen.
Violinbogenmacher.
Zitherfabrikanten.

VI. f. Mathematische, physikalische, chemische und chirurgische Instrumente und Apparate.

1. Verfertigung mathematischer, physikalischer u. chemischer Instrumente u. Apparate.

Abacusverfertiger.
Barometermacher.
Brilleneinglaser.
Brillenfabrikanten.
Brillengestellfabrikanten.
Brillenglasfabrikanten.
Brillenglasschneider.
Brillenglaswäscher.
Brillenschleifer.
Chemische Instrumente u. Apparate, V. f.
Compaßmacher.
Gemäßemacher.
Glasinstrumentenfabrikanten.
Glasschleifer für optische Instrumente.
Hornbrillenmacher.
Instrumente, naturwissenschaftliche u. optische, V. f.
Lorgnettenfabrikanten.
Maaßstabmacher.
Mathematische Instumente, V. f.
Mechaniker (nicht unter VI. a 8 fallend).
Meteorologische Instrumente, V. f.
Nebelbilderapparatverfertiger.
Optiker.
Physikalische Apparate, V. f.
Physiker.
Platinwaarenfabrikanten.
Reißzeugmacher.
Reißzeugpolirer.
Schmiegenfabrikanten.
Stahlbrillenfabrikanten.
Stereoskopenfabrikanten.
Waagenfabrikanten für kleine Waagen.
Zahnhalsbandfabrikanten.

VI. f. 2. Verfertigung chirurgischer Instrumente und Apparate.

Augen, künstliche, V. f.
Bandagisten.
Chirurgische Instrumente, V. f.
Glieder, künstliche, V. f.
Gypsbindenverfertiger.
Instrumente, chirurgische, V. f.
Instrumentenschleifer.
Orthopäden.
Zähne, künstliche, V. f.
Zahntechniker.

VI. f. 3. Verfertigung anatomischer und mikroskopischer Präparate.

Anatomische Präparate, V. f.
Ausstopfer.
Mikroskopische Präparate, V. f.
Naturalienpräparatoren.
Thierausstopfer.
Thierkonservateure.

VI. f. 4. Verfertigung von Telegraphen- und Telephonanlagen und -apparaten.

Elektrische Telegraphen, V. f.
Fernsprechanlagen, V. f.
Haustelegraphenmacher.
Luftdrucktelegraphenverfertiger.
Pneumatische Telegraphen, V. f.
Telegraphenbauanstalten.
Telegraphen, pneumatische, V. f.
Telegraphenwerkstätten.
Telephonanlagen, V. f.

VI. g. Lampen und andere Beleuchtungsapparate.

Eisenbahnbeleuchtungsgegenstände, V. f.
Gasbeleuchtungsapparate, V. f.
Gasbrennerfabrikanten.
Grubenblendenverfertiger.
Kunstlampenfabrikanten.
Lampenfabrikanten.
Laternenfabrikanten.
Leuchtfeuerapparate, V. f.
Petroleumapparatverfertiger.
Petroleumlampenfabrikanten.
Wagenlaternenfabrikanten.

VII. Chemische Industrie.

a. Chemische Großindustrie.

Aetznatronfabrikanten.
Alaunhütten.
Alkaliwerke.
Ammoniakbereiter.
Antichlorfabrikanten.
Aschensieder.
Benzoësäurefabrikanten.
Blutlaugensalzfabrikanten.
Chlorkaliumfabrikanten.
Chlorkalkfabrikanten.
Eisenvitriolfabrikanten.
Kalisalzfabrikanten.
Kupfervitriolfabrikanten.
Laugenmacher.
Melissenpillenfabrikanten.
Phosphorfabrikanten.
Pottaschsieder
Pulverisiranstalten.
Salpeterfabrikanten.
Salpeter- und Salzsäurefabrikanten.
Schwefelkohlenstofffabrikanten
Schwefelsäurefabrikanten.
Schwefel- und Schwefelblumefabrikanten.
Schwefelzieher.
Sodafabrikanten.
Sulfatfabrikanten.
Vitriolhütten.
Vitriolölhütten.
Wasserglasfabrikanten.
Weinsteinfabrikanten.

VII. b. Sonstige Verfertigung chemischer, pharmazeutischer und photographischer Präparate.

Aetherfabrikanten u. Verfertiger ätherischer Produkte.
Albuminfabrikanten.
Alkaloidfabrikanten.
Balsamfabrikanten.
Blancfire- (Barytweiß-, Permamentweiß-) Fabrikanten.
Bleiweißfabrikanten.
Bleizuckerfabrikanten.
Bluttrocknungsanstalten.
Brompräparateverfertiger.
Catechufabrikanten.
Chemiker.
Chemische Fabriken.
Chemische Präparate, V. f.
Chininfabrikanten.
Chloralhydratfabrikanten.
Chloroformfabrikanten.
Chlorzuckerfabrikanten.
Collodiumfabrikanten.
Droguenbereiter.
Glühkornfabrikanten.
Holzdestillateure
Holzessigfabrikanten.
Insektenpulverfabrikanten.
Jodpräparateverfertiger.
Kesselsteinlösungsmittel, V. f.
Kumysfabrikanten.
Latwergenverfertiger.
Lithoponefabrikanten.
Oelgeistfabrikanten.
Oxalsäurefabrikanten.
Photographiebedarf, V. f.
Photographische Papiere, V. f.
Pillenfabrikanten.
Präparirer von pharmazeutischen Waaren.
Pyrogallussäurefabrikanten.
Quecksilberabzieher.
Quecksilberpräparate, V. f.
Talkumfabrikanten.
Verbandstoffe, V. f.
Verbandwatte, V. f.
Wärmschutzmasse f. Dampfkessel u. s. w., V. f.
Waldwollfabrikanten.
Weihrauchfabrikanten.

VII. c. Apotheken.

Apotheker.

VII. d. Farbematerialien mit Einschluß von Thierkohle und Kohlenfilter.

1. Herstellung von Farbematerialien mit Ausschluß der Theerfarben.

Alizarinfabrikanten.
Beinschwarzfabrikanten.
Braunspahnmüller.
Brocatfarbenfabrikanten.
Bronzefarbenfabrikanten.
Cochenillefabrikanten.
Dintefabrikanten.
Emaillefabrikanten.
Erdfarbenfabrikanten.
Farbenbereiter.
Farbenfabrikanten.
Farbholzextraktfabrikanten.
Farbholzmüller.
Farbholzraspler.
Farbmüller.
Garancinefabrikanten
Glasfarbenfabrikanten.
Glimmerfarbenfabrikanten.
Grünspanfabrikanten.
Indigopräparate, V. f.
Knochenbrenner.
Kohlenfabriken für physikalische Zwecke.
Kohlenfilterfabrikanten.
Kohlenstaubfabrikanten.
Krappmühlen und V. f. Krapppräparate.
Miniumfabrikanten.
Porzellanfabrikanten.
Röthemüller.
Schwärzmüller.
Schwarzballfabrikanten.
Spodiumfabrikanten.
Thierkohlefabrikanten.
Ultramarinfabrikanten.
Zinnoberfabrikanten.

VII. d. 2. Verfertigung von Bleistiften, Pastellstiften, Kreiden.

Bleistiftfabrikanten.
Kreidebereiter.
Kreidefabrikanten.
Pastellstiftfabrikanten.
Plastische Kohle, V. f.
Zeichenkohlefabrikanten.
Zeichnungskreidemacher.

VII. d. 3. Anilin- und Anilinfarbenfabrikation.

Anilinfabrikanten.
Anilinfarbenfabrikanten.

VII. d. 4. Herstellung sonstiger Steinkohlentheer- und Kohlentheer-Derivate.

Anthracen- und Anthracenfarbenfabrikanten.
Benzinfabrikanten.
Benzolfabrikanten.
Carbolsäurefabrikanten.
Coralinfabrikanten.
Desinfektionspulverfabrikanten.
Kohlentheerdestillation, V. f.
Kohlentheerfarbenfabrikanten.
Mirbanölfabrikanten.
Naphtalinfabrikanten.
Pikrinsäurefabrikanten.

VII. e. Explosivstoffe und Zündwaaren.

1. Herstellung von Explosivstoffen.

Dynamitfabrikanten.
Explosivstofffabrikanten.
Feuerwerker.
Feuerwerksfabrikanten.
Feuerwerkskörperverfertiger.
Kunstfeuerwerker.
Munitionsartikelfabrikanten.
Nitroglycerinfabrikanten.
Patronenfabrikanten.
Patronenhülsenfabrikanten.
Petardenfabrikanten.
Pikratpulverfabrikanten.
Pulverfabrikanten.
Pyrotechnische Laboratorien.
Schießbaumwollefabrikanten.
Schießpulverfabrikanten.
Zündhütchenfabrikanten.
Zündspiegelfabrikanten.

VII. e. 2. Zündwaarenverfertigung.

Feuerzeugfabrikanten.
Schwamm- (Zündschwamm-) Fabrikanten.
Streichholzfabrikanten.
Wachszünderfabrikanten.
Zündhölzchenfabrikanten.
Zündholztunker.
Zündschwammfabrikanten.
Zündwaarenfabrikanten.
Zunderfabrikanten.

VII. f. Abfälle und künstliche Düngstoffe.

1. Abfuhr- und Desinfektionsanstalten.

Abfuhranstalten.
Abtrittsreiniger.
Cloakendesinfektion und -reinigung, V. f.
Desinfektionsanstalten.
Latrinenreiniger.
Müllabfuhranstalten.
Straßenreinigungsanstalten.

VII. f. 2. Fabrikation künstlicher Düngstoffe.

Bedürfnißanstalten.
Düngerfabrikanten.
Grünfischer.
Knochenmühlen.
Knochenölfabrikanten.
Knochensieder.
Knochenstampfen.
Koprolithengräberei, V. f.
Kunstdüngerfabrikanten.
Latrinenanstalten.
Ochsenpfotenölfabrikanten.
Poudrettefabrikanten.
Superphosphatfabrikanten.

VII. f. 3. Abdeckerei.

Abdecker.
Caviller.
Fallmeister.
Feldmeister.
Kleemeister.
Scharfrichter.
Wasenmeister.

VIII. Forstwirthschaftliche Nebenprodukte, Leuchtstoffe, Fette, Oele und Firnisse.

a. Gewinnung forstwirthschaftlicher Nebenprodukte.

1. Holzkohlen-, Holztheer- und Rußgewinnung.

Holztheerschweler.
Kienölfabrikanten.
Kienrußfabrikanten.
Köhler.
Kohlenbrenner.
Meilerbrenner.
Rußbereiter.
Rußbrenner.
Rußscheider
Verkohlungsanstalten.

VIII. a. 2. Harz- und Pechgewinnung.

Fichtenharzgewinnung.
Harzfrevler.
Harzofenbesitzer.
Pechbrenner.
Pechler.
Pechsieder.
Terpentinfabrikanten.

VIII. b. Gasanstalten.

Braunkohlengasfabrikanten.
Gasanstalten.
Holzgasfabrikanten.
Leuchtgasfabrikanten.
Oelgasfabrikanten.
Petroleumgasanstalten.
Steinkohlengasanstalten.
Torfgasanstalten.

VIII. c. Licht- und Seifenfabrikation.

1. Talgsiederei, Talgkerzenfabrikation, Seifensiederei.

Fettschmelzer.
Glyzerinfabrikanten.
Lichtgießer.
Licht- und Seifenfabrikanten.
Lichtzieher.
Seifensieder.
Talgkerzenfabrikanten.
Talgsieder.

VIII. c. 2. Stearin- und Wachskerzenfabrikation.

Kerzenfabrikanten.
Mineralölseifenfabrikanten.
Nachtlichtfabrikanten.
Oleïnfabrikanten.
Stearinfabrikanten.
Stearinkerzenfabrikanten.
Wachsbleicher.
Wachslichtfabrikanten.
Wachswaarenfabrikanten.
Wachszieher.

VIII. d. Oelmühlen.

Oeler.
Oelextraktionsanstalten.
Oelfabrikanten.
Oelmahler.
Oelmühlen.
Oelraffinerien.
Oelschläger.
Schlagmüller.

VIII. e. Kohlentheerschwelerei, Verfertigung von Mineral- und ätherischen Oelen, Fetten und Firnissen, sowie Verarbeitung von Harzen.

1. Kohlentheerschwelerei, Betriebe für Mineralöle, Gasäther 2c., für Paraffin-kerzen; Petroleumraffinerie.

Gasätherfabrikanten.
Kohlentheerschweler.
Kohlentheersieder.
Mineralölfabrikanten.
Paraffinfabrikanten.
Paraffinkerzenfabrikanten.
Petroleumraffinerien.
Pinaffinkerzenfabrikanten.
Schieferölfabrikanten.
Vaselinfabrikanten.

VIII. e. 2. Thranbrennerei, Leder- und Wagenschmierfabrikation.

Degrasfabrikanten.
Lederschmierefabrikanten.
Maschinenschmierefabrikanten.
Schmierbrenner.
Thranbrenner.
Thransieder.
Wagenschmierefabrikanten.
Walkfettfabrikanten.
Walkwasserextrakteure (Fettgewinnung aus Walkwasser).

VIII. e. 3. Herstellung von ätherischen Oelen und Parfüms.

Aetherische Oele, B. f.
Duftextraktfabrikanten.
Parfümeriefabrikanten.
Parfümeure.
Pomadefabrikanten.

VIII. e. 4. Verarbeitung von Harzen und Verfertigung von Firnissen und Kitten.

Asphaltfabrikanten.
Asphaltfilzfabrikanten.
Asphaltwaarenfabrikanten.
Buchdruckerschwärzefabrikanten.
Buchdruckerwalzenmassefabrikanten.
Colophoniumgießer.
Druckerschwärzefabrikanten.
Farblackfabrikanten.
Fensterkittmacher.
Firnißfabrikanten.
Flaschenlackfabrikanten.
Gallertfabrikanten.
Gelatinefabrikanten.
Glanzwichsefabrikanten.
Harzkittfabrikanten.
Hauchbilderfabrikanten.
Holzcementfabrikanten.
Kittfabrikanten.
Lackfabrikanten.
Lacksieder.
Leimfabrikanten.
Leimsieder.

Oelfarbenfabrikanten.
Oelkittfabrikanten.
Pechlackfabrikanten.
Schuhwichsefabrikanten.
Seeleimfabrikanten.
Siegellackfabrikanten.
Stiefelwichsefabrikanten.
Wichsefabrikanten.

IX. Textilindustrie.

a. Zubereitung von Spinnstoffen.

1. Seidentrocknungs- und -conditioniranstalten.

Seidenconditioniranstalten.
Seidentrocknungsanstalten.

IX. a 2. Wollbereitung.

Carbonisationsanlagen.
Droussiranstalten.
Hadernfabrikanten (Lumpenfabrikanten), -schneider, -sortirer für die Mungo- oder Shoddyfabrikation.
Kunstwollsortirer.
Wollconditioniranstalten.
Wollentfettungsanstalten.
Wollkämmer.
Wollkrempelei.
Wollleserei.
Wollschlumperei.
Wollsortirer.
Wolltrocknungsanstalten.
Wollwäscher.
Wollwolfer.

IX. a. 3. Flachsröstanstalten.

Flachsbereiter.
Flachsbrecher.
Flachsröster.
Flachsschwinger.
Hänfer.
Hanfbereiter.
Hanfplauler.
Hanfreibemühlen.

IX. b. Spinnerei (einschl. Hechelei, Haspelei, Spulerei, Zwirnerei und Wattenfabrikation).

1. Seidenfilanden und Seidenhaspelanstalten.

Filanden.
Seidenhaspler.
Seidenwicklerinnen.

IX. b. 2. Seiden- und Seidenshoddy-Spinnerei (einschl. w. o.)

Floretseidenspinner.
Seidenmoulineure.
Seidenshoddyfabrikanten.
Seidenspinner.
Seidenwattenmacher.
Seidenzwirner.

IX. b. 3. Wollenspinnerei (einschl. w. o.)

Alpaccaspinner.
Handspinner für Wollgarn.
Kammgarnspinner.
Lamagarnspinner.
Streichgarnspinner.
Wollgarnfabrikanten.
Wollgarnzwirner.
Wollspinner.
Wollspuler.
Wollwickler.
Ziegengarnspinner.

IX. b. 4. Mungo- und Shoddy-Herstellung und -Spinnerei.

Kunstwollfabrikanten.
Mungofabrikanten.
Shoddyfabrikanten.

IX. b. 5. Flachshechelei und Leinenspinnerei (einschl. w. o.).

Flachshechler.
Flachsspinner.
Handspinner für Flachs- und Hanfgarn.
Hanfspinner.
Hecheleien.
Leinengarnfabrikanten.
Leinengarnzwirner.
Leinenspuler.
Leinenzwirnfabrikanten.
Zwirnfabrikanten.

IX. b. 6. Baumwollenspinnerei (einschl. w. o.).

Baumwollgarnfabrikanten.
Baumwollgarnzwirner.
Baumwollkrempelei.
Baumwollleserei.
Baumwollreinigung.
Baumwollspinner.
Baumwollspuler.
Baumwollzwirner.
Dochtfabrikanten.
Dochtspinner.
Eisengarnverfertiger.
Fließfabrikanten.
Lampendochtfabrikanten.
Nähgarnfabrikanten.
Nesselspinner.
Strickgarnfabrikanten.
Twistweber.
Wattefabrikanten.
Weftgarnspinner.
Zwister.

IX. b. 7. Vigognespinnerei (einschl. w. o.).

Vigognespinner.

IX. b. 8. Spinnerei anderer Stoffe (einschl. w. o.)

Chinagrasspinner. Jutespinner. Wergspinner.

IX. b. 9. Spinnerei ohne Stoffangabe (einschl. w. o.).

Garnfabrikanten ohne Stoffangabe.
Garnzwirner ohne Stoffangabe.
Spinner ohne Stoffangabe.
Spinnereien ohne Stoffangabe.
Spinnfrauen ohne Stoffangabe.
Spuler ohne Stoffangabe.

IX. c. Weberei, einschl. Bandweberei (ausgenommen Metall-, Gummi- und Roßhaarweberei).

1. Seidenweberei, einschl. Sammetverfertigung und Seidenbandweberei.

Atlasweber.
Bandmacher für seidene u. halbseidene Bänder.
Beuteltuch v. Seide, B. f.
Felbelfabrikanten (Velpelfabrikanten).
Ordensbandfabrikanten.
Seidenbandfabrikanten.
Seidenplüschfabrikanten.
Seidensammetfabrikanten.
Seidenwaarenfabrikanten.
Seidenweber.
Seidenwirker.
Weberfaktoreien für Seide.

IX. c. 2. Wollenweberei, einschl. Wollenbandweberei.

Alpaccaweber.
Bandweber für wollene Bänder.
Buckskinweber.
Eggenflechter.
Flanellfabrikanten.
Kammgarnweber.
Kettenscheerer.
Lamaweber.
Loderer.
Raschmacher.
Reisedeckenverfertiger.
Saalleistenflechter.
Selbendverarbeiter.
Shawlweber.
Streichgarnweber.
Stubendeckenmacher.
Teppichfabrikanten.
Teppichweber.
Tischdeckenfabrikanten.
Tuchfabrikanten.
Tuchmacher.
Tuchweber.
Weberfaktoreien für Wolle.
Wollenplüschfabrikanten.
Wollensammetfabrikanten.
Wollstoffabrikanten.
Wollweber.
Zeugmacher.
Zeugweber.
Ziegengarnweber.

IX. c. 3. Leinenweberei, einschl. Leinenbandweberei.

Bandweber für leinene Bänder.
Damastweber.
Drillichweber.
Flachs- u. Hanfgarnweber.
Leinenwaarenfabrikanten.
Leinenweber.
Malerleinwandfabrikanten.
Nesselweber für Leinen.
Packrupfenweber.
Packtuchfabrikanten.
Parrasweber.
Schlauchweber.
Segeltuchweber.
Spritzenschlauchüberzugmacher.
Tischzeugweber.
Weberfaktoreien. f. Leinen.
Zwillichweber.

IX. c. 4. Juteweberei.

Juteweber.

IX. c. 5. Baumwollenweberei, einschl. Baumwollenbandweberei.

Bandweber f. baumwollene Bänder.
Barchent- (Parchent-) Fabrikanten.
Baumseidenweber.
Baumwollsammetweber.
Baumwollweber.
Canevasfabrikanten.
Gardinenweber.
Garntreiber.
Gazefabrikanten.
Kattunweber.
Lastingweber.
Manchesterschneider.
Mullweber.
Nesselweber f. baumwollene Gespinnste.
Perlweber.
Pfeifentreiber.
Piquéweber.
Schlichter.
Straminfabrikanten.
Velvetfabrikanten.
Weberfaktoreien f. Baumwolle.
Weifer
Zeuganschläger.
Züchner.

IX. c. 6. Weberei von gemischten und anderen Waaren.

Asbestfabrikanten, B. f.
Bandweber für gemischte Stoffe.
Buntweberei.
Cassinetweber.
Chinagrasweber.
Nesselweber für Gespinnste aus der Nesselpflanze.
Orleansweber.
Vigogneweber.
Webereien von gemischten Waaren.

IX. c. 7. Weberei ohne Stoffangabe.

Bandweber ohne Stoffangabe.
Scheerer, sofern nicht näher zu ermitteln.
Webereien ohne Stoffangabe.

IX. d. Gummi- und Haarflechterei und -weberei.

Gummiweber.
Gummizeugverfertiger.
Gummizugfabrikanten.
Gummizugweber.
Haarflechter.
Haarzeugfabrikanten.
Roßhaarkartätscher.
Roßhaarzeugfabrikanten.

IX. e. Strickerei und Wirkerei (Strumpfwaarenfabrikation).

Sockenmacher.
Stricker und Strickerinnen.
Strickwaarenfabrikanten.
Strumpfstrickerinnen.
Strumpfwaarenfabrikanten.
Strumpfweber.
Strumpfwirker.
Tricotwaarenfabrikanten.

IX. f. Häkelei, Stickerei, Spitzenfabrikation.

1. Häkelei, Stickerei.

Buntsticker.
Filetfabrikanten.
Gardinensticker.
Haarnetzfabrikanten.
Häkelwaarenfabrikanten.
Ornamentensticker.
Ornatsticker.
Perlensticker.
Phantasiewaarenfabrikanten.
Reliquienfasser.
Riegelhaubensticker.
Seidensticker.
Tapisseriewaarenverfertiger.
Tücherknüpfer (Häkelei).
Wollensticker.

IX. f. 2. Spitzenverfertigung und Weißzeugstickerei.

Bobbinetsticker.
Cambriosticker.
Klöppler.
Petinetfabrikanten.
Spitzenklöppler.
Spitzenwirkerinnen.
Sticker.
Stickerinnen.
Tambourirer.
Tüllfabrikanten.
Tüllsticker.
Weißstickerinnen.
Weißzeugsticker.

IX. g. Bleicherei, Färberei, Druckerei und Appretur von Spinnstoffen, Garnen, Geweben und Zeugen aller Art.

1. Seidenfärberei und -druckerei.

Drucker f. seidene Waaren.
Färber für seidene Garne und Gewebe.
Sammetscheerer.
Seidenappreteure.
Seidendrucker.
Seidenfärber.

IX. g. 2. Wollenfärberei, -druckerei und -appretur.

Appreteure für Wollenwaaren.
Bleicher für wollene Garne und Zeuge.
Decateure.
Drucker für wollene Garne, Ketten und Zeuge.
Färber für wollene Garne und Zeuge.
Tuchbeizer.
Tuchbereiter.
Tuchrauher.
Tuchscheerer.
Tuchstopfer.
Tuchwalker.
Walkmühlen.
Walkmüller.
Wollenwaarenappreteure.

IX. g. 3. Bleicherei, Färberei und Appretur für Gespinnste und Gewebe aus Flachs, Hanf, Werg, Jute rc.

Appreteure für leinene Waaren.
Bleicher f. leinene Gewebe.
Drucker für Leinwand.
Färber für leinene Garne und Zeuge.

IX. g. 4. Bleicherei, Färberei, Druckerei für Gespinnste und Gewebe aus Baumwolle.

Appreteure rein baumwollener und gemischter Gewebe.
Baumwollabfallwäscher.
Baumwollfärber.
Baumwollwaarensenger.
Bleicher für baumwollene Gespinnste und Gewebe.
Drucker für baumwollene Garne und Gewebe.
Färber für baumwollene Garne und Gewebe.
Flammer.
Gardinenausschneider.
Gardinenboger.
Gardinenspanner.
Grundiranstalten.
Kattundrucker.
Perrotinedrucker.
Rothfärber.
Türkischrothfärber.
Weißzeugspanner.

IX. g. 5. Appretur für Strumpf- und Strickwaaren.

Appreteure für Strumpf- und Strickwaaren.
Strumpfbordirer.
Strumpfformer.
Strumpfnäherinnen.

IX. g. 6. Wäscherei, Bleicherei und Appretur für Spitzen und Weißzeugstickereien.

Appreteure für Strumpf- und Weißstickereien.
Blondenwäscher.
Bleicher für Spitzen und Weißstickereien.
Spitzenputzer.
Wasch- und Appreturanstalten für Spitzen und Weißstickereien.

IX. g. 7. Sonstige Bleicherei, Färberei, Druckerei und Appretur, auch ohne Stoffangabe.

Appreteure für Zeuge.
Appreteure ohne nähere Angabe.
Bandstreicher.
Blaufärber.
Bleichen ohne Stoffangabe.
Bleicher f. Garne od. Zeuge.
Drucker ohne nähere Bezeichnung.
Färber für Garne oder Zeuge.
Färber ohne nähere Bezeichnung.
Garnbleicher.
Garnsieder.
Gasiranstalten.
Glanzirer.
Kunstschönfärber.
Mangler.
Schönfärber.
Schwarzfärber.
Strohgeflechtfärber.
Vordruckerei auf gemischte Stoffe.
Zeugdrucker.

IX. h. Posamentenfabrikation.

Bändlemacher.
Bandschnurmacher.
Bordenmacher.
Bordenschläger.
Bordenwirker.
Carcassenfabrikanten.
Chenillefabrikanten.
Drahtbespinner.
Drellirer.
Epaulettenmacher.
Fadendreher
Franzenfabrikanten.
Franzenknüpfer.
Franzennäherinnen.
Gorlfaktore.
Gorlnäher.
Gorlverfertiger.
Gorlverleger
Gummibordenmacher.
Gurtfabrikanten.
Hemdenknopfmacher.
Kantenwirkerinnen.
Knopfmacher, sofern nicht näher zu ermitteln.
Kordelmacher.
Krepinenmacher.
Litzenfabrikanten.
Pfeifenschlauchmacher.
Posamentenfabrikanten.
Posamentensticker.
Posamentierer.
Quastenfabrikanten.
Riemendreher.
Schnurdreher.
Zeugknopfmacher.
Zwirnknopfmacher.

IX. i. Seilerei und Reebschlägerei; auch Fabrikation von Netzen, Segeln, Säcken 2c.

1. Seilerei und Reepschlägerei.

Bindfadenfabrikanten.
Reepschläger.
Reffmacher.
Reifer.
Reifschläger.
Seiler.
Taufabrikanten.

IX. i. 2. Verfertigung von Netzen, Segeln, Säcken 2c.

Getreidesackmacher.
Hängemattenfabrikanten.
Handtaschenmacher.
Mühlbeutelmacher.
Netzmacher.
Pferdenetzmacher.
Sackmacher.
Schiffsausrüstungen, B. f.
Schiffstakler.
Segelmacher.
Zeltefabrikanten.

X. Papier und Leder.

a. Verfertigung von Papier und Pappe.

1. Papier- und Pappefabrikation, Herstellung von Oelpapier, Schleifpapier ꝛc.

Cellulosefabrikanten.
Gazepapierfabrikanten.
Glaspapiermacher.
Holzkocher.
Holzpapierstofffabrikanten.
Holzschleifer
Holzstoffschleifer für Papier.
Kartenmacher f. Webereien.
Lederpappefabrikanten.
Lumpenfabrikanten (Hadernfabrikanten),
Lumpenschneider, -sortirer für die Papierfabrikation.
Oelpapierfabrikanten.
Papierfabrikanten.
Papierstofffabrikanten.
Papierstraminfabrikanten.
Pappdeckelfabrikanten.
Pappefabrikanten.
Pergamentpapierfabrikanten.
Preßspähnefabrikanten.
Sandpapierfabrikanten.
Schleifpapierfabrikanten.
Schmirgelpapierfabrikanten.
Strohstoff für Papier, B. f.
Wachspapierfabrikanten.

X. a. 2. Steinpappe und Papiermachéfabrikation.

Larvenfabrikanten.
Maskenfabrikanten.
Papiermachéfabrikanten.
Puppenköpfe aus Papiermaché, B. f.
Spielwaaren aus Papiermaché, B. f.
Steinpappefabrikanten.

X. a. 3. Dachfilz- und Dachpappefabrikation.

Dachfilz- und Dachpappefabrikanten.

X. a. 4. Bunt- und Luxusfabrikation.

Ausschneiderinnen.
Buntpapierfabrikanten.
Chromopapierfabrikanten.
Glacépapierfabrikanten.
Glanzpapiermacher.
Goldborten, papierne, B. f.
Gold- und Silberpapierfabrikanten.
Luxuspapierfabrikanten.
Papierfärber.

X. a. 5. Tapeten- und Rouleauxfabrikation.

Papierrouleauxfabrikanten.
Papiertapetenfabrikanten.
Rouleauxdrucker.
Rouleauxfabrikanten.
Rouleauxmaler.
Stoffmaler.
Tapetendrucker.
Tapetenfabrikanten.
Wollstaubfabrikanten.

X. b. Gerberei, Lohmühlen, Fabrikation von gefärbtem und lackirtem Leder und Pergament.

1. Lohmühlen und Lohextraktfabriken.

Lohextraktfabrikanten.
Lohmüller.

X. b. 2. Gerberei, Fabrikation von gefärbtem und lackirtem Leder und Pergament.

Blankstoßer.
Corduanmacher.
Gerber.
Goldschlägerhäutleinverfertiger.
Graumacher.
Hosenschwärzer.
Lederappreteure.
Lederbereiter.
Lederbleicher.
Lederer.
Lederfabrikanten f. gefärbtes und lackirtes Leder.
Lederfabrikanten für lohgares, weißes oder Sämischleder.
Lederfärber.
Lederpresser.
Ledertapetenfabrikanten.
Ledertauer.
Lederwalker.
Lederzurichter.
Lohgerber.
Maroquinfabrikanten.
Pergamentmacher.
Rothgerber.
Sämischlederfabrikanten.
Saffianfabrikanten.
Schwarzgerber.
Weißgerber.

X. c. Wachstuch- und Ledertuch-, auch Treibriemenfabrikation, Verfertigung von Gummi- und Guttaperchawaaren (ausgenommen Geflechte und Gewebe).

1. Wachstuch- und Ledertuchfabrikation.

Ledertuchfabrikanten.
Tuchlackirer für Wachstuch.
Wachstuchfabrikanten.

X. c. 2. Treibriemenfabrikation.

Maschinenriemenfabrikanten.
Schlauchfabrikanten (sofern nicht Schlauchweber).
Spritzenschlauchfabrikanten.
Treibriemenfabrikanten.

X. c. 3. Verfertigung von Gummi- und Guttaperchawaaren.

Feuereimerfabrikanten.
Gummiarbeiter.
Gummiwaarenfabrikanten.
Guttaperchawaarenfabrikanten.
Jetfabrikanten.
Kautschukfabrikanten.
Wasserdichte Stoffe aus Gummi, V. f.

X. d. Buchbinderei und Kartonnagefabrikation.

Albumfabrikanten.
Attrappenfabrikanten.
Ballonmacherinnen.
Briefcouvertsfabrikanten.
Brillenetuifabrikanten.
Buchbinder.
Cartonarbeiter.
Cartonnagenmacher.
Cartonnagewaarenfabrikanten.
Contobücherfabrikanten.
Cotillonorden- u. Devisenfabrikanten.
Couvertsfabrikanten.
Devisenfabrikanten.
Dütenfabrikanten.
Eisenbahnbilletfabrikanten.
Enveloppenfabrikanten.
Etiquettenfabrikanten.
Etuifabrikanten.
Futteralmacher.
Galanteriearbeiter.
Galanteriewaaren aus Papier und Leder, V. f.
Gummirer.
Hutschachtelfabrikanten.
Kapselmacher für Papierkapseln.
Lampenschirmfabrikanten.
Mappenfabrikanten.
Monogrammpräger.
Muschelwaarenverfertiger.
Papierarbeiter.
Papierhülsenfabrikanten.
Papierkragen und -manschetten, V. f.
Papierpräger.
Papierserviettenfabrikanten.
Papierwaarenfabrikanten.
Papparbeiter.
Pappaudelnmacher.
Pappgalanteriewaarenfabrikanten.
Pappschachtelfabrikanten.
Pappwaarenverfertiger.
Sargverzierungen aus Papier, V. f.
Stranitzenmacher.

X. e. Verfertigung von Riemer-, Sattler- und Tapezierarbeiten.

1. Verfertigung von Riemer- und Sattlerarbeiten.

Ballenmacherinnen.
Beutler.
Cylinderbelederer.
Galanteriesattler.
Geißelmacher.
Geldbeutelmacher.
Jagdzeugfabrikanten.
Kofferfabrikanten.
Kummetmacher.
Lederbeutler.
Ledergalanteriewaaren, V. f.
Lederspielwaarenfabrikanten.
Militäreffektenfabrikanten.
Peitschenfabrikanten.
Pferdegeschirrmacher.
Portefeuillefabrikanten.
Puppenfabrikanten (lederne Puppen und lederne Puppenbälge).
Reisekofferfabrikanten.
Reisesackfabrikanten.
Reiseutensilienfabrikanten.
Reiteffektenfabrikanten.
Riemer
Sattelbockfabrikanten.
Sattler.
Schablonen- (Leder-) Fabriianten.
Schabrakenfabrikanten.
Schlüsselschilder, lederne V. f.
Streichriemenfabrikanten.
Tabackblasenverfertiger.
Täschner.
Weißriemer.

X. e. Verfertigung von Tapezierarbeiten.

Decorateure.
Goldengelverfertiger.
Haarputzer.
Jalousienfabrikanten (excl. Holz).
Indiafaserfabrikanten.
Krollhaarfabrikanten.
Matratzen- und Polsterwaarenfabrikanten.
Möbelpolsterer.
Nestler.
Pferdehaarreiniger.
Polsterwarenfabrikanten.
Roßhaarreiniger.
Roßhaarspinner.
Seegraszurichtung.
Tapezierer.
Weihnachtsengelverfertiger.

XI. Holz- und Schnitzstoffe.

a. Holzzurichtung und Konservirung.

Balkenrisser.
Bordschneider.
Brennholzfabrikanten.
Brettschneider.
Dielenschneider.
Fournierschneider.

Fraiseanstalten.
Fraise-, Fournier- und Schneidemühlen.
Hobelwerke.
Holzauslauge- und Imprägniranstalten.
Holzhacker.
Holzspalter.
Holztapetenverfertiger.
Holzzerkleinerungsanstalten.
Imprägniranstalten.
Lattenschneider.
Rudenschreiner.
Pfahlreißer.
Reifschneider.
Sägemüller.
Säger.
Schneidemüller.

XI. b. Verfertigung glatter Holzwaaren.

1. Verfertigung von Holzstiften, Zündholzruthen und Zahnstochern.

Holzdrahtverfertiger.
Holzstiftfabrikanten.
Zahnstochermacher.
Zündholzruthenverfertiger.
Zündholzstoßer.

XI. b. 2. Verfertigung von groben Holzwaaren.

Axthelm- (Axtstiel-) Verfertiger.
Backtrogmacher.
Besenstielmacher.
Bierspahnfabrikanten.
Blockmacher für Schlächter.
Cigarrenkistenmacher.
Dachspähnemacher.
Deichelbohrer.
Faßhahndreher.
Felgenhauer.
Gewehrschäfteschneider.
Grobschnitzer.
Hackenhelmmacher.
Halterfabrikanten.
Hammerstielmacher.
Harkenmacher.
Hartfelcher.
Helm- (Stiel-) Verfertiger.
Hölzermacher.
Holzfutteralmacher.
Holzgeräthefertiger.
Holzgeschirrverfertiger.
Holzleistenfabrikanten.
Holzpantoffelmacher.
Holzspitzler.
Holzschachtelfabrikanten.
Holzschnefler.
Holzschuhmacher.
Holzwerkzeugmacher.
Jochmacher.
Kastenmacher.
Kienspahnhobler.
Kistenfabrikanten.
Kistler.
Kitzelmacher.
Klammermacher.
Klotzenmacher.
Klotzkorkenmacher.
Klumpenmacher.
Küchengeräthe aus Holz, V. f.
Kurkelnmacher.
Leistenschneider.
Leitermacher.
Löffelschnitzer.
Moldenhauer.
Muldenmacher.
Naturholzwaaren für Gärtner, V. f.
Packkistenmacher.
Pantinenfabrikanten.
Rechenmacher.
Röhren, hölzerne, V. f.
Schachtelmacher.
Schachteln, hölzerne, V. f.
Schaufelmacher.
Schaufelstielmacher.
Scheibenmacher für Schießstände.
Schindelmacher.
Schippenmacher.
Schnefler.
Schuhleistenverfertiger.
Sensenwurfmacher.
Sestermacher.
Siebreifschneider.
Siebzargenschneider.
Sohlenschneider.
Spähnehauer.
Spalierfabrikanten.
Spunddreher.
Stiefelholzmacher.
Stiefelleistenschnitzer.
Tafelrahmenmacher.
Trippenmacher.
Trogmacher.
Waschklammermacher.

XI. b. 3. Tischlerei und Parketfabrikation.

Altarbauer.
Bautischler.
Billardfabrikanten.
Billardqueuefabrikanten.
Blumentischmacher.
Buchsbaumplattenfabrikanten.
Ebenisten.
Eisspindfabrikanten.
Etuischreiner.
Fußbodenverfertiger.
Galanterietischler.
Gardinenbretterfabrikanten.
Grabkreuze aus Holz, V. f.
Holzarbeiten, V. f.
Holzfederkästchenverfertiger.
Holzjalousiefabrikanten.
Instrumententischler.
Kunstmodellmacher.
Kunsttischler.
Laubschreiner.
Modellschreiner.
Modelltischler.
Möbelfabrikanten.
Möbelreiniger.
Möbelschreiner.
Parketfabrikanten.
Sargfabrikanten für Holzsärge.
Schreiner.
Sesselmacher.
Stuhlgestellmacher.
Stuhlmacher.
Stuhlsitze, amerikanische, V. f.
Tischler.
Werkzeugschreiner.

XI. c. Böttcherei.

Bandreißer.
Binder.
Böttcher.
Bräuhausbinder.
Büttner.
Buttenflicker.
Daubenhauer.
Daubholzfabrikanten.
Faßbinder.
Faßdaubenmacher.
Faßfabrikanten.
Faßzieher.
Holzbandmacher.
Kübler.
Küfer.
Laglmacher.
Leggelmacher.
Metzenmacher.
Reifsteckenschneider.
Schäffler.
Schmalzkübler.
Schüßler.
Schwarzbüttner.
Stabschläger.
Stäbefabrikanten.
Tonnenfabrikanten.
Weißbüttner.
Weißküfer.

XI. d. Korbmacherei.

Brütschkenflechter.
Flaschenhalterfabrikanten f. Halter von Korbgeflecht.
Kiepenmacher.
Körbler.
Korbflechter.
Korbmacher.
Korbstricker.
Korbzäuner.
Krätzenbinder.
Krätzenzäuner.
Kützenmacher.
Lackrohrfabrikanten.
Rohrbrenner.
Rohrflechter.
Rohrstuhlflecher.
Rohrwäscher.
Schwingenflechter.
Sesselflechter.
Strohsesselfabrikanten.
Strohstuhlfabrikanten.
Stuhlflechter.
Stuhlrohrfabrikanten.
Wagenkrätzenmacher.
Zäunemacher.
Zainenmacher.

XI. e. Sonstige Weberei und Flechterei von Holz, Stroh, Bast und Binsen.

Backschüsselmacher.
Bastdeckenmacher.
Bastwaarenverfertiger.
Bastweber.
Besenbinder.
Bienenkorbmacher.
Demijonflechter.
Flascheneinbinder.
Flaschenhülsenfabrikanten.
Floßweidner.
Floßwiedmacher.
Holzblättchen-Deckengewebe (zum Festhalten des Deckenputzes), V. f.
Holzflechter.
Holzgewebe, V. f.
Karrenzaunmacher.
Matten aus Stroh, Bast, Schilf ꝛc., V. f.
Riebelefertiger.
Schanzenbinder.
Schrenzenmacher.
Siebmacher.
Sparteriewaarenfabrikanten.
Strohdeckenmacher.
Strohflechter, -arbeiter.
Strohgewebeverfertiger.
Strohhutfabrikanten.
Strohhutnäher und -näherinnen.
Strohhutplätter.
Strohhutputzer.
Strohhutwäscherinnen.
Strohmattenverfertiger.
Strohtaschenfabrikanten.
Strohwaarenfabrikanten.
Weidenflechter.

XI. f. Drechsler- und Schnitzwaarenverfertigung, auch Korkschneiderei.

1. Drechsler- und Schnitzwaarenverfertigung.

Baukastenverfertiger.
Beindrechsler.
Beindreher.
Beingraveure.
Beinknopfmacher.
Beinringler.
Beinsäger.
Beinschneider.
Beinschnitzer.
Bernsteindrechsler.
Bernsteinwaarenverfertiger.
Bildschnitzer.
Billardballfabrikanten.
Blockmacher.
Dominofabrikanten.
Dosenmacher für Dosen aus Holz und Schnitzstoffen.
Drechsler (Dreher) für Bein und Holz.
Elfenbeindrechsler.
Elfenbeinschnitzer.
Fächerfabrikanten.
Fischbeinarbeiter.
Galanteriedrechsler.
Gypsknopfmacher.
Holzbildhauer.
Holzdrechsler.
Holzfigurenschneider.
Holzgabelmacher.
Holzgalanteriewaarenverfertiger.
Holzornamentenfabrikanten.
Holzpfeifenfabrikanten.
Holzschnitzer.
Holzspielwaarenverfertiger.
Holzwaarenverfertiger.
Horndrechsler.
Hornpresser.
Hornwaarenverfertiger.
Hutformmacher.

Kinderpratschenmacher.
Knochendrechsler.
Knochenwaaren-fabrikanten.
Knopfdreher.
Knopfmacher in Horn, Holz, Bein.
Kunstdrechsler.
Kunstschnitzer.
Lottospielmacher.
Meerschaumdrechsler.
Meerschaumgraveure.
Meerschaumpfeifen-fabrikanten.
Meerschaumschneider.
Meerschaumverfertiger.
Meerschaumwaaren-fabrikanten.
Messerschalenschneider.
Muschelschalendrechsler.
Naturholzkünstler.
Paterlmacher (Bein- und Holzkugelmacher für Rosenkränze).
Perlmutterwaaren-fabrikanten.
Pfeifenköpfe, hölzerne, B. f.
Planchettefabrikanten.
Radlmacher.
Rosenkranzmacher.
Schachbrettfabrikanten.
Schildkrötenschmuck-verfertiger.
Schildpattdrechsler.
Schnitzer.
Schnitzwaarenfabrikanten.
Schüsseldreher.
Spielmarkenfabrikanten.
Spielwaaren aus Holz, B. f.
Spielwaaren, soern nicht näher zu ermiteln, B. f.
Spindler.
Spinnradmacher.
Steinnußknopffabrikanten.
Tabakspfeifen, hölzerne, B. f.
Tabletteriewaaren-fabrikanten.
Würfel- und Domino-macher.

XI. f. 2. Korkschneiderei.

Korkkunstschnitzer.
Korkschneider.
Korkwaarenfabrikanten.
Propfenfabrikanten.
Stopfenfabrikanten.

XI. g. Verfertigung von Kämmen, Bürsten, Pinseln, Federposen, Stöcken, Sonnen- und Regenschirmen.

1. Verfertigung von Kämmen, Bürsten, Pinseln, Federposen.

Borstenkämmer.
Borstensortirer.
Borstenzurichter.
Bürstenbinder.
Bürstenholzmacher.
Bürstenmacher.
Federkielfabrikanten.
Federposenfabrikanten.
Galanteriekammmacher.
Holzkammmacher.
Kammmacher.
Kammfabrikanten.
Malerpinselmacher.
Moosbürstenmacher.
Piassawaarenfabrikanten.
Pinselmacher.
Pinselstielmacher.
Wurzelbürstenmacher.
Zahnbürstenmacher.

XI. g. 2. Stock-, Sonnen- und Regenschirmfabrikation.

Cannettesfabrikanten.
Peitschenstielfabrikanten.
Regenschirmmacher.
Schirmfabrikanten.
Schirmgestellmacher.
Schirmreparateure.
Sonnenschirmmacher.
Spazierstockfabrikanten.
Steckenmacher.
Stockfabrikanten.

XI. h. Holz- und Schnitzwaaren-Vergoldung und sonstige Veredelung.

Alterthümerreparateure.
Bilderrahmenfabrikanten.
Boulearbeiter.
Bronzeure.
Dosenmaler.
Facemacher.
Faßmaler.
Goldleistenfabrikanten.
Holzmaler.
Holzmarketeriearbeiter.
Holzvergolder.
Holzwaarenlackirer.
Kunstrequisitenfabrikanten.
Lackirer, sofern nicht näher zu ermitteln.
Möbellackirer.
Möbelpolirer.
Polirer.
Rahmenfabrikanten.
Sargverzierer.
Schnitzwaarenlackirer.
Spiegelrahmenfabrikanten.
Spiegelschreiner.
Vergolder.

XII. Nahrungs- und Genußmittel.

a. Vegetabilische Nahrungsstoffe.

1. Getreide-, Mahl- und Schälmühlen.

Dampfmahlmühlen.
Getreidemüller.
Getreideputzer.
Graupenmüller.
Griesfabrikanten.
Grützenmüller.

Kundenmüller. Leinsamenputzer. Mahlmühlen. Müller. Reismühlen. Reismüller. Reisschälmühlen. Rollgerstenmacher. Schälmühlen für Gerste, Spelz, Reis 2c. Schiffmühlen. Tapiokmühlen. Wassermühlen für Getreide. Windmühlen für Getreide.

XII. a. 2. Bäckerei und Konditorei.

Bäcker. Biscuits- und Cakesfabrikanten. Bonbonfabrikanten. Cakesfabrikanten. Dragantfabrikanten. Feinbäcker. Gänseleberpastetenbereiter. Hostienfabrikanten. Konditoren. Konfiseure. Kuchenbäcker. Küchelbäcker. Kunstbäcker. Lebküchler. Lebzelter. Marzipanfabrikanten. Oblatenbäcker. Oblatenfabrikanten. Pastetenbäcker. Pfefferküchler. Pumpernickelfabrikanten. Siegeloblatenverfertiger. Süßküchler. Tragantwaarenverfertiger. Waffelbäcker. Zuckerbäcker. Zuckergußwaarenfabrikanten.

XII. a. 3. Rübenzuckerfabrikation und Zuckerraffinerie.

Rübenzuckerfabrikanten. Zuckerfabrikanten. Zuckerraffinerien.

XII. a. 4. Nudel- und Maccaronifabrikation.

Eiernudelfabrikanten. Maccaronifabrikanten. Mehlfigurenmacher. Nudelfabrikanten. Teigwaarenverfertiger.

XII. a. 5. Stärke- und Stärkesyrupfabrikation.

Dextrinfabrikanten. Kartoffelzuckerfabrikanten. Leiokomfabrikanten. Sagofabrikanten. Schlichtefabrikanten. Stärke- und Stärkegummifabrikanten. Stärkezucker- und Stärkesyrupfabrikanten. Traubenzuckerfabrikanten.

XII. a. 6. Kakao- und Chokoladenfabrikation.

Chokoladefabrikanten. Kakaofabrikanten.

XII. a. 7. Kaffeesurrogatfabrikation.

Cichorienfabrikanten. Cichorienmühlen. Cichorien- und Eichelkaffeefabrikanten. Cichorien- und Zuckerrübendarren. Eichelkaffeefabrikanten. Feigenkaffeefabrikanten. Gesundheitskaffeefabrikanten. Kaffeesurrogatfabrikanten. Runkelrübenkaffeefabrikanten.

XII. a. 8. Kaffeebrennerei, Zuckerschneiderei.

Kaffeebrenner. Zuckerschneidereien.

XII. a. 9. Konservenfabrikation und Verfertigung komprimirter Gemüse 2c.

Erbswurstfabrikanten. Fruchtkonserven- u. Fruchtessenzenfabrikanten. Fruchtsyrup- und Fruchtzuckerfabrikanten. Gemüse komprimirte, V. f. Gewürzmüller. Konservenfabrikanten. Krautfabrikanten. Krautpresser. Krautschneider. Mostrichfabrikanten. Pflanzensäfte, eingedickte, V. f. Saucen, englische, V. f. Steinpresser. Senffabrikanten. Vanillinfabrikanten. Würzmittelfabrikanten.

XII. b. Animalische Nahrungsstoffe.

1. Fleischerei.

Darmschleimer. Fleischer. Fleischextraktfabrikanten. Fleischhacker. Fleischhauer. Fleischpökler.

Fleischräucherer.
Fleischsalzer.
Fleischwaarenfabrikanten.
Garbereiter.
Geflügelstopfanstalten.
Großkuttler.
Hausschlächter.
Hoke (Schweinefeilschlächter).
Knackwurstfabrikanten.
Knochenhauer.
Kundenmetzger.
Lohnmetzger, -schlächter.
Metzger.
Metzler.
Ochsenmetzger.
Pferdemetzger.
Pferdeschlächter.
Pflasterstecher.
Rindmetzger.
Roßschlächter.
Schächter.
Schlachthausunternehmer.
Schlächter.
Schweinemäster.
Schweinemetzger.
Schweinestecher.
Selcher (Fleischer).
Sulzer.
Tafelbouillonfabrikanten.
Wurstfabrikanten.
Wurstler (Wursterei).

XII. b. 2. Fischsalzerei und -pökelei.

Fischpökler.
Fischräucherer.
Fischröster.
Fischsalzer.
Mariniranstalten (Fisch-).
Salzfischer.

XII. b. 3. Butter- und Käsefabrikation und Bereitung von kondensirter Milch.

Backsteinkäser.
Butterfabrikanten.
Holländereien.
Käsefabrikanten.
Käser.
Kunstbutterfabrikanten.
Milchextraktfabrikanten.
Molkereien (Butter- und Käsefabrikanten).
Schweizereien (Käsereien).
Sennereien.

XII. c. Getränke.

1. Wasserversorgung.

Wasserkünste.
Wasserversorgungsanstalten.
Wasserwerke.

XII. c. 2. Eisbereitung, -bewahrung und -versorgung.

Eisbewahrer.
Eisfabrikanten.

XII. c. 3. Fabrikation von künstlichen Mineralwässern.

Mineralwasserfabrikanten.
Moussirende Wasser, B. f.
Selterwasserfabrikanten.
Sodawasserfabrikanten.

XII. c. 4. Mälzerei.

Mälzer.
Malzbrecher.
Malzfabrikanten.
Mulzer.

XII. c. 5. Brauerei.

Bierbrauer.
Bierhefefabrikanten.
Brauer.
Malzextraktfabrikanten.
Malzpräparatefabrikanten.
Stoutfabrikanten.

XII. c. 6. Branntweinbrennerei, Liqueur- und Preßhefenfabrikation.

Bärmefabrikanten.
Branntweinbrenner.
Branntweiner.
Destillateure.
Essenzenfabrikanten.
Germsieder.
Gestfabrikanten.
Hefefabrikanten.
Kunsthefefabrikanten.
Liqueurfabrikanten.
Preßhefefabrikanten.
Rosogliobrenner.
Rumfabrikanten.
Schnapsbrenner.
Spiritusbrenner.
Spritfabrikanten.
Spritraffinerien.
Tresterbrenner.

XII. c. 7. Schaum- und Obstweinfabrikation, Weinpflege.

Champagnerfabrikanten.
Ciderfabrikanten.
Kellereien.
Küper (Weinküper).
Methfabrikanten.
Moussirende Weine, B. f.
Obstmahlmühlen, -pressen.
Obstweinfabrikanten.
Schaumweinfabrikanten.
Weinfabrikanten.
Weinkeltern.
Weinküper und -zieher.

XII. c. 8. Essigfabrikation.

Essigfabrikanten.

XII. d. Tabackfabrikation.

Cigarrenfabrikanten.
Cigarrenmacher.
Cigarrettenfabrikanten.
Kautabackfabrikanten.
Rauchtabackfabrikanten.
Schnupftabackfabrikanten.
Tabackfabrikanten.
Tabackspinner.
Wickelmacher für Cigarren.

XIII. Bekleidung und Reinigung.

a. Wäsche, Kleidung, Kopfbedeckung, Putz.

1. Näherinnen.

Ausbesserinnen.
Ausnäherinnen.
Couvertennäher.
Handarbeiten, weibliche, B. f., sofern der spezielle Arbeitszweig nicht zu ermitteln.
Näherinnen.
Stepperinnen.
Weißnäherinnen.
Weißwaarenstepperinnen.

XIII. a. 2. Schneider und Schneiderinnen.

Bauschmacher.
Billardtuchstopfer und -bezieher.
Damenkleidermacher.
Damenschneider.
Flickschneider.
Frauenkleidermacher.
Frauenschneider.
Herrenkleidermacher.
Herrenschneider.
Knabenkleidermacher.
Kopfbauschverfertiger.
Kopftragringmacher.
Kunststopfer.
Miedermacher.
Ornatschneider.
Polsterringmacher.
Schneider.
Schneiderinnen.
Schnitthefter.
Tragringmacher.
Uniformschneider.
Westenmacher.

XIII. a. 3. Herstellung fertiger Kleider und Wäsche (Konfektion).

Ausstattungsgeschäfte.
Bettdeckenfabrikanten.
Bettwäschefabrikanten.
Blousenfabrikanten.
Damenmäntelfabrikanten.
Equipirungsunternehmer.
Hemdenfabrikanten.
Kleiderfabrikanten.
Konfektionsgeschäfte.
Leibwäschefabrikanten.
Paramentenfabrikanten.
Rüschenfabrikanten.
Schlafrockfabrikanten.
Steppdeckenfabrikanten.
Wäschefabrikanten.
Weißwaarenfabrikanten.

XIII. a. 4. Putzmacherei, Verfertigung von künstlichen Blumen und Federschmuck.

Blumenblätterfabrikanten.
Blumenblättermaler.
Blumenmacher.
Blumenpapierfärber.
Blumenstofffabrikanten.
Façonmacher.
Federbuschfabrikanten.
Federfärber.
Federschmuckmacher.
Haarbuschfabrikanten.
Helmkammverfertiger.
Hutfederfabrikanten.
Kronenverfertiger.
Modegeschäfte.
Modistinnen.
Perlenflechter.
Perlenkranzmacher.
Putzfedernfabrikanten.
Putzmacherinnen.
Schmuckfedernverfertiger.
Straußmacherinnen.

XIII. a. 5. Hutmacherei, Fabrikation von Filzwaaren.

Fellhaarschneider.
Filzmacher für Hüte.
Filzschuheinfasser.
Filzschuhmacher.
Filztuchfabrikanten, auch für Papier und Pappmaschinen und Pianofortefabrikanten.
Filzwaarenfabrikanten.
Haarsohlenverfertiger.
Hasenhaarschneider.
Herrenhutmacher.
Hutfabrikanten.
Hutformatoren.
Hutfourniturenverfertiger.
Hutmacher.
Hutstaffirer.
Hutstofffabrikanten.
Roßhaarsohlenfabrikanten.
Wollfilzhutfabrikanten.

XIII. a. 6. Mützenmacherei.

Kappenmacher.
Mützenfourniturenverfertiger.
Mützenmacher.
Mützenschirmfabrikanten.
Schildmacher für Mützen.

XIII. a. 7. Kürschnerei und Pelzwaarenzurichtung.

Boafabrikanten.
Kürschner.
Pelzmacher.
Rauchwaarenfabrikanten.
Rauchwaarenfärber.
Zobelfärber.

XIII. a. 8. Verfertigung von Hosenträgern, Kravatten und Handschuhen.

Halsbindenfabrikanten.
Handschuhfabrikanten.
Handschuhfärber.
Handschuhmacher.
Handschuhnäherinnen.
Handschuhputzer.
Handschuhwäscher.
Hosenträgerfabrikanten.
Kravattenfabrikanten.

XIII. a. 9. Verfertigung von Korsets und Krinolinen.

Korsetfabrikanten.
Krinolinenfabrikanten.
Säckler.
Schnürleibfabrikanten.

XIII. b. Schuhmacherei.

Alträußler.
Bändelschuhmacher.
Damenschuhmacher.
Endschuhmacher.
Fleklschuhmacher.
Flickschuster.
Frauenschuhmacher.
Gamaschenfabrikanten.
Hausschuhmacher.
Herrenschuhmacher.
Pantoffelverfertiger (aus Leder, Zeugstoffen.
Salbandschuhmacher.
Schäfte- und Vorschuh-fabrikanten.
Schuhfabrikanten.
Schuhflechter.
Schuhflicker.
Schuhmacher.
Tuchschuhmacher.
Winterschuhmacher.

XIII. c. Haar- und Bartpflege 2c.

Bader.
Barbiere.
Bartscheerer.
Chirurgen.
Coiffeure.
Friseure und Friseusen.
Haarkünstler.
Hühneraugenoperateure.
Hundescheerer.
Leichdornoperateure.
Perrückenmacher.
Viehverschneider.
Zopfflechterinnen.

XIII. d. Baden und Waschen.

1. Badeanstalten.

Badeanstalten.
Bademeister.
Kuranstalten (sofern mit Badeanstalten verbunden)
Kurhaltereien (sofern mit Badeanstalten verbunden).
Schwimmbadanstalten.

XIII. d. 2. Waschanstalten, Wäscherinnen, Plätterinnen.

Bandwäscherinnen.
Bettfederreiniger.
Bettreiniger.
Büglerinnen.
Chemische Waschanstalten.
Drehrollenbesitzer.
Federreiniger.
Federschleißer (-schließer).
Feinbüglerinnen.
Feinwäscherinnen.
Glätterinnen.
Kunstwäscher.
Mangelanstalten.
Matratzenreiniger.
Plätterinen.
Plisseebrenner.
Putzwollwäschereien.
Schwermangeler.
Seidenputzer.
Wäschebleicher.
Wäschemangelinhaber.
Wäschetrockenanstalten.
Wäschezurichterinnen.
Waschanstalten, auch chemische.
Waschfrauen und Wäscherinnen.

XIII. d. 3. Fleckenausmacher, Kleiderreiniger, Stiefelwichser, Kammerjäger.

Fleckenausmacher.
Fleckenreiniger
Kammerjäger.
Kleiderreiniger.
Stiefelwichser.

XIV. Baugewerbe.

a. Bauunternehmung und Bauunterhaltung (Hoch-, Eisenbahn-, Wege- und Wasserbau), soweit nicht zu den folgenden Klassen b. bis n. zu zählen.

1. Bauunternehmer.

Akkordanten.
Bagger.
Baugeschäfte.
Bauunternehmer.
Buhnenmeister.
Chausseearbeiter.
Eisenbahnarbeiter.
Eisenbahnbauunternehmer.
Schachtmeister.
Schlengenmeister.

XIV. a. 2. Privatarchitekten, Civilingenieure, Bautechniker und bautechnische Büreaus.

Architekten.
Ateliers für Architektur.
Bauführer.
Bauingenieure (ausschließlich der technischen Eisenbahnbeamten).
Baumeister.
Bautechniker.
Bautechnische Bureaus.
Bauzeichner.
Civilingenieure, sofern nicht näher zu ermitteln.
Ingenieure, sofern nicht näher zu ermitteln.
Techniker, sofern nicht näher zu ermitteln.

XIV. b. Feldmesser, Geometer, Markscheider, Wiesenbauer und Draintechniker.

Drainirungsarbeiten, B. f.
Draintechniker.
Feldmesser.
Geometer.
Kulturingenieure.
Kulturtechniker.
Markscheider.
Planzeichner.
Ruthenleger.
Wiesenbauer.

XIV. c. Maurer.

Maurer.
Maurerpolire (Maurerpaliere).
Scharwerksmaurer.

XIV. d. Zimmerer.

Scharwerkszimmerer.
Staaker.
Werkholzzurichter.
Werkmacher.
Windelbodenmacher.
Zimmerer.
Zimmerleute.
Zimmermann.
Zimmerpolire (Zimmerpaliere).

XIV. e. Glaser.

Bildereinrahmer.
Glaser.

XIV. f. Stubenmaler, Staffirer, Anstreicher, Tüncher, Stubenbohner.

Anstreicher.
Bodenwichser.
Bohner.
Bühnenmaler.
Dekorationsmaler.
Firmamaler.
Firmaschreiber.
Flachmaler.
Frotteure.
Fußbödenbohner.
Gypser.
Kälker.
Kleber.
Kleiber.
Maler, sofern nicht näher zu ermitteln (siehe auch XVI.).
Parketbohner.
Plafondverfertiger.
Pliesterer (Plästerer).
Schildermaler.
Staffirer.
Stubenbohner.
Stubenmaler.
Tüncher,
Verputzer.
Weißbinder.
Weißputzer.
Zimmermaler.

XIV. g. Stuckateure.

Stuckateure.

XIV. h. Dachdecker (Ziegel-, Schiefer-, Schindel-, Stroh-).

Dachdecker.
Laiendecker (Schieferdecker).
Pappdachdecker.
Schieferdecker.
Schindeldecker.
Strohdachdecker.
Ziegeldecker.

XIV. i. Asphaltirer und Steinsetzer.

Asphaltirer.
Asphaltschläger.
Cementirer.
Feldsteinsetzer.
Grenzsteinsetzer.
Pflasterer.
Steindammer.
Steinsetzer.

XIV. k. Brunnenmacher.

Brunnenbauer.
Brunnenbohrer.
Brunnenmacher.
Pumpensetzer.
Röhren-(Brunnen-)macher.

XIV. l. Einrichter von Gas- und Wasseranlagen.

Gas- und Wasseranlagen, Einrichtung von.	Gas- und Wasser-Installateure.

XIV. m. Ofensetzer.

Backofenmacher.	Ofenbauer.	Ofensetzer.

XIV. n. Schornsteinfeger.

Dohlenfeger.	Ofenputzer.	Schornsteinfeger.
Kaminfeger.	Rauchabsteller.	
Kaminkehrer.	Schlotfeger.	

XV. Polygraphische Gewerbe.

a. Schriftschneiderei und -gießerei, Holzschnitt.

Chemitypie.	Holzschneider.	Schriftschneider.
Clichèfabrikanten.	Hornbilderfabrikanten.	Schriftstecher.
Galvanographische Anstalten.	Notenstecher.	Stereotypieanstalten.
	Schriftgießer.	Xylographen.

XV. b. Buchdruckerei, auch Stein und Metall-, sowie Farbendruck.

1. Buchdruckerei.

Accidenzdrucker.	Buchdrucker.	Schriftsetzer.
Billetdrucker.	Korrektoren.	Schweizerdegen.

XV. b. 2. Stein- und Zinkdruckerei.

Chemiegraphische Anstalten.	Liniirdruckanstalten.	Notendrucker.
	Liniirer.	Steindrucker.
Formulardruckanstalten.	Lithographen.	Zinkätzer.
Formularmagazine.	Lithographische Anstalten.	Zinkdrucker.
Liniiranstalten.	Metallographen.	

XV. b. 3. Kupfer- und Stahldruckerei.

Briefsiegelmarkenfabrikanten.	Kupferdrucker.	Stahldrucker.
	Kupferstecher.	Stahlstecher.
Kunstdrucker.	Siegelmarkenverfertiger.	

XV. b. 4. Farbendruckerei.

Aquarellbilderdrucker.	Globenfabrikanten.	Oelbilddruckanstalten.
Bilderbogenfabrikanten.	Illuminirer.	Oelfarbendruckinstitute.
Blumenmaler.	Illustrateure.	Papiermaler.
Buntdrucker.	Kartenmaler.	Patronister.
Chromolithographeu.	Kartenstecher.	Reliefkartenverfertiger.
Koloriranstalten.	Kartographen.	Silberdrucker.
Koloristeu.	Landkartenfabrikanten.	Spielkartenmacher.
Erdglobenfabrikanten.	Landkartenmaler.	Stickmusterfabrikanten.
Farbendrucker.	Metachromatypie.	

XV. c. Photographische Anstalten.

Ateliers für Chromophotographien.	Lichtdrucker.	Photolithographen.
	Lichtdruckereien.	Retoucheure.
	Photographen.	

XVI. Künstler (Kunstmaler und Kunstbildhauer), auch künstlerische Betriebe für gewerbliche Zwecke (mit Ausnahme von Musik, Theater, Schaustellung).

Bilderrestaurateure.
Bildhauer.
Cachettenarbeiter.
Ciseleure.
Edelsteinschneider.
Elfenbeingraveure.
Emaillirer, Emaillemaler (sofern nicht Eisenemaillirer).
Estampeure.
Formenfabrikanten.
Formenstecher.
Geschichtsmaler.
Glasgraveure.
Gold- nnd Silberschneider.
Graveure.
Guillochirer.
Gypsfigurenfabrikanten.
Gypsformatoren.
Gypsgießer.
Historienmaler.
Hornstecher.
Kalligraphen.
Künstler, sofern nicht näher zu ermitteln.
Kunstbildhauer.
Kunstmaler.
Landschaftsmaler.
Landschaftsmodelleure.
Maler (Künstler).
Manufakturzeichner.
Medailleure.
Miniaturmaler.
Modelleure.
Modellstecher.
Mosaikschneider.
Münzgraveure.
Mustermacher.
Mustermaler.
Musterschläger.
Musterzeichner.
Ornamentzeichner.
Portraitmaler.
Printenformenstecher.
Schriftgraveure.
Schriftmaler.
Silhouettenschneider.
Stanzenmacher.
Steinschneider.
Stempelschneider.
Stickereizeichner.
Vorzeichner.
Wachsbossirer.
Wachsfigurenverfertiger.
Walzengraveure.
Wappenmaler.
Wappenstecher.
Zeichner, sofern nicht näher zu ermitteln.

Anlage B.

Umfang der Industriezweige im Deutschen Reich.

Vorbemerkung.

1. Die Anlage gewährt nach den speziellen Ergebnissen der Berufsstatistik*) — welche nach den für die Gewerbestatistik vorgeschriebenen Gruppen, Klassen und Ordnungen noch nicht fertiggestellt ist — einen für die Anträge der Industriellen auf freiwillige Bildung von Berufsgenossenschaften (§ 13 d. G.) wichtigen Überblick über die Bedeutung der Industriezweige, sowie über die Anzahl der darin vorhandenen Unternehmer und Arbeiter.
2. Diejenigen Berufsabtheilungen, welche für die Unfallversicherung zur Zeit gar nicht in Betracht kommen, sind nicht aufgenommen.
3. Über die Zahlenrubriken vgl. Anm. 5 zu § 13. Die Zahlen in größerem Druck weisen die im Hauptberuf beschäftigten Personen nach; die in Klammern darunter gesetzten kleineren Zahlen geben die Zahl der außerdem im Nebenberuf in jenen Betrieben beschäftigten Personen an. Um also sämmtliche in der betr. Industrie-Gruppe im Haupt- oder Nebenberuf thätigen Personen zu ermitteln, müssen die kleineren Zahlen zu den ihnen vorstehenden größeren Zahlen hinzuaddirt werden.
4. Wie sich die nachstehenden Abtheilungen zu den für die Aufstellung der Verzeichnisse nach § 11 d. G. maßgebenden Rubriken verhalten, ergibt eine Vergleichung mit Anlage A.

*) Zeit der Aufnahme: 5. Juni 1882.

1.	Benennung der Berufsart. 2.	Selbständige für eigene Rechnung, auch leitende Beamte u. sonstige Geschäftsleiter. a. 3.	Selbständige Gewerbetreibende, die in der eigenen Wohnung für ein fremdes Geschäft — zu Haus für fremde Rechnung — arbeiten. a. fr. 4.	Nicht leitende Beamte, überhaupt das wissenschaftlich, technisch oder kaufmännisch gebildete Verwaltungs- u. Aufsichts-, sowie das Rechnungs- u. Bureaupersonal. b. 5.	Sonstige Gehülfen, Lehrlinge, Fabrik-, Lohn- u. Tagearbeiter, einschl. der im Gewerbe thätigen Familienangehörigen u. Dienenden. c. 6.
	Industrie, einschl. Bergbau und Bauwesen.				
	III. Bergbau, Hütten- und Salinenwesen, Torfgräberei.				
1.	Erzgewinnung (Erzbergwerke und Erzgruben), auch Aufbereitung von Erzen	513 (168)	—	1 565 (28)	74 919 (2 172)
2.	Hüttenbetrieb, auch Frisch- u. Streckwerke.	1 248 (255)	—	3 735 (54)	116 912 (691)
3.	Salzgewinnung (Salzbergwerke und Salinen)	106 (34)	—	340 (2)	6 499 (267)
4.	Gewinnung von Stein- und Braunkohlen, Koaks, Graphit, Asphalt, Erdöl und Bernstein; Briquettefabrikation	994 (380)	—	3 556 (61)	221 320 (2 280)
5.	Torfgräberei und Torfbereitung .	971 (4 559)	—	218 (55)	8 561 (6 090)
	IV. Industrie der Steine u. Erden.				
6.	Marmor-, Stein- und Schieferbruch; Verfertigung von groben Marmor-, Stein- und Schieferwaaren; Steinmetzen und Steinhauer	10 492 (4 652)	147 (44)	607 (41)	73 350 (5 748)
7.	Verfertigung feiner Steinwaaren .	1 614 (168)	87 (40)	54 (2)	2 909 (75)
8.	Gewinnung von Kies und Sand, Gewinnung bez. Herstellung von Kalk, Cement, Traß, Gyps u. Schwerspath	2 058 (3 312)	—	487 (43)	16 926 (1 346)
9.	Lehm- und Thongräberei, Kaolingräberei und -Schlämmerei, auch Masse-, Quarz- u. Glasurmühlen .	143 (245)	—	37 (10)	1 652 (112)

	Benennung der Berufsart.	Selbständige für eigene Rechnung, auch leitende Beamte u. sonstige Geschäftsleiter. a.	Selbständige Gewerbetreibende, die in der eigenen Wohnung für ein fremdes Geschäft — zu Haus für fremde Rechnung — arbeiten. a. fr.	Nicht leitende Beamte, überhaupt das wissenschaftlich, technisch oder kaufmännisch gebildete Verwaltungs- u. Aufsichts-, sowie das Rechnungs- u. Bureaupersonal. b.	Sonstige Gehülfen, Lehrlinge, Fabrik-, Lohn- u. Tagearbeiter, einschl. der im Gewerbe thätigen Familienangehörigen u. Dienenden. c.
1.	2.	3.	4.	5.	6.
10.	Ziegelei u. Thonröhrenfabrikation .	9 835 (9 729)	2	3 351 (155)	110 050 (6 718)
11.	Töpferei, Verfertigung von feinen Thonwaaren, Steinzeug, Terralith- und Siderolithwaaren	11 394 (693)	2	324 (11)	25 464 (416)
12.	Fayence- und Porzellanfabrikation und -Veredelung	898 (125)	1 042 (181)	585 (6)	25 565 (271)
13.	Glashütten, Glasveredelung, Glasbläserei vor der Lampe	2 179 (352)	690 (48)	568 (7)	26 287 (452)
14.	Spiegelglas- und Spiegelfabrikation	235 (34)	13 (1)	109 (1)	2 413 (12)
	V. Metallverarbeitung.				
15.	Verarbeitung edler Metalle (Goldschmiede, Juweliere, Gold- u. Silberschläg. u. -Drahtzieher, Münzstätten)	5 821 (318)	730 (165)	588 (1)	22 960 (282)
16.	Ausführung von Kupferschmiedearbeiten.	3 777 (171)	—	292 (8)	7 259 (48)
17.	Sonstige Verarbeitung unedler Metalle, mit Ausschluß von Eisen, Erzeugung und Verarbeitung von Metallegirungen.	5 135 (582)	279 (12)	596 (13)	24 053 (163)
18.	Eisengießerei und Emaillirung von Eisen	931 (499)	—	992 (35)	33 245 (200)
19.	Schwarz- und Weißblechherstellung	68 (21)	—	65 (4)	2 442 (27)
20.	Klempnerei, Blechwaarenfabrikation	18 278 (941)	150 (6)	418 (11)	32 509 (258)
21.	Verfertigung von Stiften, Nägeln, Schrauben, Nieten, Ketten, Drahtseilen 2c.	7 255 (1 121)	1 002 (67)	244 (2)	11 666 (362)

	Benennung der Berufsart.	Selbständige für eigene Rechnung, auch leitende Beamte u. sonstige Geschäftsleiter. a.	Selbständige Gewerbetreibende, die in der eigenen Wohnung für ein fremdes Geschäft — zu Haus für fremde Rechnung arbeiten. a. fr.	Nicht leitende Beamte, überhaupt das wissenschaftlich, technisch oder kaufmännisch gebildete Verwaltungs- u. Aufsichts-, sowie das Rechnungs- u. Bureaupersonal. b.	Sonstige Gehülfen, Lehrlinge, Fabrik-, Lohn- u. Tagearbeiter, einschl. der im Gewerbe thätigen Familienangehörigen u. Dienenden. c.
1.	2.	3.	4.	5.	6.
22.	Ausführung von Grob- (Huf-) Schmiedearbeiten*)	71 836 (11 396)	2	356 (21)	86 950 (2 987)
23.	Schlosserei, einschl. Verfertigung von feuerfesten Geldschränken	25 071 (1 371)	6	276 (4)	103 046 (384)
24.	Verfertigung von Sensen und Messern, von eisernen Geräthen und Kurzwaaren, sowie von Stahlfedern	14 740 (1 121)	3 688 (64)	528 (18)	80 394 (313)
25.	Nähnadel-, Nadlerwaaren-, Drahtgewebe- u. Drahtwaaren-Fabrikat.	2 079 (328)	72 (26)	120 (1)	8 697 (103)
	VI. Maschinen, Werkzeuge, Instrumente, Apparate.				
26.	Verfertigung von Maschinen, Werkzeugen, Apparaten (auch in bezüglichen den Eisenbahnverwaltungen unterstehenden Anstalten), soweit nicht zu den folgenden Klassen gehörig	9 381 (1 548)	101 (10)	6 800 (82)	93 440 (699)
27.	Stellmacherei**) u. Wagenbau (auch in bezüglichen, den Eisenbahn- und Postverwaltungen unterstehenden Anstalten)	44 728 (9 822)	8 (2)	351 (8)	40 430 (1 168)

*) ausschl. 3 719 Schmieden, welche auf größeren landwirthschaftlichen Besitzungen für die gewöhnlichen, im landwirthschaftlichen Betriebe vorkommenden handwerksmäßigen Arbeiten in Dienst stehen. Die Berufsstatistik (Statistik d. Deutschen Reichs. Neue Folge. Band 2, S. 1, 2, 8) rechnet diese Personen mit Recht unter die Arbeiter der Landwirthschaft. cf. auch v. Woedtke, Kommentar zum Krankenversicherungsgesetz, Anm. 12 zu § 2 (S. 41).

**) ausschl. 3172 Stellmacher, welche auf größeren landwirthschaftlichen Besitzungen für die gewöhnlichen, im landwirthschaftlichen Betriebe vorkommenden handwerksmäßigen Arbeiten im Dienste stehen. Vergl. die vorstehende Anmerkung.

	Benennung der Berufsart.	Selbständige für eigene Rechnung, auch leitende Beamte u. sonstige Geschäftsleiter. a.	Selbständige Gewerbetreibende, die in der eigenen Wohnung für ein fremdes Geschäft — zu Haus für fremde Rechnung — arbeiten. a. fr.	Nicht leitende Beamte, überhaupt das wissenschaftlich, technisch oder kaufmännisch gebildete Verwaltungs- u. Aufsichts-, sowie das Rechnungs- u. Bureaupersonal. b.	Sonstige Gehülfen, Lehrlinge, Fabrik-, Lohn- u. Tagearbeiter, einschl. der im Gewerbe thätigen Familienangehörigen u. Dienenden. c.
1.	2.	3.	4.	5.	6.
28.	Schiffsbau	1 165 (182)	—	620 (15)	18 254 (261)
29.	Verfertigung von Schußwaffen . .	1 421 (150)	278 (1)	195 (5)	5 846 (60)
30.	Verfertigung von Zeitmeßinstrumenten (Uhrmacher)	13 369 (1 131)	461 (27)	222 (14)	13 669 (142)
31.	Verfertigung von musikalischen Instrumenten (Instrumentenbauer, Pianofortefabrikanten)	3 516 (241)	2 183 (64)	192 (2)	9 120 (109)
32.	Verfertigung von mathematischen, physikalischen, chemischen u. chirurgischen Instrumenten u. Apparaten	4 807 (1 071)	197 (16)	370 (4)	11 700 (149)
33.	Verfertigung von Lampen und anderen Beleuchtungsapparaten . .	219 (95)	—	209 (2)	1 940 (17)
	VII. Chemische Industrie.				
34.	Chemische, pharmazeutische und photographische Präparate	1 485 (325)	—	1 393 (22)	15 683 (135)
35.	Apotheker	4 829 (112)	—	2 011 (13)	5 582 (50)
36.	Farbematerialien, mit Einschluß von Thierkohle und Kohlenfilter, Steinkohlentheer- und Kohlentheer-Derivaten	710 (254)	103 (3)	700 (16)	9 035 (88)
37.	Explosivstoffe und Zündwaaren . .	596 (118)	6	304 (10)	8 161 (177)
38.	Abfälle und künstliche Düngstoffe, Abfuhranstalten, Knochenmühlen, Düngerfabriken)	472 (550)	—	220 (10)	4 365 (164)
39.	Abdecker	1 263 (620)	—	16	596 (100)

1.	Benennung der Berufsart.	Selbständige für eigene Rechnung, auch leitende Beamte u. sonstige Geschäftsleiter. a.	Selbständige Gewerbetreibende, die in der eigenen Wohnung für ein fremdes Geschäft — zu Haus für fremde Rechnung — arbeiten. a. fr.	Nicht leitende Beamte, überhaupt das wissenschaftlich, technisch oder kaufmännisch gebildete Verwaltungs- u. Aufsichts-, sowie das Rechnungs- u. Bureaupersonal. b.	Sonstige Gehülfen, Lehrlinge, Fabrik-, Lohn- u. Tagearbeiter, einschl. der im Gewerbe thätigen Familienangehörigen u. Dienenden. c.
1.	2.	3.	4.	5.	6.
	VIII. Forstwirthschaftliche Nebenproducte, Leuchtstoffe, Fette, Öle und Firnisse.				
40.	Köhlerei, Holztheer-, Ruß-, Pech- u. Harzgewinnung	724 (618)	—	52 (1)	1 124 (247)
41.	Gasanstalten	526 (116)	—	1 022 (50)	7 768 (239)
42.	Licht- und Seifenfabriken	2 796 (442)	34	544 (16)	5 316 (96)
43.	Ölmühlen	960 (2 431)	—	197 (17)	2 985 (578)
44.	Kohlentheerschwelerei, Verfertigung von Mineral- und ätherischen Ölen, Fetten und Firnissen, sowie Verarbeitung von Harzen	1 245 (542)	—	601 (25)	4 973 (146)
	IX. Textil-Industrie.				
45.	Zubereitung von Spinnstoffen . .	860 (624)	416 (101)	85 (2)	7 867 (194)
46.	Spinnerei, Hechelei, Haspelei, Spulerei, Zwirnerei, Wattenfabrikation als Hausbetrieb*)	10 483 (2 402)	9 013 (1 203)	19 (1)	4 660 (555)
47.	Spinnerei, Hechelei, Haspelei, Spulerei, Zwirnerei, Wattenfabrikation als Fabrikbetrieb	2 398 (862)	—	2 157 (33)	108 620 (910)
48.	Weberei, einschl. Bandweberei (ausgenommen Metall-, Gummi- und Roßhaar-Weberei) als Hausbetrieb*)	7 3776 (30 419)	128 831 (14 344)	257 (51)	78 097 (9 721)
49.	Weberei, einschl. Bandweberei (aus-				

*) d. h. zu Haus für eigene (Col. a) oder für fremde (Col. a. fr.) Rechnung.

	Benennung der Berufsart.	Selbständige für eigene Rechnung, auch leitende Beamte u. sonstige Geschäftsleiter. a.	Selbständige Gewerbetreibende, die in der eigenen Wohnung für ein fremdes Geschäft — zu Haus für fremde Rechnung arbeiten. a. fr.	Nicht leitende Beamte, überhaupt das wissenschaftlich, technisch oder kaufmännisch gebildete Verwaltungs- u. Aufsichts-, sowie das Rechnungs- u. Bureaupersonal. b.	Sonstige Gehülfen, Lehrlinge, Fabrik-, Lohn- u. Tagearbeiter, einschl. der im Gewerbe thätige Familienangehörige u. Dienenden. c.
1.	2.	3.	4.	5.	6.
	genommen Metall-, Gummi- und Roßhaar-Weberei) als Fabrikbetrieb	6 955 (583)	—	5 957 (59)	180 405 (1 630)
50.	Gummi- u. Haarflechterei u. -Weberei	493 (135)	298 (46)	38 (1)	769 (29)
51.	Strickerei und Wirkerei (Strumpfwaarenfabrikation) als Hausbetrieb*)	10 528 (2 689)	27 547 (2 392)	23 (1)	13 565 (478)
52.	Strickerei und Wirkerei (Strumpfwaarenfabrikation) als Fabrikbetrieb	1 602 (154)	—	1 119 (2)	14 742 (186)
53.	Häkelei, Stickerei, Spitzenfabrikation als Hausbetrieb*)	3 745 (978)	20 057 (2 826)	40 (3)	2 410 (207)
54.	Häkelei, Stickerei, Spitzenfabrikation als Fabrikbetrieb	558 (77)	—	260 (4)	6 136 (60)
55.	Bleicherei, Färberei, Druckerei und Appretur von Spinnstoffen, Garnen, Geweben und Zeugen aller Art	9 390 (2 200)	7 993 (1 148)	1 171 (28)	56 660 (997)
56.	Posamentenfabrikation	3 493 (334)	11 173 (1 391)	637 (9)	16 910 (231)
57.	Seilerei und Reepschlägerei, auch Fabrikation von Netzen, Segeln, Säcken &c.	8 812 (1 080)	264 (56)	143 (4)	9 427 (293)
	X. Papier und Leder.				
58.	Verfertigung von Papier u. Pappe	3 083 (474)	593 (92)	1 531 (15)	43 149 (603)
59.	Gerberei, Pergamentfabrikation, Färben und Lackiren von Leder, auch Lohmühlen	10 562 (1 369)	21	510 (5)	33 428 (597)

*) d. h. zu Haus für eigene (Col. a) oder für fremde (Col. a. fr.) Rechnung.

	Benennung der Berufsart.	Selbständige für eigene Rechnung, auch leitende Beamte u. sonstige Geschäftsleiter. a.	Selbständige Gewerbetreibende, die in der eigenen Wohnung für ein fremdes Geschäft — zu Haus für fremde Rechnung abeiten. a. fr.	Nicht leitende Beamte, überhaupt das wissenschaftlich, technisch oder kaufmännisch gebildete Verwaltungs- u. Aufsichts- sowie das Rechnungs- u. Bureau-Personal b	Sonstige Gehülfen, Lehrlinge, Fabrik-, Lohn- u. Tagearbeiter, einschl. der im Gewerbe thätigen Familienangehörigen u. Dienenden. c.
1.	2.	3.	4.	5.	6.
60.	Wachstuch- und Ledertuch-, auch Treibriemenfabrikation, Verfertigung von Gummi- und Guttaperchawaaren (ausgenommen Geflechte und Gewebe)	456 (86)	—	413 (1)	6 114 (33)
61.	Buchbinderei und Kartonnagefabrikation	11 243 (1 202)	695 (82)	426 (9)	30 088 (313)
62.	Verfertigung von Riemer- u. Sattlerarbeiten	26 420 (2 226)	825 (121)	325 (17)	31 380 (471)
63.	Verfertigung von Tapeziererarbeiten	6 344 (1 695)	88 (12)	95 (15)	12 250 (439)
	XI. Holz- und Schnitzstoffe.				
64.	Holzzurichtung und -Konservirung	5 195 (11 085)	—	665 (122)	26 077 (3 339)
65.	Verfertigung von groben, glatten Holzwaaren und Holzstiften	11 389 (7 058)	1 450 (606)	113 (11)	8 485 (1 157)
66.	Tischlerei und Parketfabrikation	112 452 (13 288)	1 224 (73)	547 (24)	162 098 (2 364)
67.	Böttcherei	31 824 (7 332)	181 (116)	224 (12)	26 266 (877)
68.	Korbmacherei	19 469 (4 621)	1 737 (187)	199 (12)	11 773 (992)
69.	Sonstige Weberei und Flechterei von Holz, Stroh, Bast und Binsen	6 843 (2 989)	4 879 (1 523)	240 (7)	5 076 (614)
70.	Drechslerei, Verfertigung von Dreh- und Schnitzwaaren, auch Korkschneiderei	17 140 (2 997)	3 182 (447)	456 (10)	25 865 (645)
71.	Verfertigung von Kämmen, Bürsten, Pinseln, Federposen, Stöcken, Sonnen- und Regenschirmen	7 783 (982)	742 (50)	310 (5)	12 981 (277)
72.	Holz- und Schnitzwaarenvergoldung und sonstige Veredelung	3 060 (883)	282 (4)	166 (5)	11 287 (300)

	Benennung der Berufsart.	Selbständige für eigene Rechnung, auch leitende Beamte u. sonstige Geschäftsleiter. a.	Selbständige Gewerbetreibende, die in der eigenen Wohnung für ein fremdes Geschäft — zu Haus für fremde Rechnung arbeiten. a. fr.	Nicht leitende Beamte, überhaupt das wissenschaftlich technisch oder kaufmännisch gebildete Verwaltungs- u. Aufsichts-, sowie das Rechnungs- u. Büreaupersonal. b.	Sonstige Gehülfen, Lehrlinge, Fabrik-, Lohn- u. Tagearbeiter, einschl. der im Gewerbe thätigen Familienangehörigen u. Dienenden. c.
1.	2.	3.	4.	5.	6.
	XII. Nahrungs- und Genußmittel.				
73.	Getreide-, Mahl- und Schälmühlen, auch Reisschälmühlen	45 255 (14 202)	—	2 451 (126)	70 385 (4 953)
74.	Bäckerei und Konditorei	74 280 (14 686)	3	689 (53)	108 358 (5 198)
75.	Rübenzuckerfabrikation und Zuckerraffinerie*)	630 (309)	—	1 420 (25)	16 414 (1 990)
76.	Verfertigung von anderen vegetabilischen Nahrungsmitteln (Nudeln und Maccaroni, Stärke u. Stärkesyrup, Kakao, Chokolade, Kaffeesurrogate, komprimirte Gemüse, Konserven)	1 384 (1 778)	—	803 (51)	8 720 (570)
77.	Fleischerei	60 634 (21 560)	—	450 (34)	69 547 (3 682)
78.	Verfertigung von anderen animalischen Nahrungsmitteln (Fischsalzerei und -Pökelei, Bereitung von kondensirter Milch, Butter- und Käsefabriken)	3 393 (1 328)	77	158 (15)	4 720 (431)
79.	Wasserversorgung, Wasserwerke, Eisbereitung, -Bewahrung und -Versorgung; Fabrikation von künstlichem Mineralwasser	756 (934)	—	431 (51)	4 456 (246)
80.	Mälzerei und Brauerei	14 005 (6 550)	—	3 431 (100)	47 560 (2 571)
81.	Branntweinbrennerei, Liqueur- und Preßhefefabrikation*)	5 503 (8 897)	—	3 052 (147)	13 435 (2 091)

*) cf. Anm. 5 zu § 13.

	Benennung der Berufsart.	Selbständige für eigene Rechnung, auch leitende Beamte u. sonstige Geschäftsleiter. a.	Selbständige Gewerbetreibende, die in der eigenen Wohnung für ein fremdes Geschäft — zu Haus für fremde Rechnung — arbeiten. a. fr.	Nicht leitende Beamte, überhaupt das wissenschaftlich, technisch oder kaufmännisch gebildete Verwaltungs- u. Aufsichts-, sowie das Rechnungs- u. Bureaupersonal. b.	Sonstige Gehülfen, Lehrlinge, Fabrik-, Lohn- u. Tagearbeiter, einschl. der im Gewerbe thätigen Familienangehörigen u. Dienenden. c.
1.	2.	3.	4.	5.	6.
82.	Schaum- und Obstweinfabrikation, Weinpflege (Weinküper)	602 (340)	—	122 (2)	1 419 (56)
83.	Essigfabrikation	734 (634)	—	147 (23)	1 042 (131)
84.	Tabackfabrikation	9 690 (1 162)	5 678 (501)	2 131 (30)	79 261 (1 578)
	XIII. Bekleidung und Reinigung.				
85.	Näherei (Näherinnen)	204 685 (15 087)	48 922 (1 980)	51	53 465 (2 087)
86.	Schneiderei (Schneider und Schneiderinnen)	181 835 (16 137)	22 835 (543)	460 (11)	123 568 (2 583)
87.	Herstellung fertiger Kleider und Wäsche (Konfektion)	7 314 (1 006)	5 167 (332)	1 641 (20)	21 347 (388)
88.	Putzmacherei (Verfertigung von künstlichen Blumen u. Federschmuck)	15 916 (2 129)	2 349 (141)	504 (6)	17 647 (500)
89.	Hut- und Mützenmacherei, Verfertigung von Filzwaaren, Kürschnerei und Pelzwaarenzurichtung . . .	12 564 (770)	1 034 (68)	386 (3)	19 835 (309)
90.	Verfertigung von Hosenträgern, Kravatten, Handschuhen, Korsets und Krinolinen	3 011 (313)	5 516 (606)	273 (5)	11 246 (321)
91.	Schuhmacherei	232 256 (22 139)	12 862 (303)	732 (10)	183 472 (2 777)
92.	Bader, Haarschneider ꝛc.	20 947 (3 587)	97 (12)	72 (2)	15 552 (269)
93.	Badeanstalten	781 (847)	—	255 (54)	1 975 (392)
94.	Waschanstalten, Wäscherinnen, Plätterinnen	83 564 (9 605)	1 478 (74)	94 (17)	17 508 (1 723)
95.	Fleckenausmacher, Kleiderreiniger, Stiefelwichser, Kammerjäger . .	633 203))	—	7 (1)	151 (20)

	Benennung der Berufsart.	Selbständige für eigene Rechnung, auch leitende Beamte u. sonstige Geschäftsleiter. a.	Selbständige Gewerbetreibende, die in der eigenen Wohnung für ein fremdes Geschäft — zu Haus für fremde Rechnung arbeiten. a. fr.	Nicht leitende Beamte, überhaupt das wissenschaftlich, technisch oder kaufmännisch gebildete Verwaltungs- u. Aufsichts-, sowie das Rechnungs- u. Bureaupersonal. b.	Sonstige Gehülfen, Lehrlinge, Fabrik-, Lohn- u. Tagearbeiter, einschl. der im Gewerbe thätige Familienangehörige u. Dienenden. c.
1.	2.	3.	4.	5.	6.
	XIV. Baugewerbe.*)				
96.	Bauunternehmer und Bauunterhaltung (Hoch-, Eisenbahn-, Wege- u. Wasserbau), soweit nicht zu den folgenden Nummern 97 bis 105 zu zählen	15 300 **) (1 228)	—	14 132 (331)	182 433 (10 547)
97.	Feldmesser, Geometer, Markscheider, Wiesenbauer und Draintechniker .	—	—	—	—
98.	Maurer	49 043 (8 462)	—	3 251 (211)	320 967 (24 643)
99.	Zimmerer	32 529 (7 332)	2	1 784 (141)	149 415 (14 876)
100.	Glaser	11 901 (2 787)	—	49 (6)	7 982 (349)
101.	Stubenmaler, Staffirer, Anstreicher, Tüncher, Stubenbohner, Stukkateure	30 781 (2 243)	—	115 (6)	60 981 (984)
102.	Dachdecker (Ziegel-, Schiefer-, Schindel-, Stroh-)	11 911 (2 847)	—	66	17 029 (737)
103.	Asphaltirer, Steinsetzer und Brunnenmacher	4 864 (940)	—	55 (2)	10 645 (401)
104.	Einrichter von Gas- und Wasseranlagen (Gas- und Wasser-Installateure)	484 (161)	—	166 (6)	1 793 (28)
105.	Ofensetzer und Schornsteinfeger .	4 660 (388)	—	87 (1)	5 727 (97)
	XV. Polygraphische Gewerbe.				
106.	Schriftschneiderei und -Gießerei, Holzschnitt	439 (107)	70 (2)	91 (1)	2 887 (17)

*) cf. Anm. 18 zu § 1.

**) Darunter Baumeister, Bauinspektoren und Architekten.

	Benennung der Berufsart.	Selbständige für eigene Rechnung, auch leitende Beamte u. sonstige Geschäftsleiter. a.	Selbständige Gewerbetreibende, die in der eigenen Wohnung für ein fremdes Geschäft — zu Haus für fremde Rechnung — arbeiten. a. fr.	Nicht leitende Beamte, überhaupt das wissenschaftlich, technisch oder kaufmännisch gebildete Verwaltungs- u. Aufsichts-, sowie das Rechnungs- u. Bureaupersonal. b.	Sonstige Gehülfen, Lehrlinge, Fabrik-, Lohn- u. Tagearbeiter, einschl. der im Gewerbe thätigen Familienangehörigen u. Dienenden. c.
1.	2.	3.	4.	5.	6.
107.	Buchdruck, auch Stein- und Metall- sowie Farbendruck	5 822 (794)	227 (13)	1 572 (44)	52 171 (258)
108.	Photographie	2 821 (439)	24	108 (3)	3 411 (63)
	XVI. Künstler (Kunstmaler und Kunstbildhauer) und künstlerische Betriebe für gewerbliche Zwecke (mit Ausnahme von Musik, Theater und Schaustellung).				
109.	Künstler (Kunstmaler und Kunstbildhauer) und künstlerische Betriebe für gewerbliche Zwecke (mit Ausnahme von Musik, Theater u. Schaustellung)	8 472 (774)	431 (9)	254 (10)	14 736 (120)

Verzeichniß*)

größerer industrieller Vereine Deutschlands.

(Freie Vereinigungen.)

Vorbemerkung.

Während des Drucks erfahren wir, daß der Centralverband deutscher Industrieller in Berlin einen vollständigen Entwurf für die Organisation und Abgrenzung der Berufsgenossenschaften aufstellen, und einer für den September d. J. in Aussicht genommenen Delegirten-Konferenz sämmtlicher deutscher industrieller Vereine vorlegen wird. Das Tableau soll dem Reichs-Versicherungsamt als Material für die freiwillige Bildung von Berufsgenossenschaften überreicht werden.

---

*) Das Material hat z. B. nicht vollständiger gegeben werden können.

1. Laufende Nr.	2. Name des Vereins.	3. Anzahl der ordentlichen Mitglieder.	der außerordentlichen Mitglieder.	4. In dem Verein sind folgende Berufszweige vertreten.
1.	Verein zur Wahrung der Interessen der chemischen Industrie Deutschlands.	170	92	a) Chemische, pharmazeutische und photographische Präparate 90 b) Farbenmaterialien mit Einschluß von Steinkohlentheer- und Kohlentheer-Derivaten 35 c) Explosivstoffe und Zündwaaren . . . 7 d) künstliche Düngstoffe 50 e) Kohlentheerschwelerei, Herstellung von Mineral- und ätherischen Oele, Fetten und Firnissen ꝛc. 22
		262		
2.	Verein deutscher Holzstoff-Fabrikanten.	195	—	Herstellung von Holzstoffen zur Papier- und Holzpappenfabrikation.
3.	Verein deutscher Papier-Fabrikanten.	146	—	Verfertigung von Papier und Pappe . . 146

5. Ungefähre Anzahl der beschäftigten Arbeiter.	6. Vertheilung der Arbeiter auf die einzelnen Berufsklassen.	7. Bemerkungen. (Organisation.)
25 000		Sämmtliche ordentlichen Mitglieder sind nach Maßgabe ihres besonderen Fabrikationszweiges sogenannten Fachabtheilungen, deren 19 existiren, zugetheilt. Einzelne dieser Fachabtheilungen haben sich als selbständige Vereine organisirt und gehören, wie 1. der Verein deutscher Sodafabrikanten mit . . . . 23 Firmen 2. der Verein deutscher Düngerfabrikanten mit . . . . . . 50 „ als corporative Mitglieder dem Centralverein an. Außerdem besitzt der Verein noch 2 Zweigvereine und zwar: 3. den Rheinischen Lokalverein 4. den Berliner Lokalverein } zur Wahrung der Interessen der chemischen Industrie.
		Es sind im deutschen Reich 468 Holzstoff-Fabriken vorhanden, in denen über 10 000 Arbeiter beschäftigt werden. Der Verein ist in mehrere Unterabtheilungen eingetheilt, welche die Bezeichnung „Verbände“ führen. Es bestehen solche für Sachsen, den Harz, für Baiern und Württemberg, Westfalen und Rheinland sowie für Schlesien.
20 000		Die Gesammtzahl der in sämmtlichen deutschen Papierfabriken beschäftigten Arbeiter wird etwa 45 000 betragen. Der Verein ist in drei Unterabtheilungen mit der Bezeichnung „Verbände“ eingetheilt und zwar in:

1. Laufende Nr.	2. Name des Vereins.	3. Anzahl der ordentlichen Mitglieder.	3. Anzahl der außerordentlichen Mitglieder.	4. In dem Verein sind folgende Berufszweige vertreten.
4.	Verband keramischer Gewerbe in Deutschland (zu Berlin).	80	passive Mitglieder. 24	a) Töpferei, Verfertigung von feinen Thonwaaren, Steinzeug-, Terrolith- und Siderolithwaaren . 31 b) Fayence- und Porzellan-Fabrikation und -Veredelung . . . 49 Hierzu die passiven Mitglieder (meist den Kreisen der Gelehrten und Kunstverständigen angehörend) 24
		104		
5.	Verein deutscher Eisengießereien.	106	—	
6.	Central-Verein deutscher Wollenwaaren-Fabrikanten (zu Leipzig).	—	—	a) Wollenbranche. b) Maschinenbau.

5. Ungefähre Anzahl der beschäftigten Arbeiter.	6. Vertheilung der Arbeiter auf die einzelnen Berufsklassen.	7. Bemerkungen. (Organisation.)
		a) den Norddeutschen Verband zu Berlin, b) den Süddeutschen Verband zu Frankfurt a. M., c) den Westdeutschen Verband zu Köln.
16 297	zu a. 6 368 zu b. 9 929	
16 836		Der Verein zerfällt in 8 Gruppen und zwar: I. Niederrheinisch-Westfälische Gruppe, II. Ostfriesisch-Oldenburgische Gruppe, III. Hannoversche, Elb- und Harz-Gruppe, IV. Schlesisch-Ostdeutsche Gruppe, V. Mitteldeutsch-Sächsische Gruppe, VI. Hessen-Nassauische Gruppe, VII. Linksrheinische Gruppe, VIII. Süddeutsche Gruppe.
45 500	a) 40 000 b) 5 500	

1. Laufende Nr.	2. Name des Vereins.	3. Anzahl der ordentlichen Mitglieder.	Anzahl der außerordentlichen Mitglieder.	4. In dem Verein sind folgende Berufszweige vertreten.
7.	Verein der Norddeutschen Baumwoll-Industriellen.	82	—	a) mechanische Baumwoll-Spinnerei . . 30 b) Baumwoll-Weberei . 13 c) Kattun- und Tücherdruckerei . . . . . 3 d) Färberei . . . . . 2 e) Baumwoll-Importeure und -Händler . 28 f) Spulenfabrik . . . 1 g) Spediteure, Kaufleute 5
8.	Verein für Mineralöl-Industrie (zu Halle a. S.).	12	—	Besitzer von a) Braunkohlenbergwerken, b) Braunkohlentheerschwelereien, c) Theeraufarbeitungsanstalten (Raffinerien).
9.	Deutscher Brauerbund.	400	—	a) Brauereibesitzer . . 318 b) Actienbrauereien . 12 c) Malzfabrikanten . . 7 d) Braumeister und Direktoren . . . . 49 e) Ingenieure und Vorstände technisch-wissenschaftlicher Lehranstalten . . . . 6 f) Kaufleute und Privatpersonen 8

5. Ungefähre Anzahl der beschäftigten Arbeiter.	6. Vertheilung der Arbeiter auf die einzelnen Berufsklassen.	7. Bemerkungen. (Organisation.)
		In den Reg.-Bezirken Düsseldorf, Köln, Arnsberg, Münster, den Landdrosteibezirken Osnabrück und Hannover sowie in dem Großherzogthum Oldenburg sind vorhanden: 77 mechanische Webereien mit 17 367 Webestühlen, 62 mechanische Spinnereien mit 729 160 Spindeln, 34 mechanische Veredelungsanstalten, Sa. 173 Fabriken mit 26 036 Arbeitern.
7 447	a) 5 200 b) 1 043 c) 1 204	Der Verein beschränkt sich auf einen kleinen Theil der Provinz Sachsen (Reg.-Bez. Merseburg, Kreise Merseburg, Weißenfels, Zeitz) und Saarbrücken. In der Provinz Sachsen waren im Jahre 1882 vorhanden: a) Mineralöl- und Paraffinfabriken . . 13 b) Theerschwelereien 16
} 10 072		

1. Laufende Nr.	2. Name des Vereins.	3. Anzahl der ordentlichen Mitglieder.	Anzahl der außerordentlichen Mitglieder.	4. In dem Verein sind folgende Berufszweige vertreten.
10.	Verband deutscher Müller (in Berlin).	3 027	—	a) Mühlenbesitzer, b) Mühlenbaumeister, c) Fabrikanten von Müllerei-Maschinen, d) Obermüller, e) Getreidehändler. (Die Mitglieder unter b—e betragen zusammen nur 8 pCt. der Gesammtzahl.)

5. Ungefähre Anzahl der beschäftigten Arbeiter.	6. Vertheilung der Arbeiter auf die einzelnen Berufsklassen.	7. Bemerkungen. (Organisation.)
45 000		Der Verband gledert sich: a) in einen Hauptverband, b) in 23 Zweigverbände, und zwar: 1. in den Zweigverband des Harzes mit Sitz in Aschersleben, 2. in den Zweigverband Schlesiens mit Sitz in Breslau, 3. in den Zweigverband des Reg.-Bez. Bromberg mit Sitz in Bromberg, 4. in den Zweigverband für Rhein, Mosel Lahn mit Sitz in Coblenz, 5. in den Zweigverband für Thüringen und Franken mit Sitz in Coburg, 6. in den Zweigverband für die Neumark mit Sitz in Cüstrin, 7. in den Zweigverband für Westpreußen mit Sitz in Dirschau, 8. in den Zweigverband für Westfalen und Niederrhein mit Sitz in Düsseldorf, 9. in den Zweigverband für Thüringen mit Sitz in Erfurt, 10. in den Zweigverband für den Mittelrhein mit Sitz in Frankfurt a. M., 11. in den Zweigverband der Lausitz mit Sitz in Görlitz, 12. in den Zweigverband der Fürstenthümer Reuß mit Sitz in Greiz, 13. in den Zweigverband der Niederelbe mit Sitz in Hamburg, 14. in den Zweigverband der Prov. Hannover mit Sitz in Hannover, 15. in den Zweigverband des Großh. Baden mit Sitz in Heidelberg, 16. in den Zweigverband der Oberweser mit Sitz in Holzminden,

1. Laufende Nr.	2. Name des Vereins.	3. Anzahl der ordentlichen Mitglieder.	3. Anzahl der außerordentlichen Mitglieder.	4. In dem Verein sind folgende Berufszweige vertreten.
11.	Verein deutscher Eisen- und Stahl-Industrieller (in Berlin).	375	—	a) 78 Werke für Eisenerzbergbau, b) 227 Hochofenwerke, Stahlhütten, Eisen- und Stahl-, Frisch- und Streckwerke, c) 57 Schwarz- und Weißblechwerke, d) 262 Eisengießereien, e) 36 Etablissements für Stifte, Nägel, Schrauben, Ketten, Drahtseile, f) 121 Maschinenbauanstalten, g) 23 Waggonbauanstalten, h) 5 Schiffsbauanstalten, i) 1 Telegraphenbauanstalt, k) 4 Kupferwerke, l) 38 Kohlenwerke und Kokereien.

5. Ungefähre Anzahl der beschäftigten Arbeiter.	6. Vertheilung der Arbeiter auf die einzelnen Berufsklassen.	7. Bemerkungen. (Organisation.)
		17. in den Zweigverband der Prov. Ostpreußen mit Sitz in Königsberg, 18. in den Zweigverband des Königreichs Sachsen mit Sitz in Leipzig, 19. in den Zweigverband der Rheinpfalz mit Sitz in Neustadt a. H., 20. in den Zweigverband des Königreichs Bayern mit Sitz in Nürnberg, 21. in den Zweigverband des Herzogthums Posen mit Sitz in Posen, 22. in den Zweigverband der Prov. Pommern mit Sitz in Stettin, 23. in den Zweigverband für Württemberg und Hohenzollern mit Sitz in Stuttgart.
242 030	Erzbergbau 24 000 Hochofenbetrieb 21 000 Schweißeisenwerke 42 000 Flußeisenwerke 23 000 Eisengießereien 27 000 Stifte, Nägel, Schrauben u. Ketten 4 000 Maschinen einschließl. Lokomotiven 54 000 Wagenbau 16 000 Schiffsbau 4 000	Der Verein fällt (im Allgemeinen nach der geographischen Lage der hauptsächlichsten Eisen- und Stahl-Industriebezirke) in verschiedene Gruppen, und zwar in die a) Nordwestdeutsche Gruppe, b) Ostdeutsche Gruppe, c) Mitteldeutsche Gruppe, d) Norddeutsche Gruppe, e) Süddeutsche Gruppe, f) Gruppe der deutschen Waggonbau-Fabriken g) Südwestdeutsche Gruppe.

1. Laufende Nr.	2. Name des Vereins.	3. Anzahl der ordentlichen Mitglieder.	3. Anzahl der außerordentlichen Mitglieder.	4. In dem Verein sind folgende Berufszweige vertreten.
12.	Verband deutscher Chocolade-Fabrikanten.			
13.	Central-Verband der deutschen Leder-Industriellen (in Berlin).	298	—	a) Lederfabrikanten . . 270 b) Lederhändler . . . 16 c) Rohhäutehändler . 6 d) chemische Fabrik . . 1 e) Treibriemenfabriken 2 f) Maschinenfabriken . 2 g) Dégrashandlung . 1
14.	Verein für die Rübenzucker-Industrie des deutschen Reichs (in Berlin).	339	—	a) Rohzuckerfabriken, b) Raffinerien.

5. Ungefähre Anzahl der beschäftigten Arbeiter.	6. Vertheilung der Arbeiter auf die einzelnen Berufsarten.	7. Bemerkungen. (Organisation.)
	Kupferwalzwerke 11 000 Telegraphenbau . . . 30 Kohlenbergbau 16 000	
		Der Verband gliedert sich: a) in einen Central-Verband, b) in Zweigverbände, wie: I. Verband sächsischer Lederproducenten mit 85 Mitgliedern, II. Verband Sächs. Thüringischer Lederfabrikanten mit 42 Mitgliedern.
		Die Mitglieder können in engeren Kreisen zu Zweigvereinen zusammentreten. Solche engeren Vereinigungen sind: a) Zweigverein für Halle und Umgegend, b) " " Anhalt, c) " " Oderbruch-Pommern, d) " " Schlesien, e) " " Braunschweig, f) " " Egeln und Umgegend, g) " " Halberstadt, h) " " Süddeutschland, i) " " Ostdeutschland. Die Zweigvereine dienen lediglich dazu, um in kleineren Kreisen sich über das technische und

1. Laufende Nr.	2. Name des Vereins.	3. Anzahl der ordentlichen Mitglieder.	Anzahl der außerordentlichen Mitglieder.	4. In dem Verein sind folgende Berufszweige vertreten.
15.	Verein der Spiritusfabrikanten in Deutschland.	1 900	—	a) Brennereibesitzer . 1200 b) Brennmeister . . 450 c) Stärkefabrikbesitzer 100 d) Spiritushändler, Maschinenfabrikanten 150
16.	Verband deutscher Leinen-Industrieller (in Bielefeld.)	111	—	a) 31 Spinnereien, b) 49 Webereien, c) 6 Hanfspinnereien und Bindfadenfabriken, d) 12 Jutespinnereien und Webereien, e) 13 Bleichereien.
17.	Verband der Glas-Industrieller Deutschlands.	46	—	a) Tafelglasfabrikanten, b) Spiegelglasfabrikanten, c) Hohlglasfabrikanten, d) Grünglasfabrikanten.
18.	Verein für die bergbaulichen und Hütten-Interessen zu Siegen.	54	—	

5. Ungefähre Anzahl der beschäftigten Arbeiter.	6. Vertheilung der Arbeiter auf die einzelnen Berufsklassen.	7. Bemerkungen. (Organisation.)
		wissenschaftliche Fortschreiten der Industrie zu unterrichten und zu verständigen. Innerhalb der Zweigvereine haben sich noch sog. Dirigenten-Vereine gebildet, welche für kleinere Bezirke, z. B. Hildesheim, Schöningen ꝛc., zwanglose Zusammenkünfte halten und sich auf Mittheilungen von Wahrnehmungen während der Campagne beschränken.
8 250		Der Verein der Stärke-Interessenten ist als Zweigverein entstanden.
38 483	a) 14 221 b) 15 157 c) 2 489 d) 6 616 e) 38 483	Die Bildung von Zweigvereinen oder Verbandsgruppen ist statutenmäßig vorgesehen.
7 300		
10 336		

20*

1. Laufende Nr.	2. Name des Vereins.	3. Anzahl der ordentlichen Mitglieder.	Anzahl der außerordentlichen Mitglieder.	4. In dem Verein sind folgende Berufszweige vertreten.
19.	Verein für die berg- und hüttenmännischen Interessen im Aachener Bezirk (zu Aachen).	76 (31 Werke und 45 persönliche Mitglieder.)	—	5 Blei- und Zinkhütten, 9 Eisenhütten und Gießereien, 5 Steinkohlenbergwerke, 2 Sandsteinbrüche, 3 Fabriken feuerfester Produkte, 2 Spiegelmanufakturen, 3 Maschinenfabriken, 1 chemische Fabrik, 1 Fabrik nitrirter Baumwolle.
20.	Verein für die bergbaulichen Interessen im Ober-Bergamts-Bezirk Dortmund (zu Essen).	136 Vereinszechen.	—	
21.	Verein für die bergbaulichen Interessen Niederschlesiens (in Waldenburg).	37	18 Ehrenmitglieder.	18 Bergwerksbesitzer, 14 Bergwerksdirektoren und Betriebsleiter, 5 Generalbevollmächtigte, Fabrik- und andere Leiter.
22.	Oberschlesischer berg- und hüttenmännischer Verein (in Kattowitz).	62 gewerkschaftliche Mitglieder 195 persönliche Mitglieder.	—	Die Unternehmungen der gewerkschaftlichen Mitglieder bestehen in: a) 75 Steinkohlengruben, b) 12 Kokshochöfen,

5. Ungefähre Anzahl der beschäftigten Arbeiter.	6. Vertheilung der Arbeiter auf die einzelnen Berufsklassen.	7. Bemerkungen. (Organisation.)
18 533		
85 000		
13 548		
Bei den gewerkschaftlichen Mitgliedern: 74 897	a) 35 147 b) 3 569	

1. Laufende Nr.	2. Name des Vereins.	3. Anzahl der ordentlichen Mitglieder.	der außerordentlichen Mitglieder.	4. In dem Verein sind folgende Berufszweige vertreten.
				c) 1 Holzkohlenhochofen, d) 36 Eisenerzgruben, e) 29 Zink- und Bleierzgruben, f) 12 Eisenfabriken, g) 17 Eisengießereien, h) 14 Koks- und Zünderfabriken, i) 25 Zink- und Rohzinkanlagen, k) 3 Zinkhütten, l) 1 Schwefelsäurefabrik, m) 3 Zünderfabriken, n) 3 Blei- und Silberhütten, o) 2 Stahlfabriken, p) 2 Zinkweißfabriken, q) 1 Röhrenwalzwerk, r) 1 Drahtfabrik, s) 1 Frischhüttenbetrieb, t) 3 Zinkblechfabriken.
23.	Verein deutscher Hutfabrikanten und Hutmachermeister (in Berlin).	236	17	a) Hutfabrikanten, b) Hutmachermeister.
24.	Verein deutscher Gerber.	182	—	129 Lederfabrikanten, 9 Gerbstoffhandlungen, 8 Häutehandlungen, 11 Lederkommissionaire, 7 Lederhändler, 2 Dégrasfabrikanten, 2 Maschinenfabrikanten, 1 Werkzeugfabrikant,

5. Ungefähre Anzahl der beschäftigten Arbeiter.	6. Vertheilung der Arbeiter auf die einzelnen Berufsklassen.	7. Bemerkungen. (Organisation.)
	c) 20	
	d) 3 438	
	e) 10 304	
	f) 8 893	
	g) 1 011	
	h) 4 005	
	i) 4 072	
	k) 1 357	
	l) 345	
	m) 92	
	n) 461	
	o) 768	
	p) 69	
	q) 315	
	r) 628	
	s) 4	
	t) 399	
12 000		

1. Laufende Nr.	2. Name des Vereins.	3. Anzahl der ordentlichen Mitglieder.	Anzahl der außerordentlichen Mitglieder.	4. In dem Verein sind folgende Berufszweige vertreten.
				1 Schuhfabrik, 2 Treibriemenfabriken, 1 chemische Fabrik, 9 diverse Mitglieder.
25.	Verein deutscher Tabak-Fabrikanten und Händler (in Berlin).	271	—	Tabakfabrikanten und Tabakhändler.

5. Ungefähre Anzahl der beschäftigten Arbeiter.	6. Vertheilung der Arbeiter auf die einzelnen Berufsklassen.	7. Bemerkungen. (Organisation.)
40 000		Die in fast allen Provinzen bestehenden Separat-Vereine stehen mit dem Central-Verein in keinem Zusammenhange, verfolgen aber gleiche Zwecke und gehen in brennenden Fragen mit dem letzteren Hand in Hand.

Anlage D.

Ausführungsbestimmungen.

I. Bekanntmachung,

betreffend die Anmeldung der unfallversicherungspflichtigen Betriebe.

Vom 14. Juli 1884.

In Gemäßheit des §. 11 des Unfallversicherungsgesetzes vom 6. Juli 1884 (Reichs-Gesetzblatt S. 69) hat jeder Unternehmer eines unter den §. 1 dieses Gesetzes fallenden Betriebes den letzteren unter Angabe des Gegenstandes und der Art desselben, sowie der Zahl der durchschnittlich darin beschäftigten versicherungspflichtigen Personen bei der unteren Verwaltungsbehörde binnen einer vom Reichs-Versicherungsamt zu bestimmenden Frist anzumelden.

Diese Frist wird hiermit auf die Zeit bis zum

1. September d. J. einschließlich

festgesetzt.

Im Uebrigen wird wegen der Anmeldung (auf den nachstehenden Auszug aus dem genannten Gesetze sowie) auf die beigefügte Anleitung hingewiesen.

Berlin, den 14. Juli 1884.

Das Reichs-Versicherungsamt.

Bödiker.

II. Anleitung

in Betreff der Anmeldung der versicherungspflichtigen Betriebe.

(§. 11 des Unfallversicherungsgesetzes.)

1) Die Anmeldungspflicht erstreckt sich auf alle versicherungspflichtigen, d. h. unter den §. 1 des Unfallversicherungsgesetzes fallenden Betriebe. Zu diesen gehören:

a. Bergwerke, Salinen und Aufbereitungsanstalten,

b. Steinbrüche, Gräbereien (Gruben), Werften und Bauhöfe,

c. Fabriken aller Art und Hüttenwerke.

Als Fabriken gelten insbesondere — auch wenn dies nach dem Sprachgebrauch zweifelhaft sein sollte — alle Betriebe, in welchen die Bearbeitung oder Verarbeitung von Gegenständen gewerbsmäßig ausgeführt wird und zu diesem Zwecke mindestens zehn Arbeiter regelmäßig beschäftigt werden.

Hiernach muß z. B. ein Bäcker, welcher in seinem Bäckereibetriebe mindestens zehn Arbeiter regelmäßig beschäftigt, diesen Betrieb anmelden;

d. alle Betriebe, in welchen Dampfkessel oder durch elementare Kraft (Wind Wasser, Dampf, Gas, heiße Luft 2c.) bewegte Triebwerke zur Verwendung kommen.

Hiernach muß z. B. ein Schneider, welcher mit einem Gasmotor und einem Lehrling arbeitet, seinen Betrieb anmelden;

e. Betriebe, in welchen Explosivstoffe oder explodirende Gegenstände gewerbsmäßig erzeugt werden;

f. jeder Gewerbebetrieb, welcher sich auf eine der nachstehend bezeichneten Arbeiten: Maurer-, Zimmer-, Dachdecker-, Steinhauer-, Brunnen- oder Schornsteinfegerarbeiten erstreckt.

2) Nicht versicherungspflichtig und daher auch nicht anzumelden sind Betriebe aller Art, in welchen der Unternehmer allein und ohne Gehülfen, Lehrlinge oder sonstige Arbeiter thätig ist.

Sodann fallen nicht unter das Gesetz:

a. die Land- und Forstwirthschaft einschließlich der Gärtnerei, des Obst- und Weinbaus, die Viehzucht und Fischerei.

Die Benutzung einer feststehenden oder transportablen Kraftmaschine (Lokomobile ꝛc.) zu landwirthschaftlichen Arbeiten, z. B. zum Pflügen, Mähen, Dreschen, zur Bedienung einer Entwässerungsanlage macht den landwirthschaftlichen Betrieb nicht versicherungspflichtig.

Land- und forstwirthschaftliche Nebenbetriebe, d. h. gewerbliche Anlagen zur Verarbeitung der in der Land- und Forstwirthschaft gewonnenen rohen Naturprodukte, wie Brennereien, Ziegeleien, Stärkefabriken ꝛc. sind nur dann anzumelden, wenn sie unter den §. 1 Abs. 1 oder 4 des Gesetzes fallen, insbesondere also, wenn sie nach der Art und dem Umfang des Betriebes als Fabriken anzusehen sind. Hiernach sind die Brennereien auf großen Gütern als Fabriken zur Anmeldung zu bringen, nicht dagegen die als landwirthschaftliche Nebengewerbe vorkommenden kleinen Haus-Brennereien und -Brauereien, welche den sogenannten Haustrunk bereiten oder nur in ganz geringem Umfange betrieben werden.

Getreide-, Oel- und Walkmühlen, welche, zu einem Gute gehörig, in der Hauptsache gegen Entgelt für Dritte arbeiten und daneben den Bedarf des Gutsbesitzers und seiner Leute mitdecken, sind anzumelden.

Nichtversicherungspflichtig ist ferner:

b. das Handwerk, soweit nicht die unter 1 c bis f bezeichneten Merkmale für den Betrieb zutreffen. Außerdem ist zu beachten, daß handwerksmäßige Betriebsanlagen, welche wesentliche Bestandtheile eines der unter 1 bezeichneten Betriebe sind, z. B. eine Schlosserei in einer Baumwollspinnerei, mit dem Hauptbetriebe versicherungspflichtig sind.

Endlich:

c. sind nicht versicherungspflichtig das Handels- und Transportgewerbe, sowie die Gast- und Schankwirthschaft. Eisenbahn- und Schiffahrtsbetriebe jedoch, welche wesentliche Bestandtheile eines der unter 1 bezeichneten Betriebe sind, z. B. ein Eisenbahnbetrieb auf einem Hüttenwerke, fallen mit dem Hauptbetrieb unter das Unfallversicherungsgesetz.

3) Nach Ziffer 1 d werden Betriebe, in welchen Dampfkessel oder durch elementare Kraft bewegte Motoren zur Verwendung kommen, als versicherungs-

pflichtig angesehen. Gleichwohl bleiben solche Betriebe von der Versicherungspflicht befreit, wenn die Motoren nur vorübergehend und ohne daß sie zur Betriebsanlage gehören, benutzt werden, — vorausgesetzt, daß solche Betriebe nicht ohnehin nach den übrigen Bestimmungen der Ziffer 1 versicherungspflichtig sind.

Die vorübergehende Benutzung eines zur Betriebsanlage gehörenden, durch elementare Kraft betriebenen Motors, z. B. die vorübergehende Benutzung einer zur Betriebsanlage gehörenden Turbine zur Winterszeit macht den Betrieb versicherungspflichtig. Ebenso begründet die dauernde Benutzung eines nicht zur Betriebsanlage gehörenden Motors, z. B. einer Lokomobile oder einer gemietheten, aus einem Nachbarhause herrührenden stationären Kraft die Versicherungspflicht des Betriebes.

4) Als „Aufbereitungsanstalten" sind anzumelden: gewerbliche Anlagen zur mechanischen Reinigung bergmännisch gewonnener Erze,

als „Steinbrüche": solche Anlagen, in denen die Gewinnung von Stein e gewerbsmäßig und nach technischen Regeln über oder unter der Erde erfolgt,

„als „Gräbereien (Gruben)": die auf die Gewinnung der in den sogenannten oberflächlichen Lagerstätten vorkommenden Mineralien (Mergel, Kies, Sand, Thon, Lehm ꝛc.) gerichteten Anlagen, in denen ein gewerbsmäßiger und nach technischen Regeln ausgeführter Betrieb stattfindet. Die Ausbeutung eines eigenen Mergel- oder Torflagers zum Gebrauch auf dem eigenen Acker oder in der eigenen Haushaltung, sowie der nicht nach technischen Regeln erfolgende übliche Torfstich bäuerlicher Besitzer, auch wenn der Torf verkauft wird, fällt nicht unter das Gesetz. — Nach technischen Regeln gewerbsmäßig betriebene Bernstein-, Torf-, Kies- ꝛc. Baggereien sind als Gräbereien (Gruben) anzumelden.

Als „Bauhöfe" sind anzumelden: die auf eine gewisse Dauer berechneten Anlagen für Bauarbeiten (z. B. für Vorrichtung von Zimmerungen ꝛc.).

5) Wer die Kraft seines stationären Motors an verschiedene Gewerbtreibende vermiethet, muß, auch wenn er selbst die Kraft nicht benutzt, diesen Gewerbebetrieb mit Beziehung auf seinen Maschienenwärter, Heizer ꝛc. anmelden. Desgleichen sind die einzelnen Unternehmer der von diesem Motor bewegten Betriebe für ihre Unternehmungen anmeldungspflichtig. (Vergl. Ziffer 3 Schlußsatz.)

6) Die gewerbsmäßigen Betriebe der Maurer, Zimmerer, Dachdecker, Steinhauer, Brunnenmacher und Schornsteinfeger sind anzumelden, wenn in denselben auch nur ein Lehrling beschäftigt wird, einerlei ob es sich um Neubauten ꝛc. oder Reparaturen ꝛc. handelt.

Personen, welche nicht gewerbsmäßig Maurer- ꝛc. Arbeiten ausführen, unterliegen der Anmeldungspflicht nicht, wenn sie einen Bau durch direkt angenommene Arbeiter im Regiebetriebe ausführen lassen.

Andererseits brauchen die Unternehmer das Bauhandwerk nicht persönlich erlernt zu haben oder selbst auszuüben, um wegen ihrer Maurer-, Zimmer-,

Dachdeckergesellen anmeldungspflichtig zu sein. Zur Begründung der Anmeldungspflicht genügt es, daß der betreffende Arbeitgeber gewerbsmäßig Maurer- rc. Arbeiten ausführen läßt.

Nur die Zahl der im Maurer-, Zimmer-, Dachdecker-, Steinhauer-, Brunnenmacher-, Schornsteinfeger-Gewerbe durchschnittlich beschäftigten Arbeiter ist anzumelden. Die Zahl der von dem Bauunternehmer etwa mitbeschäftigten Tischler, Glaser Anstreicher rc. ist nicht mit anzumelden, es sei denn, daß die Tischlerei rc. von ihm fabrikmäßig (oben Ziffer 1c, d) betrieben wird und deshalb für sich versicherungspflichtig ist.

Erdarbeiter für Wege-, Kanal-, Eisenbahn- rc. Bauten sind nicht anzumelden.

7) Bei der Anmeldung ist der Gegenstand des Betriebes genau zu bezeichnen. Es genügt z. B. nicht, den Betrieb als Spinnerei, Weberei, Mühle anzumelden, sondern es muß aus der Angabe hervorgehen, was gesponnen, gewebt oder auf der Mühle verarbeitet wird.

Umfaßt ein Betrieb wesentliche Bestandtheile verschiedenartiger Industriezweige, z. B. Baumwoll-Spinnerei, -Weberei und -Färberei, so sind diese Bestandtheile bei der Anmeldung sämmtlich anzugeben, und gleichzeitig ist derjenige Bestandtheil hervorzuheben, welcher als der Hauptbetrieb anzusehen ist.

8) In der Anmeldung ist ferner die Art des Betriebes genau zu bezeichnen, insbesondere ob derselbe lediglich ein Handbetrieb ist oder unter Benutzung elementarer Kräfte (Wind, Wasser, Dampf, Gas, heiße Luft rc.) erfolgt.

9) Zur Anmeldung verpflichtet ist der Unternehmer des Betriebes oder sein gesetzlicher Vertreter. Als Unternehmer gilt derjenige, für dessen Rechnung der Betrieb erfolgt, demnach bei verpachteten Betrieben der Pächter, bei Betrieben, welche im Nießbrauch besessen werden, der Nießbraucher.

Für die Anmeldungspflicht ist es einflußlos, ob der Betrieb im Besitze von physischen oder juristischen Personen, des Reichs, eines Bundesstaats, eines Kommunalverbandes oder einer Privatperson ist.

10) Die Zahl **aller** in dem Betriebe durchschnittlich beschäftigten versicherungspflichtigen Personen muß in der Anmeldung angegeben sein, einerlei ob dieselben Inländer oder Ausländer, männlichen oder weiblichen Geschlechts, ob sie erwachsene Arbeiter, junge Leute oder Kinder, Lehrlinge mit oder ohne Lohn sind, ob sie dauernd oder vorübergehend beschäftigt werden. **Beamte** mit mehr als 2000 Mark Jahresverdienst sind nicht mitzuzählen.

11) Bei Betrieben, welche regelmäßig nur eine bestimmte Zeit des Jahres arbeiten (Zuckerfabriken, Brauereien, Baubetriebe rc.), ist die anzumeldende („durchschnittliche“) Arbeiterzahl diejenige, welche sich für die Zeit des regelmäßigen vollen Betriebes, also bei Maurern während des Sommers, ergiebt.

12) Als „in dem Betriebe beschäftigt“ sind Diejenigen anzumelden, welche in dem Betriebsdienste stehen und Arbeiten, die zu dem Betriebe der Fabrik rc. gehören, zu verrichten haben, ohne Rücksicht darauf, ob die Verrichtung innerhalb oder außerhalb der Betriebsanlage (der Fabrikhöfe rc.) erfolgt.

13) Selbständige Gewerbtreibende, welche in eigener Betriebsstätte im Auftrage oder für Rechnung anderer Gewerbtreibenden mit der Herstellung oder Bearbeitung gewerblicher Erzeugnisse (d. h. in der Hausindustrie) beschäftigt werden, sind bei der Anmeldung nicht mitzuzählen. Ein Kaufmann (Fabrikant), welcher 100 Hausweber beschäftigt, hat deshalb allein noch keinen versicherungspflichtigen Betrieb.

Sollte dagegen ein Hausweber an seinem mittelst elementarer Kraft betriebenen Webstuhl einen Arbeiter beschäftigen, so müßte der Hausweber (nicht der Fabrikant, für den er arbeitet) diesen Betrieb gemäß Ziffer 1d anmelden.

14) Für die Anmeldung wird die Benutzung des nachstehenden Formulars empfohlen.

15) Ist ein Unternehmer zweifelhaft, ob er seinen Betrieb anzumelden habe oder nicht, so wird derselbe gut thun, die Anmeldungsfrist nicht unbenutzt verstreichen zu lassen, wenn er sicher sein will, den aus der Nichtanmeldung eines versicherungspflichtigen Betriebes sich ergebenden Nachtheilen zu entgehen. Hierbei bleibt ihm unbenommen, in dem Formulare, Spalte, „Bemerkungen", die Gründe anzugeben, aus denen er die Anmeldungspflicht bezweifelt.

16) Schließlich werden die betheiligten Betriebsunternehmer noch besonders darauf aufmerksam gemacht, daß, wenn sie die vorgeschriebenen Anmeldung nicht bis zum 1. September 1884 erstatten, sie hierzu durch Geldstrafen im Betrage bis zu einhundert Mark angehalten werden können.

III. Formular für die Anmeldung.

Staat .... Kreis (Amt) ....

Regierungsbezirk .... Gemeinde- (Guts-) Bezirk ......

Anmeldung

auf Grund des §. 11 des Unfallversicherungsgesetzes.

Name des Unternehmers (Firma).	Gegenstand des Betriebes*).	Art des Betriebes**).	Zahl der durchschnittlich beschäftigten versicherungspflichtigen Personen.	Bemerkungen.

........, den .... 1884.

(Unterschrift des zur Anmeldung Verpflichteten.)

---

*) Z. B. Baumwoll-Spinnerei, -Weberei, -Färberei, -Appretur, Holzsägemühle, Getreidemühle, Oelmühle.

Bei mehreren Betriebszweigen ist der Hauptbetrieb zu unterstreichen.

**) Z. B. Handbetrieb, Betrieb mit Dampf-, Wind-, Wasserkraft, Gasmotor 2c.

IV. Formular für das nach §. 11 des Unfallversicherungsgesetzes von der Behörde aufzustellende Verzeichniß der versicherungspflichtigen Betriebe.

Gruppe: .... Staat: ....

Klasse: .... Bezirk der höheren Verwaltungsbehörde: ....

Ordnung: Bezirk der unteren Verwaltungsbehörde: ....

Nachweisung

der zur vorstehend bezeichneten Ordnung gehörenden Betriebe.

(§. 11 des Unfallversicherungsgesetzes.)

Laufende Nr.	Gemeinde- (Guts-) Bezirk.	Name des Unternehmers (Firma).	Gegenstand des Betriebes. (Bei mehreren Betriebszweigen ist der Hauptbetrieb zu unterstreichen.)	Art des Betriebes. (Dampfkraft, Wasserkraft ꝛc., Handbetrieb.)	Zahl der durchschnittl. beschäftigten versicherungspflichtigen Personen.	Bemerkungen.
1	2	3	4	5	6	7
1.						
2.						
3.						
u. s. w.						

Sachregister.

C.

D.

L.

M.

T.

W.

Druck von G. Bernstein in Berlin.

Berichtigungen.

1. Seite 127 Anm. 2 Zeile 2 hinter: „Genossenschaftsvorstandes" lies „zur Aufstellung oder Aenderung des Gefahrentarifs (§. 28), sowie „zur Festsetzung der Entschädigungen (§. 57), besondere Komissionen zuletzgedachtem Zweck (§. 57)," u. s. w.
2. Seite 128 Anm. 2 Zeile 1 zu §. 24 statt „Mitglieds" lies „Beisitzer".
3. Seite 131 Anm. 1 zu §. 27 Zeile 5 hinter „Ausschüsse" lies „(§§. 28, 57)".
4. Seite 132 Anm. 1 Abs. 2 Zeile 4 statt: „Im ersteren Fall" lies : „In den beiden ersteren Fällen".
5. Seite 132 Anm. 1 Abs. 2 Zeile 6 statt: „im letzteren Fall" lies: im Falle des §. 30.
6. Seite 133 Anm. 2 Zeile 10 statt: „Unfallversicherung" lies: „Unfallverhütung".
7. Seite 134 Anm. 6 statt: „§. 109" lies „§. 110".
8. Seite 156 Zeile 2 ist zwischen den Worten „erfolgt" und „nach Maßgabe" einzuschieben: „für die Funktionen ad a bis c".

Kolibri 360 GmbH
Ferdinand-Jühlke-Straße 7
99095 Erfurt, Deutschland
produktsicherheit@kolibri360.de